La nouvelle pensée unique
en social-démocratie

© L'Harmattan, 2016
5-7, rue de l'Ecole-Polytechnique, 75005 Paris

www.harmattan.com
diffusion.harmattan@wanadoo.fr

ISBN : 978-2-343-09411-3
EAN : 9782343094113

Daniel DESURVIRE

La nouvelle pensée unique en social-démocratie

*Haro contre le lobbying liberticide
des faiseurs d'opinions !*

Introduction

« Si l'on ne croit pas à la liberté d'expression pour les gens qu'on méprise, on n'y croit pas du tout », Dr Noam Chomsky, Professeur émérite de linguistique au Massachusetts, Institute of Technology - USA.

S'il m'était donné de réécrire une définition sur le droit d'expression populaire - et non pas dans l'esprit des énarques qui louangent les libertés à la face du monde pour mieux les piétiner dans les coulisses du pouvoir - après la promulgation de la loi française n° 2015-912 sur le renseignement du 24 juillet 2015, je la requalifierais ainsi :« *Une liberté fondamentale qui fait de l'ombre à la confrérie des oligarques qui tentent de s'accaparer sans partagecet acquis imprescriptible issu de la Révolution,au nom d'intérêts internationalistes prétendument supérieurs, sans se soucier des conséquences irréparables sur le droit à la confidentialité et à l'intimité des citoyens, autrement dit de la dignité du peuple* ».

a) Quand le renseignement tue l'information et viole l'une des plus précieuses libertés : le droit à la vie privée et au respect de la confidentialité

La démocratie peut-elle survivre dans une société placée sous le couvercle étanche d'un système de surveillance qui coiffe tous les citoyens d'une Nation ? Pour déterminer la marge des libertés que marque le curseur entre un régime totalitaire et une démocratie, il faudrait ajuster les paramètres que sont les inégalités sociales, les différences de statut ainsi que prendre en compte les écarts intellectuels et les tabous confessionnels qui compliquent l'appréhension d'une juste équité entre les résidents et citoyens d'un même pays. Or, réduire des inégalités ce serait paradoxalement contrarier l'équilibre d'une diversité dont on dit qu'elle contribue à la richesse nationale. Cependant, si le multiculturalisme s'était avéré être une chance pour le pays, ainsi que l'envisageait le candidat Hollande à la présidentielle de mai 2012, la France n'aurait pas eu besoin de recourir à des logarithmes injectés sur la toile des particuliers pour y débusquer le terroriste entreune moitié de citoyen travesti en français sous la coiffe d'une double nationalité, du vrai étranger et/ou apatride sous une casquette de réfugié !

S'il est facile de surveiller et de pister un Français qui dispose d'une adresse postale, paie ses impôts et cotise à la Sécurité sociale, comment donc tracer un migrant clandestin, heimatlos car sans papiers ni domicile fixe ? La loi relative au renseignement est donc efficace s'agissant des nationaux établis, mais inopérante contre les terroristes qui n'ont pas d'existence civile sur le territoire, et se déplacent dans l'ombre des réfugiés syriens entre autres.

La question de fond serait de savoir à qui profite ou inversement contre qui nuit ces inadéquations, et pourquoi seraient-elles antinomiques à une surveillance rapprochée rendue inéluctable en vertu des sinistres circonstances dites sécuritaires dans un état d'urgence (Voir l'épilogue) ? La réponse pourrait être du côté de ceux qui ont quelque chose à cacher, autant que du côté des individus suspectés de nuire à la Nation, voire du côté de l'appareil de l'État pour qui augmenter son pouvoir de contrôle sur les citoyens constitue un enjeu stratégique dans sa conduite politique. S'agissant des citoyens ou des étrangers résidant sur le territoire national, dressons une liste les principaux motifs qui suggèrent un dérangement autour de la surveillance exercée à leur endroit, en scindant ceux qui paraissent légitimes d'une part, et ceux qui justifient cette quête du renseignement d'autre part :

En premier lieu, examinons le droit à une vie privée. On imagine fort bien que le citoyen ait besoin d'intimité, et que ses confidences ne soient pas interceptées et distribuées en pâture à des lobbyistes parce que précisément elles touchent à la part secrète de son existence, comme la pudeur de ses choix culturels, ses préférences sexuelles, ses envies et objectifs, ses lectures, ses écrits, ses projets, ses manies, ses lobbies, ses faiblesses comme les pathologies qui relèvent du secret médical, sachant que leur révélation peut avoir de graves répercussions pour l'emploi, la famille et le devenir de tout un chacun. Viennent s'ajouter l'accès à des informations privées, comme les adresses géographiques ou télématiques, les cryptes dont les codes et identifiants bancaires et de l'épargne, le numéro de sécurité sociale, puis encore les choix existentiels politiques, dogmatiques et philosophiques qui ne peuvent être divulgués sans le consentement du sujet.

Quiconque soit - ou se croit - autorisé à connaître et à abuser de pareilsrenseignementsse rend manifestement coupabled'une violation inacceptable de la vie privée des gens honnêtes, même sous couvert d'une prérogative d'État relevant de l'exception relative à la sécurité intérieure[1]. De fait, nul n'est à présent à l'abri d'une indiscrétion venant d'un opérateur malintentionné qui peut se servir de telles informations pour les utiliser ou les revendre, comme usurper l'identité d'une personne, faire connaître ses habitudes, ses préférences, son état de santé, ses horaires de travail, ses déplacements, compromettre sa famille, etc. Il n'est pas difficile d'imaginer les graves préjudices qui en découlent, ainsi la fraude à la carte bancaire ou à

---

[1] Ces droits protégés sont énoncés par la Convention européenne des droits de l'Homme dans son titre I et ses Protocoles 1, 4, 6 et 7.

la carte vitale, le vol numérique, les faux et usage de faux, les cambriolages, les escroqueries en tout genre que facilite la possession délictueuse voire criminelle d'informations de données chapardées relevant de l'identité, le patrimoine, les liens ou affects, puis de la vie d'une personne en général.

De sorte que derrière chaque opérateur mandaté par l'État peut se cacher un hacker utilisant des logiciels logarithmiques* sophistiqués mis à sa disposition, pour y détourner des données à des fins mercantiles, statistiques ou politiques, sans que la victime puisse y déceler la moindre indiscrétion. Même s'il existe une commission de contrôle, voire le Conseil d'État au sommet de cette hiérarchie - néanmoins suspecte puisque donneuse d'ordre - pour garantir le citoyen contre de tels abus d'intrusion dans la vie privée des gens, ce pouvoir d'investigation virtuel est tellement exorbitant et quasiment indécelable, qu'il n'existe pas vraiment de parade hermétique pour s'exclure d'une malveillance toujours possible, sauf à vivre en autarcie et s'éloigner des moyens de communication électronique. Il en va ainsi de l'anonymat nécessaire des patients en médecine, du secret indispensable de l'instruction au cours d'une enquête, des sources des avocats et des journalistes, mais aussi des secrets de fabrication industrielle non encore protégés, des listes de clients ou de prospects, des adresses sensibles, des liens sémiologiques, etc.

Aucun verrouillage, même sous le sceau du secret professionnel, d'un serment solennel ou codifié selon une déontologie corporative, ne saurait garantir de la probité absolue d'un fonctionnaire, d'un institut de sondage, d'un organisme de statistique ou d'enquête privée mandaté par les pouvoirs publics, d'un politique nanti d'un pouvoir discrétionnaire, etc., sachant bien qu'il existe moult élus et agents de l'État mis en examen sous de multiples chefs d'accusation relevant du pénal. En outre, il ne saurait être reproché aux usagers d'Internet et autres utilisateurs de réseaux sociaux une quelque légèreté ou imprudence de leur part, puisque ces instruments de communication sont légalement autorisés, mis librement à la disposition des abonnés et clients occasionnels disposant ou non d'une formation adéquate.

En l'occurrence, les citoyens ne sont pas égaux devant leur ordinateur, leur ordiphone ou leur tablette tactile, alors même que toutes les administrations, les mutuelles, les banques et assurances sollicitent de façon de plus en plus contraignante, au nom de l'écologie, de l'économie et de l'efficacité, de consulter leur situation, de remplir leurs formulaires et déclarations en ligne. Il existe certes des outils pédagogiques pour apprendre, maîtriser les techniques et se défendre (anti-virus, notices et avertissements), de surcroît, le droit à la consommation protège les particuliers. Mais la vigilance de ces derniers ne saurait être mise en cause au motif qu'ils répandent sur la toile des informations qui leur sont propres, à l'instar d'un journal intime que remplace désormais un clavier. En outre, il semble fondamentalement inique d'autoriser au pouvoir politique en place exactement ce que l'on condamne aux pirates informatiques, au motif que la puissance publique s'arroge le droit d'une légitimité exclusive de fouiller sans discernement l'existence des citoyens lambda sans leur consentement, sous le mobile dédouanant d'une sécurité déployée de façon aléatoire, et par voie de conséquent jamais garantie de confidentialité.

En second lieu, quelles sont les raisons qui justifient cette inquisition numérique au nom de l'État français ? Le refus de la surveillance peut certes dissimuler de mauvaises intentions, tels la pédopornographie, le *deal* de produits stupéfiants ou de principes pharmaceutiques actifs, le recèle et le blanchiment d'argent sale (drogue, prostitution, rapt d'enfants, commerce illicite d'organe, etc.), la dissimulation fiscale, la fuite des capitaux et les délocalisations clandestines des outils de travail ; en l'occurrence tout ce qui touche l'enrichissement personnel frauduleux,ainsi le détournement de biens sociaux, voire criminel dans le cadre mafieux du trafic d'armes, de munitions et la traite humaine en se servant de comptes offshore. Mais ce qui a déterminé le législateur à renforcer son arsenal du renseignement durant ce dernier quart de siècle fut, sous le mobile opportun des attentats islamiques ; le terrorisme et ses conséquences funestes en termes de psychose collective et de coût en vies humaines, puis en dispositifs matériels de détection et de prévention ; et là se trouve la véritable quadrature de l'hyperbole* !

Ainsi que je l'ai signalé à différents endroits dans le parcours de cet ouvrage, il est capital de rappeler que la privation des libertés, dont l'outrage à la vie privée, constitue l'une des priorités des fondamentalistes musulmans. En l'occurrence, l'objectif même du culte islamique radical, reposant sur la finalité d'un panislamisme de khalifat, est d'installer partout, où les intégristes s'établissent*via* l'exode des réfugiés, une théocratie totalitaire consistant à imposer l'Islam comme seule idéologie religieuse. Ce primat a pour dessein à terme la confiscation de la liberté de conscience, donc de culte, l'éradication des notions de démocratie et de laïcité, puis l'extraction de tous les fondements qui président aux droits de l'homme, dont l'égalité des genres. De sorte qu'en rétrécissant les libertés par le noyautage informatique du renseignement au cœur des foyers français ou des pupitresd'entreprises - ironie de la situation, - l'État français répond positivement aux souhaits des précepteurs musulmans les plus ombrageux contre la société civilisée d'Occident.En l'occurrence, la confiscation de la vie privée par le renseignement français suppose donc une avancée, sinon*a posteriori* une victoire dans la logique liberticide de l'islam intégriste, à l'instar de la psychose nationale qui s'installe dans le pays après un attentat meurtrier commis par des fanatiques musulmans.

Lorsque les fonctions régaliennes de l'État - certes à leur corps défendant - se font complices d'une telle intrigue, le déclin des libertés républicaines sonne le glas de la Constitution de 1789. Car il ne s'agit plus ici de contester la télésurveillance à l'intérieur des lieux publics ou dans la rue - nonobstant inoffensive pour qui n'a rien à se reprocher, - mais d'une véritable inquisition en profondeur, sans limites ni autorisation autre que l'excuse d'un mode sécuritaire intégral. Or, sous le filet aux mailles resserrées de cette surveillance tous azimut et intraçable, rien ne filtre quant aux possibles destinations des renseignements collectés, à savoir qui en sera véritablement le dépositaire, l'émetteur ou le bénéficiaire.

Même si la législation et la réglementation font mine de couvrir l'ensemble de leur processus d'information de garde-fous et de modes de contrôle administratifs (le CNTCR, le Conseil d'État), tout est ficelé pour servir les donneurs d'ordre, surprotégés dans leur fonction impénétrable et placés hors de portée du contrôle des juridictions judiciaires civiles dont la compétence est évincée des textes. Toutes ces garanties servies sous le sceau de lois promulguées dans la solennité des hémicycles parlementaires sont pour ainsi dire vaines, car inopérantes contre la malveillance électronique d'opérateurs, publics ou privés sous mandat, agissant dans la discrétion des ministères, selon un mode opératoire aussi volatile qu'impraticable à pister, notamment sous l'enseigne sacro-sainte du Secret Défense.

Le terrorisme islamique aura néanmoins ceci de positif qu'il aura réveillé le lien patriotique de la Nation, même si les bonnes consciences ne veulent pas évoquer une guerre de civilisations, même si le djihâd ou l'intifadah n'arbore pas moins le défi qu'une guerre de religion menée de front par l'Islam contre la civilisation judéo-chrétienne. En justifiant l'arme invisible du renseignement contre cette armée de fanatiques œuvrant dans l'ombre (guerre dite asymétrique), le pouvoir politique tente, bien malhabilement, d'extraire le noyau vicié depuis l'intérieur d'un culte officiellement intouchable. Cependant, pour déchirer le tissu de l'obscurantisme, cette part diabolique qui sommeille dans le cortex des individus s'abreuvant des pages noires du Coran (la part médinoise du Prophète), seul un *aggiornamento* de l'Islam permettrait de nettoyer ce manuel de guerre et de torture, ce guide d'esclavagisme et son mode d'emploi phallocrate qui murit dans l'âme des fous d'Allah. Incubateur de sociopathes, l'œuvre de Muhammad, rappelé à coups de harangues véhémentes dans les mosquées et les médinas par des prédicateurs allumés, des sergents recruteurs de djihâdistes et autres individus conditionnés pour tuer, n'en finira jamais de prêcher un créationnisme attardé et l'infériorité de la femme entre autres monstruosités morales. Sauf à interdire le Coran, et tous les ouvrages faisant l'apologie de l'un des plus grands criminels de l'histoire déguisé sous l'enseigne d'un serviteur de Dieu, nous voyons mal comment le renseignement serait utile, sauf à constater ce désastre sociétal et cette insidieuse régression mentale.

Tant que la liberté de culte protégera l'inqualifiable, la démocratie ne pourra jouer qu'en faveur de ce dogme inaltérable dans l'esprit dégénérescent de cette communauté de barbares, Al-Qaïda, Boko Haram, Shebab, Ansar Dine, Jemaah Islamiyah, Daesh et combien d'autres nébuleuses islamiques qui sèment la terreur et se répandent en razzia dans le tiers-monde. Alors, inutile d'aller faire la guerre en Syrie contre des hordes de fanatiquesdécervelés qui renouvellent leurs armées depuis l'Occident. Les terroristes musulmans ne sont que la conséquence d'un dogme cultuel funeste dont la source du mal est enfermée dans le Coran ; ouvrage géniteur de béotiens sans conscience ni compassion, et dont la prolifération migrante, hégémonique et polygame, est sans limites géographique et démographique.

Inutile encorede tracer la vie privée du peuple français dans la mémoire cybernétique des barbouzes de Matignon ou de l'Élysée en passant par l'Hôtel Beauvau, car il suffit d'avoir le courage de lire le Coran pour y comprendre d'où se propage cette gangrène terroriste et y trouver la parade adéquate pour endiguer cette pathologie mortifère. Quant aux transhumances mahométanes vers l'Europe, leur progression expansionniste réinvente les droits de l'homme en les ajustant à leursstandards ramadanesques (le fiqh et la sharî'a), puis en retournant le sacro-saint prédicat de la Constitution contre les fondateurs des *Lumières* dont s'inspira la République depuis deux siècles.

En quoi le renseignement global qui coiffe tout le pays sera-t-il utile contre les desseins machiavéliques des intégristes musulmans, dont l'intolérance xénophobe, raciste et sexiste, l'exclusion et l'asservissement font de cette supposée religion l'avenir du monde libre et civilisé à l'aune du grand remplacement (le repeuplement selon une sémantique ethnicisée et spécieuse de Manuel Vals) ? Contre les risques malthusiens d'une croissance démographique effrénée, que conjuguent une surnatalité polygamique et un envahissement migratoire que le monde industrialisé ne peut plus absorber, les années de la civilisation de savoir et de progrès sont désormais comptées.

Mais le silence assourdissant de nos faiseurs d'opinions, ces derniers seulement préoccupés à faire respecter la pensée unique du politiquement correct et s'attirer les bonnes grâces des pétromonarchies du Golfe, fait passer pour plus terroristes encore les citoyens, essayistes et intellectuels, qui ont l'audace de dénoncer le vrai terrorisme qui tue. Ce que les annales encore récentes comptent de régimes qui ont basculé dans le totalitarisme islamique, ainsi une partie des anciens territoires ottomans des Balkans, des républiques du Caucase, du continent indonésien, des régions au ponant de l'Inde et de la Chine, etc., s'y ajouteront sans doute bientôt la vieille Europe, à l'instar du Liban et une partie de l'ancienne Yougoslavie.

Au grand dam des analystes prospectifs, dont les thèses holistiques nous renvoient à des signaux rationnels car prévisibles pour tout observateur lucide et capable de discernement, la procrastination pusillanimement entretenue et perfidement dilatoire de nos politiques socio-démocrates installe durablement l'incurie de la gestion civique du monde musulman. La problématique constante de l'aile radicale de l'Islam inassimilable et hostile - la seule qui parle au nom d'une prétendue majorité progressiste, dormante ou complice par omertà - diminue d'autant les chances de contrôle autour des débordements de violence de cette communauté mahométane.

L'État, étranger, voire insensible aux réalités de terrain et qui se trompe de cible en ne cessant de diaboliser et censurer les patriotes nationaux, renvoie systématiquement aux générations futures la patate chaude ; le lourd héritage d'un demi-siècle de mauvais calculs et/ou de concussion avec les pétromonarchies de la péninsule arabique (Voir chap. Ier §-I e et chap. II, §-III), mais aussi avec l'Algérie gazière pourvoyeuse d'immigration, et même l'Iran pétrolier à présent sorti de l'embargo nonobstant ses promesses réitérées de rayer Israël de la carte. Avec le temps qui passe à ne rien faire pour juguler les noirs desseins qui fomentent au cœur de cette confession aux desseins ethnocides et colonialistes, c'est précisément le monde musulman dit modéré qui, en silence et sans réellement s'en préoccuper, alimente de ses *jeunes,* le foyer explosif de leurs coreligionnaires activistes.

Non, la loi relative au renseignement et tout l'arsenal des dispositions législatives et réglementaires autour du Code de la sécurité intérieure n'y pourront pas grand-chose, car la solution n'est pas d'espionner tous les Français pour espérer décoder des messages terroristes, mais de lire le Coran pour en tirer des conclusions réalistes et adapter les solutions didactiques, donc pacifiques qui s'imposent. L'intégration de la communauté musulmane, dans son ensemble, doit nécessairement en passer par une réforme de ses Écritures ; sorte d'*aggiornamento* pour réduire ce mal à la racine. Mais pour ce faire, il faut exhumer la vérité de son sépulcre de contrevérités et de mystifications, non dans une provocation incriminante, mais dans un esprit de communication sans préjugés ni langue de bois, en empruntant la voie didactique d'un enseignement laïc afin de faire savoir *erga omnes* ce que contient vraiment ce Livre de culte, loin de ce qu'en disent ses thuriféraires et autres génuflecteurs. Combien de Musulmans n'ont jamais lu le Coran, et encore moins de Français en général ? Pourquoi ne pas s'interroger autour de la coïncidence des attentats meurtriers commis par des islamistes et la source coranique de cette incitation à la violence cruelle, aléatoire et gratuite ? Pourquoi ne pas avouer que la quasi-totalité des attentats meurtriers dans le monde est de source musulmane et le plus souvent fratricide, ou que cette communauté s'y trouve toujours impliquée d'une manière ou d'une autre ?

Reproduire les pages du Coran et des hadiths, puis dévoiler ainsi les horreurs que contiennent assurément ces Écritures, permettrait de désillusionner nombre de personnes plombées de certitudes, non pas à dessein de déshonorer l'Islam, mais de lui offrir une chance de se réhabiliter dans le monde civilisé. S'il est une guerre, alors qu'elle soit intellectuelle, non dogmatique ni prosélyte, et encore moins conflictuelle. Trop de mensonges ont pollué l'actualité au point d'amnésie. Alors que tant d'évidences s'imposent à notre perception, beaucoup trop de nos compatriotes persistent à n'entendre que la voix de l'establishment qui, dans sa litanie du *vivre ensemble,* du *calmer-le-jeu* ou du *pas d'amalgame,* accumule tant de démonstrations de son imprudence, fait montre de son manque d'anticipation, de concussion et de corruption face à la montée en puissance de ce mal-être sociétal et ontologique.

Le renforcement du Code de la sécurité intérieure ne saurait être redoutable pourles citoyens lambda, dès lors que la surveillance s'exerce à l'endroit d'où vient le mal. Mais le processus employé par les gouvernements successifs, depuis les années 1990 à aujourd'hui, vise à encadrer la France entière avec tous ses habitants, Français et ressortissants étrangers, sans discernement. De sorte qu'il ne s'agit plus d'élaborer une stratégie du renseignement, mais d'espionnage de masse, un *Big Brother* à la française conduit par un État barbouze qui puise des informations bien au-delà de la nécessité d'appréhender le danger terroriste. Quant à la couverture censée protéger le citoyen contre les abus de contrôle de l'exécutif, notamment des écoutes et des automates autoréplicatifs implantés à l'égard de tous,elle fut dépouillée des droits de recours à un juge appartenant à une juridiction judiciaire impartiale, sachant que même la Commission nationale de l'informatique et des libertés (CNIL) et le Défenseur des droits (le successeur du Médiateur de la République) sont écartés comme moyen de recours dans la loi relative au renseignement.

b) Abstract

Dans le fil de cette monographie, nous analyserons la phénoménologie du renseignement politique, *via* l'État interventionniste, dont certains effets délétères issus de sa pratique inquisitoriale,polluent non seulement certaines libertésconstitutionnelles, comme l'information et la confidentialité que réclament légitimement la vie privée des citoyens lambda, mais aussi le secret des sources journalistiques et des professions de justice, puis encore des points sensibles de l'industrie, ainsi les projets de fabrication comme la recherche ou les stratégies financières et/ou commerciales, les plans d'investissements, etc. Désormais, avec la loi relative au renseignement, parachevant le Code de la sécurité intérieure, plus rien ne peut échapper au contrôle des dirigeants français au pouvoir. Les juridictions civiles, ainsi la Cour de cassation,ont été judicieusement écartées par le législateur de cette loi ; un artefact puisé dans les replis viciés du *Patriot Act* pourtant prudemment abandonné outre-Atlantique pour ses effets indésirables en termes de liberté et de respect des citoyens américains.

S'agissant des opérateurs et leurs donneurs d'ordres -renommés« *les hackers du Gouvernement* » -ceux-là échapperont légalement à la justice de droit commun, le Secret Défense constituant une citadelle inexpugnable enfermant un fourre-tout d'informations peu facile à lever. Mais dans cet intervalle, ce bouclier juridique, au nom de la Sécurité nationale ou supranationale, protège jusqu'à l'immunité les acteurs institutionnels des abus et des outrages contre la vie privée des gens dont ils se rendent coupables à l'aide des TIC (Technologies de l'information et de la communication) et de l'Internet. Quant au Conseil d'État, seul rempart contre ces excès délictuels, il demeure entre les mains du pouvoir, puisque cette juridiction n'est pas vraiment indépendante, mais fonctionnarisée. Enfin, s'agissant de la Commission nationale de contrôle des techniques de renseignement (CNCTR) instituée, elle est directement placée sous les ordres du premier ministre, et par conséquent, ne saurait en rien être assimilée à une Autorité administrative indépendante.

Les moyens techniques et les méthodes scientifiques sur lesquels s'appuient les services de renseignement des élus sont hallucinants. Les experts en communication empruntent d'autant les couloirs interdits qu'ils pratiquent l'injection subliminale de masse, en passant par l'inconscient collectif des prospects, l'imprégnation par l'enregistrement de leur perception sensorielle, mnémonique et morale, puis encore la recomposition du langage qui formate insidieusement l'esprit du public. Les citoyens insidieusement manipulés, nonobstant la programmation par le prêt-à-penser dont ils font l'objet, conservent inconsciemment l'assurance de la maîtrise de leurs choix, de leurs bulletins de vote et de leurs jugements. En son temps, Vans Packard appelait cela : « *La persuasion clandestine* ».

Par ces procédés furtifs que charrie l'indiscrétion obscure dans la fouille de vie privée des populations, puis l'information redistribuée par des maîtres à penser, les faiseurs d'opinions mettent en œuvre une recomposition des matières sensibles ; ainsi comment aborder les problèmes socio-économiques que génère l'immigration inculte et improductive de réfugiés venant du tiers-monde, la dissociation controuvée de la religion islamique entre les bons Musulmans et les méchants islamistes, ou encore, comment aborder le problème de l'inflation d'une natalité planétaire galopante dont la démographie serait étrangère aux pollutions anthropiques, etc. Ce dernier point, écologie *versus* malthusianisme, figure comme l'un des paradoxes les plus invraisemblables que la nouvelle pensée unique social-démocrate aura réussi à faire admettre à une grande majorité des populations européennes, américaines et océaniques occidentalisées.

Pour clore le tableau, l'oligarchie ploutocrate et technocrate de l'Élysée à Matignon aura mis en œuvre le recrutement sélectif de jeunes cerveaux qui viendront prendre la relève, et qui récupéreront - voire peaufineront - cette méthodologie du renseignement et du conditionnement mental des sujets de la vieille Gaule, par la maîtrise de la rhétorique, de la surveillance et de l'information dirigées. C'est ainsi que l'*ÉNA, Sciences po* et d'autres établissements prestigieux sont devenus, depuis l'ère mitterrandienne, les madrasas de la République social-démocrate. Puis enfin, aux écoutes de jadis, ce sont des logarithmes ou boîtes noires - les maîtres espions du numérique - qui viennent désormais parasiter la communication sous toutes ses formes. Quant à l'État barbouze, sont premier chef est d'alimenter ses ministères de tout ce qui peut servir ses desseins, à tort ou à raison.

Par cette étude mosaïque, au relief multidisciplinaire, gageons que tous les sujets ici traités sont intimement liés et communiquent comme dans un piège arachnéen, où l'État interventionniste harponnera autant les terroristes, que les mauvais contribuables, les pédophiles ou les intellectuels qui dérangent l'ordre implanté dans les esprits ; un pur produit social-démocrate de la nouvelle pensée unique. Sauf que dans cette nasse de prises hétéroclites, s'y retrouvera aussi l'ensemble des Français *lambda* pour servir les statistiques de l'Insee ; à savoir ce que chacun consomme, quels sont les pathologies, les choix sexuels ou les hobbies de chacun d'entre nous. Mais surtout, pouvoir dresser des statistiques à des fins consuméristes ou électoralistes, en captant les envies, les idées et les intentions enfouies des internautes, constitue la cerise sur le gâteau.

En ce qui concerne les Français établis, contribuables et cotisants, plus rien n'échappera désormais aux oreilles et aux yeux des fonctionnaires de l'État français, et pas davantage aux entreprises contractuelles de droit privé mandatées par l'exécutif pour effectuer des enquêtes pour le compte de ses élus, sachant bien que ces pratiques existaient auparavant, mais qu'elles étaient alors interdites, donc restreintes et sanctionnables. Rappelons-nous du scandale des écoutes de l'Élysée entre 1983 et 1986, dont François Mitterrand fut l'inspirateur, alors même qu'aujourd'hui de telles pratiques scélérates, revues et corrigées par son homologue socialiste François Hollande, sont désormais autorisées. En d'autres termes, l'évolution du droit s'accomplit et se prolonge davantage du côté des transgressions pénales, plus que de celui de la démocratie et des droits de l'Homme.

Écoutés, espionnés, siphonnés, lobotomisé… chaque Français peut à tout moment se voir spolié ses idées, ses créations et sa vie intérieure contaminée *via* le numérique, les écoutes, les réseaux sociaux ; voilà bien un vrai déni des valeurs morales et juridiques de la République. Faisant le grand écart entre la démocratie participative et l'absolutisme oligarque, le couple François Hollande et Manuel Vals aura peaufiné depuis 2015 l'appareil de vigilance d'État, à la *soviet* façon *Big Brother,* mais cette fois élargie au *Big Data,* puis légalisé cette nouvelle fonction régalienne en droit positif *de jure et facto.* Pour clore avec ironie ce synopsis, j'en conclus que *la liberté d'information est morte, vive l'oligarchie du renseignement !*

Chapitre premier

I - Les prolégomènes de la surveillance et la restitution déjetée des informations

Depuis la quatrième République, les aménagements législatifs sur la liberté d'expression se sont multipliés, au point d'étrangler cette fragile liberté qui nous fut léguée sous l'ancien régime (articles 10 et 11 de la Déclaration des droits de l'homme de 1789). La plupart des scribes de cet acte solennel trouvèrent la mort sous le couperet de la terreur rouge révolutionnaire ; ainsi Louis de Castellane, Jean-Baptiste Gobel, Louis-Alexandre La Rochefoucauld d'Enville, etc. D'autres, plus chanceux furent emprisonnés comme le Marquis de La Fayette ou s'exilèrent comme l'abbé Sieyès. La loi du 29 juillet 1881 sur la liberté de la presse, promulguée sous la présidence du Conseil de Jules Ferry, dispose à l'article 1er : *« L'imprimerie et la librairie sont libres »*. Cette disposition législative répond au principe fondamental reconnu par les lois de la République. En outre, ce postulat trouve son origine dans la jurisprudence du Conseil constitutionnel (Serge SURIN - IXème Congrès français de droit constitutionnel, AFDC, Lyon, 26-28 juin 2014, in : *« Les travaux préparatoires dans la jurisprudence constitutionnelle »*).

À présent, on y trouve pêle-mêle, autour de ce principe qui paraissait immuable, diverses contraintes, certaines légitimes, ainsi l'article 14 de la loi du 16 juillet 1949 sur les publications : *« ... présentant un danger pour la jeunesse, lesquelles peuvent faire l'objet, par arrêté du ministre de l'Intérieur, de restrictions quant à leur diffusion et commercialisation lorsqu'elles présentent un danger pour la jeunesse en raison de leur caractère licencieux ou pornographique ou de la place faite au crime, à la violence, à la discrimination ou à la haine raciale, à l'incitation à l'usage, à la détention ou au trafic de stupéfiants »*. Mais d'autres entraves à cette liberté sont contestables, car évoqués sous les mobiles dédouanant d'outrage à la religion ou d'offense aux institutions et aux symboles, lesquelles ont peu à peu stratifié un droit qui a perdu de sa souplesse et de sa signification. Lorsqu'il est naïvement évoqué que les libertés se limitent à ne pas empiéter sur celle des autres, nombreux sont les motifs prétendument légaux qui corrompent cette liberté, lesquels deviennent des abus, des contrevérités.

Pire encore, la parole - à défaut de la pensée que nul ne peut réprimer - devient caution à des ségrégations d'opinion. C'est ainsi que des mots deviennent proscrits, des expressions sont mal pressenties et des intonations suspectes, puis une forme insidieuse d'inquisition translative s'installe, triant, floutant, culpabilisant et flétrissant la communication, surtout venant des « *cagots[2] et patriotards* », selon la formule empruntée par Joseph Caillaux dans *Mes mémoires* (1942). Lorsqu'un Français du terroir, riche et/ou disposant d'une quelque notoriété ose s'exprimer contre les effets délétères de l'immigration ou de la religion, ses propos sont alors dépecés par la bien-pensance, et le lobbying des détracteurs associatifs, politiques ou cultuels mettent en pièce l'imprudent en faisant feu de tout bois. Mais si de telles déclamations, même ouvertement et âprement xénophobes et racistes, proviennent de ressortissants issus des classes dites défavorisées, de migrants déracinés ou de minorités susceptibles, sous-entendues dangereuses car de sensibilité islamique, une discrète tolérance institutionnelle s'affiche sous une chape de plomb ordonnant l'apaisement, les concessions… l'autre joue.

Parmi les motifs qui président à corrompre la liberté d'opinion, exprimée verbalement, écrite ou caricaturée, on y trouve des revendications ethnoculturelles, des motifs relatifs au genre ou à la nature sexuelle, aux croyances et adhésions, des offenses à la Nation et aux emblèmes, comme l'étendard et la mémoire nationale (ainsi les stèles commémoratives des combattants, les cimetières). D'aucuns désignent ces tabous sous le sobriquet de la *cage aux phobies*. Décontextualisées, ces raisons apparaissent obligées, chacune solidement accrochée à sa légitimité, mais faisant fi de l'existence d'un droit commun ayant la même valeur pour tous en vertu de l'équité.

Mais lorsqu'une logique entre en conflit avec une autre tout aussi légitime, il y a déni de droit et le système se fige, devient vicié et se pose comme une cible à toutes les interprétations partisanes, effaçant l'intérêt commun. Les tribunaux regorgent de ce type de procès en arguties, où les rhéteurs plaident ou accusent dans toutes les directions sans jamais aboutir à un consensus, faisant ainsi régner la discorde et la confusion. Le droit d'expression n'est plus désormais une institution au sens monolithe d'un droit naturel opposable à tous, mais un échevinage de droits opportunistes, dispersés, accrochés à leur époque ou évènements, qui s'approprient le pilier centrale de ce droit, chacun le détournant à sa manière, pour servir son intérêt, et dans la conviction que ce droit lui appartient en propre plus qu'à autrui.

Dans cette auberge espagnole, chaque évocation détricote, raccommode et réinstalle la jurisprudence à sa manière, et le droit oral se prescrit comme le censeur des droits de l'Homme et du citoyen. De sorte que depuis les

---

[2] Il s'agissait alors des réprouvés issus des métiers nobles du bois et du fer ; une communauté d'indigènes de Navarre et du Béarn des XIIIe et XIVe siècles, associée à la lèpre par leurs oppresseurs.

fondamentaux constitutionnels, repensés par des coteries pour n'obéir qu'à des intérêts sectorisés et cultuels, émergent des nouvelles règles *jus singulare* (droit particulier), autant dire intransposables au peuple. En l'occurrence, des privilèges s'inscrivent aux dépens de l'intérêt général, au prétexte de préserver et protéger les uns, d'où proscrire les modes de penser et d'agir des autres. C'est ainsi que des syndicats ouvriers, des associations *« anti »* ou des idéologues multiculturalistes ou altermondialistes qui se présentent comme les défenseurs des pauvres et des opprimés, fabriquent une société à l'envers, où la solidarité se mue en assistanat, cela en dépouillant la société des contribuables qui l'alimente.

Selon l'atticisme du *politically correct*, il n'est pas non plus recommandé d'examiner de trop près pourquoi la solidarité mutualisée se mue en une charité d'État qui spolie les cotisants pour redistribuer leurs droits à des non-droits. De sorte que les classes dites défavorisées (ou déracinées) se voient dotées de super-privilèges par le cumul des avantages sociaux et de rétributions qui les exonèrent de travailler. C'est ainsi encore que nul analyste, non initié aux budgets votés au Parlement, n'aurait les moyens à ce jour d'examiner la réalité de la distribution du produit de la solidarité ou de discerner quels sont réellement les ayants droit des profiteurs ou des escrocs, sans devenir lui-même une cible malavisée, suspecte d'égoïsme, de nationalisme, voire de xénophobie présumée. Voyons là un oxymore qui dévore les libertés et défigure le profil de celui qui s'en approche de trop près.

a) La communication sensible, un art : le storytelling[3].

La communication dans les domaines sensibles, qu'elle soit radio-télévisuelle, éditorialiste ou littéraire, suscite un certain nombre de blocages* et de dangers**, parmi lesquels on y trouve une réplique intolérante parfois emprunte de violence**, depuis l'objet même où se trouve puisée l'information. Mais en face, se profile une autre adversité* : l'appréciation de la puissance publique épaulée par des sages, intellectuels et médias serviles, tous gardiens des institutions. Ainsi se fabrique, dans les coulisses du pouvoir régalien, le prêt-à-penser, un *modus operandi* des faiseurs d'opinions. Il s'agit, pour les censeurs autorisés, d'empêcher que des

---

[3] Mise en récit par des communicants en politique, les *spin doctors,* pour formater les esprits autour d'une actualité d'événements, afin de détourner l'attention des électeurs. Christian Salmon, chercheur au Centre de Recherches sur les Arts et le Langage, s'est spécialisé dans cette discipline pour débusquer la censure opérée par le pouvoir politique contre l'engagement des intellectuels. En 1993, il mit sur pied le *Parlement international des écrivains,* une association de solidarité d'essayistes et de philosophes qu'il anima aux côtés de Breyten Breytenbach, Jacques Derrida, Édouard Glissant, Salman Rushdie et Pierre Bourdieu ; des auteurs jugés polémiques et embarrassants pour l'exécutif.

messages polémiques, lorsqu'ils ne vont pas dans le sens de l'idéation combinée du moment, déséquilibrent un ordre social que l'establishment s'efforce de maintenir selon ses critères exclusifs, tout en faisant croire qu'ils sont les seuls garants, devant le peuple, de la sacro-sainte liberté d'expression.

À ce niveau de la communication de crise, les risques touchent les domaines critiques de l'insécurité, des maquignonnages électoralistes, des concussions politico-financières autour de la question traitée dite sensible, mais aussi de l'environnement international géostratégique et diplomatique. Nonobstant l'encadrement politique réducteur, l'information contradictoire peut également couvrir ces domaines réservés à la gouvernance et ses catéchumènes, un pré carré défendu sous le couvercle dommageable de l'interdit et des tabous, comme les problèmes touchant à l'immigration (Chap. second, §-IV a), la religion (Chap. second, §-III c), la démographie (Chap. second, §-I b)… Il vaut donc mieux, pour le citoyen lambda, ne pas aborder les contours brûlants de ces sujets délétères pour ne pas être pressenti comme un fauteur de trouble, un séditieux. Il ressort que l'acceptabilité d'une communication individuelle, selon les techniques utilisées et la force probante sur son audience, se situe aux frontières du risque.

La communication de défiance ou d'attaque, sujette à déformation et interprétation, se dilue souvent mal dans un espace sociétal opaque, où les détracteurs tenteront d'user de tous les moyens pour discréditer l'auteur de l'information jugée renégate, soit par les sources utilisées, qualifiées peu crédibles, insuffisantes, partisanes voire mensongères, soit, à défaut, en cherchant à flétrir l'honorabilité de l'auteur, par la rumeur, la suspicion et la mystification. De sorte que le communicant devra évoluer en eau trouble, sinon affronter des lobbyistes qui s'efforcent de décaler la réalité de l'objet dénoncé, idéalisant une éthique tronquée et certifiant des convictions que partagent déjà un public acquis à coup de propagandes, de dialectiques politiciennes, autant dire un auditoire bardé des certitudes qui lui sont injectées le plussouvent à son insu. L'intangibilité de la communication orale ou épistolaire se heurte de front avec la matérialité d'une société solidement organisée, qui planifie au sens juridique et moral tout ce qui peut se dire, s'entendre, s'écrire ou s'évoquer de quelque manière. Le reste sera vilipendé, diabolisé, soustrait. Autant dire que le combat est inégal.

Le storytelling *(in, « Enjeux, méthodes et cas pratique de la communication narrative »* de Frank Plasse, Territorial Éditions, 2011), procède d'un discours planifié et instrumenté, par lequel la rhétorique, pour être convaincante, s'appuie sur des révélations mises en scène sur le théâtre de l'investigation. Préférons l'analyse ultérieure de Christian Salmon (Voir note 3) : *« Storytelling, la machine à fabriquer des histoires et à formater les esprits »* (éditions La Découverte, 2007). La puissance du langage étantobservée comme un vecteur d'influence, sortede suggestivationqui émoustille l'entendement et infère la réflexion, elle peut être égalementinduite par une technique moins brillante comme celle de l'imagerie *people* ; un procédé délétère car abêtissant, mais une dérive efficace de l'attention des prospects - comme en marketing - introduite par les conseillers en communication œuvrant pour des candidats en politique.

Pour le communicant indépendant -autrement dit non subjugué, non entravé ou replié à l'intérieur d'un biotope dogmatisé,- l'ouvrage sera énorme et l'objectif quasi inaccessible. De fait, il lui faudra insinuer le doute, voire libérer certaines inhibitions pour décrocher le public des convictions ou modèles que lui administrent habituellement les groupes de pression habilités. En effet, il est très difficile de modifier les comportements, voire de changer les modes de perception et les couloirs du raisonnement qui façonnent les convictions, tant les manipulations des faiseurs d'opinions déteignent sur leurs proies en les forçant à emprunter les sens uniques et à adopter les mêmes réflexes. Par analogie, l'effet Pygmalion est une conjecture auto-suggestive selon laquelle il est possible de s'auto-influencer en se persuadant de la plausible démonstration d'autrui. De fait, ce phénomène d'imprégnation prétendument prémonitoire ou virtuel, également appelé l'effet *Rosenthal & Jacobson* du nom de ses découvreurs, n'est qu'un leurre, mais un artifice qui convainc, voire qui oblige le prospect subjugué et/ou instrumentalisé.

Le vocabulaire autour des licences interprétatives de la démocratie est riche, mais les marges consenties à la communication individuelle demeurent étroites, sinonindécelables car elles se font instables donc imprécises dans l'espace et le temps. Ces limites, conditionnées par leur environnement sociétal sont faites pour créer l'illusion d'un espace oscillant entre libertés, droits et devoirs. La politique française s'illustre dans l'appréhension de cette chimère, entre l'original et la copie, où le droit de vote est conditionné à un faux choix entre socialistes conservateurs et républicains démocrates. Ce paradoxe n'est certes pas une exclusivité à la française, car ce bipartisme d'alternance politiquese joue également avec une bipolarisation des alliances (ou ententes) entre frères ennemis comme en UK (Labour Party/Conservative Party), en RFA (Sozialdemokratische Partei/Liberaler Konservatismus) ou aux USA (Democrats et Republicans) ; les uns s'efforçant vainement de se différencier des autres, sachant néanmoins que certains électeurs finissent par comprendre…

Voilà bien un exutoire sous contrôle, un intervalle borné de marqueurs sociaux, de valeurs étalonnées, de seuils d'alerte ; un formatage cognitif dont l'empreinte de chacun fait l'objet d'une traçabilité de profil. Les dirigeants politiques dans le monde libre et industrialisé, nonobstant leurs querelles de clocher, sont tous d'accord sur le fond, mais ils font illusion en chicanant sur les méthodes et la forme, surtout en écartant tout ce qui s'éloigne en apparence de la social-démocratie, ou ce qui pourrait égratigner leur confort moral onusien, tiers-mondiste et droit-de-l'hommiste. Par-delà cette dualité gémelle, les laissés-pour-compte de la politique parachèvent le décor, soit en restant des électrons libres qui ne briguent aucune responsabilité, soit en comblant le vide qu'ils laissent dans les urnes par des alliances d'opportunité.

Ce sont des paramètres idoines que l'on retrouve chez les insectes sociaux, sachant que les sujets qui s'en éloignent sont expulsés de la ruche, de l'essaim, de la termitière. C'est précisément ce qui différencie les partis politiques de gauche et de droite en passant par le centre, des partis radicaux nationalistes ou collectivistes, des anarchistes ou des non-alignés ; ceux qui n'entrent pas dans le moule. Ils seront toujours minoritaires en démocratie, alors qu'ils règnent en dictateurs ou souverains absolutistes dans les pays du tiers monde ; souvent des théocraties islamiques autoritaires. Si les standards de la démocratie sont les ennemis du totalitarisme, ces références se posent comme un paradoxe dès lors qu'elles se retournent contre l'esprit constitutionnel des sociétés occidentales, où la simple évocation d'une idéologie ultra-révolutionnaire s'oppose à l'histoire fondatrice de leur propre révolution institutionnelle et civilisatrice respective.

L'*Argumentum ad hominem*(Voir l'introduction au Chapitre 1er)estunprocédé fallacieux qui consiste à réfuter des développements qui dérangent (ou qui chahutent l'ordre établi) en s'en prenant directement à la vie privée de l'auteur.Cette attaque tout à la fois frontale et indirecte, puisqu'elle ne répond pas à l'argumentaire opposé, est souvent le produitd'une incapacité ou mauvaise foi du ou des détracteurs, soit pour ne pas devoir affronter intellectuellement l'interlocuteur antagoniste sur un terrain miné, lequel ne doit être connu du grand public pour ses idées, mais seulement appréhendé sous un habillage méconnaissable et indélicat en suscitant la confusion autour de sa personne privée (ses accointances, ses sensibilités, ses dérèglements s'il en est).

Pour ce faire, les gens de pouvoir chercheront d'abord à déguiser une situation dénoncée par l'imprudent communicant qu'il faudra absolument neutraliser, même en usant d'artifices retors et déloyaux. Il s'agit ici d'un concept de défense hors limite, un *plausible denial* (déni plausible), une désinformation légalisée ayant pour mobile la fabrication insidieuse d'un prétendu consensus citoyen en partant d'une propagande alternative, puis s'il le faut, en forçant les limites autorisées de la censure comme moyen d'affaiblissement et de neutralisation (désaveu, flétrissure médiatique, condamnation, ostracisme ou mis au ban du système, diabolisation).

Le noyautage de la Nation, ou la manipulation clandestine de l'opinion publique, s'avère être une forme d'entrisme qui contribue à déstabiliser un courant intellectuel trop perspicace, qualifié de subversif, ou à laisser ignorer une information présuméeresponsable, jugée inappropriée même si elle s'avère authentique, à dessein que son révélateur échappe à l'écoute et la lecture du grand public profane ou acquis. À ce propos, on évoque une légitime inacceptabilité, une entente d'État pour le rejet arbitraire d'une information inopportune ou trop précoce pour être entendue et comprise par ces citoyens qui sont considérés inaptes, par conséquent jamais prêts à la recevoir. Thierry Libaert cite le renversement de la perspective David *versus* Goliath(© Magazine de la communication de crise et sensible, Professeur à l'Université catholique de Louvain, directeur scientifique de l'Observatoire international des Crises, 30 juin 2013 - Chapitre dela communication sur des sujets sensibles).

Cependant, si les électeurs sont supposés immatures par les grands de ce monde, mais que paradoxalement il faut redouter l'exercice populaire de la paroleou le talent scripturalde l'esprit, c'est bien la démocratie que certains voudraient remettre en cause, dès lors que les libertés flirtent avec l'intelligence d'une Nation que d'aucuns voudraient silencieuse et soumise. Pourtant, lorsque le Premier ministre, se permet d'interpréter la loi selon sa propre perception, peut-être que celui-ci a l'excuse d'une absence d'information, sinon d'une carenced'instruction juridique. Ce pourquoi, après avoir déclaré publiquement devant des Parlementaires que la vie privée n'était pas une liberté ; autrement dit un droit issu des libertés fondamentales (Voir Chap. Ier, §-II c), il n'est pas superfétatoire de rappeler ici quelques articles relevés sur le Code pénal (partie administrative, chapitre VI, section 1 : « De l'atteinte à la vie privée »), lesquels infirment les allégations du locataire de Matignon.En voici une ébauche à l'intention de Manuel Vals :

Art. 226-1 : Est puni d'un an d'emprisonnement et de 45 000 euros d'amende le fait, au moyen d'un procédé quelconque, volontairement de porter atteinte à l'intimité de la vie privée d'autrui : 1°) En captant, enregistrant ou transmettant, sans le consentement de leur auteur, des paroles prononcées à titre privé ou confidentiel ; 2°) En fixant, enregistrant ou transmettant sans le consentement de celle-ci, l'image d'une personne se trouvant dans un lieu privé. Lorsque les actes mentionnés au présent article ont été accomplis au vu et au su des intéressés sans qu'ils s'y soient opposés, alors qu'ils étaient en mesure de le faire, le consentement de ceux-ci est présumé.

Art. 226-2 : Est puni des mêmes peines le fait de conserver, porter ou laisser porter à la connaissance du public ou d'un tiers ou d'utiliser de quelque manière que ce soit tout enregistrement ou document obtenu à l'aide de l'un des actes prévus par l'article 226-1. Lorsque le délit prévu à l'alinéa précédent est commis par la voie de la presse écrite ou audiovisuelle, les dispositions particulières des lois qui régissent ces matières sont applicables en ce qui concerne la détermination des personnes responsables.

Art. 226-3 (modifié par la loi 2015-912 du 24 juillet 2015) : Est puni de cinq ans d'emprisonnement et de 300 000€ d'amende :

1° La fabrication, l'importation, la détention, l'exposition, l'offre, la location ou la vente d'appareils ou de dispositifs techniques de nature à permettre la réalisation d'opérations pouvant constituer l'infraction prévue par le second alinéa de l'article 226-15 ou qui, conçus pour la détection à distance des conversations, permettent de réaliser l'infraction prévue par l'article 226-1 ou ayant pour objet la captation de données informatiques prévue aux articles 706-102-1 du code de procédure pénale et L. 853-2 du code de la sécurité intérieure et figurant sur une liste dressée dans des conditions fixées par décret en Conseil d'État, lorsque ces faits sont commis, y compris par négligence, en l'absence d'autorisation ministérielle dont les conditions d'octroi sont fixées par ce même décret ou sans respecter les conditions fixées par cette autorisation ;

2° Le fait de réaliser une publicité en faveur d'un appareil ou d'un dispositif technique susceptible de permettre la réalisation des infractions prévues par l'article 226-1 et le second alinéa de l'article 226-15 lorsque cette publicité constitue une incitation à commettre cette infraction ou ayant pour objet la captation de données informatiques prévue aux articles 706-102-1 du code de procédure pénale et L. 853-2 du code de la sécurité intérieure lorsque cette publicité constitue une incitation à en faire un usage frauduleux.

Art. 226-4 : L'introduction ou le maintien dans le domicile d'autrui à l'aide de manœuvres, menaces, voies de fait ou contrainte, hors les cas où la loi le permet, est puni d'un an d'emprisonnement et de 15 000€ d'amende. Le maintien dans le domicile d'autrui à la suite de l'introduction mentionnée au premier alinéa, hors les cas où la loi le permet, est puni des mêmes peines.

Art. 226-5 : La tentative des infractions prévues par la présente section est punie des mêmes peines.

Art. 226-6 : Dans les cas prévus par les articles 226-1 et 226-2, l'action publique ne peut être exercée que sur plainte de la victime, de son représentant légal ou de ses ayants droit.

Art. 226-7 (modifié par la loi du 12 mai 2009, art. 124) : Les personnes morales déclarées responsables pénalement dans les conditions prévues par l'article 121-2, des infractions définies à la présente section encourent, outre l'amende suivant les modalités prévues par l'article131-38 : 1°) [abrogé] ; 2°) L'interdiction, à titre définitif ou pour une durée de cinq ans au plus, d'exercer directement ou indirectement l'activité professionnelle ou sociale dans l'exercice ou à l'occasion de l'exercice de laquelle l'infraction a été commise ; 3°) L'affichage ou la diffusion de la décision prononcée, dans les conditions prévues par l'article 131-35.

Outre le fait que la police d'État - ses services de renseignement et d'intervention - ne relèvent pas du droit commun, mais de droits spécifiques ou d'exception dont la plus grande partie est exposée au Code de la sécurité intérieure, les prérogatives politiques ne devraient jamais échapper à la compétence d'attribution des juridictions civiles, à peine de rejoindre la ligue des régimes autocrates et anti-démocratiques reconnus comme tels. Or, dans la situation présente, après le *pronunciamiento* du 24 juillet 2015, c'est bien la police politique en France qui a pris le pas sur les règles de droit commun, celle-ci se trouvant dorénavant totalement à l'abri derrière une garde prétorienne administrative inspirée de l'édit du 15 mars 1667 et du colbertisme. Comprenons que si cela n'était pas le cas, eu égard à la violation de la quasi-totalité des articles énumérés ci-dessus, la plupart des ministres sous la mandature de François Hollande serait déjà mis en examen, le chef d'État quant à lui bénéficiant de l'immunité présidentielle temporaire, sous réserve de l'appréciation des articles 67 et 68 issus de la loi constitutionnelle du 23 février 2007.

Voilà qui expliquepourquoi Manuel Vals se croit au-dessus des lois, qu'il méprise sans le moindre égard la vie privée de ses concitoyens en déclamant haut et fort que ce droit n'existe pas, précisément parce qu'il se trouve désormais totalement protégé sous le couvercle de la sécurité intérieure et du Secret Défense. Ce pourquoi cette direction politique se permet de trier, censurer et prohiber tout ce qui déroge à la ligne de conduite du pouvoir oligarchique de l'exécutif. Ce privilège que s'est octroyé le Gouvernement, via l'Élysée, ne relève donc plus d'une prérogative démocratique, mais d'un autoritarisme infiltré dans chacune des fibres du peuple par la voie du numérique, car la thématique des dirigeants élus tend désormais à s'octroyer la maîtrise absolue du pouvoir par le renseignement. Selon l'adage du jurisconsulte et empereur Salvius Julianus, « *Toutes les lois sont faites pour être violées et les règlements pour être contournés* ».

b) Désinformation ou mystification ; un procédé pour ne pas laisser trop de démocratie prendre le pas sur une démocratie revisitée !

Selon Jérôme Roux (Notaire à Agen), « *La liberté de conscience est emmurée dans le for intérieur* » (Source : Constitution, Dalloz, avril/juin 2014).

Il est des mots qui résonnent plus que d'autres, non pas à cause de leur signification lexicologique, mais par leur implication étrange, profonde, mystique, sinondépréciative et réductrice dans l'esprit qui en est traversé. Parmi ces vocables, je citerais la *persuasion*, l'*imprégnation* et le *conditionnement*. De sémantique proche, leur déclinaison linguiste respective suggère néanmoins quelques nuances d'approche, quoique le résultat, dans tous les cas, est catastrophique en termes d'auto-détermination ou de capacité cognitive individuelle. Dans *Pierre de la folie* (1963)le poète et *desterrado* Fernando Arrabal exprimasingulièrement ce pesant ressentiderrière cette parabole : « *Dès que j'ai mis les pieds dans la rue, j'ai commencé à parler cette langue incompréhensible* » (Ndlr).

Les principaux responsables de ces aliénations sur la personnalité et l'intelligence d'une cible, par la manipulation cérébrale et la servitude imposée par d'autres, sont le plus fréquemment induits par une adhésion sans réserve à une politique, un militantisme syndical ou autre lobbyisme exalté, ou encored'une allégeance fanatique à un gourou, à une secte ou à une religion (du pareil au même). Sachant que chacun de ces moteurs existentiels ne sont pas nécessairement pervers ou nocifs, il s'agit plutôt de dénoncer un mauvais dosage de l'appréhension idéologique, une asthénie mentale induite, une perméabilité pathologique du moi - *vs* soi - et un trop fort investissement dogmatique qui conduit l'adhérent ou le croyant à se mobiliser de façon irrationnelle, voire extatique.

Ainsi, la *persuasion inconsciente* met en mouvement une approche sensorielle non pressentie, comme les techniques supraliminales. Cette forme d'entrisme implicite sur les organes de perception du sujet, subodore une excitation convenue sur l'esprit frappé, laquelle s'avère supérieure au seuil de déclenchement normal de la réaction émotionnelle. Cette injection itérative d'images imperceptibles peut, à l'instar de l'hypnose (un état modifié de la conscience, mais consentant), changer le comportement et manipuler la pensée du sujet. S'agissant de l'impression infraliminaire, ou subliminale, cette méthode plus douce ne provoque pas de réponse *a priori,* mais peut néanmoins influencer le prospect sur ses réflexes immédiats, ses pulsions, ses goûts, ses addictions affectives ou ses facultés sensitives perméables.*Voyons ici le travail didactique de la propagande.*

Quant à l'*imprégnation,* elle est souvent naturelle et explicitement suggérée. Les facteurs extérieurs relèvent de la tradition, du climat et du statut familial et/ou social, d'une approche rationnelle (esprit de caste, éducation, credo confessionnel ou corps professionnel). Cet apprentissage comporte des étapes associées à des sollicitations, avec des interactions obligées selon une approche béhavioriste (ethos interférent, expérience de Skinner). L'impact de ces suggestivations, de cause à effet, sur la personnalité acquise du sujet, peut s'avérer déterminant dans le déroulement du parcours à venir du sujet, puis sur sa conduite (mentalité et comportement), voire impliquer un processus psychologique irréversible, d'où une dépendance mentale qui résulte d'un traitement de l'information.*Sur ce registre, il s'agit de la recherche d'un profil, du prospect approprié.*

Le cognitivisme est une méthode d'introspection scientifique qui traite l'information par l'interaction des apparences. Ce paradigme s'oppose au béhaviorisme dont l'approche ajoute au processus de cognition une imprégnation dominante suggestive. Cette approche comportementaliste consiste, en psychologie, à déterminer, voire surestimer l'influence des liens, fonctions et acteurs observables depuis l'environnement sur l'individu, comme des stimuli susceptibles de modifier le cadre mental et sensitif de sa perception et de son entendement. En clair, le milieu ou baigne l'individu prévaudrait sur son individualité, son apprentissage à la vie, sa personnalité et son intelligence, par l'entremised'une connexion computative extérieure à son être. Si le cognitif participe del'élévationanthropienne, l'effet béhavioriste rend indissociable le biotope de l'individu, son émergence et son évolution psychique faisant corps avec la nature. Autrement dit, nous ne sommes rien sans rien autour ; un concept d'émergence qui prolonge notre survie dans l'adversité, ainsiillustrée par l'allégorique*Diagonale du fou.*

Autre relief de ce mécanisme, le *conditionnement psychologique* succède à l'aliénation de la personnalité. Il s'agit d'une prise de pouvoir sur l'individu, la capture de son libre-arbitre à l'aide d'un protocole de déstructuration de l'être inhibé, déprogrammé, décervelé, pour être reprogrammé selon un cérémonial à termeconsenti. L'apprentissage pavlovien (masoréplique de type I) est à différencier du conditionnement opérant, puisque dans le premier cas, le stimulus à traiters'opère à partird'un évènement extérieur, tandis que dans le second cas, il s'agit d'une action sur la personne elle-même. Des risques accrus de névrose psychosomatique, de suicides, d'asociabilité, d'irritabilité, d'intolérance suivie d'accès de violence s'observent.Le sujet conditionné n'est alors plus l'objet d'une recherche ou d'un traitement, car à ce stade fini, il incarne la substance psychique qui lui aura étéadministrée.

Surviennent différentes phases de ce mécanisme d'autodestruction de soi, de refoulement puis de capture mentale, en particulier dans ce que fut la jeunesse hitlérienne, puis par analogie ce qu'est devenu l'Islam intégriste. Ici, nous ne sommes plus dans un simple processus d'information, un paradigme cognitiviste où certes cohabitent des clichés évocateurs et abondants comme l'enseigne d'une bonne moralité instituée, car les gardiens de la vertu emmènent tout droit le peuple dans la phase terminale d'une dictature politique ou théocratique. Cependant, ayons le réflexed'une prudente réserve en regard des évènements liés à l'insécurité et la tournure que prennent les lois en France pour y répondre, car la démocratie poussée dans ses derniers retranchements peut insidieusement en prendre le chemin.

C'est ainsi que par un processus de lente absorption, le sujetobéit à une pensée dirigée dans un monde globalisé qui feint la diversité, donc la liberté d'opinion. Or, s'il on n'y prend garde, toute politique qui étrangle ses citoyens dans le couloir d'une pensée obligée, avec une morale obligatoire et un sens unique de l'esprit en guise de libre-arbitre, peut sombrer, sans que les citoyens l'aient pressenti, dans une autre forme de totalitarisme oligarchique.

La réalité de la subjugation forcée va bien au-delà de ce qui est perceptible ou attendu dans une société démocratique, car elle peut être insidieuse, donc sans indicateur de vigilance, d'où le défaut d'auto-défense pour les populations non averties, confiantes donc imprudentes, fragiles et/ou profanes.Selon la formule alors émergeante, empruntée à Vans Packard, *La persuasion clandestine* affiche toutes sortes de mercantilisme, comme vendre un chef d'État à travers une option électorale insinuée, consommer telle ou telle boisson ou confiserie dans un cinéma, faire changer subrepticement d'opinion des spectateurs, voire inciter un public choisi, toujours à son insu, à s'engager dans un parti politique ou décider les indécis à partir en guerre. Tout cela n'est pas le fruit de l'imaginaire mais d'une technique qui a déjà parfaitement bien fonctionnée, qui encore est à l'ordre du jour. Ces déviations comportementales suggérées, voire imposées, sont excessivement dangereuses, car imprévisibles et même incontournables, puisqu'elles sont induites par des vecteurs apparemment inoffensifs et anodins, comme un poste de télévision dont tout le monde dispose.

La méthodologie radio-télévisuelle initiée par la social-démocratie pour fédérer ou inversement diaboliser une formation politique de façon insidieuse et indélicate amène le téléspectateur à ne percevoir que ce qui lui est injecté dans l'oreille ou la rétine. François Mitterrand utilisa en son temps (dans le JT d'*Antenne 2* à l'occasion des présidentielles de 1988), ce que Vans Packard (op. cit.) en 1957 baptisa *The Hidden Persuaders*. Ce procédé découle d'une technique subliminale, laquelle consiste à pénétrer le cortex cérébral et focaliser l'attention du prospect de poncifs publicitaires défilant très vite, donc invisibles à l'œil nu, néanmoins susceptibles d'influencer la partie consciente de son cerveau. Il s'agit d'un stimulus incorporé dans un message étranger pour être perçu juste au-dessous du niveau de conscience.

Superposition de plusieurs effets optiques, illusion, simulation, synthèse d'images en 3D, traitement numérique, pixilation, etc., tout est désormais possible pour obtenir du *« faux réel »* avec du *« vrai trucage »*. Les effets spéciaux mécaniques ainsi que les animatronics sont des techniques qui remontent aux années 1920, et font partie d'un storytelling propre aux images de processing. Ces traitements,désormais obsolètes, procèdent à présent de formules plus modernes s'y substituant, telses infographies, les produits d'incrustations, de rotoscopie, de slit-scan, de travelling contrarié, d'anagrammes ou de distances hyperfocales qui fabriquent autant d'illusions que l'esprit peut confondre. Deux catégories de clients s'intéressent à ces *happenings* technologiques : primo l'industrie du jeu, du cinéma et de la publicité pour qui ces formules relèvent d'un art scientifique, et secundo le monde politique qui y voit davantage un instrument de captation, de persuasion ou de séduction ou de diabolisation, sachant qu'à ce niveau de duperie, il ne peut plus s'agir de communication.

Il serait quelque part possible d'associer ce processus induit de l'illusion, par l'apparence en trompe-l'œil ou la chimère, à celui des apparitions mariales ou christiques d'une autre époque ; des visions ou autres phénomènes dits surnaturels, mais ayant pour origine une perturbation cérébraleet/ou sensorielle. Si l'anamorphose procède d'une volonté d'acheminer l'image vers une autre interprétation de celle-ci selon l'angle où le regard se pose, les procédés subliminaux ou infraliminaux sont des recettes insidieuses faites pour traverser la conscience de façon clandestine, en forçant la volonté des prospects et influencer leurs choix. Sur cette dernière méthode, cette tromperie implicite d'un public de masse entre les mains des faiseurs d'opinion, gagne l'intérêt des sphères d'influence pour qui manipuler l'esprit des électeurs est un autre jeu ; celui de gagner en pouvoir.

Outre ces procédés machiavéliques, le mental du téléspectateur demeure trop souvent figé devant le petit écran, subjugué, somnolent et près à tout avaler sans aller chercher ailleurs un avis contradictoire, sinon y vérifier ce qu'il se dit. L'effet d'endormissement et d'imprégnation d'un téléviseur convainc plus qu'il ne suggère, car l'image est fugitive, soporifique, et les émissions rétiniennes injectées induisent la crédulité, donc anesthésie la vigilance, plus qu'elles n'éveillent l'esprit qui ne peut s'exprimer à défaut d'interaction extérieure à l'image. C'est la paralysie de la conscience, un endormissement auquel s'ajoute la certitude du téléspectateur que ce qu'il se dit sur un plateau Tv est forcément vrai venant d'un professeur, d'un journaliste, d'un philosophe ou d'un essayiste reconnu.

Paradoxalement, la tonicité mentale de l'écrivain, qui s'exprime durablement sur le papier tant que cela lui est permis, ne bénéficie plus automatiquement de cette force de persuasion sur ses lecteurs, car ces derniers disposent, outre les multiples autres régies épistolaires, d'outils consultables en ligne, de réseaux sociauxinteractifs en instantané, avec des moyens prospectifs et introspectifs. En outre, un livre peut voyager, se partager et faire ultérieurement et en permanence l'objet d'une dissection de son contenu, ce qu'une image mobile ou un commentaire fugace sur un poste Tv n'offre pas si l'émission, le reportage ou l'interview produit n'est pas attrapé au moment opportun, pour être enregistré et soumis à une vérification concourante ultérieure.Pour protéger les uns contre les abus des autres, ainsi la presse tabloïdqui propage la rumeur, ses indélicatesses et ses digressions, les diffuseurs du pédopornographique qui souillentl'intégrité des mineurs, les appels à la haine, au racisme et à la violence, etc., des lois se sont multipliées, mais dans un désordre de prétoire qui se contrarient dans un foisonnement juridictionnel dont plus personne ne s'y reconnaît, sauf à l'heure du prononcé de jugement ou de l'arrêt qui fera jurisprudence. C'est pourquoi le droit à l'image et la protection du droit d'auteur, essayiste ou photographe, sont autant de libertés qui s'annihilent trop souvent dans la confusion des genres et des intérêts ; les uns se retranchant derrière les sacro-saintes libertés, les autres en abusant d'une prérogative leur permettant de museler le droit d'expression en passant par un piratage d'identification.

Il s'agit donc, pour la puissance publique, d'un moyen de censure dissimulé,donc abusif, que d'interdire des reproductions livrées au public par des professionnels, outre les blogueurs qui agissent avec plus de liberté sur la toile. Le pouvoir exorbitant de la censure (ironisé en 1874 par André Gill sous les ciseaux de Madame Anastasie) peut s'exercer pour de simples motifs politiques dits sécuritaires, et non d'éthique,même si ce mobile est mis en exergue pour être accepté (trouble à l'ordre public : article 4 de la Constitution), portant ainsi atteinte au droit à l'information et à la liberté de la presse.Sur ce registre, la Cour EDH avait déjà tranché le 7 décembre 1976 parsa décision n° 5493/72, Handyside c/UK : *« La liberté d'expression vaut non seulement pour les informations ou les idées accueillies avec faveur, considérées comme inoffensives ou indifférentes, mais aussi pour celles qui heurtent, choquent ou inquiètent : ainsi le veulent les primats de pluralisme, de tolérance et l'esprit d'ouverture, sans lesquels il n'est pas de société démocratique ».*

Autre témoignage, ceci n'étant pas l'émanation d'une plaidoirie mais de la réflexion d'un illustre écrivain, selon qui il semblerait qu'un cinglant démenti vienne contrarier l'ordre de l'histoire, et que le fanatisme revient aussi fort que jadis pour annihiler le droit d'expression. Ce fut en ces termes que Élisabeth Badinter souligna que : *« Nous revenons aujourd'hui, sans s'en rendre compte, à une pensée obligatoire qui ressemble fort au dogmatisme d'antan. Les leçons d'histoire ne servent plus à rien. D'anciens sujets tabous, telle que la religion, sont redevenus intouchables. Essayez donc de faire jouer* « **Mahomet** » *de Voltaire sur une scène française et vous verrez ce qu'il se passera [...]. Notre liberté de penser se restreint peu à peu. Il n'est que temps de reprendre le combat des Lumières »* !Il suffit pour cela de s'en remettre à la Déclaration des droits de l'homme : *« Tout citoyen peut [...] parler, écrire, imprimer librement » ;* dispositions élargies aux frontières par l'art. 19, ONU(1948), et la Convention EDH, art. 10, (1950), ou à l'analyse de Spinoza : *« « La liberté de penser peut se concilier avec le maintien de la paix et le salut de l'État ».*

Toujours dans cette logique,l'action prétorienne - soucieuse des turbulences procédurales que suscite le droit canon islamique - peut entrer en contradiction avec les droits fondamentaux ;réplication des droits naturels (Conseil constitutionnel, 20 mai 2011, n° 2011-131 QPC : *« Diffamation - inconstitutionnalité de l'interdiction de prouver la vérité de faits de plus de dix ans »).* Sur ce fondement logique, pour un esprit cohérent et partial,il est possible d'objecter que le Coran étant un ouvrage millénaire rédigé à une époque antique par des gens simples, sans droit ni prérogative sur le futur, les lois séculières et la jurisprudence actuellene peuvent s'y appuyer rétroactivement, nonobstant la diffusion massive dudit Livre sacralisé.

Rappelons sur ce point qu'un livre de culte, pour un laïc ou un agnostique qui n'adhère à aucune profession de foi à caractère ontologique, ne saurait être défini comme un Livre sacré, mais observé sans autre égard qu'un ouvrage littéraire ordinaire, au même titre qu'un roman ou unemonograpie.De ce fait, le Coran, à l'instar de la Bible, de l'Évangile ou des Mantras, n'est véritablement qualifié de Livre sacré que pour les fidèlesqui pratiquent ce culte, voire respecté des autres croyants par esprit de confraternité existentielle.Retenons néanmoins qu'un profane peut témoigner un intérêt cognitif autour ducontenu liturgique d'un ouvrage de culte.De fait, un livre qui retient une source d'histoires antédiluviennes, de métaphysique ésotérique ou de mathématique (kabbalisme)trouve matière à retenir l'intérêtd'un chercheur ; d'un archéologue, d'un paléontologue, d'un anthropologue,d'un exégète en herméneutique, d'un philologue oud'un historiographe.

Or, sur le plan judiciaire, s'il est plus difficile de rapporter des faits lointains pour les confondre avec leurs détracteurs du XXIe siècle et, malgré la déformation du temps, qu'il faille protéger l'honneur des personnes qui s'inscrivent dans un livre de religion. En contrepartie, la vérité peut apparaître plus claire au fil de l'histoire, eu égard à l'évolution de la connaissance scientifique, du droit et des mentalités, mais aussi grâce au repli nécessaire à l'apaisement émotionnel.D'où, un jugement rendu par des magistrats civils sera sûrement plus impartial que pourrait l'être un tribunal conduit par des religieuxcomme au Moyen-âge chrétien, voire aujourd'hui avec des cadis dans une juridiction islamique.De surcroît, s'agissant d'une mise en examen pour outrage à la religion ou à la personne de Muhammad par exemple, rappelons que le Coran n'est pas une personne (un être vivant), ni le Messager d'Allah l'incarnation d'undémiurge existantou ayant existé (sauf preuve paléontologique ou phylogénique, ce qui n'est pas le cas pour l'Islam) au regard du droit réel oud'une approchetangible. En l'occurrence, la fictiond'une divinité n'emporte pas une réalité palpable, seulement une superstition, une croyance, une idolâtrie, un évhémérisme. En religion, tout fut inventé dans l'imaginaire primitif, sauf qu'il ne s'agit que d'une dimension ailleurs ayant ses assises dans la peur de la mort et la superstition ; autant de vecteursqui n'enferment aucun sens commun avec la réalité.

De sorte que le tabou cultuel et ses panégyriques n'ontrien de sérieux pour un athée ; unagnostique, un pyrrhonien ou unsceptique. Mais faisons preuve derationalisme car sur un plan existentiel, pour le commun des mortels, le désir de comprendre par l'entendement et non sous l'empire d'une imbibition sera toujours moins fascinant que la soif d'illusion. En clair, croire et s'investir dans un créneau spirituel etapologétique engendre une commodité de conscience, induit un raccourciintellectuelmagique, un confort psychologique soutenu clos dans une certitudeapaisante même irrationnelle. Alors que l'introspection et la recherche de l'émergence dans la finitude requièrent d'autres facultés, comme l'humilité dans le doute et l'ouverture par l'écoute ; un espace mentalaccessible pour laisser se développer lucidité, empathie, esprit d'induction, curiosité et audace.

En résumé, juger, critiquer et malmenerles textes d'un culte - tout simplement en recopiant des passages indigestes - ne sauraient être associés à une action amorale ou délictueuse en vertu de la chose hiératique qui n'est pas reconnaissable,à l'instar des êtres vivants ou ayant réellement vécu emportant la mémoire de leur existence passée. Or, un livre de culte n'est rien de cela, sinon une fiction, une histoire à laquelle n'est reliée aucune réalité, sinon dans un épistémè liturgique idéalisé. N'y voyons pas davantage une offense ou un blasphème, pas même uneintention iconoclaste, sachant que seule l'interprétation d'une telle lectureréputée sacrée, cependant née d'un imaginaire archaïque, diffère selon le libre arbitre de chacun ; car précisément chacun est libre de son choix, et non maître de celui des autres.

c) Au verrouillage du droit d'expression par le renseignement, vient s'ajouter un coup de grâce aux libertés intellectuelles : quand l'UE œuvre pour l'extinction du droit d'auteur

Des travaux *ad hoc* de la Commission de Jean-Claude Juncker, soutenus par le commissaire Andrus Ansip, ont pour dessein de réformer une fois encore le droit d'auteur, tel qu'il vient pourtant de l'être par la directive 2014/26/UE du Parlement européen et du Conseil du 26 février 2014, au motif de l'adapter à l'économie numérique. Rappelons entre autres, le rapport du professeur de droit privé Pierre Sirinelli, présenté le 18 novembre 2014 au Conseil supérieur de la propriété littéraire et artistique. Ce document qualifié de *« contribution française essentielle »* expliciteu'il ne saurait y avoir de révision de la directive initiale 2001/29/CE, sans correction d'adaptation conjointe de la directive 2000/31/CE, relative au commerce électronique. En outre, le juriste insiste sur le devoir d'accentuer les responsabilités sur l'implication des intermédiaires agissant au nom de l'État, et sur lesquels un contrôle doit être pointé en regard des risques de fuites, de copistes et de marchandising des informations collectées.

Nonobstant des réserves sur le fond, le législateur français aura transposé la directive initiale de 2001 par la loi dite DADVSI (n° 2006-961 du 1er août 2006). Jusque là, tout semble corroborer dans le respect des œuvres, leurs auteurs, leurs éditeurs, producteurs et diffuseurs. Puis les États membres de l'UE assistent brutalement à une attaque en règle contre le droit d'expression menée par certains eurodéputés emportés dans un délire d'adhésion mondialiste. De surcroît, l'inadéquation juridico-fiscale entre l'Europe et les États-Unis, dont les opérateurs du numérique refusent de s'acquitter de leurs impôts sur le sol européen, suscita un ralliement en faveur d'un affaiblissement du droit de la propriété intellectuelle, jusque-là si précieuse à la France.Cette abdication fut motivée par cette conclusion du rapport

REDA : « *Les dispositions de la directive InfoSoc de 2001 n'ont pas permis l'adaptation nécessaire à l'augmentation des échanges culturels transfrontaliers facilités par Internet. Le régime actuel du droit d'auteur et de droits voisins freine les échanges de savoir et de culture transfrontières. Les défis d'aujourd'hui requièrent une mise à jour de la législation et plus d'harmonisation ».* La première ébauche emporta un consensus de la part des associations comme *IABD* et *EBLIDA* ainsi que par des groupes industriels tels que *EDiMA, CCIA, SFIB, ASIC et BITKOM,* puis encore avec le soutien des organisations centrées sur les droits numériques, la *Quadrature du net* et *OpenForum Europe.* Même des organisations représentant l'intérêt des auteurs au sein de *Initiative Urheberrecht,* dont certains médias spécialisés comme *ActuaLitté,* n'ont pas pressenti l'intrusion du loup dans la bergerie, autrement dit de cette légendaire l'allégorie du cheval de Troie.

Si les uns comprirent leurs intérêts dans ce projet, d'autres n'ont pas vu venir le danger, car les motivations de ces réformateurs apparaissent opaques derrière l'écran de fumée d'une gratuité présumée en faveur des internautes : faire de l'exception la règle. Autrement dit, il ne s'agit rien de moins que de spolier en partie les auteurs de leurs droits au travers 21 exceptions dites de démocratisation de la culture par un fauchage à titre gracieux des droits d'auteurs, dont le droit au piratage numérique paraît-il incontournable, c'est-à-dire en légalisant la fouille et le copiage des textes (data mining). C'est ainsi que la députée Julia Reda du *Parti pirate,* la seule de cette formation à siéger au Parlement européen, fut chargée de rédiger le rapport REDA susmentionné sur la mise en œuvre de la directive 2001 susvisée, concernant l'harmonisation de certains aspects du droit d'auteur et des droits voisins dans la société de l'information.

Tout en prétendant défendre la corporation des écrivains sous le manteau de l'exception pédagogique, cette générosité évoquée sur le dos des auteurs, pour servir de propagande et masquer l'emprise du pouvoir sur ce secteur d'activité sensible, vise à clouer au pilori les maisons d'édition, cela en les sacrifiant pour le compte de consortiums internationaux tels que *YouTube, Daliymotion, iTunes, Facebook, Deezer* et consorts. La méthode est fort simple, car il s'agit, pour les décideurs politiques, de prendre la main sur la liberté d'écrire et de diffuser tout en faisant semblant, pour les États partis de l'Union, de ne pas exister en tant que maître d'œuvre de cette vaste confiscation de la propriété intellectuelle trop impopulaire. Le processus de cette appropriation des lectures autorisées s'établit en deux parcours :

Le premier se présente de façon à regrouper la littérature en général sous l'égide d'un seul réseau de création et d'accompagnement dit *Canopé* (Centre national de documentation pédagogique, ou CNDP). Cette administration est une vaste mosaïque académique, à caractère administratif, qui rassemble la Culture sur tous ses volets. Cet instrument de contrôle comprenant près de 2 000 fonctionnaires et disposant d'un budget de cent millions d'euros annuels*, est entièrement placé sous l'égide du ministère de l'Éducation nationale. Puis cet organe est relayé dans la discrétion par des opérateurs privés disposant à leur tour des pleins pouvoirs conférés par l'État providence, lequel dissimule ainsi ses manœuvres liberticides - à la faveur de la naïveté de ses électeurs - derrière des mandataires multinationaux de droit privé, véritables mercenaires aux ordres du pouvoir politique.

La seconde étape de ce parcours d'accaparement de la Culture s'organise au détriment de la chaîne des maisons d'éditions, de leurs diffuseurs et de leurs auteurs, en les sacrifiant sur l'autel de l'État interventionniste ; un bolchevisme qui ne se nomme pas. C'est ainsi que les lobbyistes de *Google, Apple, Amazone* et autres distributeurs d'accès, pour avoir le droit d'émettre dans le pays, sont dotés d'une mission de sélection, donc de rejet des auteurs indésirables ; les non-alignés à l'esprit de la nouvelle pensée unique social-démocrate. Au bout de ce chemin de purge, le peuple français se verra confisqué sa précieuse diversité culturelle, et devra en échange de cette prétendue gratuité à l'accès de l'information et de la culture triées et expurgées, payer ce prétendu service au titre de contribuable. La pluralité des biens culturels *versus* la déculturation de la société !

En effet, comment expliquer autrement qu'un mandat de service public, délivré à des personnes de droit privé ayant une raison sociale économique et financière, ne soit pas rémunéré et/ou nanti de privilèges juteux ? Dans cet esprit, le *fair use* (juste utilisation) de Madame Julia Reda susmentionnée, consiste à permettre l'utilisation abusive des œuvres d'esprit sans autorisation © au prétexte de légitimer la gratuité d'une plus large diffusion au sens démocratique ; geste symbolique à la *Guillaume Tell,* ou une façon de faire payer à d'autres le préjudice de ses larcins ; selon le PDG d'Europe 1, Denis Olivennes : *« La gratuité, c'est du vol »* ! Or, il ne fait aucun doute que ce vol de données constitue un dol moral et matériel pour les auteurs et leurs éditeurs. Sur ce registre, puisque les mandataires au bout de cette chaîne d'extorsions sont des opérateurs privés, la Cour des comptes entre 2013 et 2014 a rédigé des rapports critiquant sévèrement la collectivité publique* et sa légèreté faisant fi des règles élémentaires de la déontologie.

La position dominante de l'État dans les domaines de l'information, du contrôle et de la censure est exorbitante, car elle transgresse le droit au libre arbitre, à l'indépendance intellectuelle et viole le principe de la protection du droit d'auteur posé par l'article L. 111-1 du Code de la propriété intellectuelle. En livrant sous conditions le domaine de la création à des conglomérats privés, et en substituant une part de la rémunération des droits par des subventions et exonérations, le collectivisme d'État accorde ses faveurs selon des critères moraux et politiques, ou du moins peut-on le deviner, sur des sensibilités gagnantes pour les uns et pénalisantes pour d'autres. En tout état de cause, l'exclusion des auteurs indésirables est du domaine du prévisible à travers ce type de rémunération que rien ne pourra justifier autrement que par un choix arbitraire entre alliés et détracteurs.

Déjà, les exemples de censures invisibles, lesquelles se parent de bonnes intentions selon la logique spécieuse de chartes vertueuses, fontpléthore (Voir de Richard Malka [Avocat de *Charlie Hebdo* depuis 1992] : « *2015 : la fin du droit d'auteur* », Corlet imprimeur). C'est ainsi que de grands diffuseurs numériques retirent de la vente des ouvrages que l'État leur déconseille de distribuer. Selon les termes de l'auteur, « *À quoi bon galvauder les concepts de libre circulation des connaissances et d'accès au savoir alors qu'il s'agit d'imposer une vision dogmatique dictée par la soumission à l'idée de progrès telle que formatée par des lobbyistes et des communicants* » ? Or, Si la propriété intellectuelle fut reconnue en droit, c'est précisément parce qu'il fut avéré que cette cloche de protection permet le foisonnement de la créativité et à l'expositionde toutes les différences.

Aujourd'hui, les membres de l'UE, donc l'État français sans doute, se mettent au pas des régimes de sentinelle à vocation élitiste, faisant table rase du corpus législatif progressivement mis en place depuis l'esprit des *Lumières*, à présent jugé obsolète et contreproductif. Mais un autre objectif, autre que l'intérêt numérique et son industrie, est apparu au terme de cette réforme ; celui d'un contrôle infaillible et absolu en amont des auteurs, encore plus efficace qu'en aval lorsqu'il s'agit de faire pression sur les éditeurs pour faire taire les intellectuels indésirables car trop bavards. En effet, les éditeurs ne pouvant plus survivre autrement que par des subventions, ceux-là seront guidés dans leur choix, non pas par leur comité de lecture, mais par des listes noires d'auteurs à refouler, puis encore sur des sujets de sociétés qu'il sera interdit, sinon impossible désormais d'aborder de sa plume.

Ce rétrécissement programmé du droit d'expression, à l'instar des Académies de l'Éducation nationale qui, *via* le conglomérat *Hachette Book Group*, sélectionnent les programmes scolaires en fonction de paramètres politico-religieux (notamment en regard de l'immigration) et les imposent au corps enseignant au nom de la laïcité, sera reproduit dans les librairies, obligeant les essayistes polémiques et philosophes dissidents à faire l'impasse sur certains sujets sensibles. Ce pré carré est seulement réservé aux faiseurs d'opinions institutionnels, et du même coup ceux-là parviennent à faire occulter aux lecteurs qu'il existe encore un Balzac comme contrepouvoir au XXIe siècle ; le débat d'idées n'étant plus un mode de communication, mais un jeu interdit. Quant a invoquer l'obsolescence du livre sur son support papier, cette appréciation est d'autant plus décalée de la réalité que le livre numérique ne représente pas plus de 2,9% des ventes en France (rapport estimé en 2014 par le syndicat de la librairie française), alors que l'industrie du livre demeure stable avec un chiffre d'affaires de cinq milliards d'euros et générant ± 80 000 emplois sur cette même époque.

d) Le soutien à l'économie du livre par l'État providence... ou l'État censorial : une discrimination culturelle, politique et intellectuelle, séculière mais perfide car prohibitoire et élitiste, puis encore des pratiques concurrentielles déloyales

Ainsi qu'il en va pour tous les octrois d'aide, sous forme de subvention et/ou d'exonération, les professionnels font l'objet d'une forme insidieuse de chantage, dès lors qu'ils répondent ou non aux obligations qui leurs sont suggérées sinon imposées. En l'occurrence, ne pas se plier aux exigences de production ou de service, revient à s'exposer à la confiscation de certains droits et privilèges *sui generis* et/ou dédiés. C'est ainsi que le Centre national du Livre (CNL), dont le rôle consiste à soutenir la publication d'ouvrages bénéficiant de genres reconnus comme commercialement difficile ; philosophie, art, monographies de spécialités corporatives, actes de colloques, poésie, recherches fondamentales, etc., alloue des sommes assez considérables (2,3 millions d'€ en 2008) pour ces publications culturelles et scientifiques (sciences humaines et disciplinaires).

En échange, ces coups de pouce entraînent *de facto* que la sélection de ces auteurs peut souffrir d'une certaine discrimination depuis l'œilleton des institutionnels. De sorte que les éditeurs et diffuseurs seront ou ne seront pas subventionnés s'ils passent outre les consignes censoriales du pouvoir, moyennant l'octroi ou non du bénéfice de ces aides d'État. Pour illustrer la capacité persuasive ou dissuasive de cette courroie financière qui entraîne avec elle tout ce qui se publie ou s'éjecte selon l'humeur politique, le soutien du CNL passe aussi par des prêts ou avances pour les investissements éditoriaux, ou de renforcement des fonds propres ou de trésorerie. Certaines de ces aides structurelles sont attribuées par les directions régionales des affaires culturelles (la DRAC directement sous la tutelle du Ministère de la Culture), pour des opérations d'information, de publication ou de promotion.

Dans le cadre du *Plan livre*, d'autres mesures de soutien, qui rendent encore plus dépendant les éditeurs et la presse, furent adoptées par décret, comme la création du *Conseil du livre* et les conditions d'obtention et d'instruction du label *LIR*, en encore la convention entre l'État et l'ADELC (Association pour le développement de la librairie de création) créant un fonds de soutien à la transmission des librairies, puis encore l'accès au site d'offres légales (Gallica 2) pour la diffusion du numérique. Observons là autant de passages obligés pour l'éditeur s'il veut survivre à la concurrence déloyale qu'impose les aides d'État, en amont comme en aval du livre. La liberté d'éditer est sérieusement compromise par cet abus de position dominante de la machine administrative commandée par le levier de Bercy, voire de trafic d'influence infligé par l'État interventionniste, sachant que, selon le vieil adage toujours recevable, l'argent est le nerf de la guerre.

Enfin, s'agissant des périodiques, différents fonds stratégiques pour le développement de ce type de média, l'aide à la distribution de la presse, d'aide au portage de la presse... sont autant de soutiens logistiques qui peuvent être suspendus au bon vouloir des fonctionnaires du Ministère des Finances. Cette sélection s'opère selon les directives politiques et du cas par cas, en fonction des auteurs ou des genres dès lors qu'ils sont recherchés pour leur esprit et leurs sensibilités politique, ou à l'inverse, qu'ils soient considérés indésirables, polémiques et en contradiction avec la ligne éditorialiste qui préside à l'esprit du pouvoir souverain de Matignon. Nous en voulons pour ultime exemple, la nouvelle création d'aide publique : le décret n° 2016-511 du 26 avril 2016 relatif au fonds de soutien aux médias d'information sociale de proximité (JORF du 27 avr. 2016), qui s'adresse aux publications en ligne, imprimées ou audiovisuelles, par priorité au profit des ZUP et des zones dites de revitalisation rurale, *via* le directeur général des médias et des industries culturelles, un serviteur directement aux ordres des ministres de la Culture et des Finances. Alors non, Berlusconi, qui eut au moins l'honnêteté de ne pas se cacher derrière l'hypocrisie en coulisse de ces manipulations d'influence, n'est certes pas le seul à gouverner l'information, la presse et l'édition du livre en Europe, puisqu'aujourd'hui, l'État interventionniste et discriminant remplace le capital (Voir chap. Ier, I a) !

L'État, par la surenchère de mandatures successives, souvent piégée dans ses apories, n'a d'autre recours que de multiplier des textes législatifs et réglementaires pour s'auto-protéger derrière le pouvoir judiciaire, et de conserver, derrière le rideau d'organes nonobstant sous son influence, une neutralité de façade, cela jusqu'à la promulgation en 2015 d'une loi apostillant ou s'appropriant tous les rouages du renseignement (Voir au chapitre Ier). Quant aux organes de recommandation, de gestion amiable des différends et/ou de surveillance *ad hoc*, chargés de contrôler les abus de langage et les diffusions malsaines dans le domaine culturel, il en existe de multiples et variées ; corporatives et déontologiques. Les principaux garde-fous institutionnels sont noyautés par un aéropage de fonctionnaires (fatalement aux ordres de l'État), ou encore présentés sous la configuration juridique d'autorités administratives indépendantes (AAI), disposant pour certaines d'entre-elles d'un pouvoir discrétionnaire de sanction :

- La Commission de classification des œuvres cinématographiques [Centre national du cinéma et de l'image animée : CNC]),
- La Commission de surveillance des publications destinées à l'enfance et l'adolescence,
- Le Conseil supérieur de l'audiovisuel (CSA),
- L'Autorité de régulation professionnelle de la publicité (ARPP),
- l'Autorité de régulation de la distribution de la presse (ARDP),
- le Conseil supérieur des messageries de presse (CSMP),

- Le Comité consultatif national d'éthique pour les sciences de la vie et de la santé (CCNE),
- La Commission nationale de l'informatique et des libertés (CNIL),
- Le médiateur du livre plus récemment institué par le décret n° 2014-936 du 19 août 2014, se présente tel un jurisconsulte appelé à régler par la conciliation les litiges de ce secteur professionnel avant toute procédure d'arbitrage ou relevant d'une instance juridictionnelle. Mais en coulisse, il s'agit sans doute d'un véritable agent du renseignement dûment mandaté par Matignon, nonobstant l'art. 11 dudit décret, qui conditionne (contrôle et censure, *via* la BNF*) la liberté d'expression écrite, puisque ce dernier est directement nommé par le ministre chargé de la culture et de la communication, lui même hiérarchisé et sous contrôle de l'Élysée.

Cependant, dans ce foisonnement d'organes de surveillance, donc de moyens potentiels de censure, il paraît anormal que l'industrie du livre n'ait jamais bénéficié de la protection d'une AAI permettant, aux éditeurs et aux auteurs, de se défendre à l'intérieur de leur corporation autrement que par voie de justice. En effet, le médiateur du Livre (loi n° 2014-344 du 17 mars 2014 relative à la consommation), dont la mission est plutôt d'ordre économique et commercial, notamment au sujet des pratiques éditoriales, ne se pose ni comme une juridiction judiciaire, ni revêt l'habit d'un défenseur des droits au sens d'une autorité constitutionnelle indépendante comme le successeur du médiateur de la République. De fait, cet organe de médiation du livre dispose pour seule compétence d'un rôle de conciliateur, chargé d'une mission de règlement amiable des litiges économiques entre les auteurs et leurs éditeurs et diffuseurs (article 144 de ladite loi), non d'intervenir au nom des écrivains ou à celui des professionnels du livre contre les sanctions économiques arbitraires et les pénalités censoriales dissimulées de l'État.

En échange, la totalité des autres secteurs culturels et scientifiques de la communication est protégée d'un côté, par les dommages des copistes, falsificateurs ou artistes malveillants (faussaires, plagiats, usurpations), et de l'autre de la partialité d'un pouvoir politique. En l'occurrence, à ce jour, la censure littéraire est organisée au premier chef par la Bibliothèque nationale de France* ; une administration sous le contrôle du pouvoir exécutif de l'État, *via* les ministères de la Culture et de la Communication, mais aussi de l'Intérieur, de la Justice et de l'Économie et des Finances. La BNF* se pose comme le véritable garde-corps de l'État providence qui s'accapare, après un discret signalement des ouvrages indésirables repérés, le droit de véto contre tous les auteurs polémiques. Cette censure est exercée, non pas devant les tribunaux directement contre l'auteur, mais par des violences économiques contre leurs éditeurs et leurs diffuseurs (suspension des aides corporatives puis des exonérations fiscales et parafiscales ; voir chap. II, §-I a).

Le *Conseil d'orientation de l'édition publique et de l'information administrative* (COEPIA)est directement placé sous l'autorité du premier ministre. Cette institution exerce des fonctions d'évaluation, d'expertise et de conseil dans les domaines divers de l'édition publique et les publications administratives, quel que soit le type de leur support, de l'information et du renseignement administratifs, puis de la mise à disposition des données publiques. Ce réseau de fonctionnement interne à l'État ne concerne pas les publications privées destinées au public, lesquels ne bénéficient pas d'une AAI, ni d'une quelque autorité couvrant les domaines de la déontologie et d'un arbitrage, sinon par les juridictions judiciaires rarement saisies, car laissant derrière elles une trace jurisprudentielle au dénouement incertain.

Cette absence ne s'apparente cependant pas à un vide juridique, sachant que le foisonnement de la surveillance politique (Les services ministériels de l'État vu plus haut), administrative (la BNF), et de droit privé (Les SPDR)[4], sont autant de moyens de contrôle sur l'industrie du livre qui échappent à une certaine visibilité eu égard à certaines pratiques étatiques excessives et illégales qui se trament dans les coulisses du renseignement, sans autre surveillance que l'exécutif lui-même. En l'occurrence, une autorité administrative indépendante*, du fait de son indépendance présumée, est logiquement moins soumise à un lien de subordination régalien, ce qui explique qu'il n'y en a pas sur ce secteur de l'édition privée, dont l'État préfère conserver une influencedérobée pour imposer ses choix et ses inacceptations, donc de préserver ses jalouses prérogatives.

e) *Comment fonctionne le pouvoir exécutif flanqué de sa garde administrative et de son conservatoire d'énarques - Démocratie : ombres et lumières*

Selon Bertrand Mathieu, Professeur à l'École de droit de la Sorbonne, « Il ne faut pas confondre l'indépendance des juges et l'autonomie du pouvoir judiciaire » (LPA, 19 oct. 2015, p. 4).

Cette hypertrophie de l'autorité polymorphe de l'exécutif, qui se passe de toute expertise indépendante - autant dire qui cherche à contourner l'obstacle des tribunaux civils et s'arroger ainsi sa propre jurisprudence - s'érige en abus de pouvoir, au sens qu'il est profondément anormal que ce noble droit

---

[4] Les SPDR sont une famille de fonds négociés en bourse sous forme de fiducies d'investissement unitaires, dites *Spiders* eu égard à sa structure en toile d'araignée. De fait, cet organe international est partenaire de la Sacem (Société des auteurs compositeurs et éditeurs de musique, du Sacs (Experts et communicants), de Adami (Société de gestion collective des droits des propriétés intellectuelles des artistes-interprètes) et de Spedidam (Droit de la musique sur Internet et subventions pour la création de spectacles).

d'expression, si ancien, soit directement assujetti à l'instance politique, le recours au ministère public n'étant pas judiciairement neutre (le Parquet n'est jamais un organe judiciaire indépendant). Néanmoins, par un décret n° 2004-1044 du 4 octobre 2004 portant abrogation du décret-loi du 6 mai 1939 relatif au contrôle de la presse étrangère, le pouvoir du ministre de l'Intérieur d'interdire la vente et l'importation de publications d'origine étrangère ne pouvant faire l'objet d'aucune poursuite sur le territoire national, lui fut un instantretiré sous l'injonction de la Commission européenne*.

Du côté des juridictions civiles (les magistrats du siège), leur accès demeure la plupart du temps impossible, puisqu'il se heurte au premier degré, pour les auteurs, à l'avis indiscutable des comités de lecture des maisons d'édition,

1°) même si ces éditeurs font l'objet d'unepressionpolitique et culturelle de la part des organes de contrôle de l'État, et qu'en l'occurrence, il n'est pas vraiment possible de contester la décision d'un éditeur relevant d'un prétendu libre-arbitre de l'industrie privée (Voir chap. II, §-I a),

2°) même si le choix des œuvres est fortement influencé par différents conseils et listage des essayistes et journalistes indésirables,

3°) et même de chantages menés en coulisse par les politiques (l'industrie du livre faisant l'objet de régimes de faveur révocables et d'une fiscalité complexe). Il en ressort qu'un auteur français est moins protégé des humeurs gouvernementales qu'un auteur étranger* publiant en France.

Si je devais, en quelques mots, résumer l'attitude des gouvernements successifs français entre les législatures de Mitterrand à Hollande, sur leurs pratiques visant à s'octroyer un droit de contrôle et de censure sur la presse sous toutes ses formes, d'évincer la justice prétorienne dans son rôle de garant du droit, et de museler dans le même temps la liberté d'expression des citoyens par le biais de l'édition ou des multimédias, je dirais que : « *C'est en se drapant des meilleures intentions que le pouvoir social-démocrate pousse l'hypocrisie et le mensonge jusqu'à se donner le droit de faire exactement ce qu'il prétend condamner, ou de prétendre ne pas être ce que précisément il est devenu* ».

Pour éteindre le feu révolutionnaire des *Lumières*, sinon taire ou incriminer les formulesdialectiquesopposées à l'espritdu pouvoir régalien, le censeur républicain prend l'allure d'un redresseur de torts, comme en faisant passer les opposants à une immigration pléthoriqueindigentepour des dissidentsfascistes ; ainsi en va-t-il des dictatures qui sanctionnent sans discernement. Les personnes associées à des idéaux contrairesau génie social-démocrate deviennent *de facto* des gens douteux, des voyous, voire des hors-la-loi extrémistes et populistes. Pour ce faire, le pouvoir alternatif gauche-droite aura réussi la prouesse de violer les articles 4, 10 et 11 de la

Constitution française, et l'article 19 de la Charte universelle des droits de l'homme à l'aide d'une seule loi relative au renseignement, verrouillant le Code de la sécurité intérieure.Manifestement, il s'agit bien, de la part de l'exécutif, de prérogatives arbitraires et anticonstitutionnelles, nonobstant les recours et consultations auprès de cette Cour des sages, néanmoins tous issus des deux mêmes grandes familles politiques, mais sur le fond tous unis sur l'essentiel social et conservateur. Car c'est en promulguant des lois qui donnent tous les pouvoirs à l'Administration pour :

- interdire la publication de controverses rédigées dans la presse même sur des bases légales,

- d'exercer des pressions économiques et judiciaires sur les éditeurs et périodiques ou canaux radiophoniques,

- de pratiquer la censure contre des philosophes, des essayistes et journalistes sur des motifs arbitrairement apparentés à des interdictions légiférées et réglementées,ne portantnéanmoins aucun vice idéologique ou éthique,

- voire de mettre en place des lanceurs d'alerte électroniques sur de simples mots de repérage, souvent sans lien intentionnel avec les actions légitimement prohibées,

que l'État, en codifiant pour lui-même des garde-fous qui ne protègentque ses organes du pouvoir, se dérobe à l'appréciation de la justice (s'agissant de la loi relative au renseignement), puisque les dirigeants aux commandes n'ont plus désormais, sur ce registre politique, l'obligation de passer devant un juge judiciaire pour prohiber les doctrines qui les dérangent, et recentrer sur euxle pluralisme des opinions. À une époque encore peu éloignée, sous le régime des Soviets, la *loi renseignement* s'apparentait au *politburo,* un organe suprême institué en 1919 ; éminence grise du *Præsidium* au Comité central. De sorte que les prohibitions et les censures deviennent invérifiables, donc incontestables, quant à leur justification et leur application abusives eu égard aux prérogatives exceptionnelles et exorbitantes que s'est offertes là le pouvoir politique socialiste français, en juillet 2015.

La presse, communément désignée comme le quatrième pouvoir, ne dispose même plus aujourd'hui d'un simple contre-pouvoir d'investigation sans que l'État n'y soit pas impliqué au titre de censeur. L'esprit curieux et perspicace n'est plus : place à la résignation, à la servilité, à la sujétion, à la subordination conditionnée à l'économie fiscale ! Cette caisse de résonance que constitue l'investigation, et qui devrait rester pour chacun d'entre nous un outil de compréhension et d'information libre, se voit, telle peau de chagrin, se racornir, perdant peu à peu de sa marge d'émancipation pour expliquer, explorer, critiquer et donner des avis contradictoires. Cyril

Capdevielle, depuis le réseau Voltaire, explique en partie cette perte d'autonomie et de liberté des médias, notamment au travers le marchandising de l'information, devenu un simple produit soumis aux règles du marché (Rapport de la Commission Lancelot du 7 janvier 2005 sur la concentration des médias en France).

Les citoyens français, s'ils veulent accéder à des informations venant de sensibilités différentes, n'ont plus désormais que l'Internet pour véhiculer la fonction ancienne de ce que fut journalisme d'investigation(rechercher, recevoir et restituer l'information sans déformation ni pression), sachant bien que, curieusement, cette exception venue du numérique, n'a jamais été évoquée dans le rapport REDA susvisé (c). Mais à présent, sous le contrôle invisible des hackers de l'État interventionniste, même cette piste, pour l'accès à cette liberté, semble compromise. Rappelons la nature des règles de droit qui président à la liberté d'expression :

- Un niveau d'éducation propre à offrir une capacité de discernement, de lucidité et de tolérance,
- Une absence de contraintes qui exclut toute hiérarchisation, de privilège et de ségrégation ethnique, de souche, de genre, de religion, de politique, de langue, de niveau social, de richesse, de culture et de naissance.

En autorisant l'accès à une expression la plus large, en privé ou en public, le citoyen pourra appréhender un éventail de connaissances qui lui permettra d'enrichir son entendement, d'échanger son savoir et de s'épanouir. Le priver de cela, c'est corrompre l'intelligence *lato sensu*, d'où étioler les esprits. Le Comité des droits de l'homme des Nations Unies a spécifié que : « *L'expression était étendue et ne se limitait pas à l'expression politique, culturelle ou artistique. Elle comprend également l'expression polémique, fausse, voire même choquante. Le simple fait qu'une idée ne plaise pas ou soit considérée incorrecte ne justifie pas sa censure* ».

Le droit à la liberté d'expression signifie également que les États ont le devoir de respecter, ainsi que de faire respecter la libre expression, et que nul ne cherche à l'entraver. Selon toute logique, ce droit s'impose aux États eux-mêmes avec l'impérative obligation de veiller activement à supprimer les obstacles administratifsqui entraventcette liberté, autrement dit au pouvoir exécutif dese contenir pour ne pas étendre ses prérogatives au-delà de ce qui est autorisé par la Constitution. Parmi les exemples qui président à cette garantie, citons le droit aux minorités intellectuelles d'être entendues, et l'interdiction pour le pouvoir élu, comme pour les entreprises privées, de détenir le monopole des médias. Or, sur ce registre, l'État Français est désormais hors jeu.L'information a été quelquefois qualifiée d'*oxygène de la démocratie*, à la condition que ses détenteurs et dispensateurs respectent la transparence, y compris en vérifiant scrupuleusement la qualité et l'exactitude de leurs sources. Cette liberté autorise les acteurs de l'information à dénoncer la corruption, les concussions et les agissements illicites. Partant de ce prémisse, un juge de la Cour suprême des États-Unis, Louis Brandeis déclara : *« La lumière du soleil est le meilleur désinfectant »* !

Si la loi française du 29 juillet 1881 sur la liberté de la presse fut réduite à sa portion congrue par des limites législatives aussi légitimes pour les unes que contestables pour d'autres, rappelons la portée imprescriptible de l'article 19 de la Déclaration universelle des droits de l'homme, pourtant ratifiée, signée et transposée par la France qui énonce : *« Tout individu a droit à la liberté d'opinion et d'expression, ce qui implique le droit de ne pas être inquiété pour ses opinions et celui de chercher, de recevoir et de répandre, sans considération de frontières, les informations et les idées par quelque moyen d'expression que ce soit ».*

Bien que faisant croire qu'elle ne se conduit pas hors des rails, la France est passée outre, faisant fi de sa propre histoire révolutionnaire, les dirigeants de la classe sociale-démocrate se glosant d'être les héritiers naturels de la dictature prolétarienne. Ce fut ainsi que la loi *LOPPSI II* (Loi d'Orientation et de Programmation pour la Performance de la Sécurité Intérieure, n° 2011-267 du 14 mars 2011), est devenue l'instrument de censure administrative du *net*, désigné par ses détracteurs comme la *quadrature du net*. D'autres lois et décrets d'application ou d'extension, dont le décret n° 2015-253 du 4 mars 2015 relatif au déréférencement des sites provoquant à des actes de terrorisme, supposés lutter contre les attentats, ainsi les articles 5, 6, 8 et 12 de la loi n° 2014-1353 du 13 novembre 2014 renforçant les dispositions relatives à la lutte contre le terrorisme acheminent la France vers un coffrage des libertés de penser ou d'écrire pour tous. Puis enfin ce fut la loi n° 2015-912 du 24 juillet 2015 relative au renseignement avec son armada de décrets en Conseil d'État et d'arrêtés qui suivirent.

Le décret n° 2016-67 du 29 janvier 2016 relatif aux techniques de recueil de renseignements définit les missions du groupement interministériel de contrôle dans la mise en œuvre des techniques du renseignement. Cette réglementation concerne les administrations ministérielles, les opérateurs de communications électroniques et les fournisseurs privés de prestations de cryptologie. Outre les modalités de mise en œuvre des interceptions de sécurité et des accès par les routeurs d'interfaces réseau à l'Internet, le présent décret dresse une liste détaillée des données techniques de connexionpossiblement accessibles aux services spécialisés de renseignement comme à d'autres services extérieurs aux siens qu'il désigne, et précise la procédure applicable comme les moyens d'investigation dont dispose la Commission nationale de contrôle des techniques de renseignement*.Ce décret traite des modalités de compensation financière des obligations mises à la charge des opérateurs de communication électronique. Il précise la procédure applicable aux recours exercés par la

CNCTR* devant le Conseil d'État en matière de surveillance des communications électroniques internationales. Le décret susmentionné est pris pour l'application du livre VIII du code de la sécurité intérieure, résultant de la loi n° 2015-912 du 24 juillet 2015 relative au renseignement. À l'article R. 823-1, est mis en œuvre un groupement interministériel sous contrôle du premier ministre. Cet organe enregistre les demandes de contrôle et les autorisations de mise en œuvre des moyens techniques illimités mis à sa disposition. Il recueille et conserve les informations ou documents visités et interceptés, comme il concourt à la traçabilité de l'exécution des piratages de données.

Tous les services de police, les unités antiterroristes et les directions de lutte contre la cybercriminalité ainsi que les services de la police nationale, interrégionales et régionales de la police judiciaire, puis encore à l'appui des agences de renseignement territoriales sont concernés, y compris les sections de recherche des gendarmeries maritime, de l'air et de l'armement sous l'autorité des ministres de la Défense et de l'Intérieur. Cela signifie aussi que la police politique, avec son armada de services de renseignement, prend désormais la main sur le monde judiciaire, qu'il relève des tribunaux civils ou des services d'ordre de la police nationale et des armées (Voir chap. Ier, §-II e). Qui sont les pirates, qui sont les prédateurs ?

Plus largement encore, les correspondances échangées en ligne et sur les ondes seront consultées, exploitées et stockées (art. R. 851-5-I), selon une procédure imperceptible pour les citoyens, permettant de localiser les équipements terminaux privés et publics aux réseaux et services de communication (distributeurs d'accès). Enfin, l'article R. 872-6 désigne l'officier opérateur qui assure la mise en œuvre du Secret Défense nationale, notamment concernant l'habilitation des agents susceptibles d'abriter de telles informations ou supports. Quant au rôle de la justice administrative et de ses improbables interventions, il demeure figé à l'intérieur d'un système hiérarchisé, ficelé et impénétrable, nonobstant les missions de contrôle dévolues au CNTCR et au Conseil d'État. Leurs personnels et conseillers sont tenus par un lien de subordination, en particulier les ministères de la Justice, de l'Intérieur et des Finances entre autres. Leur existence au sein de la loi relative au renseignement n'est qu'un faire-valoir sans réelle autorité et assurance de loyauté envers les citoyens espionnés, sachant bien que ces agents mandatés ou en mission, sont soumis à un devoir de réserve et de confidentialité qui les abrite de la compétence d'attribution des juridictions civiles,donc les protège des recours relevant du droit commun.

Les articles R. 873-1 et R. 873-2 font état de la prise en charge financière relative à l'obligation de rémunération par l'État d'un fournisseur d'accès ou toute autre entreprise de droit privé, placé sous le regard des services du Premier ministre. Ce dispositifassure une surveillance *lato sensu,* une transmission de données captées et interceptées sur un réseau Internet, et/ou un stockage en vue de communiquer des informations recueillies en collaboration avec les agents du renseignement d'État. Il y a donc lieu de s'inquiéter quant à l'élargissement probable des investigations menées par des hackers privés légalement reconnus et financés par le Gouvernement, sachant que ces informations peuvent servir tous les ministères concernés, établir des statistiques à des fins mercantiles ou politiques, sans avoir à en passer par une étude de marché ou un sondage d'opinion. L'accès aux informations privées, sanitaires, financières, professionnelles et industrielles, bien que non explicité dans les textes, est fatalement rendu possible. Nous sommes donc loin du seul mobile terroriste qui aura justifié un tel déploiement du renseignement d'investigation.

Selon Jean-Louis Halpérin*, professeur d'histoire du droit, il existerait deux modèles d'appréciation autour de la protection de la vie privée en droit français, et sa traduction anglo-américaine *privacy* (Cahiers du Conseil constitutionnel [LGDJ], juin 2015). Avec deux parcours historiques et culturels différents et relativement complexes, l'auteur* y voit un parallélisme plutôt qu'une translation lexicologique et philologique en linguistique comparée. Sans entrer dans les arcanes d'une logique interprétative, le vocable *privacy* suggère la solitude, l'intimité, la confidentialité ; une sémantique assez idoine à celle de l'expression française. Mais dans certaines situations, notamment dans la vie publique où des caméras sont en mouvement dans la rue, les magasins, les stades, les musées et les administrations, la vie privée revient au domaine public, de sorte que le *privacy* est une notion que la tradition orale accepte mieux qu'elle soit atténuée par la surveillance, non privative de mouvement ou de parole.

En échange, la vie privée en France est une appréhension qui conserve une certaine distance avec la prérogative publique. L'intimité ou le secret individuel, qui se résume comme un droit d'expression virtuel, demeure un droit aussi imprescriptible que les autres libertés, nonobstant la rupture de ce tabou républicain par la loi relative au renseignement. Entrer de force dans le *for* des citoyens, ne saurait autrement être qualifié d'atteinte à la dignité de la personne, une valeur aujourd'hui malmenée au prétexte de débusquer ceux-là mêmes qui cherchent à priver les citoyens de ce droit invisible, mais une liberté essentielle.Aurait-on oublié que toute privation de liberté ne peut intervenir légalement que par la voie d'un juge judiciaire ?

Néanmoins aujourd'hui, le secret d'une information peut aussi être complice de fraudes, de dissimulations, de corruptions, de dols, de vols, etc. (Voir, de Catherine BAUER-VIOLAS,« *La propriété et le vol. D'où l'on reparle de la vieille question neuve du vol d'informations* » : Justice & cassation (Dalloz), Revue annuelle 2015). Ce pourquoi les Finances publiques réclament le partage des informations, et fait appel pour cela à ses prérogatives *sui generis* comme le Tracfin (acronyme de « *Traitement du renseignement et action contre les circuits financiers clandestins »)* ou la procédure d'astreinte (art. 491 du Code de procédure civile). Ici, il est normal d'évoquer le droit et l'équité entre contribuables honnêtes et justiciables, le défi étant de cibler les tricheurs ou les malfaiteurs, plutôt que la présomption du délit ou du crime soit généralisée au point d'étendre cette surveillance à l'égard de tous, sans commission rogatoire ni mandat spécial.

Il y a donc conflit de droit entre d'une part, les interdits qui protègent la dignité individuelle, comme le fait d'exiger la confidentialité sur sa santé (secret médical), ses préférences sexuelles, ses rencontres, ses projets littéraires, ses enquêtes et sources journalistiques, puis encore ses expériences dans les domaines de la recherche par exemple ; et d'autre part, d'assurer la sécurité nationale qui s'organise au-dessus - mais sans les corrompre - de ces principes légitimes d'inviolabilité au nom de l'intérêt collectif. James Q. Whitman développa longuement en 2004 cette nuance au nom d'un ressenti épidermique, voire de l'incompréhension réciproque entre les Américains et les Européens à ce propos : « *The Two Western Cultures of Privacy : Dignity versus Liberty* » (Les deux cultures occidentales au sujet de la vie privée : dignité contre liberté).

Il y aurait-il un excès ou des antagonismes des uns et des autres, même à l'intérieur du vieux continent ? Pourquoi la Grande-Bretagne accepte de laisser s'exprimer dans la rue les fondamentalistes et en même temps se donne les moyens de tout savoir sur tout le monde[5], et pourquoi la France interdit à juste titre ces discours qui propagent la haine et provoquent la violence, mais censure globalement le droit d'expression pour que personne n'ait à donner son opinion précisément sur l'Islam responsable de cette violence ? De sorte que la culture de ce droit développe des appréhensions aussi diversifiées que l'histoire, les traditions et les mentalités profondément ancrées dans les esprits respectifs des nations, lesquelles ne s'opposent pas, mais conjuguent le droit et les devoirs selon leur concept régional.

Il restera donc à harmoniser ce droit en le légiférant par une directive de la Commission et du Conseil faisant la part de chacun des membres de l'Union, de façon à transposer cette valeur essentielle à la liberté sans qu'il n'y ait besoin de rompre avec la logique des cultures, mais en répondant conjointement à des besoins sécuritaires sans outrepasser de façon liberticide certaines limites de ce droit naturel. C'est pourtant ce que fit exactement le Gouvernement français fin juillet 2015 en rompant avec l'initiative populaire, sans attendre l'examen européen, et en faisant passer de force et dans l'urgence un texte d'une extrême brutalité, en termes de violation des libertés individuelles et d'outrage à la vie privée des citoyens.

---

[5] David Cameron a annoncé le 19 octobre 2015 que les prêcheurs islamistes seront désormais bannis de parole sur les places publiques, faisant ainsi barrage à l'entrisme du fondamentalisme religieux qui menace la Couronne sans retenue dans la rue.

De jure et facto, Ces mesures légales contraignantes régionales, même si elles sont illégales en regard du droit international, permettent à la force publique, sans intervention d'un juge de l'ordre judiciaire et sans aucune transparence, de bloquer, avec l'aide de certains fournisseurs d'accès (pour l'instant, seuls les quatre plus important en France, à savoir Orange, Free, SFR-Numéricâble et Bouygues) un site Internet faisant l'apologie du terrorisme. Si cette direction semble louable, le blocage DNS se pratique dans l'opacité la plus totale ; hébergeurs FAI et serveurs DNS étant entièrement sous le contrôle de l'État. La censure d'État sur tout le territoire français s'exécute par le filtrage IP et DNS. Techniquement, les moyens employés passent souvent sur les railsd'un blocage IP par routeur et une redirection DNS. Quant au filtrage, il peut être réalisé avec des pare-feu (filtrage réseau introduit sur des routeurs pouvant tout autant protégerqu'espionner).

Sur le site *BlueMan,*éditorial du 26 décembre 2015, on y trouve une explication plausible sur la manière insidieuse et l'élégance déguisée du Gouvernement Français, pour priver les citoyens d'informations sensibles, toujours sous l'excuse nauséabonde du terrorisme. De sorte que l'opportunité des meurtres de masse perpétrés moins élégamment sous la conduite des fondamentalistes musulmans, sert de toute évidence à justifier le blocage de certaines informations embarrassantes sur le *net* pour le pouvoir politique aux commandes de la Nation. La censure en ligne, exprimée par l'inopérabilité circonspecte de certains protocoles en ligne de la communication client-serveur (L'*HyperText Transfer Protocol* pour le *World Wide web)* est expliqué par l'auteur qui rapporte : « *Internet Engineering Task Force* (IETF) *vient de confirmer* (le 22 décembre 2015), *la création d'un tout nouveau code erreur pour les sites censurés par les autorités : ces derniers pourront afficher « Erreur 451 ».*

Coiffé par l'*Internet Engineering Steering Group,* cette réunion informelle d'ingénieurs (groupe sans statut ni membre adhérent), participe à l'élaboration de standards autour du réseau informatique mondial. Cet ensemble aléatoire de techniciens agissant en réseau confirme la venue de ce nouveau message qui s'ajoute au code 500 et 503,lesquels bloquent la visite en ligne des internautes sur des sites prétendument dangereux, donc*de jure et facto* interdits. Cependant, nous comprenons que le Gouvernement, à l'aide de ses pirates institutionnels, condamne les sites contenant des provocations au terrorisme, ou ceux qui font l'apologie d'actes insurrectionnels et de violences mortifères contre les citoyens du pays. Les mêmes précautions se justifientquant auxpages pédopornographiques sur la toile, mais aussi s'agissant de la vente d'armes et de munitions, de la fabrication de bombes, de propagande de violence contre la Nation mettant en cause la sûreté de l'État, de commerce esclavagiste d'êtres humains, voire le marchandising d'organes prélevés notamment sur des enfants en vie dans le tiers-monde, etc.

Voir à ce propos l'article 6-1 de la loi n° 2004-575 du 21 juin 2004 pour la confiance dans l'économie numérique, créé par l'article 12 de la loi n° 2014-1353 du 13 novembre 2014 : *« Lorsque les nécessités de la lutte contre la provocation à des actes terroristes ou l'apologie de tels actes relevant de l'article 421-2-5 du code pénal ou contre la diffusion des images ou des représentations de mineurs relevant de l'article 227-23 du même code le justifient, l'autorité administrative peut demander à toute personne mentionnée au III de l'article 6 de la présente loi ou aux personnes mentionnées au 2 du I du même article 6 de retirer les contenus qui contreviennent à ces mêmes articles 421-2-5 et 227-23 ».*Le retrait peut être exigé *via* les serveurs d'accès, et/ou le site ou blog sera fermé depuis les services compétents. L'autorité administrative peut également notifier, aux fins d'enquêtes ciblées par des agents dédiés, les adresses électroniques qui auraient consulté de tels sites web indésirables avant leur extinction, dont les contenus contreviennent aux articles susvisés du code pénal.

Quant à vérifier si cette autorité administrative, directement placée sous le contrôle du Gouvernement, aura effectivement transmis la demande de retrait à la CNIL, il est immédiatement précisé au troisième alinéa que le premier alinéa de cet article dispense l'opérateur politique de faire l'objet d'une notification s'agissant dudit retrait, s'en remettant à une improbable saisine d'une juridiction administrative, en référé ou sur requête, dès lors que la personne qualifiée de la CNIL en serait avisée. Oui mais quand et comment, puisqu'un tel recours n'est même pas envisageable venant d'un auteur en ligne qui se reconnaît potentiellement passible de sanctions pénales particulièrement élevées ? Observons là encore que les juridictions judiciaires civiles de droit commun sont écartées, de sorte que cette procédure de censure sur le *Word Wide Web* se passe de l'avis desconseillers de la Cour de cassation, puisqu'il n'y a pas d'obligation de les saisir, ni même de les consulter.

Plus explicite que la classique erreur 404 indiquant que le site est inaccessible ou introuvable selon la sémantique électronique suggérée, le nouveau message 451 est censé indiquer clairement que le site n'est pas victime d'un problème technique ou de piratage, mais bien d'une décision gouvernementale autorisée par la loi. Or, en France, il n'en est rien, puisque ce nouveau code affiche cette inaccessibilité de la façon la plus lapidaire ; faisant vaguement allusion, selon l'interprétation du serveur d'accès, à un mauvais réglage de *proxy* ou *firewall* (pare-feu entre deux hôtes pouvant permettre de surveiller des échanges et d'en voler le contenu).L'auteur susvisé ajouta en ce sens, citant Mark Nottingham, président du groupe de travail au sein de l'électron libre IETF : *« Dans certaines juridictions, je pense que des gouvernements restrictifs vont refuser l'utilisation du code*

*451 pour cacher ce qu'ils font. Nous ne pouvons pas stopper ça. Mais si des gouvernements vont dans ce sens, ils enverront un signal fort à leurs citoyens sur leur intention ».*Faut-il encoreque l'internaute lambda ait la capacité de ce discernement, autrement dit qu'il sache reconnaître ce à quoi sont destinés ces messages sémiologiques, et pour quoi ou pour qui correspondent ces codes de censure en ligne !

Il est évident que certains États absolutistes qui pratiquent la censure à grande échelle, ainsi la Chine, Cuba, le Viêt Nam, l'Iran et la Turquie entre autres, banniront ce nouveau message, plutôt que de le maquiller à la *made in France :« 541 Unavailable for Legal Reasons »,* beaucoup trop précis quant à laisser paraître la réalité de leur régime autoritaire vis-à-vis de leurs sujets (Source : undernews.fr). Ce fascisme sournois, car le Français lambda est convaincu de vivre dans un pays libre, semble vouloir aller toujours plus loin dans ses dérives liberticides en violant avec affront l'article 19 de la Déclaration universelle des droits de l'Homme. Devant le dressage de ce nouvel ordre mondial *(BlueMan* op. cit.), le citoyen ne pourra désormais que compter sur l'habileté de techniciens privés del'informatique et promoteurs de la démocratie numérique, pour aller mesurerl'énorme dérèglement de privilèges que s'offre les institutionnels pour contourner l'obstacle de cette vraie fausse démocratie ; un vocable que ces faiseurs d'opinions ont l'audace de se référer dans l'adjectivation de leurs enseignes codifiées et les annonces consultables de leurs exposés des motifs.

C'est dans les fabriques de clones socio-démocrates que cette dictature douce*, autrement qualifiée d'oligarchie par les socio-politologues qui enseignent ce mot dans une didactique étrangère à notre République, que sont incubés et sacrés les spécimensles plus docilesde la maladministrationd'État, formatés à l'ÉNA ou à Sciences Po et IEP entre autres (Voirchap. II, §-I a et §-II b) pour assurer la descendance de leurs pairs libéro-républicains ou socio-démocrates. D'autres laboratoireshistoriques etd'illustres cénacles furent pédagogiquement remaniéspour formater le mental de cette pépinièred'élites à la nouvelle pensée unique socialisante, comme :

- le Cevipof (associé au CNRS), un centre de recherche de Science Po rassemblant dix centres, six chaires, le Medialabet l'École doctorale, qui concourt au modelage académique des jeunes recrues. Celles-ci seront sélectionnées selon un profil recherché derrière des travaux-tests, cadrés pour en extraire une fine fleur pour servir une certaine France,

- la Fondation nationale des sciences politiques nouvellement créée par le décret n° 2015-1829 du 29 décembre 2015, laquelle renforce les structures pédago-multidisciplinaires pour le conditionnement intellectuel et l'orientation éthique des futurs disciples de la gouvernance internationaliste du XXIe siècle,

- l'Académie des sciences morales et politiques qui prit naissance au côté de l'Institut de France en 1795 ; sont autant de gardiens du néojacobinisme français qui participent au maillage social-démocrate de la France à travers sa population estudiantine et son histoire. Cette élite, au service de toutes les prises de contrôle de l'État, subodore un étatisme exprimé comme étant la deuxième gauche,

- enfin le département de science politique de la Sorbonne (Paris I, Panthéon-Sorbonne), puis encore l'ESPOL (acronyme de European School of Politique and Social Sciences) École européenne de sciences politiques et sociales à l'Université catholique de Lille.

Le Cevipof, constitué de plateformesmultidisciplinaires du multimédia et de technologies de l'information,a pour objectif d'analyser les courants politiques qui façonnent les forces et les institutions politiques, ainsi que les facteurs inconscients qui contribuent à orienter les comportements et les attitudes politiques des citoyens. Tandis que le Medialab dispose de dynamiques de recherche pour mettre en mouvement les acteurs de l'information autour du numérique, notamment à l'appui d'une formation inédite intitulée *Data media*. Tous ces instruments concourent à canaliser les cerveaux de demain, avec pour dessein de façonner une société monolithe, prévisible, obéissante donc malléable. La vraie question didactique qu'il ne faut jamais exposer publiquement - mais qui s'impose dans les coulisses du pouvoir - est de savoir comment gérer et contrôler un pays comprenant des dizaines de millions d'habitants dans une démocratie ; un système de gouvernance toujours utopique dans une réalité sociétale qui induit des libertés individuelles,fatalement antinomiques à l'ordre collectif plus aisément manœuvrable ?

La didactiqueprodiguée dans ces prestigieuses écoles procède autant de méthodes infraliminaires que d'hypnocoaching Éricksonnienne. Par la modélisation des esprits, *l'Hypnose humaniste* programme sur les sujets un formatage neurolinguistique (PNL ; créé aux États-Unis en 1970) susceptible de modifier la réalité au travers une autre perception, dirigée et révélatrice de potentiels.Au-delàd'un savoir*ad hoc* vendu aux étudiants, ces écoles dispensentdesméthodes de communication*hard* pour que ceux-ci sachent à leur tour injecter dans leur microsphère le code lexical le plus approprié en métalinguistique.Voyons là un prédicat fait de vocables et d'expressions polysémiques proche du mystique, qui force inconsciemment l'imaginaire des prospects en politique politicienne, les amenant en outre à s'identifier au sujet qui leur est proposé (Voir : b], et infra note 17).Exprimé autrement, la programmation neurolinguistique coordonne, à l'aide d'un enseignement épistémologique kantien et d'une pratique éprouvée de la persuasioninfraliminale, une série de modélisation fondées sur l'empirisme, comme de réassortir les annales choisies de l'histoire pour les coller à la tautologie des prêts-à-penser, dans le but d'intégrer les notions de résilience et d'adhésion spontanée par la communication intuitive à l'aide de mots clés, d'un *whistleblower* (lanceur d'alerte), d'expressions idiomatiques (phraséologie).

En clair, il n'est pas de secte, de religion, de parti politique, de syndicat, de séminaire d'entreprise ou d'école supérieure qui n'échappe à cette logique d'imprégnation et de transfert par manipulation mentale, laquelle implique un choc (stimuli inconditionnels), puis une réponse ou une récompense, débouchant sur untrain de récupération puis d'appropriation des esprits disposés à servir une cause, une foi, un programme ou un projet de société.Tous les processus d'endoctrinement en passent par là, sauf que l'on dira qu'une secte dispense un prosélytisme délétère, qu'une école est un lieu d'enseignement académique, et qu'une religion n'est pas une secte nonobstantun cheminement idoine du catéchuménat.

Quant aux libertés légiférées par nos prédécesseurs issus de la Révolution et des Républiques qui se succédèrent(celles qui sont réunies au préambule de la Constitution), ces droits, dits imprescriptibles,sont constamment rappelés dans les textes mêmes qui les font disparaître, ou qui les étranglent dans un foisonnement d'exceptions, de conditions restrictives d'application et de récupérations idéologiques qui ne profitent plus au peuple, mais à ceux qui gouvernent. Ces laboratoires de recherche politique de haut niveau n'ont pas pour objectif de dresser les différences doctrinales des principauxcourants politiques les unes contre les autres, mais de les fusionner subrepticement dans la pratique d'une alternance réinventée par François Mitterrand en son temps ; d'abord en formulant une gauche plurielle (idem pour la droite qui scande le rassemblement), puis en cédant au gouvernement la place d'une nouvelle majorité placée sous tutelle, mais sans jamais renoncer à sa prérogative présidentielle. Rappelons que la matrice de cette technique de gouvernancebipolaire fut celle jadis employée par le Général de Gaulle après guerre ; un échevinage politique cousu tel un patchworkassortide partis conglomérésnonobstant hétérogènes, à l'aune de la 5ème République.

Ce pseudo choix entre gauche-droite est évidement tronqué car solidaire sur le fond internationaliste de ce bipartisme, lequel rayonne des deux côtés de l'Atlantique, cela pour faire illusion d'une pluralité de sensibilités, sachant que les autres formations politiques sont, soit marginales, voire opportunément récupérables, soit reléguées dans le caniveau où ruissellent les caractérisations les plus insultantes. Tel fut le sort du Front National, leplus grand parti de France après les Européennes de 2014 et les régionales en 2015, nonobstant privé de sièges proportionnels dans l'hémicycle parlementaire pour ses élus majoritaires au premier tour, grâce à un système de blocage fait d'alliances de circonstance entre les faux amis de l'establishment.Il ne s'agit rien de moins qued'une conspiration rappelant un césarisme de plébiscite et de concussion, s'appuyant en toile de fond sur l'état d'urgence provoqué par le terrorisme musulman ; unebelligérance de source ontologique tout à la foisvectrice de psychose, mais aussi d'uneallégationpropice pour parachever le quadrillage des droitsdéjà instruits par le Code de la sécurité intérieure (Code législatif et réglementaire créé par l'ordonnance 2012-351 le 12 mars 2012, et sur les fondements de la loi LOPPSI de 2011 ; art. 102 de la loi n° 2011-267 du 14 mars 2011 d'orientation et de programmation de la sécurité intérieure).

Mais alors, comment qualifier autrementcette exclusion d'État, notamment exprimée sur la toile au prétexte de lutter contre ce terrorisme-là, alors que sous ce mobile opportun - car dissimulateur - l'État providence mais totalitaire censure des sites comme http://www.voxpopulivoxdei.fr, http://webmocratie.fr ou http://vpvd.fr et tant d'autrespages web encore sur l'Internet, lesquels n'ont rien de terroristes, sauf à ne pas être d'accord avec les pratiques gouvernementales et ses choix de société discriminatoires ?Lorsque plus haut, j'évoque une dictature douce*, en citant la social-démocratie française, comprenons que dans ce pays, on y enferme plus les opposants au régime dans des cachots, car aujourd'hui des dissidents politiques se trouvent plus commodément isolés du débat et *de facto*, interdits de droit d'expression pour ne plusqu'ils aient à communiquer et diffuser leurs opinions par les moyens d'accès électroniques modernes. La censure médiatique, depuis le resserrement logarithmique sur l'Internet et les violences par abus de dépendance fiscale et parafiscale exercées sur leurs éditeurs et diffuseurs (Voir chap. II, §-I a), fait meilleure figure devant les parterres politiques européens et onusiens, eux-mêmes jouant dans la même cour.

Mais il y a pire encore : car cette loi relative au renseignement susvisée risque d'ouvrir la voie vers une société policée, caractérisée par une surveillance rapprochée, depuis le contrôle indécelable des paroles et des écritsaux relations sociales, voire une investigation clandestine au tréfonds de la pensée intime de chaque citoyen mise en ligne. Ce projet déjà abouti en l'état, pourrait faire des émules dans la Communauté européenne, alors que durant sa présentation au Parlement, il fut vertement critiqué presque unanimement par les démocrates des membres de l'Union. Selon l'ONG *Human Right Wach,* cette disposition excessive infère d'immenses pouvoirs de contrôle électronique qui porteraient atteinte aux plus élémentaires libertés des citoyens lambda… non terroristes.

La liberté d'expression, en particulier celles de la presse, du livre et de l'Internet, n'a jamais été mise en danger avec un tel acharnement en France, de façon inexprimée certes - donc insidieuse, - en usant de mesures indirectes mais avec une impitoyable efficacité. Si le Code de la sécurité intérieure en place disposait déjà de redoutables instruments de filtrage et d'espionnage *au* sens large sur les citoyens, la loi relative au renseignement aura légalisé ces pratiques opaques. L'argument utilisé par le législateur prend principalement appui sur le terrorisme islamique, renforçant pour ce faire les outils du renseignement d'État, d'où l'usage de méthodes tout autant appropriées contre les activistes musulmans, qu'inappropriées lorsque la recherche est aléatoire ou sans discernement des populations, lorsqu'il s'agit de rendre - prétend-on - plus efficace la sécurité du territoire.*Quid* de la sécurité protégeant l'intimité et l'intégrité des gens non fichés par les organes judiciaires relevant de la sûreté de l'État ?

En résumé, l'inquisition numérique prétendument ciblée exercée sous le patronage de l'exécutif, s'exerce *lato sensu,* autant dire sur l'ensemble des citoyens sans autreapproximation de motif avancé, ceci avec le dernier cri de la technologie, opérant sur tous les instruments de la communication, procédant au repérage de masse et profitant de ce prétexte sécuritaire pour censurer, discréditer voire diaboliser les opposants à l'idéologie du pouvoir. Cela est le cas pour certaines professions comme le livre, la presse, l'audio-visuel et l'Internet. Il s'agit là d'un *Big Data* à l'échelle nationale, une exploration de méga données génomiques de l'information, tous azimuts, sans frontière ni interdit, dès lors qu'aucun organe de contrôle judiciaire n'est autorisé à pénétrer les mailles étroites de cette gigantesque cybernétique d'État faited'écoute, de lecture et de stockage.

f) Démocratie : ombres et lumières

L'héritage révolutionnaire parisien, si tant est que les ± 800 000 têtes tombées dans le panier des guillotines en 10 ans (entre 1789 et 1799, date du coup d'État du 18 brumaire par Napoléon Bonaparte) sur les 26 millions d'habitants d'alors sur l'hexagone durant la terreur rouge, soit une gloire pour l'humanité, cette légendaire période laisse poindre une certaine arrogance à la française. Depuis le berceau des pays des droits de l'homme, bien des acteurs politiques sont convaincus que la prise de la Bastille est transposable *erga omnes.* Mais dans les régions islamiques du globe, où, aujourd'hui encore, la démocratie n'est même pas un mot reconnu dans les théocraties musulmanes, seule une dictature musclée, comme celle des bolchéviques et des maoïstes en leur temps, est encore capable de faire régner un minimum d'ordre et de paix, à défaut d'humanité et de reconnaissance des droits naturels. D'ailleurs le Kremlin, de Vladimir Ilitch Oulianov (dit Lénine) à Léonid Brejnev, n'eut jamais à souffrir de dissidences internes de masse comme durant la période post-soviétique avec la Tchétchénie musulmane, car l'étendard écarlate frappé de la faucille et du marteau était assez dissuasif pour les dogmatistes religieux, surtout par temps de Goulag, en tout cas plus que le prétendu *blitzkrieg* de Boris Eltsine, victime d'une pérestroïka avant l'heure.

Si des régimes autoritaires, ainsi la Corée du Nord, Cuba, à l'instar de l'ex-Union soviétique avant son virage démocratique amorcé par Mikhaïl

Sergueïevitch Gorbatchev, sont toujours à l'abri du terrorisme islamique transnational ou s'en défendent encore assez efficacement comme en Chine, c'est parce que le verrouillage de la démocratie et des Droits de l'homme par une dictature musclée ne permet pas à ce terrorisme-là d'agir et de se répandre facilement. C'est une des raisons pour laquelle la Russie, sortie du dernier *præsidium soviet* de Léonid Brejnev (fin 1982), a chèrement payé son tribut d'attentats terroristes avec les Musulmans tchétchènes. Pour avoir restitué aux peuples de l'Oural et de Sibérie un droit d'expression, même contesté aujourd'hui, une grande part de son libre arbitre et bien d'autres libertés jadis confisquées par le bolchevisme, la pérestroïka, qui succéda à l'immobilisme léniniste et sa gérontocratie, ouvrit ce pays subcontinental tout à fois au libre échange, mais aussi au virus dormant du terrorisme islamique qui se nourrit et prospère au tréfonds des civilisations qui se construisent sur des idéaux démocratiques.

Bien qu'un tel discours demeure insoutenable pour la candeur morale des vieilles républiques ou monarchies constitutionnelles d'occident frappées de l'estampille sociale-démocrate, souvenons-nous de l'époque tourmentée de la très jeune Nation argentine, du général Quiroga (1827 à 1829) surnommé le *facundo,* puis de l'*estenciero* Juan Manuel Rosas (1829 à 1852) dominateur mystique et sanguinaire. Ceux-là, en leur époque, donnèrent à la *gobernacion* du Rio de la Plata l'autorité autocratique nécessaire à la rémission de l'anarchie sauvage et tortionnaire suscitée par l'individualisme autoritaire des *caudillos*. Même Juan Bautista Alberdi, avocat des libertés et grand bâtisseur de la Constitution argentine, aura reconnu lui-même qu'il n'existe pas de meilleur remède qu'une bonne dictature militaire, pour réduire les velléités individuelles des pouvoirs dynastiques des gauchos et la corruption qu'elle généra, cela afin d'annihiler l'anarchie et préparer le terrain à une possible démocratie.

Nonobstant le rebond démocratique qui s'opéra en Amérique du Sud, il ne faut pas s'attendre à ce que cette belle histoire se répète en Afrique ou au Moyen-Orient, car il n'y aura vraisemblablement jamais sur les territoires conquis par l'Islam, d'Antigone de la trempe des citoyens Jérôme Champion de Cicé, Honoré-Gabriel Riqueti de Mirabeau, Jean-Joseph Mounié, l'Abbé Sieyès, Gilbert du Motier de La Fayette, et de bien d'autres illustres penseurs proches de l'esprit des *Lumières*. Ceux-là donnèrent vie aux rêves de liberté des députés du Tiers état, pour donner au peuple sorti de la glèbe, le droit de se mêler enfin de politique. Faut-il que les nations soient assez mures pour en accepter l'augure ? Faut-il encore que la trame sociétale ne soit pas contaminée par l'atavisme virulent d'un culte martial qui voit dans la mort la délivrance du joug terrestre, réduisant à rien tous les efforts conjugués d'une réhabilitation de l'humanité contre la barbarie, ou de l'esprit de progrès contre l'obscurantisme. Même les sociétés acquises depuis des lustres à la haute civilisation occidentale peuvent sombrer dans ce créneau mortifère, dès lors qu'elles résident en promiscuité avec ce virus cultuel létal et l'ingression de leurs porteurs mentalement récessifs. Le Liban en fit une triste illustration.

Qu'en est-il aujourd'hui de la démocratie dans les États du Maghreb après les premiers soulèvements populaires de décembre 2010 en Tunisie, mais aussi au Bahreïn, au Yémen, au Pakistan, dans la corne d'Afrique, au Soudan, au Mali, dans les États du Sahel, etc. ? Beaucoup, de ces révolutionnaires, alors confortés par les encouragements de l'Occident et les belles promesses de délivrancedes islamistes radicaux, certes lénifiants dans leur djellaba immaculée, regrettent aujourd'hui l'ancien régime politique despotique qu'ils ont balayé au nom d'une prétendue libération de leur pays. Il y a-t-il encore une place dans le monde où l'Islam reste tranquille ? Que devient la Syrie après une guerre fratricide de plus de 250 000 morts en quatre ans (source : OSDH, août 2015) ? Et même là, où la révolution aura réussi à renverser des dictateurs, que sont devenus les pays arabes après le renversement du Président Ben Ali en Tunisie suite à l'insurrection dite du *Jasmin* entre 2010 et 2011, puis par suite encore de la Lybie après la *Jamahiriya* de Muhammar Kadhafi, et de l'Irak après la pendaison de Saddam Hussein ? Quasiment toutes ces régions quasiment entièrement musulmanes sont à présent devenues des pays sans État, où seules les bandes armées font loi.

Qu'en est-il également des pays - revenus à la case départ après des centaines de milliers de morts inutilement - où les chefs d'État modérés ont démissionné sous contrainte, comme Hosni Moubarak jeté dans les prisons égyptiennes, ou Pervez Moucharraf poursuivi par une procédure de destitution puis exilé ? Pourtant, ces deux derniers dirigeants étaient portés en haute estime par la diplomatie internationale, y compris par la Chancellerie française grande instigatrice de ces révolutions sanglantes. Est-ce que les arrestations de masse, les conflits civils, les exécutions sommaires et la misère grondante ont apporté, sous la pression des extrémistes islamiques, un bilan positif de quelque manière que ce soit ? Ne voit-on pas plutôt se profiler, derrière cette fièvre mahométane guerrière, opportuniste et vengeresse, une conflagration généralisée amorcée par les Palestiniens depuis 1948, puis relayée par l'Iran avec l'ayatollah Ruhollah Khomeini en 1979 ; la plus inquiétante théocratie au monde qui couve un arsenal nucléaire qui menace tout le Proche-Orient ?

Il ne s'agit pas, dans ce processus politique, dit de démocratisation pour faire plaisir aux tribuns socio-démocrates, d'un passage obligé avec ses bains de sang rituels, d'une longue période constellée d'embrasements et de réconciliations incontournables avant sa gestation, comme il en fut avec la Révolution française, ou celle de La Plata en Amérique du Sud. Non, car avec l'Islam, tout esprit de révolution et de prétendue libération du peuple s'achemine invariablement vers d'une escalade dogmatique sans retour, avec l'orthodoxie de ses prescriptions rigoristes pour un panislamisme totalitaire et féroce, avec ses décapitations et ces femmes mises en cage. Voyons ici la résurgence d'un passé martial depuis l'hégire du Prophète Muhammad à aujourd'hui, en passant par les interminables razzias et les génocides qui embrasèrent le monde non musulman et sans répis entre l'Asie, l'Afrique et l'Occident. Rappelons l'ethnocide de l'Hindi Kouch conduit par plusieurs dynasties de khalifes qui décima près d'un milliard d'hindous ; 800 000 têtes tombées durant les cinq siècles qui suivirent l'an mille (Voir chap. II, §-III a). Toute théocratie, ainsi le christianisme de l'Inquisition et des croisades, aboutit invariablement à des monstruosités sociétales, des crimes de masse emmenés par un obscurantisme intellectuellement réducteur et socialement dégénérescent.

Même si cette idée enferme une singulière bizarrerie qui fâche, seule une dictature peut annihiler une anarchie devenue endémique. Mais paradoxalement, une démocratie trop laxiste peut s'effondrer sur elle-même, et précisément aboutir à l'anomie par la perte de certaines valeurs indispensables à la solidité d'une structure politique inflexible autour des notions de patriotisme et de laïcité. Or, tout observateur honnête et lucide constatera que des pans entiers de libertés et d'égalité cèdent pas à pas face aux intolérances communautaristes confessionnelles. Avec des concessions sociales, juridiques et administratives faites à l'Islam qui érode les principes fondateurs de la démocratie, puis encore, la sécurité publique qui est devenue l'otage des renoncements devant l'escalade des exigences mahométanes, l'État de droit, dans les États socio-démocrates, est fréquemment mis à mal par les sphères confessionnelles, où la liberté du culte y est détournée de ses principes directeurs. À coup de butoirs, la religion du Prophète érode peu à peu les bases équitables d'une société libre, grignotée par l'assistanat et la ségrégation positive. Voyons là une forme dissimulée de la djizîa que versent déjà les pays d'Occident hébergeurs de réfugiés musulmans, pourtant malades de la religion qu'ils fuient... mais le Coran à la main.

Et comme la démocratie en elle-même ne saurait être la panacée, ainsi que l'apercevait Winston Churchill (Voir chap. second, §-II c), c'est tout le système démocrate, dans sa fragilité juridique et sociale, qui peut s'effondrer si l'on laisse des minorités s'emparer, par érosions continues et insidieuses, des fondements *erga omnes* du droit républicain. Mieux encore, les islamistes s'accaparent abusivement de droits spéciaux et se font attribuer des avantages au motif d'égalité des chances, en s'adossant sur leur prétendue minorité victime de tout, car martyr de composition de la société judéo-chrétienne. Voltaire, dans *La Bégueule* (1772), suggérait que *« Le mieux est l'ennemi du bien »*, et Balzac d'ajouter dans *La femme de trente ans* (1832), que l'adage suivant lequel *« L'enfer est pavé de bonnes intentions...n'est pas un paradoxe de prédicateur »*. Sous la plume de ces auteurs, ces stances font allusion aux personnes qui commettent des crimes sous le sceau d'un idéal, ainsi en fut-il de la terreur rouge des Révolutionnaires après 1789, ou aujourd'hui du terrorisme qui répond à la radicalisation hégémonique d'un khalifat mondial, annoncé depuis l'Afrique du Nord jusqu'au Proche-Orient.Faut-il comprendre dans une révolution, qui littéralement signifie un tour complet pour revenir à son point de départ, que cette circonvolution ne signifie pas un simple changement d'orientation de politique sociale et juridique, mais le risque de devoir tout recommencer en passant par le chaos et l'anarchie.

Il en va ainsi des soulèvements du *Printemps arabe,* pour ne pas avoir été anticipés, précisément dans une civilisation lacunaire insuffisamment évoluée, éduquée et instruite pour être capable de s'élever intellectuellement et d'accepter certaines règles de démocratie que nous dictent les droits naturels, ainsi le respect de la vie, de toutes les vies, comme il en va des opinions, la tolérance envers autrui, l'acceptation de toutes les confessions, l'égalité des genres et des choix sexuels, etc. Le peu d'évolution sociale et pédagogique qui fut apporté durant l'époque des colonisations européennes, fut balayé par les extrémistes islamiques seulement guidés par les sourates du Coran et la tradition ancestrale des hadîths.

Henri Guaino (ancien conseiller spécial du Président Nicolas Sarkozy) fut l'un des premiers responsables politiques français à évoquer, fin janvier 2013, la confuse désillusion au sujet du *Printemps arabe* :« *Une possible erreur de jugement pour la suite de l'histoire, un concept qui a déstabilisé les pays d'Afrique du Nord* ». L'histoire, ajouta-t-il au micro de *Radio Classique,* n'est pas aussi belle qu'on pouvait le penser à l'époque. La difficulté aujourd'hui, c'est qu'il n'est plus possible de renverser le processus, et que l'Europe devra composer avec ce nouvel adversaire bien plus redoutable que les dictateurs déchus, pendus, exilés ou emprisonnés, sachant que l'on ne saurait négocier avec l'intégrisme qui porte haut la haine et le crime dans son dogme. Un extrait du quotidien *Moskovkie Novosti* du 26 février 2012 rapporta une pertinente réflexion de Vladimir Poutine : « *Le Printemps arabe aura d'abord été perçu comme un changement positif. Mais il est devenu évident qu'au lieu de renforcer la démocratie, ces révolutions aient été menées pour éliminer des autocrates et les remplacer par des théocraties encore plus stigmatisantes pour le peuple, aboutissant à la domination d'une force par une autre, encore plus agressive* ».

Je me propose à la suite (Voir *in fine* à l'épilogue), de tirer la quintessence d'un document courageux pour un universitaire qui osa s'affranchir d'un tabou politique,comme décliner les avatars de la démocratie ; un mot qui habituellement force le respect en regard de sa dynamique incantatoire et du sacro-saint esprit humanitariste qu'il retient. Francis Dupuis-Déri, professeur en sciences politiques à Montréal, publia en ligne : « *L'esprit antidémocratique des fondateurs de la « démocratie » moderne »* (août 1999). Ce document fut également produit en version numérique dans la collection *Les classiques des sciences sociales.* Fondée et dirigée par Jean-Marie Tremblay, professeur de sociologie au *Cégep* de Chicoutimi, la monographie susvisée estconsultable à la Bibliothèque Paul-Émile-Boulet de l'Université du Québec.Cette étude fait la part entre le peuple d'un côté, et ses représentants de l'autre, ces derniers appartenant d'abord à un système politique avant de servir leurs électeurs.

Il en résulte que ledit système piège les citoyens qu'il est censé assister, cela en usurpant le mot *démocratie* ou en falsifiant le langage qui l'interprète. De sorte que les discours et pratiques des hommes politiques qui œuvrent sous l'étiquette *démocrate* auront permuté la démocratie en anti-démocratie. Le Docteur JS McClelland, auteur de :*Une histoire de la pensée politique occidentale* (Éd. Kindle, 27 mars 1998) écrivit,« *On peut presque dire que la théorisation politique a été inventée pour montrer que la démocratie, le gouvernement des hommes par eux-mêmes, vire nécessairement en règne de la populace... S'il existe quelque chose telle que la tradition occidentale de la pensée politique, elle débute avec ce biais profondément antidémocratique ».*

L'examen laisse apparaître deux réflexions de fond autour de ce qu'est devenue la symbolique démocratie de nos jours ; un paradigme socio-politique adulateur et rassérénant dont la plupart des intervenants intellectuels ou des élus se réclame, comme pour se dédouaner des échecs de leur passé et offrir de l'espoir dans l'avenir qu'ils allèguent et enrubannent de leurs vaines promesses. Dans un premier volet, il fut remarqué que l'utilisation de ce postulat autorise les partisans de la bonne conscience sociale-démocrate à se démarquer de leurs adversaires qu'ils jugent en dehors de leur coterie élective ; pur produit d'une socialisation élitiste qui diabolise tout ce qui n'entre pas dans la norme fixée par cette bien-pensance. Aujourd'hui, le marketing politique professe dans un consumérisme électoral qui choisi ses propres marques et se comporte comme un monopole économique, sinon une situation d'oligopole que se partagent deux ou quatre partis dominants de gauche à droite,lesquels règnent dans une entente cordiale. D'aucuns évoquent :*« Des débats de façade pour un entre-soi stérile »* !

Cette stratégie est clairement mise en place par une fine fleur politique mais au comportement prédateur. Ainsi, selon le *Boston Quarterly Review* (11 janvier 1839) « *Un parti qui ne serait pas perçu comme démocratique ne peut même pas devenir une minorité respectable ».*En France, à la lumière de scrutins récents(européens en 2014 et régionaux en 2015), le Front National, même plébiscité sur l'Hexagone, se retrouva dans cette situation. Tel fut également le cas avec le candidat Norbert Hofer du Parti de la liberté (réputé d'extrême droite) aux élections présidentielles autrichiennes de 2016,lequel a obtenu au premier tour une majorité confortable sur ses adversaires le 24 avril, mais se fit balayer au second tour le 22 mai par ses adversaires dans une coalition pourtant indélayable de tous les autres partis. Ce scénario rappelle singulièrement le cours des élections présidentielles de 2002 en France, où Jean-Marie Le Pen se fit éjecter au second tour au nom d'une prétendue sauvegarde de la République.

De quoi le citoyen européen doit-il le plus redouter : élire un candidat non aligné qui pense et agit autrement que les socio-démocrates qui gouvernent l'Europe au travers un système politique décadent qui s'essouffle -eu égard au rejet des électeurs qui n'ont plus confiance en cette coterie droite/gauche - ou demeurer chevillé dans l'establishment plombé dans ses fiascos, lequel régime politique, pour se dédouaner de son incurie, agite sans cesse l'épouvantail d'une dictature présumée nazie, en convainquant l'électeur de tricher avec les institutions pour écarter l'intru qui afficherait des idéaux patriotes dits nationalistes ?

Doit-on éternellement abandonner la gestion du pays à des politiciens qui ne tiennent jamais leurs promesses de campagne et agissent selon leurs propres intérêts, lesquels n'hésitent pas à spolier le choix d'une majorité relative d'électeurs souverainistes, autrement dit violer les lois de la démocratie en stigmatisant les administrés pour arracher une victoire qui n'est pas la leur ?

Dans un second volet, il est annoncé que le *petitpeuple* (selon l'expression de Cicéron) ne peut agir sans ses représentants, car les masses populaires sont considérées immatures, donc présumées dépourvues d'instruction, de compétence et de discernement. Ainsi, pour l'Abbé Emmanuel-Joseph Sieyès, l'un des principaux promoteurs de la Constitution française, *« La grande majorité des Français n'a pas assez d'instruction, ni assez de loisir pour vouloir s'occuper directement des lois qui doivent gouverner la France »*. Ironie qui frise le mépris dans l'esprit des fondateurs de la République, il ne saurait y avoir de démocratie directe (participative) ou de peuple souverain, ce pourquoi les élus se dissocient du *bas-peuple* pour se donner les moyens de gouverner en marge d'une démocratie délibérative populaire.

De sorte que les débats contradictoires doivent se dérouler dans une sérénité dûment ordonnancée et sous le contrôle balisé des seuls responsables impliqués dans la direction des affaires publiques et politiques.À ce stade de la séparation des pouvoirs entre l'omniscience des experts aux commandes de l'État et les citoyens ordinaires, la notion d'égalitarisme n'a plus sa place, ni en politique ni en droit, sinon pour en épargner le principe fondateur emblématiquement néanmoins toujours bien présent dans les institutions réputées inaliénables (art. 6 et 13 de la Déclaration de 1789, art. 3 de la Constitution et préambule de la Constitution de 1946 ; composante du bloc de constitutionnalité depuis la décision de 1971). À ce propos, voir le principe d'égalité exposé lors de la visite au

Conseil constitutionnel au 18 septembre 2001 d'un groupe universitaire britannique (À consulter : l'articledu Professeur Jacques Robert, Cahiers du Conseil constitutionnel n° 3, 1997 : *« Le principe d'égalité dans le droit constitutionnel francophone »)*.

Certes aujourd'hui, les Français sont globalement plus cultivés que sous la Révolution, sauf que la souveraineté populaire, exprimée en termes de démocratie participative, ne sera jamais qu'un mythe qui se retranche derrière une stratégie discursive de légitimation qui se dédouane derrière les symboles d'une Révolution qui n'appartient plus qu'à une histoire jamais aboutie. En effet, pour le girondin Jacques Pierre Brissot de Warville, *« La plupart des désordres qu'ont connus les cités démocratiques antiques peuvent être attribués à leur manière de délibérer »*. Autant dire que laisser parler le peuple est inaudible puisqu'il ne peut s'exprimer d'une seule voix derrière le brouhaha désordonné et véhément des foules. Ce pourquoi il fut institué le mode électoral pour désigner celui qui parlera à sa place (décret du 11 août 1792 suspendu par le Directoire et rétabli lors de la Révolution de 1848). Or, depuis la fin du XIXe siècle, il semble que même les standards démocratiques sont bafoués, les règles d'équité laminées et les élusécrasés sous la densité d'un exécutif absolutiste qui explose l'équilibre des pouvoirs.

Quant à James Madison (quatrième président des États-Unis d'Amérique), celui-ci exprima cette crainte de laisser parler le peuple pour lui-même : *« Si chaque citoyen avait été un Socrate, chaque assemblée athénienne aurait été malgré tout une cohue [...]. L'idée que le peuple est le meilleur gardien de sa liberté n'est pas vraie. Il est le pire envisageable, il n'est pas un gardien du tout. Il ne peut agir, ni juger, ni penser, ni vouloir »*.

Ainsi naquit l'antidémocratisme de la bouche d'un démocrate ; l'un des principaux auteurs de la Constitution américaine qui se distingua pour avoir soutenu la séparation des pouvoirs. Ce pourquoi, puisque la démocratie, selon l'analyse académique, est l'art de défendre le bien commun, il semble convenu d'abandonner aux représentants supposés méritants et vertueux - puisque choisis par le peuple - la mission de conduire le destin de la Nation selon des normes instituées par eux-mêmes, et non pas le peuple dese conduire lui-même.

À l'incapacité présumée du peuple à se gouverner seul (la démocratie participative ne demeurant qu'une utopie idéaliste de rhétorique), d'autres ajoutèrent, ainsi Montesquieu, *« Qu'une démocratie n'était possible qu'à l'échelle d'une cité antique »*. Ce qui sous-entend que les États aussi vastes et/ou peuplés que les États-Unis d'Amérique, la Couronne britannique, la sainte Russie, l'Empire germanique ou la France révolutionnaire, furent beaucoup trop denses pour permettre l'instauration d'une démocratie directe. C'est ainsi que le monde moderne se tourne de nouveau vers le modèle aristocratique, certes à présent de souche plus roturière, mais avec les mêmes privilèges que sous la monarchie ;les prérogatives de la noblesse étant à présent celles des oligarques. Francis Dupuis-Déri y ajoute une indication qui pèse fort sur son avis : « *Historiquement hérité du régime monarchique féodal, le système représentatif de la démocratie est philosophiquement légitimé par l'antidémocratisme des pères fondateurs qui l'on institué* ».

Pour enfoncer le clou, son analyse se décline de la façon suivante :

« *1°) le représentant exprime ouvertement son mépris pour un peuple politiquement incompétent à discerner et se choisir le bien commun ;*

2°) le représentant en déduit la nécessité pour la souveraineté populaire d'être représentée ;

3°) il se désigne comme membre de l'élite éclairée qui saura identifier, défendre et promouvoir le bien commun ;

4°) ainsi défini, le bien commun ne peut s'accommoder de l'esprit égalitaire et les revendications des pauvres doivent être jugulées ;

5°) l'élite politique prend donc le parti de l'élite économique tout en expliquant aux citoyens qu'ils ne peuvent trouver leur bonheur que dans l'espace dépolitisé de la sphère privée ».

Une dernière évocation confère à l'analyse critique de Francis Dupuis-Déri, autour de la démocratie - qui ne demeura jamais qu'un mot vidé de sa substance - une remarquable justesse d'observation. L'auteur explique comment le pouvoir qui échoit aux élus parvient àmétamorphoser leur mental. Il y fait allusion à un noumène emprunté à la sociologie platonicienne : l'agoraphobie, « *Une peur injustifiée, parfois accompagnée de vertige, que certaines personnes éprouvent lorsqu'elles se trouvent dans des lieux publics et de grands espaces découverts. Passant en politique, l'agoraphobie décrit cette méfiance à l'égard d'un peuple se gouvernant seul, sans que sa volonté ne soit filtrée par ses représentants. Le philosophe ou l'acteur politique qui souffre d'agoraphobie politique craint la démocratie directe, ce chaos, cette tyrannie des masses hurlantes. Peur du peuple au pouvoir, l'agoraphobie politique est aussi un mépris des capacités politiques des simples citoyens* ».

Autrement dit, aucune projection politique n'est fiable quant à se réclamer de la démocratie placée sous la coupe d'un calibrage socialisé par l'élite clonée des pendants impavides de l'exécutif, des énarques qui mesurent, tracent puis restituent tout à leur avantage les méthodes et produits supposés démocratiques attachés à leur fonction régalienne. Les distorsions fractales qui ressortent des manipulations de l'information, après le criblage, la censure et l'étalonnage homothétiques du renseignement d'État, induit un anneau d'endomorphismes propre à détourner l'important ou le vrai de la réalité, puis à redéfinir le sens cognitif de la perception, d'où recomposer l'entendement populaire pour le fédérer, le soumettre puis l'art de l'éteindre sans que le peuple s'en rende compte.

Le tout est ficelé puis vulgarisé dans une variable technocratique aléatoire, car intraduisible et irrationnelle, conduisant à une entropie conditionnelle de la logique et des choix existentiels de chacun des électeurs, des militants, des croyants ou des humanitaires bénévoles. Au surplus, ce que nos prédécesseurs révolutionnaires n'avaient certes pas imaginé se présente aujourd'hui sous la formule numérisée d'une haute surveillance ; une entrave qui stigmatise le droit de communiquer, voire d'exister sans être observé, cela dans une indiscrétion qui ressemble étrangement à l'œilleton d'une porte de cellule carcérale. La démocratie est mort-née, vive l'oligarchie monolâtre et dynastique des socio-démocrates !

g) *La voie du terrorisme qui conduit au renseignement en passant par la corruption*

Par cette perquisition du mental de chacun, d'aucuns y voient un retour à la *pensée unique* du socialisme tchékiste et sa police politique (KGB en Urss, la Stasi en Allemagne de l'Est, la Securitate en Roumanie et autres services du renseignement politique stalinien derrière l'ancien Rideau de fer abritant les pires créatures du népotisme et de la tyrannie), forçant l'imprégnation subliminale puis l'endoctrinement aux idéaux socio-démocrates sous couvert d'un *politiquement correct,* puis muselant ceux qui subodorent cette dérive en leur confisquant le droit de répandre leurs idées, d'être publié, lu ou entendu.

Seul l'État prétend être capable de lutter contre le terrorisme, mais sans jamais indiquer l'étiologie de ce mal, ne citant jamais le Coran comme un poison mental et moteur de ce terrorisme dont se réfèrent sans sourciller les barbares musulmans. Car, ne l'oublions pas, la loi relative au renseignement a été votée sur ce seul motif, l'Islam terroriste ; les autres mobiles comme la pédopornographie déjà sous surveillance par des textes spécifiques, n'étant qu'un artifice pour se dédouaner de ne jamais désigner la seule raison qui a donné jour à cette mesure de rétorsion publique.

Ces directeurs de conscience ont ainsi créé l'illusion qu'il existerait deux islams, deux religions en une, deux types de croyants mahométans : les Musulmans lambda intégrés et majoritaires en nombre face à d'infimes minorités d'activistes islamiques. Or, cette rhétorique spécieuse mise en place par la bien pensence esquive la réalité des faits qu'énonce l'actualité internationale au quotidien, pour éviter l'*amalgame* dit-on ; les victimes étant prétendument le commun des Musulmans assimilés et modérés. Sauf que cette majorité là, d'ordinaire se tait, choisit d'observer le silence autour des ignominies de leurs coreligionnaires terroristes, et *ipso facto* les protègent sous le couvercle d'une omertà faite de compromission et de crainte, car leur religion, *via* les sourates corrosives du Coran, les menaces tout autant qu'ils sont effrayés par leurs frères intégristes. C'est ainsi que l'État français a choisi une parade pusillanime pour gérer cette crise identitaire, entendue communautariste ; celle de se ranger derrière la façade d'une catégorie de croyants sélectionnée pour *calmer le jeu,* ainsi Dalil Boubakeur qui contraste bien évidemment avec les barbares qui partagent la même foi ;ces derniers brandissant une kalachnikov d'une main et le Coran de l'autre.

Cependant, nos dirigeants n'exigent jamais de cette cour des doctes musulmans qu'elle prenne une position ferme et perceptible pour condamner, voire excommunier les fondamentalistes issus de leur rang qui essaiment leur idéologie destructrice et meurtrière, entre émeutes urbaines de *jeunes* et attentats terroristes sur le territoire français. C'est pourquoi, pour tenter de masquer cette incurie et le vrai coupable, l'État socialiste a pris l'initiative d'un projet de loi tissé de pièges électroniques, faisant feu de tout bois, autant pour débusquer les terroristes musulmans que pour museler ceux qui osent le faire à leur place en proposant d'autres solutions préventives, comme de distiller au peuple des informations pédagogiques sur la réalité du Coran.

Parmi ces solutions didactiques, figure l'idée nouvelle d'induire un *aggiornamento* en Islam, cela pour enfin donner la parole aux Musulmansofficialisés qui se disent progressistes et intégrés, voire à terme isoler leurs coreligionnaires fondamentalistes, esclavagistes, tortionnaires et coupeurs de têtes. Pour ce faire, des outils de réflexions sont proposés par des essayistes, des sociologues et philosophes indépendants, donc courageux, lesquels s'efforcent d'indiquer ce qui est véritablement insupportable dans cette religion à travers ses Écritures ou sa tradition dont se servent précisément les Musulmans radicaux et leurs activistes toujours tapis en embuscade.

Problème : ces Écritures sacralisées sont truffées de contradictions et d'illogismes susceptibles de servir tous les discours, d'excuser toutes les mentalités et d'autoriser tous les comportements ; sachant que le Coran est un canevas informe,une mosaïque inextricable, anachronique et incohérente de sourates dites abrogeantes (nâsikh, de source médinoise) et de sourates abrogées (mansûkh, de source mecquoise). Cette idéologie obscurantiste et protéiforme, matrice d'un culte guerrier, hostile, misogyne, intransigeant, xénophobe et expansionniste, est celle de la taqiyya (félonie, mensonge ; Coran V.52), qui confère un droit aux Musulmans de masquer leurs vraies intentions et de trahir sans rougir leurs promesses de concorde. Tel fut le parcours glauque de Yasser Arafat qui signa un traité de paix sur les accords d'Oslo en 1993 qui lui valut le prix Nobel de la paix l'année suivante, alors même qu'il organisait simultanément en silence, selon les révélations ultérieuresde son épouse, la seconde intifadah la veille de la remise de cette distinction.

Ne pas vouloir comprendre où se dissimule la source de ce mal est sûrement une attitude irresponsable. Mais ne pas dénoncer l'inadéquation de l'immoralité coranique avec les droits de l'Homme, et ne pas chercher à éradiquer le germe délétère qu'enferme cet ouvrage de haine, d'esclavagisme, d'ethnocentrisme et d'appels à la violence, constitue un encouragement inexcusable. De fait, ce refus d'objectivité de l'appareil de l'État à observer cette réalité écrite noir sur blanc dans un livre de culte est interprété par les intégristes comme une incitation qui finira par oxyder le fondement des libertés naturelles, comme annihiler le postulat de la laïcité, puis démanteler, un par un chaque pan de notre civilisation de liberté, de savoir et de richesses.

Face à ce péril imminent, la stratégie des politiques démocrates libéraux de gauche et des libéraux démocrates de droite (du pareil au même) se borne à maintenir un *statu quo* dans l'échec (pour ne pas à avoir à le reconnaître), comme s'il n'existait pas d'autre posture que d'attendre que la surnatalité polygame de l'Islam et ses vagues migratoirescontinues atteignent l'objectif annoncé de ses prétentions hégémoniques. Pour certains élus politiques - dont la vision narcissique de leur monde se borne à la durée de leur[s] mandat[s], - l'extinction de notre civilisation de progrès, de nos droits, de notre code moral et nosstandards de liberté(une confiscation officiée par le culte musulman le plus rétrograde), n'est pas leur problème, mais celui des générations à venir.

Cette analysese vérifie si l'on en juge les dérives que prend l'actualité conflictuelle de cette communauté au quotidien. Sauf que cette problématique sociétale, d'ici l'autre moitié du siècle présent, deviendra irrémédiablement insoluble face au phénomène du *grand remplacement*(qualifié de *politique de peuplement* par Manuel Vals en mars 2015) que subodorent déjà les démographes et les prévisionnistes lorsque ceux-ci s'avèrent doués d'honnêteté et de lucidité. N'ayons pas la naïveté de croire à l'intégrité et à la loyauté des personnages élus qui gouvernent la social-démocratie dans le monde, en particulier celle de la France, car pour bon nombre d'entre eux, leur véritable patrie se trouve numérotéedans les coffres et comptes offshore cachés dans les paradis fiscaux, jadis en Suisse, au Liechtenstein, au Luxembourg, à Monaco ou à Andorre certes aujourd'hui moins prisés car désormais mis en berne par des conventions et accords de transparence et d'échanges d'informations. À présent, la relève de ces caches financières est assurée à l'État US Delaware, aux Bahamas, à Singapour, aux îles vierges britanniques, aux Seychelles, à Hong Kong, ou aux Îles Caïman entre autres niches fiscales de plus en plus insulaires (Voir chap. II, §-II c).

Selon l'*Express/L'Expansion*du 3avril 2016 (inl'*International Consortium of Investigative Journalists* basé à Washington), 214 000 structures offshore ont été créées ou administrées notamment par *Mossak Fonseca* (une société financière spécialisée dans le blanchiment de la trempede *Swissleak)* entre 1977 et 2015, le tout redistribué dans 21 principaux paradis fiscaux pour des clientsvenant de ± 200 pays et territoires différents. Le spectre des personnes physiques et morales estlarge au rayon de l'évasion fiscale, sachant qu'un millier de Français y sont déjà impliqués.

Pour exemple, la Société Générale administre 979sociétés-écrans sur ces *no man's land* de la finance opaque, certes loin derrière la Britannique HSBC qui n'en compte pas moins de 2 300 (Voir infra, notes 25 et 28).

Pour comprendre la logique pernicieuse - quoique légalisée - dans le mégamonde du libre échange, de cette gesticulation financière qui consiste à placer son argent ailleurs que dans le pays où l'on réside, il suffit de se poser la question : pourquoi faire ? Cette maïeutique nous amène à se focaliser sur l'évidence de deux pistes en opposition de principe. L'une d'elles suppose le désir d'investir à l'étranger pour faire fructifier son patrimoine, accessoirement créer des emplois, mais principalement prodiguer des richesses dont une part confortable reviendra à l'investisseur. Dans ce même cheminement, d'aucuns s'aventurent à acheter des produits boursiers dans une ou plusieurs sociétés industrielles transnationales, voire entrent dans le noyau dur de spéculateurs où 99,99% des initiés ne se font jamais prendre, sauf lorsque ces derniers trichent avec le système mafieux qui les a intégré, lesquels en représailles sont alors livrés en pâture à la grande presse puis à la justice de leur pays ?

L'alternative au questionnement susvisé consiste à créer sa propre structure financière à l'étranger, dont généralement le dirigeant porte un autre nom que l'initiateur et principal investisseur, par le biais d'un homme de paille ou d'une société écran pour mieux brouiller les cartes, sinon d'ouvrir un compte bancaire numéroté sur un territoire exotique (secret bancaire et professionnel, anonymat et absence de comptabilité) ; non pas pour produire, mais pour abriter son capital contre les saignées fiscales et parafiscales. Je n'évoque pas ici un État de droit ordinaire, mais un petit bout de territoire aux confins d'un océan, un archipel qui n'appartient qu'à une élite fortunée, là où les banques et les sociétés financières détiennent des actifs colossaux, égaux voire supérieurs au montant du PIB annuel d'une nation industrialisée d'Occident. (Voir supra sous cette rubrique).

Par-delà ces bastilles inexpugnables qui échappent à la justice internationale, dont l'indice d'opacité (Financial Secrecy Index) plafonne, il existe aussi des zones franches où bat le pavillon de complaisance des États voisins, et où de surcroît s'établissent des accordsqui font illusion, mais qui s'apparentent plutôt à des mascarades plénipotentiaires pour laisser croire aux vrais contribuablesde prétendues avancées de normalisation contre la fraude fiscale*via* la fuite des capitaux désincorporés du virtuel numérique. Pour esquiver la justice fiscale, ces territoires historiques sont parés des épithètes héraldiques de Principauté, de Grand-Duché, sinon de l'indulgence plénipotentiaire consacrée aux îles Anglo-Normandes (Jersey), aux*no man's land*de protectorats et des TAAF (Terres australes et antarctiques françaises), voire de « comté cérémonial » comme la *Cityof London*.

Outre cette bienveillance des politiques qui savent filtrer les déclarations de revenus de leurs concitoyens tout en se préservant pour eux-mêmes quelques issues entrebâillées afin des'octroyer quelques privilèges, les avocats d'affaires proposent à leurs clients possédants de procéder à un *bilan patrimonial expatriation* pour optimiser leursavoirs et organiser leur succession à travers des montages juridico-financiers en droit local et international. On comprendra que l'étude de ces gestionnaires de fonds, qui consiste à examiner les placements exogènes les moins exposés aux boulimies fiscales et parafiscales, n'a d'autre dessein que d'organiser la fuite de capitaux par le biais de bureaux d'études *ad hoc* dont les activités légales, quoique moralement glauques, consistent à contourner le droit souverain de leurs mandants, en usant de stratagèmes informatiques et juridiques appropriés pour spolier les finances de l'État du ressortissant indélicat.

Nonobstant les allégations de probité qu'opposent les cabinets d'affaires pour tenter de justifier de la loyauté civique de leur client, et par là blanchir leur argent de toute idée de corruption à la fraude fiscale, là réside la véritable raison, sachant bien que dans ces paradis financiers *(l'antimonde* selon Roger Brunet, directeur de recherche émérite au CNRS) qui ne signent aucune convention ni ne communique pour délivrer des informations avec le reste du monde, aucune industrie productive, sauf peut-être le tourisme, ne fonctionne sous ces horizons dorés. De sorte qu'en créant des sociétés offshore, la seule finalité de leurs associés réside dans la clandestinité d'investissements mobiliers, à l'abri du régime fiscal où résident physiquement les titulaires. Reste à comprendre pourquoi les banques nationales aux États-Unis, en Europe, en Asie, en Océanie et ailleurs créent pour leurs gros clients et à leur demande, des cartels extraterritoriaux (sociétés hybrides, pools cellulaires protégés, organisme de participations dormant, etc.) pour faire fonctionner des comptes en-dehors du vaisseau amiral de leurs structures bancaires et financières ?

Tout simplement pour ne pas perdre ou récupérer leurs clients par l'intermédiaire de paradis fiscaux hors de leur juridiction nationale. Bien entendu, cette transaction clandestine - car échappant à l'information que les médias servent habituellement au grand public - s'achemine vers des commissionnements qui profitent aux banques, sachant que le bénéfice des exonérations fiscales sur ces placements opaques profite plus largement à leur titulaire en retour sur investissement. Hormis cette piste, il existe certes d'autres approches moins fiscalisantes que d'ordinaire comme les bons (de caisse) anonymes, les titres de capitalisation au porteur dont l'identité du souscripteur est inconnu, sauf que ces valeurs sont désormais ; soit interdites sur le marché financier à l'intérieur de certains territoires, soit soumises à de lourdes retenues à la source avec des prélèvements qui excèdent plus de 74% en impôts, taxes diverses comme l'ISF en France, auxquels se greffent les charges sociales (CSG, CRDS et la contribution de financement du RSA) sur les intérêts perçus et autres dividendes ou royalties.

Par un passé encore peu lointain (de l'époque victorienne au premier choc pétrolier), le capital, outre le cadre de vie fastueux qu'il offreà son propriétaire, servait principalement à financer l'industrie, le commerce puis plus tard le social, autrement dit l'outil de travail. Aujourd'hui, trop souvent l'argent va vers l'argent et ne profite plus à personne, pas même en bourse, sinon à son détenteur et aux viatiques de business qui gravitent autour. Il ne s'agit pas ici de battre pavillon pour la lutte des classes, mais de constater que les élus politiques qui font voter les lois de finances et de financement de la sécurité sociale, puis encore moult textes législatifs et réglementaires qui créent sans cesse de nouveaux impôts, s'arrogent le droit de détourner leurs propres revenus pour échapper au racket dont ils se rendent coupables envers leurs concitoyens contribuables et cotisants.

Ceux-là ne sont pas au service de l'État, mais se font élire afin de s'enraciner dans la coterie des combines, autant dire pour ne pas se faire étrangler par un colbertisme qui asphyxie la classe moyenne laborieuse qui paie pour tout le monde, autant dire la moitié des citoyens exonérés, la quasi-totalité des réfugiés issus du tiers-monde qui ne vit que d'assistanat, et les grandes fortunes qui se donnent les moyens d'échapper aux prélèvements de l'État en faisant élire des politiciens à leur botte, *via* les financements occultes, les trafics d'influence et la corruption en passant par les concussions de coulisse. En l'occurrence, la politique n'est plus - ou n'a jamais été - l'instrument de la démocratie, mais la base arrière de la gouvernance des banques, consortiums fiduciaires ouholdings ; éminence grise d'uneoligarchie qui fabrique ses propres guides et futurs successeurs dupliqués dans les amphithéâtres des grandes écoles, depuis l'ÉNA à Sciences po (Voir chap. Ier, §-I e et chap. II, §-I a et §-II b).

Jérôme Cahuzac et Bernard Tapie, pour ne citer que ces deux là qui défrayèrent singulièrement la chronique, illustrentce phénomène enfoui de ladébauchecapitaliste. Or, ce duo de politiciens et hommes d'affaires qui nagent en bancs compacts dans l'antimondeobscur de la déliquescence financière,n'eurentqu'un seul tort : se faire prendre. En ce qui concerne le Dr J. Cahuzac, ce dernier cumula autant la maladresse (erreur fatale sur le destinataire d'un message compromettant), que de circonstances familialeshostiles (discordance de séparation avec son épouse Patricia, qui revendiqua sa part du butin sur des comptes occultes dont elle servait d'entremetteuse)[6].

---

[6] Sauf que Jérôme Cahuzac, n'étant pas sûrement le plus cupide et corrompu, aura peut-être fait de la résistance aux exigences de ses mécènes issus des laboratoires pharmaceutiques distributeurs de pots-de-vin, ou des généreux bakchichs versés par les princes en keffieh à la tête des pétromonarchies du Golfe. À force d'avoir scandé avec véhémence devant les médias, en s'adressant aux contribuables, qu'il faut faire acte de patriotisme et ne pas déverser son argent dans les paradis fiscaux, eut-il quelques remords en regard de son propre

De fait, un certain nombre d'élusmalhabiles, stupides ou malchanceux, mais certainement crapuleux*,hier et aujourd'hui-parmi tous les partis politiques confondus (Voirchap. II, §-III) - a fait ou fait l'objet de poursuites pour corruption aggravée, de trafic d'influence et d'enrichissement personnel sur des délits de détournement de biens sociaux et/ou de blanchiment d'argent fiscal, ainsi le chirurgien dermatologue J. Cahuzac qui doit une partie de sa fortune avec les pot-de-vin versés par des laboratoires pharmaceutiques.

*À ce propos, voir la vidéo de la *liste de noire de la République* dans *AgoraVox* du 10 février 2012, par Tyler Bugden, dont les trois versions Web proposées sur la page écrite en ligne ont été effacéespar le ministère de l'Intérieur sous le code 451(Voir supra, chap. Ier, §-I e) ; une censure masquée qui se présente sous l'allégation d'une erreur. Ici encore, le lobbying d'investigation de l'État aura fait son travail d'enfouissement, d'abord pour se protéger lui-même, car quel que soit le parti politique en cause, c'est la politique qu'il faut d'abord protéger au nom d'une solidarité corporative qui se retranche derrière une prétendue idéologie de gauche ou de droite. Dans une citation tirée du film *Invictus,*où le football y est transposé au monde politique pour la circonstance, il se dit que : « *La politique est un sport de gentleman pratiqué par des voyous* ».

Ces gens qui nous gouvernent se fabriquent des *no man's land* abritant des réserves colossales de trésorerie privées, souvent des îlots inexpugnables au milieu de nulle part, parfois des États qui se protègent derrière une neutralité politique et qui deviennent de fait intouchables, ainsi la Suisse (Voir plus haut). Car il faut comprendre que ces paradis fiscaux n'existeraient pas si les politiciens ne les protégeaient pas, sachantque de simples sanctions économiques les obligeraientrapidement à se ranger aux règles fiscales, parafiscales et financières internationales. En effet, comment imaginer que les États occidentaux, qui souffrent tous sans exception des évasions fiscales, ne se soient encore jamais entendus pour imposer à ces États hors-jeu un embargo sur les échanges industriels et commerciaux ? Sachant néanmoins que la plupart de ces régions hors la loi ne disposent que peu ou prou de production industrielle, de réserve énergétique ou d'autres

---

comportement en inadéquation avec la morale qu'il dispensait au public. Oui mais... cela implique un risque de chantage, sachant bien que la presse sert de réceptacle pour distribuer des informations ciblées afin de punir les récalcitrants et infidèles en mal de remerciement et de loyauté envers leurs dispendieux corrupteurs. D'ailleurs, comment les rédactions de presse à l'instar *de Mediapart,* ou de *Marianne,* ou du *Canard enchaîné* friands de papier à scandales, pourraient-ils avoir accès à des informations bancaires ou s'infiltrer dans le Saint des Saints des comptes numérotés au cœur des citadelles inexpugnables des banques offshores, sinon que réceptionner les indiscrétions et dénonciations qu'on veut bien leur offrir en pâture ? Pour J. Cahuzac, ce fut le quotidien suisse *Agefi* qui servit de passerelle au *Tracfin.*

moyens de subsistance que l'argent qu'ils enferment dans leurs banques, un séquestre ne suffirait pas sans un blocus maritime ou terrestre.

Un tel mécanisme existe pourtant bel et bien juridiquement, puisqu'il est prévu dans la Charte des nations Unies au chapitre VII (articles 39 à 51), jusqu'à ce que ces pays changent de comportement. Il s'agit donc bien d'une absence de volonté politique de la part de nos dirigeants de par le monde, d'où leur évidente implication en termes de corruption qui explique pourquoi cette situation perdure, comme si personne n'y pouvait rien, alors que ce serait si facile ! Le processus, qui masque courtoisement la mauvaise foi et la complicité des donneurs de leçon, consiste à faire croire aux citoyens que seuls sont responsables les pays qui hébergent le fruit des fraudes fiscales. Ce discours-écran permet de focaliser l'illusion de cette malhonnêteté autour des sociétés offshore sur des territoires inaccessibles en droit international, alors qu'en réalité, ce sont précisément des hommes et des femmes politiques de tout poil qui les créés, en utilisant ces systèmes opaques et en garnissant ces refuges fiscaux, véritable oasis qui concentrent toutesles malversations en col blanc et en treillis sur la planète.

Sans corruption, ces lieux de concentration du blanchiment de l'argent sale s'effondreraient, avant même de songer à les frapper d'un embargo économique et/ou militaire. En juillet 2012, la fondation indépendante nommée *Réseau pour la justice fiscale* publia une étude sur les paradis fiscaux et l'évasion des capitaux. Le résultat est édifiant : le montant de ces avoirs clandestins se monte à 25 500 milliards d'euros, soit plus que la somme des PIB des États-Unis et du Japon réunis. Alors, cessons de croire que nos politiciens ne sont pas impliqués, car ils seraient alors les seuls à ne pas l'être. Or, ils le sont quasiment tous, à une échelle plus ou moins importante, comme bien d'autres acteurs de l'industrie et de la finance, faisant de la politique la branche viciée de la démocratie. Gageons que les impôts versés par les contribuables diminueraient sensiblement si cette corruption cessait. Mais ne comptons pas sur une volte-face de nos chers élus politiques pour ébranler l'édifice de cette superpuissance financière offshore qui traverse les continents hors des clous, car ceux-là ne sont pas du genre à se tirer une balle dans le pied !

De sorte que ces personnages, pour uncontingent inquiétant d'entre eux, légifèrent et orchestrent la vie publique, font et défont les lois de la République qu'ils harmonisent non pas dans l'intérêt du peuple des nationseuropéennes, mais en fonction des opportunités offertesde faire fortune à la faveur des privilèges que leur confère leur mandat. Car les vrais tenants du pouvoir -lesquels jouent les marionnettistes politiques - sont les consortiums pétroliers et gaziers ; des multinationales en affaire avec les pétromonarchies du Golfe.La monnaie d'échange, car il faut bien céder quelque chose en contrepartie des gratifications occultes, étant de laisser migrer, *via* les arrangements politico-diplomatiques et financiers, des flots ininterrompus de réfugiés musulmans qui se déversent au rythme des conflits et des barbaries perpétrées au Maghreb et au Moyen-Orient. Mais ne nous y trompons pas, ce scénario catastrophe entre de plein pied dans les objectifs expansionnistes clairement annoncés par les fondamentalistes mahométans, lesquels projettent le *grand khalifat*. C'est ainsi que l'Arabie Saoudite, les Émirats arabes unis et le Qatar principalement, à l'aide de l'or noir extrait de leurs sous-sols, se font les estafettes de ce panislamisme mondial, inondant la planète de leurs missionnaires en habit de réfugié.

Avec l'infiltration du terrorisme islamique glissant par ce canal humanitaire, etdes erreurs politiques qui conduisirent l'Europe socialisante et les USA démocrates à soutenir les révolutions du *Printemps arabe,* mais enemmenant la totalité des pays arabes dans le chaos,l'Occident s'est embourbé dans ses erreurs stratégiques et ses mystifications. Pas plus qu'il reste à démontrer que le terrorisme bourgeonne et se régénère au cœur des citésarabophones, devenues des zones de non-droit sur des enclavesconquises par des communautés exogènes aux territoires nationaux du vieux continent. En revenant sans cesse à la charge et avec l'usure du temps, le lobbying islamique parvient peu à peu à rogner des privilèges et prérogatives, faisant basculer la jurisprudence à son avantage,et en forçant le monde politique à céder des pouces de terrain juridiques et des concessions administratives discriminantes, voire humiliantes pour les Français.

C'est ainsi que procèdesournoisement l'Islam intégriste, en cherchant à effriter les droits locaux, avec patience et obstination, pour se les réapproprier morceau par morceau, en usant de stratagèmes juridiques, notamment dans l'affaireEbrahimian c/France(requête n° 64846/11, Cour EDH, 5ᵉ sect., 26 novembre 2015), où la requérante allègue que le non-renouvellement de son contrat d'assistante-sociale, au motif qu'elle refuse d'enlever son voile islamique qu'elle porte durant son travail, serait constitutif de la violation de l'article 9 de la Convention de sauvegarde des droits de l'homme et des libertés fondamentales (Voir, de Jean-Luc SAURON,« *La Cour EDH peut-elle éviter une territorialisation des droits de l'Homme* » ? Gazette du Palais du 12 janvier 2016).

Mais ne nous y trompons pas, passé ce énième procès contre l'imposition publique de l'hidjab ou de la burqa, le voile islamique finira un jour ou l'autre par l'emporter sous le nombre et la pugnacité des défenseurs du culte, soit depuis l'intérieur à la faveur d'un combat entre la laïcité et la liberté de culte, soit venant d'une autorité supranationale s'agissant de recours devant la Cour EDH. L'affaire *Baby Loup* donna la mesure de cet incroyable acharnement venant des intégristes islamiques autour du prosélytisme vestimentaire des femmes musulmanes ; une tenue de combat. Après d'interminables rebonds judiciaires, les pouvoirs publics, nonobstant leur victoire prétorienne contre les fondamentalistes, auront néanmoins cédé sur la forme en ordonnant la destruction de la crèche, cela pour tenter d'éteindre l'incendie communautariste autour de cette affaire fiévreuse,aux relents d'un fanatisme ténébreux et menaçant.

En effet, la crèche *Baby Loup* de Chanteloup-les-Vignes secouée par d'infinis affrontements juridico-judiciaires et de manifestations médiatiques véhémentes, des assauts en djellaba, hidjabs et burqa dans les lieux publics ouencortèges de rue depuis 2008, aura été contrainte de fermer ses portes pour retrouver la sérénité dans une ville voisine à Conflans-Sainte-Honorine en mars 2014. S'il fut un triomphe pour la justice républicaine, après cette guerre des nerfs aux multiples rebondissements judiciaires, il fut d'abord en toile de fond et *de facto*une victoireislamique, car peu de gens retiendront le verdict final puisque sans cesse remis en cause sous les harcèlements incessants de la communauté musulmane qui grignote imperceptiblement chaque repli laïc du droit public.

En usant et abusant des recours judiciaires à chaque degré du débat contradictoire en terre démocratique, l'Islam dit paisible et intégré, en oublie même que le culte mahométan, par ses écritures, infirme la loi et la justice temporelles, ne reconnaissant que la seule autorité du *fiqh* et de la *sharî'a*.Les canonsde cette spiritualité -venue d'un démiurge dénommé Allah - n'accepte qu'un seul degré de juridiction (celui des *qāḍī*) à l'instar des théocraties islamiques telles que l'Iran et les pétromonarchies de la péninsule arabique, ou encore les Républiques islamiques de la corne d'Afrique, du Proche-Orient, d'Indonésie, d'Asie et d'ailleurs.En l'occurrence, les assauts répétitifs et inlassables de l'hidjab sur la laïcité supposent un combat de tranchées quiavance inexorablementsur les institutions démocratiques et la laïcité, lesquelles s'effritent progressivement ; un pas en arrière et deux pas en avant.

Par cette voie glissante, les États membresde l'Union se désagrègent imperceptiblement,d'abord en se laissant manipuler par un lobbying radicalde Mahométans sans scrupules ni compassion, lesquels retournent à leur avantage les libertés constitutionnelles ; un communautarisme trempé de haine contre la laïcité, une aversion contre l'égalité des sexes et plus généralement contre la démocratie que les intégristes jugent comme étant un système dépravé. Sous l'enseigne d'un laisser-faire charitable des pouvoirs publics et la complaisance silencieuse du monde musulman dit intégré et considéré représentatif du culte, les États d'Europe, sous les coups de butoir des extrémistes qui se renouvellent au rythme de leur interpellation ou de leur élimination,abandonnent des pans entiers de régionsmorcelées en ghettos plaisamment qualifiés de territoiresmulticulturels*. Le *melting pot* annoncé n'est rien d'autre qu'une invasion belligérante qui ne se nomme pas.

Cette expression lénifiante* est d'ailleurs encensée par la rhétorique des faiseurs d'opinions, ces maître-à-penser qui empruntentles accents lyriques pour louanger et angéliser le*vivre ensemble* pour s'en convaincre,quoique par endroits, le pays prétendument souverain se voit peu à peurégenté par les codes et traditions islamiques, plus que par le droitpositif local devenu progressivement incompatible avec les traditions et les lois communautaires, à l'image des rites (polygamie) et cruautés cultuelles(ainsi l'excision et l'infibulation). Il en va ainsi avec l'Islam radical qui exige l'intégration, non pas envers ses propres coreligionnaires réfugiés ou naturalisés dans leur pays d'accueil, mais aux peuples d'Occident qui les hébergent.

La force des islamistes résulte de leur capacité à susciter la haine et la violence enfouies dans l'imaginaire coranique de leurs coreligionnaires les plus mentalement perméables. En propageant cette gangrène qui infecte les individus fragilisés par leurs échecs et frustration, des précepteurs intégristes gagnent du terrain par le nombre, la menace et la psychose qu'ils propagent dans la société occidentale bien mal armée devant cette guerre de l'ombre asymétrique. Si les États démocratiques, en réplique, avaient l'imprudence de s'engager dans cette voie d'intolérance conflictuelle, cette guerre leur serait perdue, car c'est précisément ce revers que les fondamentalistes guettent dans leur quête pour un conflit généralisé entre civilisations.

De sorte qu'il n'existe qu'une issue pour endiguer ce mal ou prendre le contre-pied du terrorisme ; en obligeant les fidèles intégrés et pacifiés de l'Islam à prendre conscience de la dure réalité de leur culte que la plupart d'entre eux méconnaît ou feint d'ignorer, autrement dit à informer *erga omnes,* par la voie didactique et le dialogue, du contenu nauséabond du Coran où siègent les abominations comme l'esclavagisme, la torture, la servitude des femmes et leur infériorité présumée, les insultes, les appels à la guerre et à l'extermination de tous les non musulmans. Même si le Coran ne s'y prête pas, c'est par le devoir de vérité que viendra l'*aggiornamento* de l'Islam, c'est dire inciter les croyants lambda à chercher l'honorabilité dans le monde civilisé. Par l'enseignement, l'Islam peutsortir de l'intégrisme.

Cette scission entre Musulmans intégrés et barbares fanatiques aboutiraitvraisemblablement à une refonte éthique et une liturgie concordataire de leurs Écritures sacralisées, dépouillées des horreurs dont s'inspirent les extrémistes pour déstabiliser l'Occident dans leur quête d'un grand khalifat. Croire qu'une telle campagne générerait un embrasement de l'Islam contre la civilisation judéo-chrétienne, c'est oublier que cette croisade panislamiste avec ses attentats à répétition et ses émeutes urbaines a déjà commencé et se précipite depuis les années 1970. Chez les intégristes, les meurtres de masse ne relèvent plus de l'exception, ils sont quotidiens et de plus en plusignobles.

Contre l'obscurantisme, l'arme de l'intelligence et du cœur ne peut que gagner contre ces hordes marginales de brutes épaisses sans esprit ni compassion, lesquels procèdent, avec patience et détermination, à une razzia mortifère sur de nombreuses régions de la planète. Ce pourquoi la riposte prétendument antiterroriste dressée par François Hollande contre les fous d'Allah, en stigmatisant tout un peuple sans discernement, est vouée à la défaite. Voici donc exposé à la suite, en seconde partie du 1er chapitre de cette monographie, à quoi ressemble la prétendue parade, dite du renseignement de l'État français, contre ce terrorisme hégémonique et grondant depuis la fin du XXe siècle, tel un cautère sur jambe de bois.

II - Quand le renseignement d'État, au motif de lutter contre le terrorisme, extorque aux Français le devoir de vérité et le for en chacun des citoyens[7]

a) Puisque le législateur promulgue des lois pour en découdre contre le terrorisme, pourquoi n'en pas dénoncer le mobile ? Dire qu'il n'est perpétré que par des islamistes radicaux, c'est ignorer que le Coran est le culte de tous les Musulmans

« *Ex nihilo nihil fit* » (Rien ne vient de rien).

Avant de commencer ce chapitre, l'auteur tient à dresser deux remarques de fond s'agissant du mobile de cette loi - *le terrorisme* - et la réalité du terrain en France qui l'a acheminé, autrement dit une Nation à présent minée par l'étiologie cachée de ce mal, qui lui demeure apparent dans l'actualité : *l'Islam, ou le Coran dans l'esprit et la lettre.*

Dans l'Islam intégriste, l'agent pathogène se trouve être le corps de la religion mahométane, ces mêmes écritures sacralisées qui servent de support cultuel aux Musulmans lambda. Ce virus dormant, qui a la faculté de se réveiller n'importe où et n'importe quand, peut contaminer tout fidèle jusqu'alors tranquille que ses proches croyaient inoffensif. Ce pourquoi cette loi, dont le détail et les fourvoiements seront commentés à la suite dans ce chapitre, n'est pas faite pour corriger les erreurs d'un Islam incapable de contenir les fanatiques et barbares qui se réclament précisément de ce même culte, mais pour juguler tout ceux qui en dénoncent le danger obscurantiste et mortifère, autant que pour débusquer ceux qui s'en servent pour tuer des civils non musulmans en masse au nom d'Allah et de son Prophète.

---

[7] Voir en ligne du même auteur : « *Projet de loi renseignement : l'anéantissement de nos libertés et la réduction de nos droits* », *Enquête & Débat* du 28 avril 2015 ; et sur papier : « *À propos de la loi relative au renseignement* », *LesPetites affiches* (Journal juridique du groupe Lextenso) n° 202 du 9 octobre 2015. Voir également aux LPA n° 95 du 12 mai 2016 : « *Le quantified self, nouveau moteur du Big Data et menace pour la vie privée* » de Maximilien LANNA, doctorant à l'université Paris II Panthéon-Assas, assistant de recherche Sciences Po.

En l'occurrence, l'*amalgame* qui tient lieu de propagande multiculturelle dans la bouche des dirigeants socio-démocrates et de martyrologie dans celle des imâms progressistes, ne relève pas d'une confusion entre les terroristes islamiques et la foi religieuse en Islam, mais bien plutôt d'une absence de discernement des élus politiques entre l'analyse lucide d'intellectuels qui ont identifié l'étiologie du mal, et les faits qui désignent, dans un faisceau de preuves accablantes, une religion qui se rend coupable de la quasi-totalité des attentats terroristes et des mouvements séditieux (les émeutes) qui constellent la planète depuis un demi-siècle.

En premier lieu, cette loi relative au renseignement, qui vient compléter le Code de la sécurité intérieure, n'aurait jamais vu le jour sans le fléau du terrorisme islamique qui plane au-dessus de la tête de chaque citoyen, en particulier depuis 1994. Au-delà de la psychose qu'implique la menace terroriste menée de front par certains précepteurs du culte musulman, l'une de nos libertés élémentaires - le droit à une vie privée - vient de nous être confisquée. Cette mesure législative entre pleinement dans l'objectif idéologique du khalifat panislamique, et par voie de conséquent constitue une victoire que s'attribuent les fondamentalistes mahométans.

En effet, cette dernière loi scélérate, aux stances liberticides, s'attaque directement au droit d'expression, un rameau essentiel de la démocratie et de la laïcité ; un postulat des droits de l'homme précisément honni par l'idéologie politico-religieuse de l'Islam intégriste, mais dont la source sociétale de cette exécration est directement puisée dans les écritures du Coran et des hadiths. Alors qu'on se le dise, et que l'on cesse d'énoncer systématiquement le contraire ; les Écritures sacralisées de l'Islam constituent le détonateur, tout à la fois des attentats terroristes, mais aussi de la privation de certaines libertés, outre la psychose que tout cela emporte.

En second lieu, si le renseignement demeure une arme redoutable contre le terrorisme musulman, il ne saurait être la panacée, car plus l'on étend la surveillance *erga omnes,* plus celle-ci devient impossible à gérer, diffuse, incontrôlable, donc inefficace à terme. De surcroît, les parades pour brouiller les technologies de cette surveillance intelligente évoluent à la façon de la chimie du dopage sportif qui berne les contrôles, sachant que la communication et le comportement mouvant des candidats au terrorisme (des loups solitaires, des gens d'apparenceordinaire parmi d'autres) floutent une partie des moyens de repérage ; dans tous les cas suffisamment pour que quelques-uns de ces sociopathes passent à travers les mailles et parviennent à leurs fins. Les attentats islamistes du 13 novembre 2015, après ceux du début de cette année là, en France et en Belgique, en font la triste démonstration.

Dans l'éditorial de Yves de Kerdrel de *Valeurs actuelles* du 23 novembre 2015, il est reproduit un témoignage fort inquiétant pour les Français en regard du binôme de l'exécutif socialiste Hollande-Vial, dont l'incurie sécuritaire n'est plus à démontrer eu égard aux nombreux attentats tueurs qui se sont produits (ou qui ont été déjoués)des derniers mois. L'ex-juge anti-terroriste, Marc Trévidic, excédé par la tournure laxiste qu'a prise le Gouvernement, notamment au vu de l'inaptitude des ministères de l'Intérieur et de la Justice, a été l'invité de plusieurs médias audio-visuels.Les termes de ces entretiens furent également repris dans la presse écrite. Ce magistrat, qui a quitté son poste en automne 2015 sur les conseils appuyés de sa hiérarchie, avait prévenu les pouvoirs publics en août 2015 de l'imminence d'attentats musulmans, notamment contre une salle des concerts. Ses avertissements, alors jugés inutilement alarmistes, dérangeaient la léthargie de l'Élysée, notamment à propos des révélations de vérités confirmées par l'actualité tragique, et qui font à présent froid dans le dos :

1°) « Tous les attentats qui ont pu être déjoués depuis janvier l'ont été par chance et non grâce à du renseignement efficace » ;

2°) « Les personnes qui étaient surveillées ou fichées pour radicalisation, la France était incapable de les empêcher de partir en Syrie, notamment du fait que les frontières extérieures de Schengen sont complètement poreuses » ;

3°) « Des personnes qui rentraient de Syrie, on ignorait qu'elles y étaient et quelquefois on perdait leur trace » ;

4°) « Le constat de ces dernières années, c'est qu'on n'y arrivait plus du tout » ;

5°) « Le pire est à venir pour les dix prochaines années ».

Ce constat accablant fait frémir, surtout de la part d'un professionnel de la lutte anti-terroriste reconnu pour son efficacité. Par ailleurs, le président Bachar el-Assad, début 2014, avait proposé à la Chancellerie française une liste* des Français musulmans radicaux partis se battre en Syrie. Par dépit et sottise, le pouvoir élyséen l'a rejeté du pied, alors même que figurait déjà, sur ce document récupéré par des journalistes, deux des terroristes qui ont provoqué par la suite 130 morts à Paris en novembre 2015. En outre, il est aujourd'hui avéré que, parmi les réfugiés irako-syriens que la France accueille en réponse au fiasco de la politique révolutionnaire incitée par la France dans ces pays musulmans (depuis les révolutions du *printemps arabe),* des terroristes dépêchés par Daesh s'y infiltrent par dizaines pour fomenter des attentats en masse. De fait, cette immigration islamique massive s'avère être un grenier intarissable de futurs mercenaires d'Allah, d'autant moins repérables lorsque ces clandestins sont sans papiers.

Le dispositif *FRONTEX,* mis en place pour une coopération opérationnelle aux frontières extérieures des États membres de l'UE (Règlement n° 2007/2004 du Conseil du 26 octobre 2004), s'avère être une passoire. Les normes communes prétendues d'un haut niveau d'efficacité, qui coûte 285 millions d'euros par an aux contribuables de l'Union, lesquelles dépendent du Programme spécifique pour la protection des infrastructures critiques (PEPIC), se révèlent n'être qu'un garde-frontière virtuel qui fait le bonheur des réfugiés clandestins d'Afrique et du Moyen-Orient. Une fois parvenus sur le territoire français, ces migrants illégaux sont systématiquement convertis en situation régulièretransitoire en vertu du terrain d'accueil socialreposant sur des considérations sanitaires qui leur sontdévolues. En effet, les cartes de séjours provisoires ne sont temporaires, non pas en vue d'un retour au pays d'origine, mais dans l'attente d'un statut définitif de naturalisation en deux étapes ; celle de réfugié puis celle de la nationalité française, regroupement familial, *jus soli* (droit du sol) et autres allégeances à l'immigration tiers-mondiste musulmane obligent.

L'ancien préfet, directeur central des services du renseignement français entre 2008-2012, Bernard Squarcini, assura au périodique *Valeurs actuelles* (20 novembre 2015), eu égard à ses anciens contacts, que la liste susvisée* avait effectivement été proposée à la Chancellerie, mais que, pour de pathétiques raisons idéologiques, elle ne fut pas jugée digne d'intérêt. L'ex-haut fonctionnaire déplora : *« Au résultat, on ne sait rien d'eux* (de ces Français d'origine musulmane en Syrie), *et on perd beaucoup de temps en demandant des informations aux agences allemandes qui sont toujours restées sur place, mais aussi jordaniennes, américaines, russes et turques. On n'est absolument plus dans le concret »* ; puis d'ajouter embarrassé, en regard de l'Islam, qu'il n'est alors plus possible de dissocier entre bons et mauvais : *« Nous sommes entrés dans la terreur et le terrorisme de masse ».*

Deux députés, Jean-Frédéric Poisson (Démocrate chrétien) et l'Avocat criminaliste Gilbert Collard (FN), on adressé des questions écrites aupremier ministre, demandant des explications autour de cette allégation à caractère grave et sensible. Il ne s'agit rien de moins que d'un déni de défense national, un acte de trahison diplomatique et militaire, sachant qu'en état de guerre, on ne refuse pas des informations vitales pour le pays quand le peuple se fait assassiné. Le député républicain Olivier Marleix (membre LR de la Commission des lois) réclame une enquête parlementaire, afin d'examiner l'objet et la portée de ce mépris et refus d'information, alors que paradoxalement Manuel Vals a mis en place la loi dite *renseignement* qui ne ménage pas l'intimité des Français. Or, cette enquête est restée lettre morte.

S'il est une arme fatale contre le terrorisme, il faudrait d'abord avoir le courage de dire d'où il vient et par qui ou quoi ce fléau est administré, afin de mieux le combattre de façon ciblée donc reconnue ; l'*aggiornamento* étant une piste étudiée à la suite (V. chap. II, §-II c). Or, même si l'État aura réussi à convaincre une partie des Français, à travers le slogan *« Pas d'amalgame »,* que les Musulmans n'y sont pour rien, et que même ceux-là en seraient les boucs émissaires, il faut avoir un minimum de lucidité et de discernement pour reconnaître que ce terrorisme cultuel est100% islamique, et que l'Islam est la religion obligatoire et prétendument incréée de tous les Musulmans. Bons ou mauvais, les premiers dissimulent les seconds, la peur conduisant à l'omertà, et la solidarité fixant une règle communautaire inviolable entre coreligionnaires, à peine de fatwas mortelles.

En conclusion, le Coran est sans aucun doute à la source de ce mal, et les terroristes musulmans, désignés sous le vocable distinctif d'islamistes, sont le bras armé de ce dogme meurtrier. Pour s'en convaincre, il faut avoir le courage de lire ce prétendu livre de religion qui n'est au final qu'un monument d'horreur, d'avanies, d'intolérances raciste, cultuelle et sexiste, d'esclavagisme, de misogynie, d'appels à la guerre, capable de contaminer l'esprit des plus fragiles, de servir d'amorce dans la tête d'hallucinés sujets à des troubles invertis et prédisposés à des inclinations psychotiques ou des pulsions agressives. Quiconque lit assidûment et *in extenso* le Coran ne peut en ressortir indemne ; soit il y trouve une justification à sa haine et un exutoire à ses accès de violence, soit inversement risque-t-il de sombrer dans le rejet de l'Islam, faisant le jeu des islamistes qui recherchent le conflit.

Cette formulation sur l'Islam, que d'aucuns trouveront outrancière, induit la sale question que peu de gens n'osent se poser sans soulever l'indignation, à savoir ; si un Musulman pratiquant et fervent a une chance d'être bon, et ressortir intact d'un dogme qui préconise rien de moins que de supprimer physiquement tous ceux qui ne le partagent pas ? Rappelons qu'une large majorité des conflits armés, des actes terroristes et des barbaries les plus immondes sur la planète à ce jour impliquent l'Islam, d'une manière ou d'une autre, sans que jamais quelque rapprochement d'actualité ou sociétal suggère que derrière toute cette violence, se profile la trame pourtant incontournable du Coran ; un livre incubateur de haine et de violence.

Pour expliquer pourquoi l'Islam aura réussi à survivre au XXIe siècle à l'épiphénomène de cette lecture coranique imbuvable, il faut croire que les Musulmans, en majorité tranquilles et intégrés, méconnaissent leurs propres écritures, ne transposent dans leur foi et la vie courante que ce qu'il s'en dit habituellement dans l'ignorance ; cela dans une atmosphère sociale de tolérance qu'entretiennent toutes les autres religions officielles. De sorte que l'islamité serait prétendument un dogme confessionnel comme les autres. Les Mahométans, en général, vivent leur culte plutôt dans la tradition familiale et communautaire, bordée de folklores, d'histoire et de souvenirs à l'écart de la lettre et de l'esprit de l'ouvrage prophétique dont la plupart ignore, ou feint d'en connaître le contenu. Voyons là un comportement concomitant que partagent les Français non musulmans qui en parlent, et qui vont même jusqu'à affirmer que le Prophète était un pacifiste, que l'Islam est une religion de tolérance, que ce culte honore et respecte le genre féminin et autres affirmations de bon aloi. Telle est la politique soutenue et persistante de la social-démocratie, laquelle couvre ce paradoxe d'un voile d'impéritie et de litanies lénifiantes, comme du *calmer-le-jeu* ou du *vivre ensemble*.

Je rappelle au lecteur l'existence d'un ouvrage dont je suis l'auteur : *« Les pages noires du Coran à bannir du XXIe siècle »* (publié en 2012 aux Éditions Edilivre, collection classique). Ce livre décortique le Coran, en faisant ressortir toute la laideur de ce culte et les graves dangers qu'il présente pour notre société. Or, j'ai vraisemblablement frappé tellement fort au cœur de la vérité, que ce livre n'est pas vendu, puisqu'il a fait l'objet d'une censure non judiciaire par l'État socialiste, via des chantages fiscaux contre les diffuseurs. De fait, la vérité ne pouvant être attaquée devant les tribunaux, ce furent des pressions exercées contre l'Éditeur qui eurent raison de cette laborieuse monographie. Le processus de cette violence économique est explicité dans ce présent ouvrage (Voir intro a] et chap. II, §-I a), dès lors qu'il est hasardeux, pour les détracteurs institutionnels, d'avoir recours à des voies de justice pour se donner raison. En l'occurrence, un jugement, un arrêt ou une ordonnance prononcés par l'ordre judiciaire, qui ferait jurisprudence, pourrait se retourner contre ceux qui l'auraient instruit, offrant ainsi une publicité providentielle à l'auteur, son éditeur et ses diffuseurs. Cependant, cet ouvrage est directement accessible en ligne sous l'adresse suivante : www.edilivre.com/doc/241487(voir la bibliographie *in fine*).

b) Exposé des motifs du projet de loi n° 2669 relatif au renseignement, enregistré le 19 mars 2015 à l'Assemblée nationale : une suite logique à la loi n° 2013-1168 du 18 décembre 2013 relative à la programmation militaire pour les années 2014 à 2019

Le bombardement électromagnétique par micro-ondes s'avère être un protocole de surveillance acté de rayonnements insensibles dont les fréquences d'impulsions peuvent servir à étalonner certaines formes de harcèlement sociales, comme le mitraillage exercé par des logarithmes espions qui vont fouiller dans les profondeurs enfouies des microprocesseurs de nos ordinateurs privés, lesquels procèdent d'un kidnapping mental dont le préjudice est indéfinissable ; tel le viol d'un journal intime en ligne. Ces incursions indiscrètes qui extorquent des informations privées à l'aide de résolutions informatiques, avec des moyens de repérage terrestres ou de captation satellitaire, puis encore de balises de surveillance et d'alerte présentent les deux visages de Janus ; l'un vise à protéger, l'autre à espionner, le premier excusant le second, le second permettant le premier.

Par analogie, le *Patriot Act* (2001), le *Foreign Intelligence Surveillance Act* (1978), l'*amendments Act* (FISA2008), etc., sont autant de moyens d'investigation indécelables à l'endroit des gens ordinaires, que d'enquête judiciaire contre le terrorisme. La question se pose désormais sur toutes les lèvres des personnes qui se sentent interpellées, dès qu'ils ouvrent leur téléphone mobile ou allume leur ordinateur : sommes-nous des prisonniers du numérique qui s'ignorent ? Le danger n'est pas banal, car aussi invisible soit-il, il apparaît incontournable au vue de la législation et de la réglementation nationales ; une omniprésence phagocytaire sur la toile, un artefact théurgique à la façon des croyants qui conjecturent l'ubiquité de leur dieu (Source : J. VUILLOD, ancien Ingénieur de recherche au CNRS, coauteur d'une *Étude de problèmes de compatibilité entre les filières Capteurs microniques et les filières de circuits intégrés »*).

Le problème n'est pas de permettre l'écoute et le piratage, *via* le *Chief Executive Officer* (CEO) d'OVH (d'hébergeur de sites web), mais de l'autoriser sans contre-pouvoir judiciaire pour s'octroyer tous les prétextes légaux d'enregistrement sur des suspicions pas nécessairement justifiées. C'est la porte ouverte à la continuité de ce qui a été initié par la NASA, une surveillance intelligente (FISA) pourtant tant décriée par uneFrance dispensatrice de leçons de morale. Les administrations françaises pourront disposer des informations de connexions (IP des clients connectés, email des correspondants, mémoire externalisée), des particuliers et des entreprises, ou de tout autre acteur ayant une pratique de l'information en ligne. La notion du *Cloudsouverain* devient un outil de stockage pour mieux stratifier le *net* (Source : Pascal Kotté, ingénieur, fondateur de *Lumiere-Technology)*.

Le chiffrement et décryptage des informations deviennent illimités, et la confidentialité se passe de l'intervention d'un juge de l'ordre judiciaire. Il n'est plus besoin de commission de type rogatoire pour aller fouiller un espace numérique privé ou procéder à des écoutes téléphoniques à l'insu des personnes, puisque la loi relative au renseignement permetdésormais tout et n'importe quoi et sans détour. L'autorisation du contre-pouvoir judiciaire ne sera plus nécessaire pour obtenir la levée de la confidentialité et l'accès aux données non publiques. De sorte que la *summa divisio* (la division la plus élevée), entre le pouvoir politique et l'autorité judiciaire, aura cette fois encore penché en faveur du politique. Mais gare au retour de balancier, où l'effet *feedback* (rétroaction) pourrait - sans que l'on y prenne garde - rendre service à ceux-là même contre qui est dirigée cette armada de mesures pour finaliser le bouclier autocratique du renseignement ; autrement dit la chute d'un pan entier de notre démocratie, un effet domino que recherche précisément les fondamentalistes et activistes musulmans dans leur khalifat.

Le libre service *Cloud computing* (l'informatique en nuage), ce parc d'équipement en réseau, ne semble important que pour finalement mieux contrôler le *net ;* un stockage sécurisé à la demande en mode *Saas* (Logiciel en tant que service). Or, ce paradigme des systèmes informatiques n'a d'inviolable que l'assurance annoncée de ses concepteurs et de son fournisseur d'accès. En tout état de cause, pour échapper aux mouchards de l'État, il ne reste plus aux firmes françaises que d'aller s'héberger aux USA, et aux américaines de s'héberger en Europe, sachant que les indiscrétions portent le plus souvent sur des questions intérieures. Sauf qu'au registre de l'espionnage industriel, on ne saurait imaginer l'implication directe de l'État, quoique les écoutes à connotation politique ont été révélées par le passé (ce qui augure le même risque au présent), notamment au siège élyséen sous la présidence de François Mitterrand. Illustrant ce risque, des agents indélicats chargés de ces écoutes et lectures dites sécuritaires, pourraient être amenés à vendre en douce leurs informations, sachant qu'aucune corporation, même assermentée, n'est a l'abri de tentations vénales, de pression ou de chantage.

Puisque le comptage et l'archivage des données captées sont à présent devenus légaux et quasiment sans limite, la confidentialité se passe désormais de l'intervention d'un magistrat du siège. Il ne sera plus besoin de commission rogatoire pour aller fouiller un espace numérique privé ou de procéder à des écoutes téléphoniques à l'insu des personnes, car la loi relative au renseignement autorise désormais tout et sans détour, en levant le dernier obstacle qui encombrait le Code de la sécurité intérieure. Le blanc-seing du contre-pouvoir judiciaire ne sera plus nécessaire pour obtenir la levée de la confidentialité, l'accès aux données et leur exploitation.

Selon l'auteur susmentionné : « *Nous ne devons pas seulement défendre nos droits dans nos constitutions, l'intégrité et le respect de la personne physique ou morale, mais y inclure aussi sa personnalité et son historique digital. Un humain sera demain encore davantage jugé sur son empreinte numérique, avec tous les débordements, quiproquos et a priori que cela pourra engendrer. Nous sommes en train de laminer nos droits futurs, encore à construire, en laissant des incompétents voter sur des questions dont ils mesurent très mal les conséquences. Les experts eux-mêmes ont du mal à les imaginer* ».

Dans ce plaidoyer pour les droits individuels, il est également défendu la liberté du *net* et de ses extensions. Au-delà de la liberté d'expression, il y aurait à craindre les conséquences sur la vie sociale et professionnelle de tout un chacun. S'exprimer par GSM, surfer ou écrire sur l'Internet, voire se déplacer librement sans craindre d'être épié ou déclencher un signal d'alerte derrière un indécelable espion algorithmique, en laissant derrière soi son empreinte numérique et ses prolongements analogiques, c'est accepter que quiconque s'arroge le droit d'intercepter nos pensées, nos gestes, nos préférences et notre art de vivre. Cette interface numérisée, installée en embuscade derrière le for de chacun, ne revêt d'autre habit que celui d'un voyeur, sinon d'un violeur. Pourtant, se priver aujourd'hui du numérique ne serait rien de moins que de s'enfermer, se marginaliser et régresser. Ce pourquoi toute forme d'écoute ou d'espionnage non autorisée serait unilatéralement condamnable, sachant que les acteurs institutionnels de cette surveillance indiscrète et implicite mesurent parfaitement l'étendue de leur pouvoir, des abus et des altérations qu'il peut en résulter.

Jamais dans l'histoire de notre civilisation, un puissant de ce monde n'a bénéficié d'un pareil outil de subordination sur ses semblables. C'est tous les fondements de la démocratie qu'il faudrait revoir, sachant que les dirigeants actuels et à venir s'évertueront à conserver pour leur usage cet hallucinant outil de statistique et d'espionnage. Au prétexte de faire barrage à des terroristes ou à des individus malveillants ou déviants, les puissants de ce monde ont cru bon d'effacer les droits les plus élémentaires qui président à nos libertés. Prétendre qu'il n'y a pas d'autres moyens pour assurer la liberté du peuple, c'est évidemment faux, car une surveillance tous azimuts, sans faille et globale, démultiplie les risques de confusion, d'interprétations suggestives ou controuvées, de leurres et de cibles à leur point d'erreur.

La complexité d'une telle emprise sur les gens suppose de tels moyens de calcul, de tri et de reconnaissance derrière des *keywords* (mots identificateurs) à l'instar des lanceurs d'alerte, à l'affût des propos ou des comportements inadéquats et d'anormalités présumées, qu'aucun génie cybernétique ne saurait y faire face sans priver tout le monde d'intimité. Toujours selon Pascal Kotté, dans son blog du 30 mai 2015, pour se donner une idée de l'énormité d'un tel processus de contrôle rapproché, il demande à chacun de transposer ce viol, en imaginant que le Gouvernement s'autorise à venir piocher dans la boîte postale le courrier de chacun, selon la dimension du pli, son volume, le nom et la traçabilité des émetteurs dudit courrier.

Comment le citoyen vivrait-il une telle indiscrétion outrageante, alors même que l'État a mis en place une AAI, la CNIL, qui est chargée de veiller à ce que l'informatique soit au service du citoyen, et que ce mode de communication ne porte atteinte ni à l'identité humaine, ni aux droits de l'homme, ni à la vie privée, ni aux libertés publiques. Pourquoi tout à coup cette dénégation du législateur ? Contre l'information nominative* jadis protégée, c'est à présent l'obligation d'information renforcée, au nom de fichiers relatifs aux données sensibles que l'État s'arroge le droit de confisquer l'espace privé de chacun. Ce que les hackers produisaient dans l'indiscrétion à l'aide de nœuds client-serveur *versus* serveur-client *(peer-to-peer* ou P2P), est devenu le jouet des barbouzes de l'État.

Plus encore, l'inquisiteur institutionnel exigerait la liste et la date de tous les destinataires à qui le sujet envoie ses courriers électroniques, sans injonction d'un magistrat du siège, sans commission rogatoire, simplement pour surveiller sans avoir à se justifier, puis peut-être, redistribuer ces informations à un opérateur privé qui s'intéresserait à un certain profil, non pas de suspect, mais de prospect. Qui pourrait le savoir puisque rien n'est décelable ? En disposant des informations, lesquelles nous paraissent insignifiantes, et dont nous ne devinons même pas à quelles fins elles seront utiles, le citoyen ordinaire croit qu'il n'a rien à cacher et que tout peut se savoir sur sa personne, sans qu'il ait à craindre de pareilles indiscrétions.

Cela encore est évidemment faux, cas sinon pourquoi tant de sondages, de publicités et de campagnes électorales qui s'exécutent dans l'instantané ? Pourquoi tant de commissions *ad hoc* mises en place et financées pour étudier les comportements, les opinions, les travaux, les choix sociaux, les tendances sexuelles, les addictions et les opinions des populations lambda ?

En 1974 le gouvernement français a voulu mettre en place un projet dit SAFARI qui avait pour dessein de créer un fichier administratif automatisé à partir du numéro de sécurité sociale. Les Français se sont alors vivement arc-boutés face à cette incursion massive d'indiscrétion. C'est ainsi que le gouvernement a été contraint d'adopter la loi n° 78-17 « informatique et libertés » du 6 janvier 1978. En 2004 une nouvelle loi, rebaptiséesous la même emblème, a vu le jour, portant n° 2004-801 du 6 août 2004 relative à la protection des personnes physiques à l'égard des traitements de données à caractère personnel*, et modifiant la précédente loi susvisée. De sorte qu'entre 2004 et 2015, l'ambition des élus, visant à resserrer les mailles des libertés individuelles, aura abouti à instaurer un nouveau régime politique, mais cette fois de type oligarchique, sans qu'il fût nécessaire, pour ce faire, de voter en congrès une réforme de la Constitution ; cela en déverrouillantsimplement l'espace personnel et intime de chaque citoyen. Il en ressort qu'avec une simple clé informatique, les élus d'alors, avec fatuité et arrogance, ont fait fi de la Constitution et de ses grands principes.

Depuis le grand chamboulement de la haute technologie des communications avec son numérique et ses satellites, les États d'Occident, la France en tête, n'aura eu de cesse que de claquemurer les auteurs polémiques susceptibles d'influencer le grand public, autant dire les électeurs, en avortant les œuvres possiblement déstabilisatrice pour la permanence sociale-démocrate instituée. À grand renfort de lois et de décrets, l'arsenal législatif fait table rase de tout ce qui pourrait rogner l'ordre intellectuel établi. Selon Frédéric Saenen (auteur du*Dictionnaire du pamphlet*, Éditions Infolio, 2010), la littérature fonctionne désormais en *réseaux* plutôt qu'en *champs*. Ce changement de paradigme permet aux tenants du pouvoir de mieux canaliser les personnes grillées par leurs pairs, que l'État providence emmène droit au purgatoire des insoumis, des dissidents, des hérésiarques, des gêneurs.

Comme si cela ne suffisait pas, celui qui est catalogué pour être l'ennemi de la démocratie (non pas celle du peuple mais celle des oligarques), se verra *« avatarisé en facho, en extrémiste, en pervers polymorphe... versé dans le camp du mal »* selon l'expression de l'auteur susvisé. Puis si cette descente aux enfers n'a pas rendu l'effet escompté, des fonctionnaires sous les ordres s'efforceront de rendre ces importuns improductifs, cela en faisant appel à des violences économiques (Voir chap. II, §-I a) et/ou de coups de butoir judiciaires à leur endroit, afin de les réduire définitivement dans l'échec, au suicide intellectuel. Il faut décontextualiser, marginaliser, diaboliser ce qui est nuisible au normatif institué, séparer le grain de l'ivraie et faire table rase de cette mauvaise graine. Pour ce faire, des experts de la Place Beauvau feront de discrètes intrusions dans la vie privée de ces gens d'opposition, en escamotant leurs droits les plus élémentaires, notamment en fouillant dans tous les accès de communication de ces indésirables.

Ces indiscrétions viseront à loger l'individu qu'il faut abattre en constituant un dossier pour le discréditer le moment venu : espionnage autour de ses relations personnelles ou professionnelles sur son téléphone portable, ses consultations sur l'Internet de sites réputés douteux ou susceptibles de le compromettre, même s'ilne s'agit que de constituer une étude, réaliser une enquête, etc. Pour les gens de pouvoir, *La dialectique éristique* (L'art d'avoir toujours raison) d'Arthur Schopenhauer, consiste à construire un stratagème pour détruire cliniquement et moralement le mutin pour délit d'opinion, nonobstant la vérité indéboulonnable que s'obstine à soutenir ce dernier.

Ces munitions de destruction psychologique mises en réserve, puis sorties du chapeau le moment venu à dessein de confondre celui qu'il faut discréditer ou noircir d'amoralité, relève d'une stratégie dite *Argumentum ad hominem* (Voir supra au préambule, alinéa a]). Ce procédé félon consiste à s'attaquer directement à la personne, et non à la qualité de l'individu ou la véracité de ce qu'il produit, sachant qu'il est plus ardu - et moins sûr - de contrer de solides idées, que des individus forcément vulnérables face à la puissance publique, contre lesquels il est toujours possible de nuire du fait de ses faiblesses et fragilités naturelles.Voici donc résumé le paysage et son histoire autour de cette course au renseignement, et pourquoi la France, après les États-Unis (Patriot Act), en est venue à confisquer certains droits à leurs citoyens, tout en se réservant la manière d'exclure l'information essentielle qui consiste à décliner le mobile religieux opportun et sa population derrière cette gigantesque mise en œuvre d'une stratégie de surveillance, laquelle aura raflé sur son passage une liberté fondamentale, ainsi le respect de la vie privée qui fait du citoyen une personne à part entière.

Dans son exposé des motifs, cette loi se veut sédative :« *Le renseignement permet de connaître et de prévenir les risques et les menaces pesant sur notre pays et sa population, ainsi que de mieux appréhender les grands enjeux auxquels ils sont confrontés. Par là-même, il participe de la garantie des droits des citoyens*, qui dépend notamment de l'ordre public pour être pleinement assurée. Dans le contexte actuel, international aussi bien qu'intérieur, le renforcement de la politique du renseignement, dans le strict respect des libertés individuelles, est nécessaire* ».

La fin de cette belle envolée, qui prétend vouloir défendre le strict respect des libertés individuelles, des droits et de l'ordre public, n'est que mystification, eu égard au contenu d'un texte plutôt liberticide, lequel ne fait que resserrer les liens d'un pouvoir centralisé à l'excès, et faire disparaître toute notion d'intimité des citoyens sur leur territoire, au seul motif de prévenir les risques et les dangers qui pèsent sur eux*. Mais la toute première menace n'est-elle pas précisément de les priver de ce droit au secret, une intimité livrée en pâture à des fonctionnaires, des statisticiens, des publicistes, voire des personnes malintentionnées ? (Voir, du Professeur agrégé de droit privé et de sciences criminelles à l'Université de Toulouse, Hélène Gozzi : « *Quis custodiet ipso custodes* » ? [Mais qui gardera les gardiens] ? La semaine juridique, édition générale [LexisNexis, 14 septembre 2015).

Quid de la libre conscience politique, existentielle ou ontologique, à la confidentialité des opinions de tout un chacun, des problèmes de santé personnels, de ses affects sexuels ou choix sentimentaux, des recherches fondamentales ou appliquées, de résultats de recherche encore non protégés, des sources professionnelles, etc. ?N'est-ce pas précisément là une des libertés fondamentales que les théocrates musulmans cherchent à arracher à la culture occidentale, des fulgurances froides et sans compassion visant à soustraire les droits imprescriptibles aux démocraties ?

« *Après la parution du Livre blanc sur la défense et la sécurité nationale de 2008, l'organisation et la gouvernance du renseignement en France a déjà connu des évolutions importantes : la création du conseil national du renseignement, qui définit sous la présidence du Président de la République les orientations stratégiques et les priorités en matière de renseignement ; la nomination auprès du Président de la République d'un coordonnateur national du renseignement, qui coordonne l'action des services spécialisés de renseignement et s'assure de leur bonne coopération ; la constitution d'une « communauté du renseignement », qui comprend les services spécialisés, le coordonnateur national et l'académie du renseignement nouvellement instituée ; la création de la direction générale de la sécurité intérieure (DGSI), destinée à doter notre pays d'un service de sécurité intérieure correspondant à ses besoins ; enfin, la création d'une inspection des services de renseignement en 2014.*

Parallèlement, les moyens consacrés au renseignement ont été fortement accrus, non seulement en matière d'équipement technologique mais également, grâce à des plans de recrutement de grande ampleur, passés et à venir, en termes de renforcement des équipes, qui font désormais appel à des compétences nouvelles, telles que linguistes, analystes, ingénieurs ou encore mathématiciens ».Le Livre blanc sur la défense et la sécurité nationale de 2013 a, quant à lui, rappelé que la « fonction de connaissance et d'anticipation » était un élément fondamental de la stratégie de sécurité nationale et la « condition de décisions libres et souveraines ».

Cette armada de mesures publiques et de moyens technologiques ne suffisait-elle donc pas ? Faut-il encore que Matignon - *via* l'Élysée, Bercy et la Place Beauvau - encadre l'encadrement tout en se préservant de s'y s'inclure.Faut-il abandonner à l'État providence toutes les prérogatives ;un colbertisme ou un jacobinisme de la même veine ? Un État interventionniste, omniprésent, qui s'accapare toutes les ficelles des rouages sociaux, financiers et publics pour ne même plus laisser aux citoyens la partie congrue de leur capacité à contrôler des oligarques nantis de ce pouvoir exorbitant, comment le qualifier autrement que d'absolutisme à l'instar de l'*Inquisition romaine et universelle* ? Il y aura-t-il demain une différence technique et une approche juridique distincte entre surveiller les agissements de délinquants ou de criminels en puissance, et guetter les moindres pensées des citoyens lambda ?

« Pourtant la réforme demeure inachevée. Il reste tout d'abord à définir, dans la loi, les principes et les finalités de la politique publique du renseignement, prérogative de l'État, pour reconnaître sa contribution à la sécurité nationale et à la défense des intérêts fondamentaux de la Nation. Il reste surtout à encadrer l'utilisation des techniques de recueil du renseignement pour renforcer la protection des libertés individuelles tout en sécurisant l'action des services spécialisés. De ce point de vue, la France est manifestement en retard par rapport aux autres grandes démocraties ».

Sur ce chapitre, le législateur estime que ces réformes antérieures sont inachevées, uniquement parce qu'il ne dispose pas de toutes les commandes depuis le pupitre de Matignon. Autrement dit, la démocratie le dérange, en particulier la supervision des juges judiciaires ; le tout dernier rempart contre le césarisme d'État. Le prétendu encadrement n'est pas qu'un renforcement du système sécuritaire, mais un bouclage exclusif des prérogatives du pouvoir exécutif, ainsi que le texte en convient explicitement. Que l'État soit le maître du jeu dans l'initiative de sa stratégie de lutte contre le terrorisme, certes, il faut bien un général à la tête des armées. Mais que cette préséance gomme la notion même d'une existence privée pour les citoyens honnêtes donc inoffensifs, à défaut de pouvoir déceler les mouchards derrière chaque outil connecté et les correspondances interactives, cela relève de l'arbitraire d'un État qui est parvenu à étendre son dictat, non d'une prérogative qu'autoriserait une démocratie digne de ce nom. Comment donc recourir devant une juridiction civile contre des algorithmes qui vous poursuivent insidieusement comme des zombies, lesquels vous espionnent clandestinement, sans avertissement, sans mandat de justice ?

« Il est en outre paradoxal que les activités de renseignement, bien qu'essentielles à la souveraineté nationale comme à la protection de nos concitoyens, soient encore dépourvues d'un cadre juridique général et cohérent. Si le législateur est venu progressivement combler certaines lacunes, par exemple en matière d'interceptions de sécurité en 1991, de communication de documents par les services fiscaux en 2007 ou encore d'accès administratif aux données de connexion ou de consultation des

fichiers administratifs et judiciaires en 2013, le dispositif législatif demeure lacunaire ».

Ce que le rédacteur institutionnel exprime tacitement derrière le vocable *lacune* ou l'adjectif *lacunaire,* comme son intention de combler un espace privé, n'est que la partie normalement inviolable d'un contre-pouvoir qui résulte d'un droit de contrôle légitime émanant d'une justice judiciaire indépendante sur les activités de l'État et de ses agents. Lorsqu'une entité physique ou morale, publique ou privée par mandatement, se refuse à une telle surveillance sur ses activités, le risque de dérive est énorme et c'est la démocratie elle-même qui s'en trouve ébranlée.

« La lutte contre le terrorisme illustre les insuffisances du cadre juridique national. L'efficacité du dispositif répressif français est certes reconnue : la création, en 1996, du délit d'association de malfaiteurs en relation avec une entreprise terroriste, ainsi que les mesures plus récentes comme l'extension du champ de l'association de malfaiteurs à des faits commis à l'étranger ou la création du délit d'entreprise terroriste individuelle, ont aggravé les sanctions applicables à ces projets criminels. En revanche, les outils du renseignement, hors procédure judiciaire, s'avèrent encore mal adaptés à la réalité opérationnelle. Efficace dans la neutralisation, la France doit désormais améliorer la détection.

Dans un rapport d'information présenté en 2013 sur le cadre juridique applicable aux services de renseignement, les députés Jean-Jacques Urvoas (Voir même chap., §-II c et d) *et Patrice Verchère ont recensé les lacunes de notre droit et démontré la nécessité urgente d'y remédier : « Alors qu'il compte parmi les plus anciennes des nations démocratiques, notre pays est également le dernier à ne pas avoir établi un cadre normatif adapté ».*

Le rapport d'activité de la délégation parlementaire au renseignement pour l'année 2014 renouvelle ce constat : « La France demeure en effet la seule démocratie occidentale à ne pas bénéficier d'un cadre juridique, laissant de ce fait nos services dans la plus parfaite indigence juridique, exposant les fonctionnaires qui œuvrent en ce domaine et créant les conditions de possibles atteintes aux libertés fondamentales pour les citoyens » ».

Ici le substantif *lacune* est encore évoqué, trop redondant pour ne pas deviner une certaine obsession à vouloir toujours grignoter davantage de terrain aux dépens des libertés qu'il reste encore à absorber, autrement dit jusqu'à annihiler toute alternative à l'analyse et à la critique. En outre, prétendre que seule, la France, n'aurait pas adopté un cadre normatif adapté contre le terrorisme, cela est complètement faux. Pour preuve, la conscience internationale, par la voix d'une large majorité des États démocratiques d'Occident, s'est insurgé contre ce *« Big Brother is watching you »* (le grand frère vous regarde) orwelien de la France, plus largement tourné contre l'intimité et la confidentialité les Français sans distinction, que contre un terrorisme islamique jamais nommément qualifié dans ce texte, qui pourtant a été élaboré sous ce seul motif apparent.

« Les inconvénients de cette situation sont nombreux et graves. En premier lieu, les agents des services spécialisés de renseignement, dont la protection de l'anonymat a pourtant été renforcée par le législateur en 2011 et en 2013, demeurent exposés à des risques pénaux injustifiés. En deuxième lieu, l'absence de règles claires approuvées par le Parlement en matière de renseignement favorise les suspicions infondées sur l'activité des services spécialisés et fragilise leur action, faute d'un consensus social exprimé par la représentation nationale. En troisième lieu, l'insuffisance de la loi limite l'étendue du contrôle exercé sur les services spécialisés : ce qui n'a pas de fondement légal n'a pas de contrôle organisé, ce qui n'est pas acceptable dans une société démocratique attachée à la protection des libertés constitutionnellement garanties ».

Vouloir l'immunité des agents des services spécialisés du renseignement, cela revient à placer certains fonctionnaires au-dessus des lois, à l'instar des légations plénipotentiaires. Cela n'est pas acceptable dès lors que des agents français agissent sur le territoire français ; la loi et le droit prétorien devant s'appliquer *erga omnes*. Quelle est donc cette démocratie où l'État se refuse à soumettre certains de ses agents au même rang que les citoyens lambda, comme jadis sous l'Ancien Régime, entre la noblesse et le clergé d'un côté et le Tiers État de l'autre ?

« C'est pourquoi, rompant avec l'approche fragmentée qui a prévalu depuis un quart de siècle, le présent projet de loi relatif au renseignement vise, pour la première fois en France, à offrir un cadre légal général aux activités des services de renseignement, alliant détermination des principes, définition des techniques et renforcement du contrôle. Ce cadre juridique rassemble des dispositions préexistantes rénovées, notamment en matière d'interceptions des correspondances et d'accès administratif aux données de connexion, et des dispositions nouvelles, notamment en ce qui concerne certaines techniques de sonorisation de lieux, de captation de données ou de localisation en temps réel d'objets ou de personnes. En parallèle des contrôles administratifs internes et du contrôle parlementaire exercé par la délégation parlementaire au renseignement, le projet de loi confie à une autorité administrative indépendante et au Conseil d'État le soin d'exercer un contrôle strict sur la mise en œuvre des techniques autorisées ».

Ce que le rédacteur taxe *d'approche fragmentée* n'est que le socle constitutionnel de la séparation des pouvoirs (judiciaire, législatif et exécutif). Tout ce qui suit dans ce texte, comme l'interception des correspondances et l'accès libre aux connexions et de localisation ne saurait, dans une démocratie digne de ce nom, échapper aux recours judiciaires légitimes des Français et des personnes morales lorsqu'ils se sentent abusivement surveillés par des barbouzes qui n'ont aucun motif juridique ou autorité judiciaire pour s'introduire dans leur vie privée. Quant à l'AAI mandatée par l'État pour la mise en œuvre des techniques autorisées, son lien de subordination avec le pouvoir politique en place, et la juridiction administrative suprême dont les magistrats demeurent aux ordres, sont des organes qui ne constituent certes pas un exemple de démocratie.

« Enfin, l'administration pénitentiaire, dans le cadre de sa mission de sécurité, a constitué un « bureau du renseignement pénitentiaire » en 2003 dédiée aux besoins de sécurité des établissements pénitentiaires, afin de mieux identifier et suivre les profils sensibles. Des liens se sont tissés avec les services de renseignement du ministère de l'Intérieur afin d'échanger des informations notamment pour anticiper les sorties de détention. Ses moyens se sont développés depuis 2012 pour les missions de centralisation des observations et écoutes effectuées par les personnels affectés en établissement, et d'échanges avec les services de renseignement. Le plan de lutte anti-terroriste prévoit de le renforcer en personnels à tous les échelons (établissements pénitentiaires, inter-région, administration centrale).

La loi pénitentiaire(articles 39 et 40) autorisel'administration pénitentiaire à procéder à divers contrôles pour la sécurité de l'établissement : ouverture des courriers et écoute des conversations autorisées passées à partir des cabines téléphoniques sur la coursive. Un décret prévoit le contrôle des ordinateurs dont les détenus condamnés peuvent faire l'acquisition (sans accès à Internet).

Le projet de loi comportait des dispositions qui permettent à l'administration pénitentiaire d'identifier des téléphones utilisés illégalement par les personnes détenues et de contrôler l'usage des équipements informatiques en leur possession.

Ces contrôles ont vocation à prévenir les risques d'évasion et la commission d'infractions à l'intérieur des établissements. Dans le cadre de ce contrôle et des informations qu'elle est susceptible de recueillir, l'administration pénitentiaire peut être amenée à recueillir des informations justifiant une alerte aux autorités judiciaires ou aux services du ministère de l'Intérieur ».

Voyons là le seul aspect de cette loi qui constitue un véritable progrès vers la sécurisation du pays sans toucher aux droits des citoyens honnêtes. Sauf que l'ex-Garde des Sceaux, Christiane Taubira, ne s'y était pas montré favorable. La raison n'a aucun caractère intellectuel du fait de son approche dogmatique quilaisse poindre un leitmotiv fébrilement enclin àprendre parti pour une certaine catégorie de la population pénale. En effet, ses discours anti-français qui ne l'ont jamais quitté depuis le militantisme indépendantiste de sa jeunesse. De fait, Madame Taubira est restée en phase avec le mouvement guyanais de décolonisation (Moguyde), et le militantisme indépendantiste anti-français de sa carrière dissidente contre la métropole, notamment dans la Revue Mawina, débuta vers les années 1970, dans la clandestinité d'un mouvement impliqué dans de très violents attentats. Outre ses positions radicales anticolonialistes d'antan auxquelles elle est restée fidèle, cette femme est obsédée par le syndrome de l'esclavagisme (Chap. II, §-II c) qu'elle n'a pourtant jamais vécu elle-même, et que de surcroît elle ne reconnaît pas quand il s'agit de celui qui est toujours pratiqué dans les États islamiques depuis l'hégire, autrement dit les émirs des États du Golfe persique, grands argentiers et pourvoyeurs du terrorisme international.

La Commission de réflexion et de propositions sur le droit et les libertés à l'âge numérique a souhaité rendre publique une recommandation portant sur le projet de loi relatif au renseignement en cours d'examen au Parlement. Dans un contexte marqué par les révélations de l'Américain d'Edward J. Snowden (ancien agent informaticien de la CIA et de la NSA inculpé d'espionnage pour avoir révélé les abus d'espionnage de la *With House*) sur la surveillance en ligne massive et généralisée des individus, ainsi que par des menaces terroristes dont l'extrême gravité a été confirmée, la Commission considère que l'actualisation des textes régissant les activités de renseignement est indispensable.

À une époque où les réseaux numériques ont pris une place prépondérante dans les relations des citoyens, des entreprises et des administrations, un nombre croissant d'outils technologiques de plus en plus perfectionnés et intrusifs facilite leur exploration par les autorités publiques sans que soit défini un cadre juridique adapté qui en précise les conditions d'utilisation. Quand le numérique espion s'infiltre dans les conversations, nul ne peut savoir comment et quand seront interprétés les propos de chacun, même les plus insignifiants. Ce pourquoi il est urgent de mettre en garde la population contre le risque progressif des modems interactifs aisément décodables par les services de la sûreté nationale, d'où se voir exposé à une surveillance *a priori* ciblée, puis généralisée à des fins phagocytaires. Il apparaît donc impératif d'encadrer les pratiques existantes - et non pas la vie de tous - lorsqu'elles sont jugées acceptables et salutaires pour la sécurité publique.

Ce pourquoi il convient désormais de définir un régime juridique global et coercitif sur un plan mondial, cohérent et efficace certes, mais respectueux des libertés fondamentales face aux activités beaucoup trop parcellisées, voire détournées et intraçables, des services de renseignements nationaux. Il s'agit de ménager un juste équilibre entre les nécessités de préserver l'ordre public, et les droits de chacun au respect de sa vie privée, de sa correspondance, de son domicile et de ses sites et données personnelles, lorsqu'elles n'ont pas vocation à nuire et à enfreindre la morale et les lois en vigueur. Un casier judiciaire suffit à profiler un individu. S'il est désormais facile de pénétrer dans l'espace numérique de chacun, alors pourquoi ne serait-il pas aussi aisé de séparer le grain de l'ivraie, autrement dit de laisser tranquille et d'ignorer l'espace privé des gens normaux et inoffensifs ?

Ce régime de surveillance, sous couvert du Renseignement, doit être conforme à l'article 2 de la Déclaration des droits de l'homme et du citoyen de 1789 et à l'article 8 de la Convention européenne des droits de l'homme et des libertés fondamentales aux termes duquel il ne peut y avoir ingérence d'une autorité publique dans l'exercice du droit au respect de la vie privée et familiale, du domicile et de la correspondance. Pour autant que ce droit ait étésanctionné par une loi accessible et prévisible dans son applicationselon les règles qui président à une démocratie, le renseignement, à la poursuite d'un but légitime, doit rester à sa place. De surcroît, dès lors qu'un organe du pouvoir ne veut plus se soumettre au fléau de justice qui équilibre les forces politiques et rejoint les droits naturels, alors il y a manifestement violationde ces droitsfondamentaux.

De fait, la Commission européenne souligne l'importance accordée par la Commission EDH au caractère prévisible et accessible de la loi, qui « *doit user de termes assez clairs pour indiquer aux individus de manière suffisante en quelles circonstances et sous quelles conditions elle habilite les autorités publiques à prendre des mesures de surveillance secrète* ». Ainsi, la Cour estime que « *les écoutes et autres formes d'interception des entretiens téléphoniques représentent une atteinte grave au respect de la vie privée et de la correspondance. Partant, elles doivent se fonder sur une loi d'une précision particulière...* »

La future loi dite du *Renseignement* n'en finit donc plus de susciter les polémiques, aussi bien en France qu'à l'étranger. Parmi les sujets sensibles qui firent débat dans l'hémicycle parlementaire, il y eut celui de la protection des lanceurs d'alerte. Or, ce garde-fou vient de voler en éclats. Du côté de la presse étrangère, *The Verge* (site américain qui traitede l'actualité technologique de l'information et des médias)accuse la France de subordonner le peuple français avec des pratiques qui s'inscrivent sur l'ancien modèle américain de la NSA. Voilà bien un paroxysme d'ambiguïté, une radicalisation de l'État souverain qui écrase les libertés au motif d'une menace terroriste sans aucun doute réelle, mais dont les pouvoirs publics se servent abusivement pour orchestrer cette psychose à son profit, un prétexte électoraliste qui excuserait tout, au mépris des libertés élémentaires, autant dire du droit à un minimum de confidentialité.

Ainsi, des boîtes noires vont être installées chez les fournisseurs d'accès Internet afin d'inspecter le trafic numérisé, procéder à un pilotage de tous les dispositifs de surveillance, et par suite formater une surveillance des prospects à leur insu. L'anonymisation des données traitées par l'algorithme qui mouline les données captées en ciblant notamment des mots-clés, n'a rien de convaincant selon les scientifiques qui estiment que les personnes suspectes sont d'ores et déjà identifiées ou susceptibles de l'être par les systèmes du Renseignement actuel. De fait il ne saurait y avoir d'anonymat derrière une surveillance indécelable, qui par définition échappe à la vigilance des cibles, donc à tout contrôle des juges judiciaires. Ce droit monolithe seulement disposé entre les mains d'opérateur sous l'obédience de magistrats hiérarchisés, relève d'une institution administrative obliquement sous les ordres du pouvoir politique.

Ce fichage de masse qu'imposera cette loi encore plus durement au fil des années a manifestement d'autres objectifs non affichés que de cibler le terrorisme ou la pédopornographie. Il mettra en boîte toutes les informations recueillies, à disposition de tous les services ministériels et même privés mandatés pour des motifs d'investigations inadéquats en regard des droits fondamentaux qui régissent une démocratie digne de le rester. Selon un scénario rendu ainsi possible par un amendement de précision, une surveillance non correctement justifiée constatée par un agent ne permet plus à ce dernier de le signaler devant la Commission nationale de contrôle des techniques de renseignement (CNCTR).

Or, avant ce correctif conférant davantage de liberté au pouvoir politique en place, un tel témoignage avéré exact, pouvait déboucher sur une sanction pénale. Ce pourquoi le Gouvernement socialiste a fait interdire aux agents d'évoquer devant la CNCTR tout élément classé Secret Défense ; un fourre-tout qui autorise l'État à éclipser toute information susceptible d'impliquer des manœuvres contraires à la loyauté et la probité du pouvoir. En l'occurrence, un agent du renseignement bien intentionné sera alors contraint de ne rien mentionner, de se taire, de rien laisser filtrer vers l'autorité judiciaire. Un comble lorsque l'on sait que cette même CNCTR est habilitée Secret Défense ! *A fortiori,* l'article 40 du Code pénal - qui donne pour devoir à tout officier public ou fonctionnaire d'informer le procureur de la République et de transmettre toutes les informations relatives à ce crime ou ce délit constaté - devient caduc dès que le secret défense est invoqué.

On comprendra que les pays industrialisés soient actuellement contraints d'adopter des mesures de protection de plus en plus rapprochées et frisant l'indiscrétion, face à un terrorisme musulman lui-même peaufinant ses méthodes, notammenten se gratifiant des services de spécialistes de l'informatique, en se familiarisant aux nouvelles technologies et en adoptant des comportements de terrain qui se fondent avec le milieu qu'ils investissent. Trouver le juste équilibre, entre le tout renseignement et le laxisme que peut générer un libéralisme à outrance, n'est pas une gymnastique politico-juridique commode. C'est ainsi que le Traité transatlantique (Acronymes TTIP ou TAFTA TTIP : Trans-Atlantic Free Trade Agreement), basé sur des accords multilatéraux, crée des zones de libre-échange et subodore une centralisation de la justice civile outre-Atlantique, *via les juridictions internationales d'arbitrage* ; ce que dénoncent les détracteurs qui y voient une opacité autour des activités des acteurs économiques. De sorte que, entre la volonté déterminée de briser les liens entre les réseaux de malfaiteurs et les individus qui s'isolent prudemment, car habités d'intentions malveillantes et criminelles, puis respecter les libertés individuelles et la discrétion de la vie privée des personnes, *in medio stat virtus*.

Voici ci-dessous, un commentaire de la loi n° 2013-1168 du 18 décembre 2013 relative à la programmation militaire pour les années 2014 à 2019 et portant diverses dispositions concernant la défense et la sécurité nationale.

Les intentionsrecelées derrière la riposte juridique antiterroriste de cette mesure législative passèrent quasiment inaperçues du grand public, car cette loi répondait *a priori* à des impératifs de sécurité liés à l'abordage de navires de commerce ou de loisir, et aux prises d'otages par des pirates musulmans au large de la corne d'Afrique, entre la Mer rouge et le Golfe d'Aden, haut lieu stratégique et économique où circulent les tankers pétroliers et gaziers à destination de l'Europe principalement. De fait, l'aspect du renseignement de cette loi ne semblait pas avoir de relation avec le Code de la sécurité intérieure, bien que ce texte avait déjà anticipé l'idée d'éviction des juridictions civiles sur l'hexagone pour, prétendirent les politiques, agir plus librement et promptement sur la zone sensible entre le Yémen et l'Éthiopie, depuis l'enclave de Djibouti jusqu'au canal de Suez qui s'ouvre sur la Mer méditerranée.

Dans ce texte, on y trouve une curieuse analogie avec la loi relative au renseignement, comme la commission de vérification, *alter ego* de la CNTCR, une formation ayant pour mission de contrôler le bon fonctionnement des collectes d'information, alors même que cet organe d'observation (art. 13) est formé d'une délégation de parlementaires (2 députés et 2 sénateurs) pour -dit-on - assurer un pluralisme impartial.Mais il faut préciser que les membres de cette délégation parlementaire sont désignés par le corps politique au Gouvernement, autrement dit des amis politiques, le tout assuré sous la vigilance du Conseil d'État, une institution judiciaire administrative non déliée d'influence (le Président de droit, bien que ne siégeant pas, étant le premier ministre ou le Garde des sceaux ; voir chap. Ier, §-II d). Là encore, la Cour de cassation, la plus haute juridiction de l'ordre judiciaire français, juge du droit et garant de l'indépendance de la justice civile s'y trouve absente, pas plus que ne siège au sein de cette commission une AAI ou quelque collège représentatif des métiers de l'information et des libertés comme la CNIL (Commission nationale de l'informatique et des libertés), le CDI (Observatoire de la déontologie de l'information), ou le Défenseur des droits (succède au médiateur de la République par une loi organique n° 2011-333 du 29 mars 2011).

Permettons-nous ici une petite incursion transitoire sur la réalité de la dépendance des pouvoirs en France et de l'accès à une justice équitable ; comment un citoyen - certes à armes certes inégales - pourrait-il poursuivre en justice un ministre pour violation de sa vie privée ? Auprès de quelle juridiction peut-il s'adresser, puisque la seule compétence d'attribution relève d'une autorité de justice sous les ordres de celui qu'il envisage de réclamer réparation ? Quels sont les liens qui subodorent la tutelle du Conseil d'État au pouvoir politique de Matignon et de l'Élysée ? Qui est le juge des fonctions supérieures de l'État ? De quelle autorité dispose cette juridiction administrative supérieure et envers qui ce pouvoir peut-il s'exercer... à l'endroit de l'appareil exécutif ? À-t-on déjà vu le Conseil d'État assigner un chef du Gouvernement en justice sur les réquisitions d'une partie civile ? La réponse est non quant à juger d'un ministre, et *a fortiori* d'un chef d'État, car la magistrature debout ne dispose pas de cette compétence. Voici, exposé à la suite de façon lapidaire, car les textes en la matière sont foisonnants et complexes, un cadre synoptique des prérogatives du Conseil d'État, et de la circulation des pouvoirs et des recours.

Outre la nomination des conseillers, cette instance administrative suprême - rappelons-le - est hiérarchisée, et directement issue de l'exécutif dont elle reçoit mission a différents titres. Juge administratif au sommet de son ordre, le Conseil d'État arbitre et tranchen dernier ressort des activités et des différends des administrations : collectivités territoriales, autorités indépendantes, établissements publics, organismes disposant de prérogatives de puissance publique. Son rôle s'étend aussi du côté du Gouvernement, comme la consultation et son avis requis sur la rédaction et le fond des décrets, notamment en Conseil des ministres. De fait, ce sont les décrets pour lesquels une disposition constitutionnelle a été prise (second alinéa de l'article 37 de la Constitution), des textes législatifs ou des textesréglementairesqui sont soumis à l'avis du Conseil d'État. Mais cette haute juridiction administrative n'a aucune compétence pour juger de faits à caractère pénal, contre un membre du Gouvernement ou son chef, autrement dit contre l'appareil exécutif de l'État, sauf en tant que juge de premier et dernier ressort, pour traiter les requêtes formées notamment contre les décrets, les actes réglementaires des ministres et le contentieux des élections régionales ou européennes.

S'agissant du président de la République, il existe une seule et unique institution pour juger des carences graves et de fautes lourdes du locataire de l'Élysée : La haute cour de justice qui ne siège que temporairement selon une procédure d'engagement du pouvoirlégislatif. Cette construction jurisprudentielle, composée de parlementaires, se limite à décider de la destitution du président de la République pour le seul motif de manquement à ses devoirs manifestement incompatibles avec l'exercice de son mandat. Avant la loi constitutionnelle du 27 juillet 1993, cette juridiction spéciale siégeait spécifiquement contre le Chef d'État en cas de crime pour haute trahison. Ici, la boucle est bouclée, et il faudra attendre que le Président en place redevienne un citoyen justiciable pour que ce dernier rende des comptes, devant des juridictions de droit commun, sur des faits relevant de ses mandats antérieurs et de conflits en matière civile ou pénale.

En ce qui concerne la responsabilité politique du Gouvernement, elle ne peut être que collective. L'article 20 de la Constitution de 1958 dispose que le Gouvernement est *« responsable devant le Parlement ».* Puis l'article 50 précise que seul un vote émis par l'Assemblée nationale peut entraîner la démission du Gouvernement. Les procédures de mise en cause de la responsabilité du Gouvernement devant l'Assemblée nationale sont définies par l'article 49 de la Constitution. En effet, le Gouvernement peut se voir renversé à la suite d'une question de confiance posée par lui, ou d'une motion de censure déposée par les parlementaires. Mais, en cas de faute jugée sérieuse, un ministre est individuellement responsable et peut être révoqué par le président sur proposition du premier ministre. Cependant, pour ne pas contaminer l'image dupremier ministre, et en toile de fond celle de la présidence élyséenne, le ministre incriminé sera systématiquement amené à démissionner pour, arguent les défenseurs, avoir toute liberté de se défendre et accéder aux dossiers de l'enquête.

La responsabilité pénale des membres du Gouvernement, pour les actes répréhensibles commis dans l'exercice de leurs fonctions, a fait l'objet d'une importante réforme en 1993. Auparavant, les ministres étaient responsables - à l'instar du président de la République - devant la Haute Cour de Justice, sur décision d'une majorité requise des membres du pouvoir législatif réunis en commission parlementaire. Mais depuis la révision constitutionnelle du 27 juillet 1993, un particulier est censé pouvoir déclencher les poursuites devant la Cour de Justice de la République (CJR) ; un organe judiciaire seulement compétent pour juger des infractions des membres du Gouvernement pendant l'exercice de leur fonction. Les requêtes sont examinées par une commission composée de magistrats professionnels, et sont ensuite soit classées, soit transmises au procureur général près la Cour de cassation pour statuer sur leur validité, et par suite saisir la Cour de justice de la République. Celle-ci comprend, outre une minorité de juges professionnels* et 12 parlementaires.

À la lumière de ce qui est indiqué ci-dessus, nous voyons clairement que les choses ne sont pas aussi simples, car pour obtenir le blanc-seing de la recevabilité d'une plainte, il faut d'abord en passer par l'avis filtré de magistrats, pas tous indépendants (ainsi la justice administrative), pour accéder au saint des saints ; un vrai dédale d'obstacles qu'aucun particulier jusqu'ici n'a encore jamais franchi avec succès ! En l'occurrence, comment demander qu'un représentant de la Nation, soit élu et/ou nommé faisant parti du collège de la majorité (ainsi le Grade des Sceaux), soit fonctionnaire et soumis à un lien de subordination avec ledit collège (ainsi le Procureur général), de poursuivre une procédure contre son patron ? Enfin, soulignons que la CJR, qui comprend 15 membres, est sous-représentée par seulement trois juges du siège* ; les douze autres étant politiques, donc quelque part partisans et non indépendants, ce qui au final placera le plaignant en situation de compromis ou d'incapacité à s'affranchir d'un jugementimpartial.

Autrement dit, le passage d'un droit commun indépendant existe bel et bien, mais il est rendu impraticable puisque le juge du droit (la Cour de cassation) est relégué derrière l'instance administrative compétente. Voilà bien une voie de justice qui dédouane la démocratie, mais qui la rend *de facto* infructueuse dans son parcours. Certes, il y eut l'affaire des écoutes téléphoniques de l'Élysée (Voir chap. Ier, §-II b), mais le Président François Mitterrand - le premier concerné en son palais - ne fut jamais inquiété… seulement agacé. Puis il y eut l'affaire du sang contaminé, mais les ministres impliqués furent tous soit relaxés (dont Laurent Fabius et Georgina Dufoix placés sous le chef d'accusation d'homicide involontaire), soit bénéficiaires d'un non-lieu… seulement destinataires de conseils et de réprimandes. Citons l'ancien secrétaire d'État à la santé qui fut dispensé de peine parce que ses juges ont estimé que cet homme, Edmond Hervé, devenu victime et bouc-émissaire dans cette affaire, fut beaucoup trop perturbé car pétri de remords, et anormalement harcelé par les médias. *Quid* des vraies victimes des transfusions empoisonnées ? Ce furent les responsables du CNTS qui furent réellement inquiétés, pas les responsables politiques donneurs d'ordres.

Revenant à la loi renseignement, si le citoyen lambda ne bénéficie pas de la faveur d'une recours civil, les contrôleurs chargés de cette surveillance électronique sont assurés de ne jamais risquer des poursuites en regard d'un éventuel dérapage facilité par le pouvoir exorbitant et les moyens techniques colossaux dont ils disposent. Ainsi, l'article 14 (art. 656-1 du code de procédure pénale) dispose : *« L'article 656-1 du code de procédure pénale est ainsi modifié :* *« S'il est indiqué par l'autorité hiérarchique que l'audition requise, même effectuée dans les conditions d'anonymat indiquées aux premier et troisième alinéas, comporte des risques pour l'agent, ses proches ou son service, cette audition est faite dans un lieu assurant l'anonymat et la confidentialité. Ce lieu est choisi par le chef du service et peut être le lieu de service d'affectation de l'agent »* ; autant dire, non devant une salle d'interrogatoire ou d'une audition parlementaire, mais sur les lieux de son travail et sous la protection de son encadrement, d'où, en général, les ordres desdits contrôles incriminés émanent.

Pour donner un cadre démocratique à cette mesure d'obédience militaire et se dédouaner de toute accusation d'arbitraire et d'autoritarisme d'État, l'article suivant évoque l'indépendance de la Nation, l'intégrité du territoire, la sécurité, la forme républicaine de l'institution, évoquant de façon superfétatoire les moyens de défense de la République, sa diplomatie, la sauvegarde de la population française sur son territoire et à l'étranger, puis à la préservation des éléments essentiels de son potentiel scientifique et économique. Bref, tout est dit, sauf la protection des données personnelles, du droit à la confidentialité de la vie privée et de l'intimité des citoyens dont cette loi manifestement fait l'impasse.

À l'article 17-I (L. 232-7 - I du CPP), il est expliqué, pour les besoins de prévention et la constatation des actes de terrorisme, ainsi que des infractions relevant de l'article 695-23 du Code de procédure pénale, que les autorités *ad hoc* sont autorisées à mettre en œuvre un traitement informatique des données, mais que :*« sont exclues de ce traitement automatisé des caractères personnels des informations susceptibles de révéler l'origine raciale ou ethnique d'une personne, ses convictions religieuses ou philosophiques, ses opinions politiques, son appartenance à un syndicat, ou les données qui concernent la santé ou les orientations sexuelles »* des individus fichés.

L'idée phare retenue derrière cette surabondance d'exclusions morales et physiquessusceptiblesd'indiquer des motifs ségrégationnistes, serait queles personnes placées sous surveillance ne seraient que des ectoplasmes, des apatrides sans personnalité voire sans conscience. Bien entendu, ce gage d'intégrité morale, dépouillé de tout profil et couleur n'est qu'une façade en trompe-l'œil, pour blanchir les techniciens opérant derrière leur écran de toute intention suspecte. Sauf que dans ce contexte inquisitorial où le législateur prend les citoyens pour de grands naïfs, les opérateurs aux ordres de l'État seraient privés des instruments indispensables de reconnaissance et d'origine des suspects. Pour transposer, la police judiciaire,lors d'une interpellation,n'aurait l'autorisation de ne relever que les signes apparents, comme un tatouage, mais pas la couleur dela peau !

Hormis les critères touchant des convictions ontologiques ou doctrinales, des affinités sensuelles ou des pathologies, nous voyons mal comment ne pas indexer à ces renseignements le caractère cultuel, voire ethnique des criminels faisant l'objet de ce fichage, dès lors que ces derniers font valoir haut et fort leur motivation musulmane, et s'en servent de propagande, comme de hurler *Allah akbar* après avoir mitraillé ou fait exploser des foules de civils ? En outre, nous concevons mal qu'il ne soitretenu si peud'égard quant à écouter, lire et stocker les messages de citoyens ordinaires - non fichés - au prétexte de servir leur sécurité, mais en échange de chercher à protéger l'identité voir le profil dogmatique des activistes malfaisants avec des égards excessifs, alors que de telles informations relevant de leur origine ethnique - d'où souvent leur nationalité - sont indispensables pour la police des frontières.

Parmi la liste des crimes et délits perpétrés par des islamistes, on y trouve notamment : la participation à une organisation criminelle ; le terrorisme ; la traite des êtres humains ; l'exploitation sexuelle des enfants et pornographie infantile ; le trafic illicite de stupéfiants et de substances psychotropes ; le trafic illicite d'armes, de munitions et d'explosifs ; le blanchiment du produit du crime ou du délit ; la cybercriminalité ; l'aide à l'entrée et au séjour irréguliers ; l'homicide volontaire, les coups et les blessures graves ; l'enlèvement, séquestration et prise d'otage ; le racisme et la xénophobie ; vols commis en bande organisée ou avec arme ; la falsification de documents administratifs et trafic de faux ; le viol ; les crimes et délits relevant de la compétence de la Cour pénale internationale ; le détournement d'avion ou de navire, etc. En l'occurrence, voilà ici dressél'intégrale panoplie du parfait djihâdiste au détail près, sauf que les critères qui définissent ce profil pénal ne sont jamais associés à l'Islam, *a fortiori* adjectivé musulman.

L'article 20-I de la loi de programmation explicite les finalités de ce recueil de renseignements massif auprès des opérateurs de communications électroniques. Cette collecte globale d'informations privées comprend également des données techniques relatives à l'identification des numéros d'abonnement ou de connexion à des serveurs et donneurs d'accès, au recensement de l'ensemble des numéros d'abonnement ou de connexion, à la localisation des équipements terminaux utilisés ainsi qu'aux communications d'un abonné portant sur la liste des numéros appelés et appelants, la durée et la date des communications. Ces informations sont recueillies par les agents dûment habilités des services relevant des ministres chargés de la sécurité intérieure, de la défense et de l'économie et du budget.

Au chapitre de la cybermenace, Le Premier ministre fixe les règles de sécurité nécessaires à la protection des systèmes d'information des opérateurs publics ou privés qui participent à ces systèmes pour lesquels l'atteinte à la sécurité ou au fonctionnement risquerait de diminuer d'une façon importante le potentiel de guerre ou économique, la sécurité ou la capacité de survie de la Nation. Ces opérateurs sont tenus d'appliquer ces règles à leurs frais. Ces systèmes de détection sont exploités sur le territoire national par des prestataires de service qualifiés en matière de sécurité des systèmes d'information, sur l'ordre de l'autorité nationale. L'État s'engage à préserver la confidentialité des opérateurs et des informations que ces derniers collectent, mais sans explicitement préciser si cette assurance protège les sources où sont puisées ces renseignements au cœur des populations, ou les opérateurs. D'ailleurs, comment cela pourrait-il se faire, puisque les services de l'État ne peuvent assermenter que leur propre personnel technique et leurs fonctionnaires (art. 24-I) ?

Autant dire que le Gouvernement, faisant appel à des officines privées pour effectuer ce travail de surveillance à l'échelle nationale, accepte de se porter garant de l'anonymat des opérateurs de droit privé, alors même que l'exécutif ne se prive pas de livrer la vie personnelle et intime de ses citoyens à des personnes morales et physiques insermentées, cela bien évidemment sans pouvoir réellement garantir les fuites. Quant à comprendre pourquoi ce service de surveillance et de renseignement demandé à des sociétés privées n'est pas rémunéré, il faut comprendre que ces collectes d'information constituent une manne commercialisable de renseignements individuels, à la fois statistique et mercantile, à l'instar des fichiers de prospects qui se vendent et se revendent entre firmes industrielles et pools financiers. *Quid* de la sécurité des inventions, des droits et secrets de fabrication, des sources journalistiques et de la confidentialité dans les cabinets d'avocats, entre autres professionnels du droit et des affaires ?

Puis vient, à l'article 58, une longue et laborieuse explication faisant état des motifs impérieux qui commandent la mise en œuvre de cet exercice du renseignement à l'échelle nationale. Ici vient l'excuse de la problématique sécuritaire sur le continent africain, une terre fortement influencée par les déstabilisations intervenues dans toute la zone sahélienne du fait de l'implantation de groupes djihâdistes armés :

« L'analyse de ce contexte met en évidence la persistance d'un très large spectre de risques et de menaces. L'augmentation rapide des dépenses militaires et des arsenaux conventionnels dans certaines régions du monde vient rappeler que les conflits entre États restent une possibilité que notre défense ne saurait ignorer. La France et l'Europe doivent prendre en compte les menaces de la force (tensions géopolitiques, effort d'armement, déstabilisation de certaines régions), les menaces de la faiblesse (difficultés pour certains États de contrôler leurs frontières ou leur territoire, facilitant la création de sanctuaires pour des groupes criminels, d'espaces de transit des trafics ou de bases arrière pour les groupes terroristes), et les effets multiplicateurs de la mondialisation sur les facteurs de risque et de menace pour notre sécurité et celle de l'Europe (terrorisme, trafics, risques pesant sur la sécurité maritime, changement climatique, menaces cybernétiques visant les infrastructures ou les systèmes d'informations, prolifération nucléaire, biologique et chimique ou prolifération des missiles balistiques).

Ici et après, on remarquera que le rédacteur institutionnel évite consciencieusement d'évoquer le culte musulman, de reproduire les sermons comminatoires et hégémoniques des leaders mahométans pour s'y référer dans ses analyses, même s'il semble évident qu'il s'agit d'une guerre de civilisation, ou plutôt d'un djihâd panislamique récurent contre la société judéo-chrétienne occidentale. La guerre de harcèlement des islamistes, par la voie du terrorisme et de l'envahissement migratoire avec ses émeutes urbaines et ses crises identitaires, est ici qualifiée de contexte asymétrique :

« Les caractéristiques des crises et des conflits font peser sur les forces armées des contraintes nouvelles. Leur environnement opérationnel immédiat les oblige à prendre en compte le besoin de protection dans des contextes asymétriques et l'utilisation, par un nombre croissant d'adversaires de toute nature, d'armements performants ou de technologies critiques. Par ailleurs, les développements intervenus ces dernières années dans le champ médiatique, dans celui des technologies de l'information et dans l'environnement juridique des opérations ont augmenté la complexité

de leur conception et de leur gestion. Les menaces de la force se traduisent par des conflits impliquant des forces de niveau étatique ; la faiblesse des États et la fragilité des sociétés engendrent des crises dans lesquelles les belligérants agissent au milieu des populations et utilisent des modes d'action asymétriques ».

La faiblesse des États évoquée ne désigne pas forcément les nations du tiers-monde, mais aussi celle qui préside aux démocraties qui respectent des valeurs sociales essentielles, avec leurs standards de laïcité et d'égalité de traitement pour tous les ressortissants, quel que soit leur sexe ou leur culture. En s'infiltrant à l'intérieur des États de civilisation élevée, les islamistes tournent à leur avantage ce que le monde civilisé exprime comme une force morale, mais qui devient *de jure et facto* le talon d'Achille du monde des droits de l'Homme, du droit d'asile et de la compassion.

« Les caractéristiques des crises et des conflits font peser sur les forces armées des contraintes nouvelles. Leur environnement opérationnel immédiat les oblige à prendre en compte le besoin de protection dans des contextes asymétriques et l'utilisation, par un nombre croissant d'adversaires de toute nature, d'armements performants ou de technologies critiques. Par ailleurs, les développements intervenus ces dernières années dans le champ médiatique, dans celui des technologies de l'information et dans l'environnement juridique des opérations ont augmenté la complexité de leur conception et de leur gestion. Les menaces de la force se traduisent par des conflits impliquant des forces de niveau étatique ; la faiblesse des États et la fragilité des sociétés engendrent des crises dans lesquelles les belligérants agissent au milieu des populations et utilisent des modes d'action asymétriques ».

Même constat, sachant que le point de rupture critique est imminent, ce qui voudrait indiquer mais sans l'écrire - *political correctness* exige - que ledit nombre croissant d'adversaires se situe effectivement à l'intérieur des pays industrialisés, autant qu'il siège aux portes de l'Occident.

« L'action des forces armées s'envisage conjointement avec celle de l'ensemble de l'appareil d'État - forces de sécurité intérieure et de sécurité civile, ministères, services publics, collectivités territoriales - et des opérateurs, publics et privés, d'infrastructures et de réseaux vitaux. Le Livre blanc de 2013 a, dans ce cadre, identifié des priorités, parmi lesquelles figurent le renforcement de la fonction stratégique « connaissance et anticipation », la politique de cybersécurité, la capacité à lutter contre le terrorisme et la consolidation des capacités de l'État à répondre aux crises. Des priorités géostratégiques adaptées à l'évolution du contexte. Le Livre blanc énonce et hiérarchise des priorités géostratégiques cohérentes avec l'analyse, par la France, de son environnement international et avec les responsabilités qu'elle entend exercer : protéger le territoire national et les

ressortissants français, garantir la continuité des fonctions essentielles de la Nation et préserver notre souveraineté ».

Selon la *Documentation française*, le Livre blanc fixe la stratégie française de défense et de sécurité nationale, et précise notamment son articulation avec la politique de sécurité et de défense commune de l'Union européenne et avec l'Alliance Atlantique, puis les capacités requises pour la mettre en œuvre dans les quinze à vingt ans à venir. Ce livre, traitant de la défense et la sécurité nationale, tient compte des changements majeurs intervenus dans l'environnement international et économique. Mais il fait l'impasse sur l'objet de sa création en ne citant jamais la source du mal, l'Islam fondamentaliste et l'objet qui en est la cause, le Coran qui fabrique ces monstres sociopathes et les essaime un peu partout dans le monde.

Les risques et les menaces identifiés sont les agressions par un autre État contre le territoire national, les attaques terroristes, les cyber-attaques, les atteintes au potentiel scientifique et technique, la criminalité organisée dans ses formes les plus graves, les crises majeures résultant de risques naturels, sanitaires, technologiques et industriels, et les attaques contre nos ressortissants à l'étranger. Il s'agit de garantir, avec nos partenaires européens et alliés, la sécurité de l'Europe et de l'espace nord-atlantique, par un rôle actif au sein de l'Union européenne et de l'Otan. La stabilité de tous les pays de l'espace européen est une priorité. La nature étroite et profonde de nos relations bilatérales avec les États-Unis et le Canada, nos engagements de défense collective au titre du traité de l'Atlantique Nord et notre communauté de valeurs fondent entre nous une solidarité de droit et de fait. Il s'agit également de stabiliser avec nos partenaires et alliés le voisinage de l'Europe.

Quant à ce voisinage, rappelons que la Turquie est membre de l'Otan, alors même que ce pays musulman finance Daesh en achetant les hydrocarbures que cette organisation terroriste vole à l'Irak pour financer son armement et poursuivre ainsi ses barbaries dans cette région moyen-orientale. Difficile d'envisager rompre une alliance aussi sordide sans que les États-Unis ne retirent leur base militaire dans cet État ottoman, lequelentretient ce conflit durable engagé par l'État islamique avec le reste du monde civilisé. De surcroît, en abattant un bombardier SU-24 de l'armée russe le 24 novembre 2015par un missile air-air tiré depuis un chasseur turc F-16 à la frontière syrienne en chasse contre les forces de Daesh, alors que cet avion ne constituait aucune menace pour la Turquie, Ankara se sera positionné en faveur de ce terrorisme, se retranchant derrière l'excuse que ce puissant allié faisant coalition avec l'Otan n'en fait pas explicitement parti. Rappelons que Recep Tayyip Erdogan, qui a refusé catégoriquement de prendre part à ce conflit contre les terroristes musulmans, fait ainsi preuve de complaisance avec les djihâdistes de l'EI. Selon les critères de cet islamiste, il apparaît clairement que la prétendue violation de son espace aérien serait plus grave que les actes de barbarie perpétrés par ses coreligionnaires du Daesh.

« Il s'agit notamment d'éviter l'émergence de menaces susceptibles d'affecter les approches orientales de l'Europe, la zone méditerranéenne, le Sahel - de la Mauritanie à la Corne de l'Afrique - et une partie de l'Afrique subsaharienne, notamment le golfe de Guinée et les pays riverains ; de participer à la stabilité au Proche et Moyen-Orient et dans le golfe arabo-persique et, dans ce cadre, avoir la capacité de mettre en œuvre, en coordination avec nos alliés, les accords de défense souscrits par la France en protégeant ses intérêts stratégiques et de sécurité. La sécurité de la zone qui s'étend des rives de la Méditerranée orientale au golfe arabo-persique et jusqu'à l'Océan indien revêt une importance majeure pour l'Europe et l'équilibre international. La France est engagée par des accords de défense à Djibouti, aux Émirats arabes unis, au Koweït et au Qatar. Elle entretient une base interarmées à Aboû Dabî, met en œuvre un accord de coopération avec Bahreïn et souhaite développer des relations étroites avec l'Arabie saoudite ; puis encore de contribuer à la paix et à la sécurité internationale dans le monde, en portant une attention particulière à la sécurité de l'Océan Indien et à la maîtrise des risques en Asie du Sud ».

Outre la Turquie qui pratique un double langage (la taqiyya) en se parant de l'étendard de l'Otan mais en se faisant l'allié implicite des activistes islamiques - notamment en commerçant avec Daesh, - comment expliquer que l'Occident persiste à croire qu'il peut y avoir un intérêt stratégique à fraterniser avec le monde musulman de la péninsule arabique, alors qu'il est notoire que ces Émirats du Golfe persique commanditent des actions terroristes à travers le monde à coup de pétrodollars ? N'y a-t-il pas, derrière cette sombre alliance, des intérêts financiers et industriels, notamment liés aux énergies fossiles, pour expliquer ce grand écart géostratégique et diplomatique de l'Europe, dont la France ?

[...] La France participera activement aux efforts de réduction et de maîtrise des armements dans l'optique d'un désarmement général et complet. Elle veillera notamment à l'universalisation du traité de non-prolifération et à celle du traité international d'interdiction des essais nucléaires. Elle s'engagera ainsi résolument dans la négociation d'un nouveau traité interdisant la production de matières fissiles destinées aux armes. Elle agira tout particulièrement pour aboutir à mettre en place un régime international efficace de lutte contre la prolifération des armes de destruction massive, de leurs vecteurs et des matériels connexes. [...] La France partage avec ses partenaires européens la plupart des menaces et des risques auxquels elle est confrontée. C'est pourquoi, dans le cadre de sa stratégie de défense et de sécurité nationale, la France considère que la construction européenne est une nécessité.

En évoquant l'interdiction des essais nucléaires, le rédacteur de cette loi occulte les sinistres desseins de l'Iran, dont le guide suprême et ses catéchumènes barbus qui ne cessent de menacer Israël en annonçant presque tous les mois vouloir faire disparaître l'État hébreu de la carte. En laissant cette République islamique monter son arsenal nucléaire sous le manteau de centrales énergétiques enfermant des noyaux fissiles, l'Occident se montre très imprudent, pour ne pas dire irresponsable. Oui mais, l'Iran est fournisseur de gaz naturel, à l'instar de l'Algérie, ce grand pourvoyeur d'immigration musulmane, qui exporte aussi du pétrole. De sorte que l'Iran peut continuer tranquillement à fabriquer son armement nucléaire en échange de ses livraisons gazières, et que l'Algérie, forte de ses privilèges et conventions avec la France ne se prive pas de déverser des flots de réfugiés pour repeupler la France qui voit poindre, à l'horizon de cette fin de siècle, le spectre du grand remplacement.

c) *Une réflexion de fond s'impose : où sont les vrais motifs qui président à cette récupération compulsive de tous les pouvoirs ?*

« Le glissement de sens qu'a connu le mot « démocratie » constitue sans doute le principal coup de maître de la propagande politique moderne » (Pr Francis Dupuis-Déri, Université du Québec à Montréal, voir l'épilogue *in fine*)

Retranchée derrière le Code de la Sécurité intérieure, la forteresse inexpugnable du législateur vient de rendreimpénétrable, sous le coup de grâce de la loi relative au renseignement, toute incursion d'une juridiction judiciaire dans son pré carré ; une voie de partialité désormais impraticable, sous couvert d'une bienveillance on ne peut plus suspecte. Voyons là un droit à ne pas contribuer à sa propre accusation, et il ne saurait, en l'espèce, y avoir litispendance dans les affaires de l'État ainsi verrouillées sans équivoque dans sa bulle administrative, ne laissant au public que l'illusion d'être désormais - sous l'irrévocabilité de cette mesure - protégé contre le terrorisme, à défaut de l'être physiquement sur le terrain juridico-sécuritaire par l'appareil de l'exécutif démocratiquement élu, à l'instar des précédents qui concourent tous dans le même esprit oligarchique.

Sauf que l'électeur, abusé par le tragique des évènements récupérés pour renforcer le pouvoir régalien, croit toujours avoir voté pour qui il veut, ignorant sans doute que les deux grandes sensibilités qui se présentent et qui alternent pour simuler leur différence ont le même groupe sanguin, et portent les uns ostensiblement, les autres subrepticement, les couleurs fédéralistes de la social-démocratie européenne et onusienne.

En préambule, voici un article du légiste de la Place Beauvau, lequel se défend trop bien de ses intentions pour paraître sincère (Art. L. 811-1 du projet de loi relatif au renseignement (PRMX 1504410L du 19 mars 2015 qui ajoute un Livre VIII au Code de la sécurité intérieure) : *« Le respect de la vie privée, notamment le secret des correspondances et l'inviolabilité du domicile, est garanti par la loi. L'autorité publique ne peut y porter atteinte que dans le seul cas de nécessité d'intérêt public prévu par la loi, dans les limites fixées par celle-ci et dans le respect du principe de proportionnalité ».* Puis parachevant cette galéjade, l'art. L. 811-2 : *« Ils* (les services spécialisés du renseignement mandatés par l'État) *agissent dans le respect de la loi, des instructions du Gouvernement et des orientations déterminées en conseil national du renseignement ».*

Voilà donc un monument de pantalonnades pour rassurer les masses crédules du peuple français. Ô paradoxe, le premierministre, Manuel Valls, s'est exprimé de façon diamétralement opposée aux termes mêmes de ce projet de loi devant les Parlementaires courant avril 2015, en soutenant que *« La vie privée n'est pas une liberté »* ! Devant pareille absurdité de langage et par un détour de l'esprit, rappelons que la conscience de chacun demeure un vecteur d'expression individuel, le fond de soi-même, un droit naturel et sacré, un espace intime de liberté que seule une dictature, une condition esclavagiste ou une incarcération peur altérer. Le meilleur exemple de cette précieuse liberté exprimée en privé, dans l'intimité et au fond de soi, fut instauré sous la troisième République par la loi du 29 juillet 1913 visant à assurer le secret et la liberté du vote : l'isoloir (article L. 62 du Code électoral). De sorte qu'en déverrouillant l'espace numérique des ménages, l'État socialiste aura subtilement réussi en 2015, ce que le prince-président Louis Napoléon Bonaparte avait tenté en décembre 1851 : arracher le rideau de la confidentialité des citoyens. Cetterépublique césarienne, qui précéda le Second Empire,n'autorisait aucune résistance même subtilement induite dans la conscience populaire par un intellectualisme d'opposition, àl'instar de l'espritréformiste de Victor Hugo qui fut frappé de proscription.

La vie privée se conçoit dans l'intimité,la pensée, laquelle n'est pas forcément exprimée en public ni inscrite sur le front des citoyens, sinon aujourd'hui reproduite sur un clavier et rangée dans un coin du disque dur, comme un journal intime dont la couverture ferme à clé le contenu. À présent, point de vie privée inviolable, point de liberté au sens le plus large. À l'appui de ce postulat, l'article 8 de la Convention européenne des droits de l'homme proclame que : *« Le droit de toute personne au respect de sa vie privée et familiale, de son domicile, de sa correspondance... ».* Cette disposition majeure (inspirée par l'article 12 de la DUDH citée en suivant) établit une protection contre les immixtions dans la vie des personnes, qu'elles soient privées, professionnelles, administratives et *a fortiori* politiques.Les restrictions prévues par le législateur régional convenant de dérogations légales à cette mesure essentielle, ne doivent pas pour autant se servir d'un prétexte, fut-il important comme la sécurité publique contre le terrorisme, pour balayer d'un revers de manche, tout l'édifice républicain rappelé à l'article 12 de la Déclaration universelle des droits de l'homme susvisé : « *Nul ne sera l'objet d'immixtions arbitraires dans sa vie privée, sa famille, son domicile ou sa correspondance, ni d'atteintes à son honneur et à sa réputation. Toute personne a droit à la protection de la loi contre de telles immixtions ou de telles atteintes ».* Aucun droit n'est supérieur à la vie privée des gens honnêtes puisque ce droit naturel, n'en déplaise aux socialistes de Matignon et de l'Élysée, s'affirme comme le catalyseur, l'assurance et le poumon de toutes les autres libertés.

Illustrant ce droit impérieux ; lorsque les juges et les jurés d'assises privent de liberté des délinquants et des criminels, cela aboutit à condamner concomitamment ces détenus d'intimité, donc de vie privée. L'œilleton de la porte de la cellule, la promiscuité dans le *solitary confinement* entre plusieurs prisonniers, et les caméras de surveillance dans les quartiers de haute sécurité au plus près de l'isolement des condamnés font la preuve que, *a contrario*, la vie privée des gens libres et respectables ne doit pas être violée à peine de confisquer cette part importante de leur droit naturel. Or, placer un mouchard ou une boîte noire dans chaque ordinateur privé revient à associer tous les citoyens, sans différencier leur profil nonobstant honnête et honorable, aux individus suspects et malintentionnés que le législateur voudrait surprendre.

Comment donc, sans garantie du respect de la vie privée des gens, pourrait-il y avoir une liberté d'opinion, un droit de réunion ou d'association sans l'interférence des pouvoirs publics, c'est-à-dire un fichage ou un flicage de chacun de nos mouvements, de nos messages, de nos communications téléphoniques ? *Quid* du secret des sources journalistiques* ? (Voir à ce propos le manifeste en ligne de Thomas Guénolé, politologue, et de Katerina Ryzhakoua, conseillère en communication *Vox Politica,* s'agissant, selon leur expression consacrée, du *Big Brother* à la Française).Certes, nous le verrons plus bas, le rédacteur de cette disposition a exonéré cette profession* d'une telle surveillance, mais en la réintroduisant aussitôt en séance plénière à la CNCTR, ce qui *de facto* autorise toutes sortes de mouchards institutionnels à tendre l'oreille numérique hertzienne ou câblée dans les cabinets d'avocats et les salles de rédaction. Non, décidément, l'État social-libéral ne veut rien lâcher, rien concéder, car il veut tout, même ce que chacun pense, converse ou écrit. Cependant, devant le mur impénétrable de ce dernier volet du Code de la sécurité intérieure, les avocats et 180 journalistes judiciaires ont saisi la Cour européenne des droits de l'Homme le 3 octobre 2015, au motif du secret des sources et le secret professionnel menacés par les écoutes téléphoniques telles que prévues par cette loi (À ce propos, voir l'entretien de Patrice SPINOSI, avocat aux conseils dans la Gazette du Palais des 30 et 31 octobre 2015).

De fait, dans la réalité pratique, la dérogation à cette règle élémentaire du respect de la vie privée, *les seuls cas de nécessité* énoncés ne sont ni restreints eu égard à la technologie mise en œuvre, ni les personnes honnêtes, susceptibles de faire l'objet d'une surveillance aléatoire, ne sont protégées par un quelque garde-fou devant les mesures d'observation à leur encontre. Pour donner le change, le texte de ce projet de loi abonde de phrases lénifiantes, cependant vides de sens car elles ne s'appliquent à rien, voire de corrélation avec la réalité et de signification dans les faits (comme le *respect du principe de proportionnalité,* article L. 811-1 *in fine),* puisque les cibles ne peuvent détecter la *boîte noire* qu'on leur injecte dans le disque dur. Or, le plus insidieux dans cette affaire, c'est le temps qui passe, et qui fera bientôt oublier la présence des mouchards dans la vie quotidienne des Français.Aucun indicateur de présence, donc ni contrôle n'est possible pour jalonner l'interface des limites tolérables de cette surveillance clandestine, sinon placer un conseiller d'État ou un rapporteur derrière chaque opérateur pour examiner *a posteriori*, lister et chercher la légitimité d'une fouille informatique dans la vie privée des gens que ce dernier aura espionnés devant son ordinateur. Puis, de façon comminatoire, comme pour motiver la nécessité de cette intrusion dans la vie privée des citoyens, il est martelé à l'article suivant la mission : *« ...en France et à l'étranger, la recherche, la collecte, l'exploitation et la mise à disposition du Gouvernement des renseignements relatifs aux enjeux géopolitiques et stratégiques ainsi qu'aux menaces et aux risques susceptibles d'affecter la vie de la Nation ».*

Pour édulcorer une fois encore la portée de cette violation outrageante de la vie privée par la pénétration de l'intimité des gens et la collecte discrète de leurs informations particulières, le texte ajoute sans craindre de se désavouer : *« Ils agissent dans le respect de la loi, des instructions du Gouvernement et des orientations déterminées en conseil national du renseignement ».* Bien entendu, le terrorisme se pose comme l'argument universel qui dédouane, une parade quasi incontestable excusant ces méthodes autoritaristes et liberticides pour manœuvrer en toute impunité, sous l'enseigne d'un consensus national dont ce législateur se croit investi à la faveur des attentats, donc sur le dos des victimes.Quant aux techniques qui peuvent donner lieu à autorisation (art. L. 811-4), le décret en Conseil d'État annoncé suivant les finalités de l'art. L. 811-3, elles restent bien évidemment dans l'ombre, puisque la loi, une fois promulguée, tout restera possible en termes d'application et d'extension par décret. Puis encore, on se demande bien comment le premier ministre pourrait donner des autorisations spécifiques (art. L. 821-1) avant chaque clic, multiplié des millions de fois par les opérateurs devant leur pupitre. Pour ce qui concerne les techniques du recueil du renseignement, là encore, ce n'est pas le Premier ministre en personne, pas plus que sa Commission nationale de contrôle déléguée (car d'obédience politique), qui pourront donner un avis compétent sur le type d'ingénierie, sur le choix du matériel de surveillance et de la logistique de terrain.

Soyons convaincus que ces moyens d'investigation électroniques existent déjà bel et bien, pour preuve, puisque la quasi-totalité des terroristes islamiques fomentant des attentats sur le territoire français est préalablement repérée par les services de renseignements et leurs actions déjouées. Mais jusqu'ici, ces outils télématiques étaient, soient utilisés de façon légales avec le concours du CNCIS (voir plus bas), soit de façon illégale par certaines cellules informaticiennes de barbouzes un peu trop zélées avec leur employeur ministériel, et encouraient *de jure* des risques potentiels face à la justice civile. Mais pour la plupart, ces investigations faisaient l'objet de commissions rogatoires en collaboration avec un juge anti-terroriste travaillant étroitement avec les Renseignements de la Place Beauvau et du Quai d'Orsay.Oui, mais voilà, la procédure était jugée trop contraignante, retardataire, voire dilatoire, et la police politique ne fait pas bon ménage avec les juges de l'ordre judiciaire.

Or, passé cette loi, tout acteur de l'exécutif à l'origine de débordements et abus de surveillance, n'aura plus de compte à rendre autre qu'à l'État, commanditaire de ces recherches, voire à sa Commission *ad hoc* totalement au service des promoteurs de cette loi ; ces mêmes promoteurs qui entrent dans leurs statistiques tout ce qui peut leur servir pour vendre une information, un profil, un texte, un plan, un secret à un organisme privé commandité par un ministère ou à une entreprise publique. Voilà pour ceux qui objectent que ces pratiques existaient déjà et que c'était déjà trop tard pour s'en émouvoir. Voilà encore pour répondre à ceux qui pensent qu'il n'y a rien d'important à ce que leur vie des citoyens ordinaires soit ouverte à n'importe quelle indiscrétion au prétexte présumé que cela n'intéresserait personne, et que ces gens, toujours sous cette conjecture d'acceptation ou d'indifférence, lesquels font l'objet d'une attention discrète, se moqueraient bien que leur intimité et/ou leurs opinions soient à la disposition des autorités politiques sans leur assentiment, sans garde-fou ni mobile correspondant.

Du côté des interceptions de communications et de géolocalisation administrative, l'absence de disposition spécifique relative au signalement des activités illégales de surveillance administrée par les services intérieurs de l'État fait débat, et scandalise l'opinion publique, quant aux conséquences redoutables de ces mouchards sur les institutions, par cette dérive politique sans précédent. Selon une sénatrice du Val-de-Marne, Ester Benbassa*, il s'agit, dans cette nouvelle disposition législative supposée principalement renforcer la lutte contre le terrorisme, « *d'une utopie orwellienne à la française, susceptible de devenir une arme redoutable dans les mains d'hommes et de femmes d'un régime moins scrupuleux [...]. Nous allons, ignorants des technologies modernes, voter un texte redoutable* ».

De fait, la directrice de recherche universitaire* rappelle, alors que la loi américaine sur le *Patriot Act* expira le 1er juin 2015 et que le Congrès a promulgué le jour suivant en remplacement le *Freedom Act (*loi sur les libertés), que la France fait tout le contraire (Voir, de Kathia Martin-Chenut, docteur en droit, chargée de recherche au CNRS/Université de Strasbourg, *« L'utilisation abusive des lois antiterroristes passées au crible de la jurisprudence interaméricaine »* : Revue de science criminelle et de droit pénal comparé (Dalloz), avr./juin 2015). En l'occurrence, l'Amérique, au lendemain des évènements du 11 septembre 2001, riche d'une expérience dans le domaine de la surveillance, de ses pratiques et de ses excès, donc qui a connu ses contingences délétères en termes de viol de l'intimité des citoyens, d'extorsion d'informations hors cadre judiciaire (secrets industriels et professionnels) et des limites supportables quant au pouvoir exorbitant du renseignement placé entre les mains des services secrets, vient de mettre fin à de tels abus. Cette loi de substitution impose désormais outre-Atlantique de nouvelles limites sur la collecte en vrac des métadonnées sur les citoyens américains par les agences de renseignement US, y compris la *National Security Agency* (NSA). Si ce texte restaure l'autorisation explicite pour le suivi de l'itinérance des écoutes électroniques (géolocalisation) et le pistage des terroristes communément désignés comme des *loups solitaires,* les agents chargés de l'écoute seront désormais eux-mêmes surveillés de près, leur travail enregistré et analysé par des autorités judiciaires indépendantes *ad hoc*. Ce qui vient à l'esprit de tout observateur lucide et indépendant, c'est précisément pourquoi le législateur socialiste français ne s'en soit pas inspiré avant de commettre ce qui pourrait bien devenir l'irréparable ?

Manuel Valls évoqua une menace *« qui n'a jamais été aussi importante en France »*, martela-t-il le 23 avril 2015 sur *France Inter,* et que *« 1 573 Français ou résidents en France étaient recensés pour leur implication dans des filières terroristes »*. Voilà bien une déclaration inhabituelle moins de deux semaines avant le vote parlementaire de la loi dite *Renseignement*. Le ministre de l'Intérieur, Bernard Cazeneuve, avait déjà annoncé que cinq projets d'attentat avaient été déjoués entre août et décembre 2013, ce que la DGSI confirma, laquelle démantela une dizaine de filières dans l'Hexagone. Au demeurant, il est impossible de répertorier le nombre et la fréquence de ces actes de terrorisme qui ont avorté sur le territoire, sachant bien que l'objectif des politiques au pouvoir n'est pas d'effrayer les populations, ni de faire exploser un sentiment islamophobe déjà si difficile à contenir. La vraie finalité de cette mesure vise à laisser croire aux électeurs qu'une fois nantis de ces moyens, ils seront mieux protégés par la police d'État, alors qu'ils l'étaient déjà pareillement sous le couvercle protecteur de l'ordre judiciaire des juridictions civiles.

Cependant, quel qu'en soit leur nombre, ces actions meurtrières sont, ce jour, quasiment toutes commanditées par des groupuscules islamiques ou des individus isolés de confession musulmane, et que ces tentatives d'attentats manquées et réussies ne se comptent plus en chiffre mais en nombre par an, sachant que l'Islam est devenu la seconde religion en France, mais la seule à fabriquer des monstres fanatiques. Sans doute le plus pratiqué, le culte mahométan, dont la démographie polygames'épaissit de façon exponentielle, accuse une progression arithmétique, ce entraînant une excroissance de fanatiques et d'activistes idoine qui se multiplie dans ses rangs. Y émergent des émules de différentes nébuleuses inspirées par Al-Qaïda et/ou le Hamas, puis de mouvements plus récents tels que Daesh, Shebab, Front al-Nosra, Boko Haram, Jemaah Islamiyah et plus d'une dizaine d'autres groupuscules qui terrorisent la planète.

Prétendre qu'il ne faut pas de mesures législatives et réglementaires pour se donner les moyens d'investigation matériels et humains efficaces afin de contenir ce fléau islamique, serait une absurdité. En l'occurrence, l'incohérence réside non pas dans le fond, mais dans la forme empruntée par le pouvoir, sachant bien que la relégation du droit prétorien du côté des juges judiciaires au beau milieu de cet armada de texte administratifs ne saurait améliorer l'efficacité de cette action anti-terroriste. De surcroît, comment établir une surveillance sur un demi-million de sans-papiers qui errent sur le territoire de l'hexagone hors des camps de rétention, dont on ne saurait établir une traçabilité sans les régulariser d'une façon ou d'une autre. Cela explique aussi pourquoi l'État délivre autant de titres de séjour et d'admissions exceptionnelles (206 330 en 2013, et bien davantage en 2015 avec l'invasion exponentielle de migrants syriens et irakiens admis quasiment sans condition sur le sol français, nonobstant l'infiltration avérée de dizaines de terroristes de Daesh parmi ces réfugiés.

Or, que ces moyens d'espionnage, eu égard au nombre potentiel de terroristes en incubation dans les squats, les foyers africains et les logements sociaux, se retournent contre les libertés citoyennes, violent la confidentialité des sources de la presse ou des cabinets d'avocats, ainsi que de l'intimité des gens ordinaires, voire risquent de s'immiscer dans les secrets technologiques et industriels parce que ces indiscrétions rendues trop faciles sont toujours caution à des fuites, c'est la France elle-même qui bascule tout entière dans une dérive autocratique, un césarisme invisible où plus rien ne saurait être protégé. Le terrorisme islamique ne se contente donc pas de tuer des gens au hasard, il instille dans les populations une anxiété permanente, notamment lors de contrôles ponctuels ou aléatoires partout où est le risque… et le risque est partout, même venant de l'État à présent.

Lorsque les citoyens français sont filmés par des caméras dans la rue, le métro ou dans les administrations, ce regard numérique et impersonnel ne suppose pas un viol de leur intimité, et cela est généralement égal à quiconque n'a rien à se reprocher. Mais examiner sans permission et secrètement la vie privée des gens intègres, importants ou pas, disposant d'un pouvoir, d'un savoir ou non, au téléphone ou dans la vie privée de leur ordinateur, de leur Smartphone ou de leur androïde, cela est une autre affaire et constitue une véritable rupture avec les droits fondamentaux, sachant que ces renseignements peuvent servir bien d'autres intérêts que ceux pour lesquels ils sont autorisés. Sans l'arbitrage d'un juge de l'ordre judiciaire, de son autorisation ou de sa consultation auprès des fonctionnaires du renseignement, c'est tout un pan de notre démocratie qui s'effondre.

Puis encore, ce terrorisme fanatique coûte cher au contribuable qui doit investir sur sa feuille d'impôt pour la sécurité nationale. Ce terrorisme là ajoute également, et pour les mêmes raisons, une plus-value sur tous les produits de consommation. En outre, ce fléau islamique anéantit indirectement nos droits à la vie privée, au secret des nos conversations, ajoute à la censure des journalistes, des essayistes, des intellectuels, etc. Alors pourquoi cette loi si c'est pour se la retourner contre soi-même ? Non, aux allégations de Monsieur Valls, il ne s'agit pas ici de craintes absurdes de la part des opposants à ce texte comme il fut subodoré par le patron de Matignon, mais d'une réflexion qui manque à son analyse, un grave manquement qui fera date dans l'histoire, car la France, par ce biais dont les effets sont encore invisibles, ouvre la voie à un État policier.

Rappelons qu'il existait déjà un outil de surveillance opérationnel, dédié à la vigilance et au contrôle autour des investigations secrètes menées par les agents assermentés du renseignement sous l'autorité du ministère de l'Intérieur : la *Commission nationale de contrôle des interceptions de sécurité* (CNCIS), qui était une Autorité administrative indépendante (AAI). Elle fut instituée à l'article 13 de la loi n° 91-464 du 10 juillet 1991, puis fut codifiée en 2012 dans le Livre II du Code de la sécurité intérieure, et agissait en amont des procédures de renseignement. Sa composition relevait autant de la Présidence élyséenne, que du Conseil d'État et de la Cour de cassation, ainsi que d'une représentation égale des deux chambres parlementaires.

Sa mission avait pour but de vérifier la légalité des demandes d'autorisation d'interception des communications (écoutes téléphoniques non judiciaires, prérogative étendue en 2003 aux interceptions de toute nature réputées d'urgence absolue). Or, sous l'empire de la nouvelle loi (sur la base du projet de loi n° 2669 susvisé), la CNCIS fut dissoute (article 13 de la loi susvisée). C'est à présent la Commission nationale de contrôle des techniques de renseignement (CNCTR) qui prend le relais (article L. 821-1 et suivants du Code de la sécurité intérieure), mais en amont des dispositifs d'enquête ou de contrôle et en se refermant sur elle-même en aval, ce qui fait toute la différence entre ces deux institutions.

Le président de la CNCIS alors en place courant 2014-2015, Jean-Marie Delarue, avait lui-même déjà formulé des réserves quant aux risques de violation des droits privés qui selon lui n'ont rien d'abstrait ; ainsi l'inviolabilité du domicile privé, le secret des correspondances téléphoniques, par lettre papier ou électronique, la préservation de la vie intime, sanitaire ou sentimentale, etc. Toujours selon ce haut fonctionnaire, il n'y a aucune raison pour qu'un policier aille voir ce que fait le citoyen honnête cher lui, *a fortiori* lorsque celui-ci partage sur des réseaux sociaux des évènements licites (manifestations, adhésion à un parti, une association ou un dogme...), des clichés photographiques, ou encore des opinions (travail, argent, santé, loisirs, sexualité...). À croire l'argumentation des promoteurs de cette loi, nous serions le seul pays occidental à ne pas avoir mis en place un espion dans chaque foyer. C'est ainsi que nous trouvons dans l'exposé des motifs, un passage qui n'est que contrevérité et une pitoyable tentative pour convaincre les plus crédules. De fait, le rapport d'information présenté en 2013(susvisé sous ce titre, §-II c), auramis en exergue le retard de la France sur ses voisins en matière de renseignement. Où sont les sources d'une telle affirmation ?

Quelle étude pourrait étayer une pareille assertion ? Doit-on avaler sans discuter de tels propos parce qu'elle émaned'une autorité politique supposée incapable d'inventer ? Le mensonge serait-il devenu la vérité du politique ? Que doit-on comprendre de la part de l'un des auteurs de ce rapport, Jean-Jacques Urvoas, qui s'évertua à convaincre son groupe parlementaire et l'exécutif que les juges civils ne faisaient que nuire, au mieux retarder les investigations de l'exécutif, et qu'il aura de ce fait réussi à évincer toute prérogative de la Cour de cassation dans la loi relative au renseignement, alors même que ce dernier fut nommé garde des Sceaux le 27 janvier 2015 ; autrement dit, au sommet de cet ordre judiciaire qu'il aura banni du renseignement ?Hasard ou pièce majeure dans l'élaboration du discret canevas d'un État policier qui ne se nomme pas ?

C'est un peu comme un jeune élève en classe de CE1 qui revendique un androïde pour forcer le tiroir-caisse de ses parents, et qui pour ce faire prétexte qu'il est le seul dans sa classe à ne pas en avoir ! Voilà bien unementerie aussi puérile que pathétique de la part d'un législateur qui n'a toujours pas compris la différence entre un État qui accepte que l'autorité judiciaire soit présente dans les fonctions régaliennes de l'exécutif, de celui qui exerce les mêmes pouvoirs, avec les mêmes moyens, mais se refuse à tout contrôle prétorien à dessein de gouverner seul et sans risque d'entrave dans ses décisions de police et/ou de défense. En outre, peut-on qualifier l'action d'une surveillance rapprochée de tous les citoyens français sans distinction, qu'ils soient honnêtes ou habités d'intentions terroristes, *« d'uncadre normatif adapté »* ?

Jusqu'à l'extension d'un livre VIII du Code de la sécurité intérieure, sur autorisation hiérarchique, la délivrance d'un mandat ou d'une commission rogatoire sur la demande d'un enquêteur, le délai aller-retour de cette autorisation réclamait de quinze jours à trois semaines, contre quelques minutes pour une procédure d'urgence auprès de la CNCIS. Cela ne suffisait-il pas ? Or, à présent, ce délai d'analyse et d'autorisation sur le bien-fondé d'une écoute ou d'une surveillance électronique n'aura plus court. De sorte que tout sera désormais possible pour l'exécutif, sans restriction ni contrôle, puisque, entre la chaîne de commandement jusqu'à l'accomplissement de la veille, ce contrôle ne se fera plus, ou éventuellement *a posteriori,* auprès de la CNCTR (article L. 821-1 du Code de la sécurité intérieure). Rappelons que cet organe fonctionne uniquement dans la confidentialité des couloirs de l'exécutif, en encore si cela venait à se savoir !

En légalisant des pratiques illégales de surveillance (Voir de Olivier Desaulnay et Romain Ollard, professeurs à l'université de la Réunion *« Le renseignement français n'est plus hors-la-loi »,* Droit pénal, LexisNexis, septembre 2015), cela revient à ouvrir la boîte de Pandore, et *de facto,* ce qui relevait de l'exception avec la loi de 1991 susvisée, deviendra généralisé sans distinction ni contrainte, autant dire sans le souci d'épargner une population étrangère au terrorisme ou suspectée de crime pédopornographique. Les dispositifs, comme IMSI-catcher (système mobile d'interception de données d'un téléphone) seront viabilisés de façon aléatoire, et non ciblées. De sorte que des gens qui n'ont rien de malhonnête, seront, selon l'expression du Président de la CNCIS : *« pris dans la nasse ».* Suivant l'exposé des motifs, le *Livre blanc* sur la défense et la sécurité nationale de 2013 a rappelé que la *« fonction de connaissance et d'anticipation »* était un élément fondamental de la stratégie de sécurité nationale et la *« condition de décisions libres et souveraines ».* Mais en certifiant des pratiques illégales, cela revient - par analogie - à officialiser la vente et la consommation des drogues dures ! *Quid* des principes casuistiques où l'évolution législative, bercée par des opportunités politiques, emprunte furtivement les voies de la dérive ?

Toutes les indications portées sur ce texte de loi, relevant d'une quelque autorité administrative de contrôle sur la bonne marche de la surveillance autour de la sécurité publique, ne sont que de la poudre aux yeux, des allégations pour se dédouaner, sachant que lorsque la machine, dite *boîte noire,* sera opérationnelle sur tout le territoire, rien ne pourra l'arrêter, puisque tous les élus, de quel bord qu'ils soient, y trouveront leur compte. Comment contrôler chaque rouage de son fonctionnement, chaque strate de ses sources et le cheminement que cet outil d'investigation prendra dans les méandres de l'existence privée de chacune de ses cibles, ou à savoir si une telle collecte d'information est justifiée ou non, ou encore si cet espionnage est expressément motivé par les motifs explicités de cette loi (article L. 821-1 à L. 821-6) ? Rien ne saurait stopper les dérives du numérique.

On notera que dans la rédaction de cette loi, les mots *respect* et *liberté* collent derrière chaque action discrète d'instruction, comme s'il était possible de respecter les droits fondamentaux de gens que l'on espionne à leur insu ? En outre, la conservation desdites informations peut être indéfiniment conservées (article L. 822-1, I), cela après avoir édicté une série de délais de conservation avant destruction dans le flou de motifs énumérés (cyberattaques, messages codés, etc.). N'est-ce pas là noyer le poisson ! Derrière un paravent tapissé de bonnes intentions et une transparence ombrée d'opacité, se profilent de noirs desseins comme celui de violer l'espace intime des gens, et leur extirper leurs pensées sous le couvercle sacralisé des intérêts supérieurs de l'État.

Quant aux règles de déontologie, une fois encore, elles ne sauraient être contrôlées par ceux-là mêmes qui auront introduit le *ver* de l'indiscrétion dans les microprocesseurs des familles, des entreprises et des administrations. C'est ainsi que la commission de contrôle s'autorise à ne pas confirmer un contrôle après une requête, qu'elle est censée exécuter après une réclamation (Article L. 833-3). S'agissant du secret de la défense nationale, le Conseil d'État saisi à titre préjudiciel par toute autre instance, ne saurait statuer sur une quelque décision de saisine d'une juridiction de renvoi, puisqu'une telle éventualité est inconcevable. Pourquoi ? Parce que peu de personnes - dans l'ignorance d'une telle incursion parasite - n'auraient véritablement un accès libre à ces digressions, précisément sous couvert du secret-défense.

Et ce n'est pas la loi sur l'informatique, les fichiers et les libertés (n° 78-17 du 6 janvier 1978 dans sa version consolidée du 29 octobre 2015 par l'ordonnance n° 2015-948 du 31 juillet 2015 relative à l'accès égal aux hommes et aux femmes au sein des AAI et aux API) qui saurait avoir une quelque autorité pour stopper les dérives de cet organe suprême du renseignement de l'État qui, rappelons-le n'a quasiment plus aucun compte à rendre à la justice civile. De fait, ces données captées, transmises et stockées (secrets de fabrication industrielle, de secrets professionnels, de résultats d'enquête, etc.) n'ont aucune chance d'être protégées, dès lors que l'État est habilité à entrer dans n'importe quel espace numérique, où des hackers institutionnels ou privés sous mandatement du Gouvernement disposent de tant de moyens pour les faire réapparaître de l'autre côté du miroir.

Les interceptions de correspondances émises, ou la pénétration en force dans tout autre recueil d'informations confidentielles par la voie des communications électroniques, sont susceptibles d'être interceptées, lues et stockées, cela sans aucune traçabilité de l'écoute ou de la visualisation, à défaut d'un réel contrôle judiciaire. Cette indiscrétion, même dûment sanctionnée par des textes tranquillisants, n'a aucun risque technique d'être révélée, donc, ne saurait faire l'objet d'un discernement, à savoir s'il s'agit de messages ayant une portée d'intérêt sécuritaire ou tout simplement pour piéger un journaliste, un avocat ou un juge d'instruction, connaître leurs sources et/ou passer à une contre-attaque politique sous le manteau d'un procureur. Le nombre des autorisations d'interception, leur centralisation et leur contrôle relèvent de la seule autorité du premier ministre, de sa commission *ad hoc,* voire du Conseil d'État saisi à titre préjudiciel précisément par l'une des plus hautes instances de l'exécutif.

Sur ce registre, l'article L. 821-7 qui était censé protéger certaines professions de cette surveillance (magistrat, avocat et journaliste), l'avis de la CNCTR aura été dispensé par une décision du Conseil constitutionnel (n° 2015-713 du 23 juillet 2015), ramenant le tout à un simple information transmise à ladite Commission, laquelle a pour mission de veiller au caractère nécessaire et proportionné des atteintes(voire portant garantie… de quoi ?) attachées à l'exercice de ces activités ou de ces mandats. Autant dire qu'une telle couverture d'inviolabilité relevant strictement de l'appréciation de l'exécutif, *via* sa Commission, est irrecevable, le Conseil constitutionnel ayant jugé que personne ne pouvait se prétendre au-dessus des lois… pas même le Gouvernement (À voir, de Pierre AVRIL,« *Le Conseil constitutionnel est-il toujours le bras armé du Gouvernement dans le parlementarisme rationalisé »?* Cahier du Conseil constitutionnel (LGDJ-Lextenso), janvier 2016).Par ailleurs, la déclassification des informations recueillies relève d'une procédure dilatoire (car les délais de communication des archives et autres zones de sécurité intérieure sont toujours imprécis en France), et la destruction des renseignements irrégulièrement recueillis n'interviendrait qu'une fois que le mal sera consommé et aurait porté ses fruits. Comment indemniser équitablement un particulier ou une entreprise qui aurait subi un tel dommage, dès lors que la chose aurait déjà produit ses effets pathogènes(fuites, vente de renseignement à un concurrent ou un employeur, etc.), ou que la victime aurait disparu ? Lorsque l'article L. 861-4 garantit l'absence de révélation de toute information qui puisse conduire, directement ou indirectement à l'identité des agents du renseignement, c'est l'État lui-même, promoteur de ces investigations qui se couvre et qui en a l'accès exclusif. Le Code de la sécurité intérieur se voit ainsi verrouillé et hors de portée des citoyens, même par voie de justice.

Le texte du dépôt initial, qui avait obtenu l'approbation de la commission des lois à l'Assemblée nationale, fut indubitablement une tentative d'enfermnent des libertés prise en se servant opportunément de l'émotion suscitée par le massacre des célèbres journalistes caricaturistes de *Charlie Hebdo* et de civils dans l'*Hyper Cacher* au début de l'année 2015. L'examen de cette loi s'est même vu accéléré au Parlement, excluant une seconde lecture, pour profiter du peu de réactivité et de vigilance de la population encore horrifiée et subjuguée par ces ignobles attentats venant de terroristes musulmans sans âme ni compassion, dont la folie est soutenue dans leurs Écritures.Parmi les principaux vices de ce texte, figurent les pouvoirs exorbitants accordés au premier ministre pour autoriser une surveillance numérique *erga omnes*, pour des motifs qui dépassent largement ceux reconnus par le droit international des droits humains. Cette mission comporte l'obligation pour les fournisseurs de services d'accès de contrôler et d'analyser les données des utilisateurs, ainsi que de dénoncer les comportements suspects. À cela s'ajoutel'imposition légale de longues périodes de conservation pour certaines de ces données collectées ; dont une rétention d'indiscrétions desquelles on ne peut que déplorer le manque de transparence vis-à-vis du public. « *Bien que l'objectif du projet de loi soit de raccrocher les pratiques de surveillance de la France au cadre du droit, c'est en réalité une extension massive des pouvoirs en matière de surveillance qui se drape dans le voile de la loi* » explique Dinah Pokempner, directrice juridique chez *Human Rights Watch*.

Autre dérèglement, et pas des moindres, cette dérive sécuritaire liberticide conduit le pays à un État policier, dont la définition fut clairement posée par Raymond Carré de Malberg (1861-1935, juriste constitutionnaliste français) : « *L'État de police est celui dans lequel l'autorité administrative peut, d'une façon discrétionnaire et avec une liberté de décision plus ou moins complète, appliquer aux citoyens toutes les mesures dont elle juge utile de prendre par elle-même l'initiative, en vue de faire face aux circonstances et d'atteindre à chaque moment les fins qu'elle se propose. Ce régime de police est fondé sur l'idée que la fin suffit à justifier les moyens. À l'État de police s'oppose l'État de droit* ». De fait, En écartant le juge judiciaire (magistrat indépendant) de toute autorisation préalable pour procéder aux écoutes administratives, c'est l'État de droit qui s'effondre, avec comme corollaire, le ligotage des libertés individuelles et la remise en cause du principe de séparation des pouvoirs.

Le projet de loi consacra en préambule le respect de la vie privée ainsi que le principe selon lequel toute forme d'entrave à ce droit n'est légitime que si elle est nécessaire et proportionnée. Pourtant, ce point de départ positif est rapidement mis à mal par une liste extensive de sept « *intérêts publics* » qui tentent de justifier l'inqualifiable ; ainsi la surveillance à la *TchéKa* tous azimuts : économique, politique, diplomatique et ontologique. Contrairement à la protection de la sûreté nationale et de la sécurité publique, de tels intérêts ne sont pas reconnus aux termes du droit international des droits humains comme motifs valables pour porter atteinte aux droits fondamentaux, et peuvent de surcroît être interprétés de façon très large pour justifier toutes sortes de contrôles de données qui n'ont rien à voir avec le terrorisme.

Le texte inclut l'obligation pour les opérateurs d'installer des dispositifs secrets, non spécifiés et fournis par l'État. Si le mobile a pour dessein avoué d'analyser les comportements suspects, par exemple des visites sur des sites *web* faisant l'apologie du terrorisme, ou des contacts avec des personnes faisant l'objet d'une enquête, cette obligation pourrait potentiellement et secrètement s'appliquer à un nombre pratiquement illimité de critères, selon *Human Rights Watch*. La France pourrait forcer des entreprises privées à coopérer pour une sécurité de substitution avec l'État, notamment sur les fonctionnalités en ligne des informations, tels que l'accès aux renseignements et la liberté d'expression, de réunion et d'association. Les secteurs privés devraient conserver confidentiellement leurs activités sous la manche du Gouvernement, ce qui réduirait davantage la transparence.

Autant dire que même les citoyens qui cherchent à s'exprimer et à informer sur les dangers de ce terrorisme, à rechercher l'étiologie de ce mal et dénoncer l'Islam intégriste au travers le Coran truffé d'appels à la guerre, d'injures, de codes communautaires immoraux comme l'esclavagisme et l'infériorité présumée des femmes, ceux-là sont déjà assimilés aux terroristes eux-mêmes. En clair, ces libres penseurs dérangent la politique du *calmer-le-jeu* et du *vivre ensemble* dont se pare l'État pour ne pas susciter l'amalgame, protéger la communauté musulmane supposée intégrée et progressiste, et se prémunir contre les émeutes insurrectionnelles des *jeunes* conditionnés à l'Islam fondamentaliste ; ces petits soldats en herbe prêts à tous les sacrifices.

Human Rights Watch a rappelé que de nombreux chercheurs, journalistes, universitaires, avocats et acteurs humanitaires visitent des sites *web* qui font l'apologie du terrorisme, pour mieux comprendre ces exactions et lutter contre ce fléau international. En outre, l'étude critique, exégétique, philologique, herméneutique et morale de ladite religion musulmane pourrait déboucher sur d'autres pistes que celle empruntée par l'État pusillanime et rivé sur des convictions aux résultats désastreux, visiblement de plus en plus catastrophiques au fil des années. Ainsi, la proposition d'un *aggiornamento* pour amener les imâms à réfléchir sur une refonte honorable de leurs Écritures sacralisées reste improbable, car refoulée autant par les islamistes radicaux que par l'État français qui en refuse l'augure. *Quid* de l'avis des Musulmans modérés, intégrés et progressistes ?

Empêcher des intellectuels de développer leur thèse, c'est assurément confisquer au peuple une piste de réforme pouvant déboucher sur une prise de conscience collective, de possibles révisions ontologiques, éthiques et sociétales, avec au bout une chance de pacification et d'exclusion culturelle des activistes extrémistes du culte musulman. Le projet de loi susmentionné conférait une entière discrétion au Premier ministre pour appliquer des pouvoirs de surveillance encore plus étendus et resserrés autour de la vie privée des citoyens. Cette prérogative est censée en passer par une consultation préalable auprès d'un nouvel organe consultatif : la *Commission nationale de contrôle des techniques de renseignement* susmentionnée (CNCIS susvisée). Cependant, l'État n'a pas obligation de suivre son avis, cette commission n'étant qu'un faire-valoir de l'exécutif. Au surplus, cette étape de consultation peut disparaître au profit d'une surveillance en temps réel, quand il existe « *un risque très élevé* » de ne pouvoir exercer cette surveillance *a posteriori.*

Le projet de loi en l'état n'imposait aucune exigence d'examen par la justice judiciaire autour des mesures de surveillance avant leur mise en application, à moins qu'une majorité de neuf membres nommés à la commission ne soit en désaccord avec la décision du premier ministre. Dans cette hypothèse au demeurant improbable, la question serait soumise à l'avis du Conseil d'État. *A contrario,* un seul membre de la commission suffit pour approuver une mesure, et si la commission ne s'exprime pas au cours d'une brève période dédiée à son examen, dont la durée n'excède pas 72 heures, la mesure prendra effet. « *Au final, la commission n'a pour ainsi dire aucun moyen de remplir sa fonction protectrice autour de la sécurité des citoyens et de modératrice d'accès quant à l'étranglement subséquente des libertés* », affirma le professeur Dinah PoKempner, conseillère générale de l'ONG *Human Rights Watch.*

Les Français resteront donc dans l'ignorance, quant aux contrôles qui s'effectueront à l'intérieur même de leur vie privée et même professionnelle, au motif de vouloir les protéger du terrorisme. Or, ce mobile, on le devine, permettra de plus larges investigations dans des domaines qui n'ont rien de commun avec la sécurité nationale. Au motif de mesures d'urgence, de salubrité publique ou d'intérêt supérieur de l'État, un dirigisme présidentiel est en voie de s'installer subrepticement, l'absence de l'organe prétorien dans le contrôle des affaires publiques conduisant fatalement à des abus de pouvoir, une escalade que connaissent les États s'abandonnant à l'autocratie administrative et politique.

Même si Manuel Vals s'en défend, ce projet de loi s'apparentait sans aucun doute au *Patriote Act* américain, sans vrai débat, ni examen juridique ; à une grande différence, car le droit d'expression aux USA est protégé par le 1er Amendement. En effet, dans la Déclaration des droits (Bill of Right), il est impossible au Congrès d'adopter des lois qui pourraient restreindre les libertés, en particulier des textes qui limiteraient la liberté de la presse. Ce qui n'est pas le cas de la Turquie, un État membre de l'OTAN qui n'est pas une démocratie, mais une République islamique soi-disant modérée. Ce pays musulman s'est déjà nanti d'un programme législatif autorisant l'administration et l'armée, sous commande de l'exécutif, à censurer la presse sous toutes ses formes y compris en ligne, sans devoir en passer par l'avis d'un juge. Mais n'est-ce pas déjà le cas de la quasi-totalité des Républiques islamiques de par le monde comme en Iran ? La France semble vouloir emprunter ce cheminement radical, avec les mêmes moyens et le même esprit, mais en y mettant la forme pour mieux duper ses électeurs.

« *Bien que l'objectif du projet de loi soit de raccrocher les pratiques de surveillance de la France au cadre du droit, c'est en réalité une extension massive des pouvoirs en matière de surveillance qui se drape dans le voile de la loi. En se parant de la propagande : « Loi renseignement - protéger le respect des libertés » »,* selon les termes de l'analyse de Dinah PoKempner (op. cit.). Le chef du Gouvernement, Manuel Vals, lors d'une conférence de presse au sujet du projet de loi relatif au renseignement, au Palais de l'Élysée le 19 mars 2015, laissa croire qu'il se veut le garant de la liberté de la presse, tout en faisant le contraire en prétextant agir pour la sécurité nationale ; cela en verrouillant l'information et en pistant la vie quotidienne des citoyens. De qui se moque-t-on ? (Source : Reuters, 2015).

S'agit-il ici d'opposer au terrorisme fanatique une autre forme d'oppression tout aussi dogmatique ? On ne saurait combattre pas le mal par le mal en prétextant *aux grands maux les grands remèdes.* Rappelons que la démocratie est l'ennemi des fondamentalistes de l'Islam, en retenant que la laïcité et les libertés individuelles (de conscience et d'expression) sont incompatibles avec le *fiqh*. Pour éreinter la civilisation judéo-chrétienne, tantrique et tous les modes de pensée qui n'ont pas pour support le Coran, le Prophète qui a fondé cette dictature cultuelle, se croit en devoir d'abattre les bases de ces droits naturels.Le monde occidental cultivé et rayonnant, qui depuis l'esprit des *Lumières* aura porté ces principes fondateurs au pinacle, pourrait-il d'un coup d'un seulles brader sur un simple clic ?

Sous couvert du secret défense ou au nom des intérêts supérieurs de l'État, installer une *boîte noire* sur l'Internet vers chaque utilisateur, c'est mettre à bas ce qu'il y a de plus précieux dans l'intimité de tout un chacun. Au-delà de la cybersurveillance de masse, la culture du renseignement demeure pour le moins nécessaire, à condition qu'elle soit dosée, ciblée et contrôlée par le droit prétorien, à peine de devenir un jour l'instrument qui nous rendra tous vulnérables face à un pouvoir discrétionnaire, voire totalitaire. Si chacun se sait surveillé par un algorithme, peu de gens auront l'envie ou le courage de se servir d'un ordinateur pour procéder à une investigation, chercher un avis contradictoire, enquêter sur un sujet d'actualité brûlant, sans risquer de se voir amalgamé dans une catégorie suspecte à la suite d'un rapprochement à l'aided'un mot-clé ou d'un lien, puis répertorié comme un individu potentiellement dangereux, fiché et classé dans toutes ses entreprises intellectuelles et/ou journalistiques. N'est-ce pas ici installer une psychose collective en promulguant cette loi aux allures martiales, dite *renseignement »* ?

Quelle sera la portée de l'alerte supposée autour d'un individu ? S'il est dangereux pour la société, tant mieux. Mais s'il est tout simplement curieux, possiblement opposé à la politique du gouvernement, voire étroitement surveillé pour des raisons qui dérivent du risque terroriste, le manipulateur institutionnel malsain, détournant à son seul profit l'outil électronique de surveillance, devient lui-même l'ennemi du peuple. Placer à l'abri les usagers d'Internet dans une cage de faraday (enceinte pour les protéger des nuisances), c'est bien. Mais l'y enfermer pour l'interroger à son insu, c'est mal. La cybermenace ne doit pas être combattue par une cyber-protection disproportionnée au pouvoir exorbitant, au risque d'offrir aux hackers islamiques la réponse qu'ils attendent, c'est dire, un effondrement des frontières de la démocratie.Le droit à l'information dispensé *lato sensu* et puisé jusqu'au tréfonds de l'appréhension d'une vérité digne et honnête, sans altération ni outrage, préside à l'excellence de toute démocratie, dont les valeurs cardinales reposent sur les libertés fondamentales, d'où les droits naturels et la laïcité explicités plus haut. Ce pourquoi, afin de ne pas rompre avec cette tradition républicaine qui protège le peuple français, il ne faudrait pas devancerl'objectif des détracteurs de cette démocratie, voire ouvrir la boîte de Pandore à des terroristes islamiques pour qui les pouvoirs publics, en se trompant de cible à leur corps défendant, auraient anticipé l'objectif de ces organisations malveillantes : l'anéantissement de notre liberté de penser la réduction de notre libre-arbitre.

Sous la coiffe d'un mobile sécuritaire, le peuple français ne doit pas se retrouver victime d'une protection rapprochée qui annihilerait ses libertés, décortiquerait ses choix et le rangerait dans une catégorie ou une autre, cela en violant sa vie privée.En se détournant de l'objectif sous couvert de bonnes intentions, sinon au prétexte de vouloir atteindre ceux-là mêmes qui auraient œuvré pour que cela arrive, la spoliation du droit élémentaire à la liberté du for ébranlera tôt ou tard tout l'édifice constitutionnel exprimé à son préambule. L'effet boomerang d'une telle réactivité venant d'un État sur la défensive, aussi maladroit dans sa politique de sécurisation globale contre le terrorisme, rend le lanceur aussi dangereux que la cible est supposée être.

Le texte de la loi dite *« renseignement »* aura été au final plébiscité à une large majorité lors du vote parlementaire dès sa présentation préliminaire du 5 mai 2015. Son passage devant le Conseil constitutionnel, un organe 100% social-démocrate, à la botte de l'État socialiste eu égard à sa composition et sa présidence, fut fatalement accepté dans sa quasi-intégralité, avec quelques propositions d'aménagement ; histoire de donner l'illusion d'une quelque retouche de sages prétendument indépendants. Rappelons que les conseillers actuels de cette haute instance furent désignés par le Président de la République et par les deux assemblées alors sous la présidence de la majorité élyséenne, outre les anciens chefs d'État membres de droit. La vérité sera qu'un recours en QPS ne sera même pas rendu possible passé une habile manœuvre de le chef de l'exécutif, qui sollicita la consultation préalable de cette loi par cette institution, comme si le promoteur de ce texte était lui-même l'auteur de l'un des deux recours.

Lorsque le Président Hollande osa prétendre qu'il n'avait aucun intérêt à faire espionner les Français lambda, sans doute se moqua-t-il de ses concitoyens dès lors que cet instrument redoutable du renseignement électronique pourra servir ses intérêts dans toutes les directions et à tout moment. Les agents du renseignement auront licence pour pister n'importe qui s'opposerait à la gouvernance du pays, alors qu'ils n'auront quasiment aucun compte à rendre de leurs investigations, puisque couvertes par le mobile de terrorisme sous le sceau du Secret Défense qui peut être évoqué pour quel que motif que ce soit. Au demeurant, il existe trop d'indélicatesses et de mensonges au sommet de l'État pour que les Français tombent à l'unisson ingénument dans le piège de pareilles promesses d'intégrité.

Quant au contrôle du Conseil d'État, là encore il s'agit d'un bluff à grande échelle, puisque cette haute juridiction ne saurait être saisie qu'à l'occasion d'un recours administratif en dernière instance, alors même que les administrations sont aux mains de fonctionnaires eux-mêmes sous contrôle des politiciens socio-démocrates, ces derniers étant également sous la coupe de Matignon, qu'ils viennent de gauche comme de droite. Dans un article de Pascal Gonod (Professeur de droit public), l'Universitaire se pose la question suivante :« *Renseignement : le Conseil d'État simple réceptacle d'une juridiction d'exception »* ? (AJDA Dalloz n° 14, 27 avril 2015). Pour qu'il y ait réellement une transparence et une véritable justice contradictoire, il eut fallu que cette parade du Palais Royal soit entre les mains d'une juridiction judiciaire civile, ainsi la Cour de cassation, avec des magistrats indépendants, ce qui n'est évidemment pas le cas des juridictions administratives hiérarchisées. Au surplus, quel observateur ou journaliste *freelance* aurait la permission d'aller superviser les opérateurs institutionnels autour de cette surveillance étatique dans les bunkers des services secrets ?

Nous sommes donc bien en face d'une machine oligarchique inquisitoriale qui resserre ses mâchoires sur un peuple déférent, lequel appareil d'État prendra rapidement sa vitesse de croisière en surveillant tout ce qui ne lui plaît pas, ou fait obstacle à sa vision politique. D'ailleurs, pourquoi un pouvoir en place ignorerait cet instrument d'investigation mis à sa disposition, susceptible de le servir sans qu'il ait à en rendre compte, pour espionner ses adversaires politiques, les médias, les essayistes et autres électrons libres susceptibles de faire de l'ombre à ses ambitions ? Quel élu ne rêverait-il pas d'avoir entre les mains un outil aussi performant pour se saisir de l'opinion publique sans en passer par des instituts de statistique, puis mener opportunément sa politique électorale et ses choix stratégiques en allant sonder directement dans l'intimité numérique des citoyens connectés.

Le simple fait de se défendre de vouloir abuser des possibilités illimitées de cet outil d'espionnage aux moyens démesurés suffit à comprendre que son usage procure un pouvoir excessif à son utilisateur, autrement dit au locataire de l'Élysée. Ce que François Hollande a tenté d'expliquer le 19 avril 2015 pour rassurer les Français autour de cette loi sur le renseignement, fait la démonstration que ce risque existe bel et bien. Saisir le Conseil constitutionnel à cette occasion n'est rien de moins qu'une manœuvre d'esbroufe pour duper le public en lui faisant croire que toutes les précautions auraient été prises pour épargner les gens ordinaires d'une grande oreille sur les réseaux sociaux, de *métadonnées* (informations sur les données personnelles) sur les ordinateurs flanqués d'un *prisme*(programme de surveillance). Mais comment diable discerner les terroristes islamiques des Français ou résidents étrangers inoffensifs, sinon en espionnant ou en pistant tout le monde à la fois, en laissant agir des marqueurs électroniques qui font le tri selon des critères discriminants et de mots-clés ?

Fatalement, acteurs polémiques et opposants au régime politique en place sont désormais les futures cibles de cette surveillance anonyme sans traçabilité,les victimes piégées ne pouvant même pas faire valoir un droit à l'oubli. En acceptant cette loi, c'est le loup que l'on installe dans la bergerie, un système qui inspecte et intercepte, des barbouzes habillés du manteau de la vigilance sous le mobile invérifiable du terrorisme musulman. Voyons là une sorte de statut rogatoire *erga omnes* qui se dispenserait de la délivrance d'une instruction par un magistrat (articles 151 et suivants du Code de procédure pénale). En l'absence d'un garde-fou judiciaire, le pouvoir exécutif devient un pouvoir absolu, et toutes les dispositions satellites autour de cette loi prétendument servir la sécurité et préserver les libertés, voire à en atténuer les excès, ne sont que des leurres pour mieux mystifier de véritables intentions du rédacteur institutionnel, certes beaucoup moins vertueuses.

En conclusion, ce projet de loi au final promulgué aura induit des interrogations et constats majeurs : En premier lieu, la CNCTR aura-t-elle techniquement les moyens RH et matériel d'encadrer les écoutes diligentées par les services de renseignement ? Ses capacités de contrôle, avec seulement un seul membre spécialiste des écoutes, ne semblent pas à la hauteur de la technologie de pointe et de l'armada de spécialistes qui agiront sans risques réels d'être surveillé dans leur travail. En outre, cette commission n'est pas vraiment indépendante eu égard à une carence de magistrats de l'ordre judiciaire (seulement deux membres issus de la Cour de cassation, co-désignés par le procureur général [voir chap. Ier, §-II d) et le premier président, sur les neuf membres prévus). Enfin, la CNCTR ne se pare que d'un avis consultatif, ne disposant d'aucun pouvoir de contrainte, ce qui ne la classe par comme une Autorité administrative indépendante à l'instar de la CNCIS qui l'a précédée, nonobstant l'allégation portée à l'article L. 831-1.

En second lieu, ce projet de loi supposait déjà un interventionnisme d'État à caractère liberticide que confirma le texte définitif, eu égard à l'injection indétectable de boîtes noires dans les ordinateurs des foyers, des entreprises de droit privé et des administrations publiques. La légalisation des pratiques de surveillance déjà existantes, ainsi la *Plateforme nationale de cryptage et de décryptage* (interceptions électromagnétiques dite *Frenchelon*, et le pôle national cryptanalyse et décryptement les renseignements d'origine image [satellite Helios] et des sources ouvertes, etc.), ouvre la voie à toutes les opérations clandestines concevables (art. D 3126-1 à D 3126-4 du Code de la défense ; section 1 de la Direction générale de la sécurité extérieure).Ces logiciels télématiques, dont la mission est de surveiller l'ensemble de l'Internet et des système GSM français à la recherche de comportements suspects, sont des logarithmes pourvus d'une capacité quasi illimitée, donc indécelables et d'une grande portée, capable d'enfouir autant de renseignements qu'ils en collecteront dans une mémoire seulement verrouillée pour ceux ou celles qui auront été piégés ; autant dire 99,99% des personnes honnêtes sans rapport avec le terrorisme (le terrorisme représentant potentiellement 0,01% de la population française, voir plus bas). Prévenir le terrorisme islamique, car il n'en existe pas d'autre à cette époque qui se réfugie au cœurdes communautés musulmanes, ne devrait pas, moralement et techniquement, ôter le droit à une vie privée *erga omnes*.

En dernier lieu, au regard de l'article 8 de la Convention EDH, les pratiques espionnes utilisées à l'aide de mots-clés, vont aspirer en vrac un nombre considérable de données sans discernement ni exception. *Quid* de l'utilisation d'informations stockées avec une conservation aléatoire allant de six mois à cinq ans ? N'est-ce pas là une voie ouverte pour un stockage *ad vitam æternam*, ou pire encore, une lecture en direct d'informations recueillies et conservées jusqu'à l'échéance de la levée du secret-défense ? Les données de trafic ou de connexion sont-elles comparables à celles de l'ADN examinées quelques vingt années après ? Cette future loi sera-t-elle compatible avec l'article 8.1 de la charte des droits fondamentaux de l'UE ?

*« Les faits sont têtus, et quels que soient nos souhaits et nos inclinations, ils ne peuvent changer l'état de la preuve »*formulait John Adams. Tous les régimes socialistes (communistes dans la lettre) ont eu leur Stasi, leur KGB, leur Securitate, leur Weiwen… et la France est en train de développer le sien en catimini. Mais ne soyons pas pour autant rassurés pour la sécurité des biens et des personnes au travers ce sacrifice politique, même si l'on est prêt - sur l'autel de la surveillance contre le terrorisme - à livrer le tréfonds de son intimité et de ses sensibilités aux hackers d'État, puis laisser l'indiscrétion se répandre à travers ses contacts, car il est toujours quelques terroristes islamiques qui savent rebondir et passer à travers les mailles du filet qu'on leur tend. Ceux-là sont prévenus, puis leur arrogance et leur haine les pousse à toujours plus d'imagination pour contourner les obstacles.

En échange, tous les activistes intégristes et leurs précepteurs fondamentalistes mahométans, une foispassée la promulgation de cette loi dite de sécurisation publique, sauront qu'ils ont au moins gagné une guerre, celle qui condamne nos choix de société et annihile l'une de nos plus précieuses libertés. Avec cette législation sur la sécurité intérieure ainsi renforcée, c'est tout un pan de la démocratie qui s'envole dans une migration numérique dont nul ne sait où sa destination nous conduira. Après avoir déjà répandu le syndrome de l'anxiété collective (paralysie de l'économie et des administrations)et fait déployer un arsenal extrêmement coûteux pour les contribuables au traversdes moyens de contrôle humains et d'outils de détection, les activistes musulmans sont parvenus àrogner une partie importante de nos droits, à la faveur de l'effet ricochet de leurs attentats.

Rappelons que la psychose publique des attentats, qu'illustre la floraison dans l'environnement urbain de la vidéosurveillance dans ses grandes largeurs (plans Vigipirate), de portiques de détection et les scanners dans lesaéroports, les lieux publics comme les musées, les stades ou les services publics, les vigiles à l'entrée des magasins et sur les lieux de travail les plus sensibles, etc., n'est que le produit exclusif du fondamentalisme islamique depuis les années 1970 qui essaime des terroristes partout où il leur est possible de tuer des gens hasard et en masse.Pour clore ce lugubre tableau sociétal dominé par l'actualité provocante et offensive du culte musulman, la gouvernance socialisteaura ainsi confondu dans sa recherche sécuritaire, les citoyens lambda du terroir avec les terroristes issus d'une confession mahométane rapportée sur le territoire national après seulement quatre décennies ; cela sansjamais se préoccuper des menaces qu'enferme le Coran, nis'émouvoir des lois qui violent les fondements imprescriptibles des droits de l'hommeaprèsdeux siècles d'engagements pour les libertés.

En éludant des grands principes qui jadis auguraient un meilleur traitement des libertés individuelles, c'est à l'aide de mystifications tranquillisantes que les annales se tissent de contrevérités, lesquelles prennent la place - en filigrane ou sous la dédouanante tunique de Nessus (cadeau empoisonné) - du préambule de la Constitution. Henri Guillemin (historien et polémiste français), décortiqua dans son exposé *La Commune*, les méandres de l'histoire à travers les tribulations de la politique des gens de pouvoir. Pour étayer son analyse, il cite un passage de l'œuvre du vicomte de Chateaubriand dans « Mémoires d'outre-tombe » : *« Faites attention à l'imposture que l'histoire se charge d'écrire »*, car ce sont fatalement les vainqueurs qui écrivent l'histoire dont ils font leur propagande. Ainsi en va-t-il de Napoléon Ier, le boucher de l'Europe, qui laissa la France exsangue après son exile, mais qui demeure dans les livres d'histoire un héro de la trempe de Jeanne d'Arc. Pour Simone Veil qui haussa le ton sur ce registre, *« Croire à l'histoire officielle, c'est croire à des criminels sur parole »* !

d) *Commentaire de la loi relative au renseignement*

La loi n° 2015-912 du 24 juillet 2015 relative au renseignement (JORF n° 0171 du 26 juillet 2015, page 12 735) figure parmi les textes embarrassants que la coalition majoritaire, entre l'exécutif et les Parlementaires, s'autorise à passer discrètement durant la période estivale, cela pour mieux esquiver l'action dilatoire des détracteurs, parfois à l'intérieure même de leur majorité. Les effets pervers de cette loi ont été accentués en rapport au projet de loi initialement présenté. Prenons garde qu'une mauvaise loi puisse induire un acte illégal (une conjuration des opérateurs et distributeurs d'accès par exemple sous la pression de leurs abonnés), comme elle peut aussi justifier un déni de justice (lorsque le droit prétorien estime que les droits fondamentaux sont bafoués, nonobstant l'aval du Conseil constitutionnel [n° 2015-713 DC du 23 juillet 2015] en regard de ce *Patriot Act* à la française).

D'entrée de jeu, l'article L. 811-1 annonce la couleur : *« La politique publique du renseignement relève de la compétence exclusive de l'État »,* autrement dit, du côté du pouvoir judicaire, cela veut dire *passez votre chemin, il n'y a rien à voir !* Quant à l'article L. 801-1, (article 1er de la loi), le Conseil d'État - autant dire le bras droit du Gouvernement au sommet de la juridiction administrative - est chargé d'acheminer ce train de réformes, *via* la Commission nationale de contrôle des techniques de renseignement (CNTCR) et les décisions concernant la conservation des renseignements collectés. Nous reviendrons ci-après sur la composition de la CNTCR ; une prétendue autorité administrative indépendante aux ordres du pouvoir politique quasiment constituée d'organes sous contrôle politique de l'État (élus choisis et nommés par le locataire de Matignon), sinon d'agents de l'État soumis à un lien de subordination (fonctionnaires d'une administration ou d'un ministère), ou encore de proches sensibilités bénéficiant de la confiance des services du premier ministre en passant par l'Intérieur.

À l'article 2 de cette loi, la CNTCR sert de bouclier politique pour désigner les services - autres que les missions spécialisées du renseignement - relevant des autres ministères, tels que la Défense, l'Intérieur, mais aussi celui de l'Économie et du Budget ou des Douanes, lesquels coiffent les autres ministères qui ont le devoir de collaborer. Cette organisation étoilée laisse entendre que le renseignement passera par une myriade d'informations *erga omnes* et *lato sensu* ; un *Big Data* qui ne semble pas s'apparenter à la recherche exclusive du terrorisme, mais bien à d'autres informations qui ne relèvent pas de l'objectif de cette loi, et qui subodore les débordements probables du législateur placé sous l'empire de la tentation.

À l'article L. 821-7, il est précisé qu'un parlementaire, un magistrat, un avocat ou un journaliste ne saurait faire l'objet d'une technique de recueil de renseignement, en raison de son mandat ou de sa profession. Sauf que la CNTCR constituée en formation plénière peut en autoriser l'accès et la pratique, et que cette Commission n'est jamais que le prolongement ou l'émanation de l'exécutif, eu égard à sa composition, ce que nous verrons plus bas. D'ailleurs, c'est le Premier ministre qui organise la traçabilité de l'exécution des techniques autorisées, ainsi que l'explicite l'article L. 822-1. Pourquoi écarter certaines catégories de professions de la vigilance du *Big*

Brother pour, au final, les tenir sous haute surveillance après réflexion, sinon laisser croire qu'il a été tenu compte des recommandations ?

À ce propos, la presse juridique et judiciaire ne désemplit pas d'inquiétudes et d'indignation face à la boulimie des pouvoirs, des piratages et des indiscrétions que concentrent les locataires de Matignon et de l'Élysée. Sont notamment dénoncés les risques corrélatifs du principe de saisine *in rem* du juge d'instruction, ce qui empêche ce magistrat d'instruire à charge et à décharge en raison de faits nouveaux non inscrits dans le réquisitoire introductif livré par le parquet, ce qui pourtant est rendu possible lorsque celui-ci est saisi *in personam*, ce qui l'autorise alors à traiter l'affaire librement et sans restriction. En outre, le secret professionnel de l'avocat y est bafoué depuis des lustres par les écoutes téléphoniques, la plupart de ces viols professionnels sensibles échappant à la vigilance de la presse, de sorte que ces indélicatesses - lesquelles relèvent pourtant du domaine pénal - restent impunies. À ce propos, voir l'article collectif cosigné par Christophe INGRAIN, Rémi LORRAIN et Laurent SAENKO, Gazette du Palais du 12 avril 2016 (Cass. crim., 22 mars 2016 ; trois arrêts n°s 15-83205 à 15-83207).

Revenant à la composition de ladite Commission, elle est quasiment constituée que de membres issus du monde hiérarchisé ou subordonné à l'État par la voie politique. Des neuf membres la composant, seulement deux d'entre eux sont réputés être indépendants, autrement dit sans hiérarchie, quoique ceux-là sont nommés conjointement par la Cour de cassation d'une part, et par le procureur général de cette cour suprême d'autre part. En effet, rappelons que ce ministère de justice est nommé en conseil des ministres (chef du parquet général auprès de la Cour de cassation ou d'une cour d'appel), ce qui subodore un certain resserrement de cette soi-disant indépendance où il ne reste quasiment plus rien de judiciaire.

Quant aux sept autres membres, ils relèvent directement du Conseil d'État, de parlementaires choisis par le pouvoir politique, ce qui ne fait pas de cette soi-disant « AAI » un organe d'expression pluraliste et libre de ses décisions en vertu d'un processus contradictoire. Enfin, le technicien en informatique qualifié pour sa connaissance pointue et sa pratique en matière de communications électroniques est nommé sur proposition du président de l'Autorité de régulation des communications électroniques et des Postes ; un autre organe directement placé sous l'autorité de l'État. Ce pourquoi, il paraît pour le moins cocasse que l'article L. 832-1 ose stipuler, sous couvert d'une déontologie qui n'a que ce mot pour l'affirmer, que les membres de la CNTCR ne reçoivent d'instruction d'aucune autorité (autrement dit autre que l'État lui-même et ses représentants qui y siègent à l'intérieur).

Plus loin encore, dans l'étendue des prérogatives de la CNTCR suivant l'article L. 832-5, la Commission est autorisée ès qualité à connaître des informations relevant de l'article 413-9 du Code pénal (secret défense), dont les travaux sont protégés. Il s'agit de toutes les informations sensibles touchant à la sécurité nationale, dont les procédés, objets, documents, informations, réseaux informatiques, données informatisées ou fichiers qui ont fait l'objet de mesures de classification destinées à restreindre leur diffusion ou leur accès. De ce côté là également, les prérogatives de la puissance judiciaire sont inopérantes, autrement dit muselées.

Pour l'accomplissement de ses missions (art. L. 833-2), la Commission reçoit communication de toutes demandes des organismes quels qu'ils soient, y compris émanant de n'importe quel ministère, dispose d'un accès permanent, complet et direct aux relevés, registres, renseignements collectés, transcriptions et extractions, ainsi qu'aux dispositifs de traçabilité des renseignements collectés et aux locaux publics ou privés où sont centralisés ces renseignements. Toute entrave est susceptible d'un an d'emprisonnement et de 15 000 euros d'amende (art. L. 833-3). Côté terrain, l'utilisation d'un dispositif technique autorise la localisation en temps réel d'une personne, d'un véhicule ou d'un objet. La mise en œuvre d'un appareil ou d'un dispositif technique de connexion permet l'identification d'un équipement terminal ou du numéro d'abonnement de son utilisateur, ainsi que les données relatives à la localisation des terminaux utilisés.

Mais dans l'illusion d'un débat contradictoire, face à ce contrôle inquisitoire absolu - disons-le* - sans recours accessible, et afin qu'un court espace de liberté soit virtuellement offert au public, il est indiqué à l'article L. 841-1 que le Conseil d'État peut être saisi par toute personne souhaitant vérifier qu'aucune technique de renseignement n'est irrégulièrement mise en œuvre à son égard. Sauf que cette juridiction administrative suprême ne saurait être saisie en premier ressort, et qu'il faut néanmoins en passer par le cheminement alambiqué de chaque degré de juridiction. Dans l'intervalle, tout peut être effacé, sachant que le Conseil d'État dispose d'un mois pour statuer à compter de la saisine à titre préjudiciel... souvent deux ans après ! Pour un particulier*, une telle remontée au Conseil d'État s'apparente à un parcours du combattant, pour ne pas dire d'une mission impossible !

Or, pendant ce temps, la CNTCR dispose d'un contrôle exclusif sur les techniques et les techniciens du renseignement, avec l'assurance que le bon usage de son mandat et ses agissements n'ont que peu de risque d'être remis en cause. L'article 5 de la loi stipule une latitude qui n'engage qu'un avis de la Commission, non pas seulement sur le fonctionnement et les moyens, mais sur les pratiques d'identification ou de prospection autour des personnes faisant l'objet d'une suspicion, sans recueillir d'autres données - prétend-on - que celles qui répondent à leurs paramètres de conception, et sans permettre l'identification des personnes auxquelles les informations ou documents se rapportent. Oui mais, lorsque le contrôleur est en même temps le donneur d'ordre, l'esprit de partialité voudrait qu'une justice civile et indépendante ait aussi accès à ce pré carré quasi exclusif du pouvoir politique et de ses outils d'expertise.

Enfin, les articles L. 852-1-I et suivants disposent que peuvent être autorisées les interceptions de correspondances émises par la voie des communications électroniques et susceptibles de révéler des renseignements. À défaut d'autres moyens autorisés, l'utilisation de dispositifs techniques permettra la captation, la fixation, la transmission et l'enregistrement de paroles prononcées à titre privé ou confidentiel, ou d'images dans un lieu privé. Ceux-ci donneront accès à des données informatiques stockées, susceptibles d'enregistrement et de conservation selon des durées variables, et de les transmettre telles qu'elles s'affichent sur un écran pour l'utilisateur d'un système de traitement automatisé de données, telles qu'il les y introduit par saisie de caractères, ou telles qu'elles sont reçues et émises par des périphériques audiovisuels.Autant dire que le tri de ces informations à l'état brut, tant les données sont importantes et incalculables, ressort de l'initiative des agents qui les recueillent, et qu'il est peu vraisemblable qu'un contrôle puisse être exercé à tous les moments de leurs investigations foisonnantes. Ce pourquoi le législateur a convenu que la situation de ces agents seraitdûment protégée, et les risques de fuites ou de poursuites verrouillés de façon à préserver leur anonymat. Du côté de la hiérarchie, ces agents seront également défendus par le secret professionnel s'ils ont connaissance de faits susceptibles de constituer une violation manifeste des droits souverains des citoyens (article L. 861-3 du Code de la sécurité intérieure).

En regard du pouvoir exorbitant de l'État dans le domaine du renseignement, nous voyons mal comment un agent aux ordres, soumis à un statut d'allégeance renforcé par un devoir de réserve, une confidentialité qui induit le secret professionnel, puisse se retourner contre leur employeur, alors que ces derniers disposent eux-mêmes de la même aptitude et de moyens renforcés pour s'adonner à des débordements, même s'il demeure toujours aisément possible à la hiérarchie de confondre leurs subordonnés pour les mêmes motifs. Reste le côté barbouze de la profession, d'où les risques de communications zélées, de fuite ou de corruption. Ce pourquoi cette loi, avec son arsenal de mesures absconses, risque bien d'ouvrir la boîte de Pandore.

À l'origine de cette gabegie législative, celui que l'on sait avoir fomenté la surveillance de masse à la mode orwellienne, fut le député de la 1ère circonscription du Finistère, Jean-Jacques Urvoas. Bien que se défendant, mais avec peu de sincérité convaincante, ne pas détenir les pouvoirs des services de renseignement, cet élu prétend avoir voulu en organiser le contrôle (Voir, même chap., §-II b et d). Mais quel contrôle ; celui de l'organisation de ce service inquisitorial ou celui de la mainmise sur les correspondances matérielles, puis hertziennes et numériques de tous les citoyens sans distinction ? Les deux vraisemblablement. Repoussant la réalité de ses intentions pour ne pas devoir être confondu au carrefour de ses euphémismes révélateurs, M. Urvoas osa se poser comme le protecteur des libertés, maisexclusivementau bénéfice de l'ordre administratif (Voir le périodique*Marianne* du 15 au 21 mai 2015) !

Subséquemment, voyons là le hiatus de son discours - tout au moins un *lapsus linguae* pathétique - puisque le seul défenseur institutionnel des libertés des citoyens n'est pas le Conseil d'État, lequel n'a pour mission que de gérer l'ordre administratif, mais la Cour de cassation au sommet des juridictions civiles au service des citoyens et justiciables. Cette haute cour, juge du droit, est une institution qui garantit une justice populaire, et non pas celle de l'État et de ses sphères ministérielles (Lire, du magistrat niçois Christophe Tukov, « *L'autorité judiciaire gardienne exclusive de la liberté individuelle* » ? AJDA Dalloz, 16 mai 2016). Et c'est précisément cette juridiction suprême que ce concepteur chargé du nouveau *renseignement numérique* l'aura de façon indirecte écartée de la CNTCR à l'article L. 831-1, 3°, en suspendant la nomination de deux conseillers de cette cour suprême au choix du procureur général* ; une prérogative certes partagée avec le premier président de la Cour de cassation lui-même nommé par le chef d'État.

Voici une petite piqûre de rappel pour bien cerner ce qu'est vraiment le Conseil d'État, son histoire, ses attributions et prérogatives ; ou ce que le grand public ignore, préservé des informations délicates à révéler, seulement détenues par les mandarins de la connaissance juridico-judiciaire et de ses arcanes : Le vice-président du Conseil d'État est-il le ministre de la juridiction administrative ? Voilà donc la question posée par Pascale Gonod* sous l'éclairage de dispositions ainsi codifiées :

« *L'article L. 121-1 du code de justice administrative dispose : la présidence du Conseil d'État est assurée par le vice-président. L'Assemblée générale du Conseil d'État peut être présidée par le premier ministre et, en son absence, par le Grade des Sceaux, ministre de la Justice. La codification, réalisée prétendument à droit constant par l'ordonnance du 4 mai 2000, porte modification de l'article 1er de l'ordonnance du 31 juillet 1945, lequel fait relever le Conseil d'État « du président du gouvernement provisoire de la République française, en sa qualité de président du conseil des ministres », et de l'article 17 du décret du 30 juillet 1963 qui désigne le Premier ministre président de l'assemblée générale du Conseil d'État [...]* » (Source : Pouvoirs n° 123, novembre 20017, p. 117 à 132).*Quid* de l'indépendance de la justice ?

Ce souvenir lointain où le Conseil d'État était effectivement présidé par le Chef d'État ou par une autorité politique désigné par lui n'a finalement pas été gommé, puisqu'il a été subrepticement contourné pour en assurer implicitement la gouvernance, autrement dit ; qui ce jour en est l'éminence grise. Même si aucune autorité exécutive n'a encore jamais présidé le Conseil d'État depuis le Consulat et l'Empire, il n'en demeure pas moins que la nomination du vice-président de cette haute institution administrative relève directement de l'autorité du Chef de l'État par décret, et que cette vice-présidence se pose comme la courroie de transmission de ce pouvoir élyséen. Il n'est donc pas utile pour l'exécutif, président de droit du Conseil d'État, de prendre directement la main sur ce poste clé de la juridiction administrative, sinon rendre publique la réalité de cette mainmise du pouvoir politique sur ce volet politique du droit prétorien.

Cette dualité fonctionnelle, entre les services de l'État et ses administrés, a également été soulevée dans un article de l'auteur (*Professeur de droit public à l'Université Panthéon Sorbonne, Paris 1, et membre de l'Institut Universitaire de France) aux éditions *LexisNexis,* revue Procédures de novembre 2015 : « *Loi du 24 juillet 2015 relative au renseignement : quel contrôle* » ? La patte de l'État français aura une fois encore phagocyté une institution : la Commission nationale de contrôle des techniques de renseignement (CNTCR), véritable agence synchrone de Matignon. Rappelons également que cette haute juridiction d'État, saisie en pourvoi peut aussi devenir le juge de cassation et être explicitement consultée au Parlement ; de sorte qu'en termes de pouvoir judiciaire, d'ordres administratif et législatif, la boucle est bouclée.

Pour la petite histoire, le plus haut magistrat de l'ordre judiciaire (le Président de la Cour de cassation) est lui-même nommé par décret du président de la République, sur proposition du Conseil supérieur de la magistrature. Entendons bien qu'une proposition n'est pas une nomination, et qu'à ce niveau des responsabilités, tout est politique. Or, ce fut le dernier premier président en date, Bertrand Jouvel, nommé le 16 juillet 2014, qui partagea cette responsabilité de nommer, au côté de son homologue de l'ordre administratif*, les deux seuls conseillers appartenant à l'ordre judiciaire de la CNTCR. De sorte que toujours et encore, c'est bien le pouvoir exécutif qui détient toutes les ficelles pour placer ses pions les plus significatifs, *a fortiori,* s'agissant de cette loi hautement sensible sur le renseignement ; lesquelles désignations assurément stratégiques coïncident sous la même mandature socialiste. *Quid* du principe fondamental des démocraties représentatives censées équilibrer les pouvoirs ?

Toujours sur cette remarque, Le Président Hollande, qui eut la malice de consulter le Conseil constitutionnel par voie de saisine le même jour que la saisine de l'opposition le 25 juin 2015, aura par cette gymnastique pernicieuse, mis dans sa poche le Conseil constitutionnel qui ne pouvait décemment pas se désavouer après avoir pris la décision d'entériner ce projet. Soyons clair, les quelques modifications que le Conseil constitutionnel a bien voulu céder aux détracteurs de cette loi ne sont que des miettes pour la forme, afin de préserver l'esprit d'indépendance de cette prestigieuse institution. De surcroît, nonobstant son recours, toujours pour la forme, l'opposition de droite est favorable à cette réforme qu'elle entend bien savoir profiter lors de sa prochaine et vraisemblable législature ; une loi qu'elle n'aurait peut-être pas osé projeter, et *a fortiori* pu faire voter. Rappelons que le Conseil constitutionnel est un organe écheviné au fil des présidentielles, mais que les neuf membres sont nommés par le président de la République - une fois encore - même assisté des présidents de chambres parlementaires, dont il avait alors le contrôle majoritaire absolu au moment de son élection.

Dans son manuscrit, Les Lois (III, 693b et 698b), Platon devisait déjà : *« Le législateur ne doit pas constituer de pouvoirs qui ne s'équilibrent pas du fait de leur mélange [...]. La totale liberté et l'indépendance à l'égard de toute autorité sont inférieures à une autorité que d'autres autorités limitent et mesurent ».* Toujours pour ce philosophe grec, parmi les composantes influentes de l'autorité d'État (Livre VIII de La République), la *timokratia* (timocratie) relève d'un empire de suggestion sur les pouvoirs collatéraux ou concourants, qui se manifeste souvent par la distribution des récompenses, ainsi en va-t-il des nominations entre autre dignité de valeur, de rapprochement et/ou de remerciement pourquoi pas !

Toutefois, au-delà de ces évocations philosophiques, narratives ou évocatrices, la loi relative au renseignement à ceci de positif qu'elle constitue une arme fatale contre le terrorisme. Tout au moins, puisque la technique existe déjà, elle légalise des pratiques jusqu'ici demeurées opaques. Mais en voulant bien faire ou trop faire, le législateur n'a pas réalisé qu'il œuvrait réciproquement dans l'intérêt des fondamentalistes islamiques, lesquels ont pour objectif dogmatique de saper la démocratie pour y instaurer leur khalifat (sharî'a, fiqh, etc.). Souvenons-nous que l'un des principaux fondements constitutionnels de la République s'exprime en termes de liberté. Or, priver les citoyens de leur intimité en exerçant sur eux une pratique d'espionnage à leur insu constitue sans aucun doute une violation de cette liberté, même si cette transgression a pour objet déclaré de renforcer leur sécurité : *« il ne faut pas faire le mal pour faire le bien »* (« Victor Hugo, Un combat pour les opprimés » de Pascal Melka - Compagnie littéraire, 2008.

Quant au commentaire d'un mémoire présenté par quelques parlementaires principalement d'obédience de gauche (Voir chap. Ier, §-II e), leur désapprobation touche essentiellement le fait que cette surveillance peut porter un préjudice accru à la petite et moyenne délinquance qui n'aurait aucun rapport avec le terrorisme (CQFD). Cette position est inacceptable, sachant bien que tout ce qui relève du pénal, ainsi la pédopornographie, le blanchiment d'argent sale, le trafic et le recèle de drogue, d'armes et munitions, le détournement de biens sociaux, la fraude fiscale ou sociale ou le financement illégal des campagnes politiques et tout ce qui relève de la corruption et de la concussion, etc., sont autant de motifs délictuels voire criminels qui justifient l'action du renseignement, au même titre que le terrorisme. Il n'en demeure pas moins que certaines inquiétudes soulevées par ces Parlementaires relèvent du bon sens.

Suivant le décret n° 2015-1639 du 11 décembre 2015 (en application de la loi relative au renseignement) relatif à la désignation des services autres que les services spécialisés de renseignement, autorisés à recourir aux techniques mentionnées au titre V du livre VIII du Code de la sécurité intérieure, pris en application de l'article L. 811-4 du même code, tous les secteurs relevant de la sécurité nationale (réglementé par le décret n° 2016-67 du 29 janvier 2016 relatif aux techniques de recueil de renseignements), de la police judiciaire aux militaires en passant par la gendarmerie, les polices des frontières, les services territoriaux spécialisés de la sécurité publique, les sections antiterroristes et groupes d'intervention, les unités nationales, provinciales et sous-directions, les subdivisions terrestres, maritimes, de l'air, de l'armement, le service central des courses et jeux, des douanes, etc., sont désormais autorisés à recourir aux techniques de renseignement prévues par la loi relative au renseignement.

Cette disposition réglementaire fait exception aux agents de la cellule d'assistance technique de l'état-major de la direction régionale de la police judiciaire de Paris, lesquels peuvent néanmoins apporter leur concours dans la mise en œuvre de certaines techniques, sans que les renseignements collectés ne puissent- en théorie -être exploités. Autant dire que la collecte des informations recueillies sont à disposition de la quasi-totalité des forces de l'ordre, de la sécurité intérieure, des corps d'armée (selon la loi n° 2013-1168 du 18 déc. 2013 relative à la programmation militaire pour les années 2014 à 2019 et portant diverses dispositions concernant la défense et la sécurité nationale) et de la plupart des ministères sous la tutelle du premier ministre.Ces dispositions s'étendent à tous les territoires de la République, de la métropole aux territoires et départements d'outre-mer, y compris les Terres australes et antarctiques françaises. La boucle est ainsi bouclée, depuis l'intérieur des frontières de la France, Dom-Tom compris, jusqu'à l'extérieur de ses juridictions administratives et politiques, enserrant dans les mailles du filet les communications électroniques et satellitaires, réseaux sociaux compris, circulant dans un sens comme dans l'autre du pays (Loi n° 2015-1556 du 30 novembre 2015 relative aux mesures de surveillance des communications électroniques internationales).

Le décret n° 2015-1700 du 18 décembre 2015 relatif à la mise en œuvre de traitements de données informatiques captées par les services de sécurité en application de l'article 706-102-1 du code de procédure pénale, vient renforcer le dispositif mis en place par le Gouvernement s'agissant du renseignement d'État. Il autorise, en vertu de l'article 706-102-1 du Code de procédure pénale, la police et la gendarmerie nationale, les pouvoirs publics, la justice et les douanes, à procéder à la création de données à caractère personnel obtenues par détournement informatique autorisé.Il permet aux forces de l'ordre, dans le cadre d'une information judiciaire en matière de criminalité et de délinquance organisées et sur commission rogatoire du juge d'instruction, d'utiliser des moyens techniques permettant d'écouter ou de lire des messages et autres données en temps réel ; une collecte qui pourra être enregistrée et conservée en vue de leur exploitation par les autorités compétentes. Ce mécanisme d'instruction répond aux possibilités offertes par la loi n° 2011-267 du 14 mars 2011 d'orientation et de programmation de la sécurité intérieure, ainsi qu'en vertu de la loi n° 2014-1353 du 13 novembre 2014 renforçant les dispositions relatives à la lutte contre le terrorisme.

Ici, les investigations de la police civile ne relèvent pas des mêmes autorités que celles mises en place par la loi relative au renseignement (Premier ministre, Conseil d'État, CNTCR), mais sont directement subordonnées à l'ouverture d'une procédure diligentée par le corps judiciaire civil au pénal, sous l'ordonnancement d'un juge d'instruction. Il s'agit donc de procédures de droit commun, et non celle d'un pouvoir politique sous contrôle direct de l'exécutif de Matignon. Les données captées qui s'affichent sur l'écran d'un utilisateur suspecté d'action délictuelle ou criminelle, par saisies de caractères ou de conversations téléphoniques, puis celles émises par des périphériques audiovisuels, pourront être enregistrées et consultables par les voies normales et contradictoires de la démocratie, ce qui n'est vraiment pas le cas avec la loi relative au renseignement qui n'ouvre quasiment aucune porte à la magistrature judiciaire civile, sinon toute symbolique voire infranchissable et inopérante à la CNTCR.

Les magistrats instructeurs pourront donc accéder à l'ensemble de ces données saisies, pour les besoins exclusifs de l'instruction à l'appui de la commission rogatoire *ad hoc,* dans le fil de l'ordonnance délivrée au service des enquêteurs destinataires de la mission (officiers de police judiciaire et de gendarmerie, douanes et services des impôts dont le Tracfin, organismes de coopération internationale, services de police étrangers, etc.). Tous ces éléments versés au dossier de la procédure sont transmis audit magistrat, les scellés fermés. Quant aux opérations d'investigation faisant l'objet d'un enregistrement, leur conservation quinquennale retiendra l'ensemble des renseignements relatifs à l'identification de l'utilisateur surveillé, la date et l'heure de l'action. Ici, point de pression politique dans une procédure diligentée par des professionnels du droit, dans la sérénité d'une justice civile.

Autre différentiation de taille en rapport à la procédure de renseignement d'État susvisée, les droits d'accès et de rectification des fichiers seront opposables à la justice, et s'exerceront auprès de la CNIL. Curieusement, il n'est jamais fait référence dans cette réglementation au dispositif relatif au renseignement à l'échelon du premier ministre ou du ministère de l'Intérieur, ce dernier détenant néanmoins ces mêmes pouvoirs de police... mais une police politique. Il y aura-t-il une coopération entre ces deux mondes, l'un politique aux fonctions de barbouze, l'autre judiciaire, au sens d'une entente opérationnelle ? Existe-t-il une hiérarchie entre les prérogatives de Matignon qui échappent au contrôle de la justice civile au travers le dispositif mis en place par la loi renseignement, et la puissance publique au service des citoyens*via* les tribunaux civils ? La sécurité, au sens d'une justice prétorienne, ne semble pas avoir la même signification que la sûreté de l'État conduite par des agences politiques. Sommes-nous si loin des méthodes de la Stasi ou du KGB à l'époque de la guerre froide, ou bien nos dirigeants politiques en rêvent-ils ?

e) *Mémoire présenté par les députés signataires du recours dirigé contre la loi renseignement, puis l'État français rebondissant après les attentats islamiques et le soutien de l'UE*

Pour faire suite à la saisine déposée le 25 juin 2015 au greffe du Conseil constitutionnel, un mémoire fut rédigé en réplique aux observations du Gouvernement (JORF n° 171 du 26 juillet 2015, page 12767). Dans ce texte, il fut cerné les contours d'un équilibre précaire entre droits fondamentaux. Selon les rédacteurs, *« À l'ère de possibilités infinies de surveillance, certains principes simples doivent être réaffirmés. Rien ne serait pire qu'au détour d'un texte dont l'objet principal est de lutter contre la criminalité la plus odieuse et les barbares des temps modernes, s'insinue au cœur de la démocratie les prémices d'une gouvernance algorithmique dont tout le monde doit craindre qu'elle échappe un jour à ses concepteurs. La lutte contre le terrorisme exige la puissance de l'État de droit, pas la défiance généralisée ».*

Voici les brèves remarques en réplique qu'appelle le mémoire du Gouvernement, je cite : *« S'agissant du champ d'application de la loi, Il semble évident que plusieurs dispositions vont bien au-delà de la lutte contre le terrorisme ou bien de la défense des intérêts économiques, scientifiques ou industriels du pays. La jurisprudence européenne et la doctrine admettent que la collecte de métadonnées permet de tracer et de reconstituer la vie privée des individus, de dresser leur profil personnel, donc leurs opinions politiques, philosophiques, religieuses, leurs orientations sexuelles et toutes autres données sensibles ainsi que celles de leur entourage.*

Or, la présente loi étend de façon radicale tant les motifs de surveillance que les autorités susceptibles d'y recourir et les techniques utilisables. Personne ne pourrait comprendre qu'une extension, inédite dans notre histoire, des capacités de surveillance des individus, se traduise par une diminution corollaire des protections légales dues à toute personne. De fait, l'accroissement des pouvoirs de police administrative pour un but certes légitime en matière de surveillance et donc d'intrusion dans la vie privée requiert un niveau plus intense de garantie des droits. Si l'on doit admettre que l'autorité judiciaire soit exclue de ce mécanisme, alors cela implique que le niveau des garanties procédurales soit augmenté de façon à ce que les droits et libertés fondamentaux potentiellement menacés bénéficient des plus hauts standards de protection ».

En outre, dans ce commentaire, il est dénoncé l'attitude minimaliste du Gouvernement qui relativise l'impact du dispositif en s'appuyant notamment sur le rôle protecteur de la Commission. ☐Cette excuse n'est certes pas convaincante en regard du déploiement de l'arsenal technologique sur les métadonnées collectées. Force est de constater que le périmètre du réseau susceptible d'être affecté par ces techniques de surveillance est tellement flou, que la loi autorise cette surveillance massive tant redoutée et décriée en tous points du réseau. Au surplus, la portée des interceptions prévues est de nature à affecter la vie privée de gens qui n'ont rien à se reprocher, de même que les métadonnées prétendument bien protégées ne sauraient être à l'abri d'une malveillance toujours possible dans ce monde obscur de la surveillance massive, secrète et aléatoire.

Les *hackers* capables de déverrouiller les codes et de voler l'information dans tous les domaines, cela existe, même à l'intérieur des sphères les mieux protégées. Or, la loi n'a pas défini de façon claire les éléments objectifs et rationnels permettant la mise en œuvre des moyens de surveillance dudit personnel collé au pupitre. ☐Dès lors, l'affirmation du ministre de l'Intérieur, Bernard Cazeneuve, selon lequel il n'y aura pas de *Deep Packet Inspection** (Inspection des Paquets en Profondeur) n'est pas fondée, puisque le dispositif du renseignement, selon l'aveu des responsables au Gouvernement, rend parfaitement possible que les moyens d'accès, appelés *boîtes noires,* soient connectées au cœur des réseaux, donc jamais totalement à l'abri des piratages ou du détournement de données ainsi exposées aux malveillances des plus redoutables bricoleurs en informatique.

Même les logiciels des banques, de la Défense nationale ou des laboratoires de recherche industriels font parfois l'objet de pillage en ligne. Nonobstant les risques, les statistiques liées à l'usage d'algorithmes conduisent nécessairement à une surveillance massive pour détecter les potentiels terroristes ; de sorte que personne n'est véritablement protégé du fait que toutes les données sont, pour ce faire, repérées, voire extraites et même consultées. Ainsi est-il écrit dans le paragraphe relatif au *Paradoxe des faux positifs* que tout algorithme de détection dispose d'une marge d'erreur de 1%. De sorte que sur 60 millions de personnes potentiellement à couvrir, 60 000 d'entre elles seront indûment surveillées pour 0,01% de terroristes potentiels. Ce système extrêmement toxique aux libertés et à la vie privéelaisse devinerl'effet de lapénétrationoutrancière de ce champ technologique intrusif autour de l'annonce de l'anonymisation présentée.

*La Haute Autorité pour la Diffusion des Œuvres et la Protection des droits sur Internet (HADOPI) est chargée d'une mission d'observation de l'utilisation licite ou contestable d'œuvres et d'objets protégés par un droit d'auteur, ou par un droit voisin (droits exclusifs sur des créations, œuvres de l'esprit, brevets...) sur les réseaux de communications électroniques. À ce titre, l'article L. 331-23 du code de la propriété intellectuelle confie à cette Haute Autorité le soin d'évaluer les expérimentations conduites dans le domaine des technologies de reconnaissance des contenus et de filtrage par les concepteurs de ces technologies. Pourtant, la Société Anonyme *Trident Media Guard* (TMG :une entreprise de droit privé spécialisée dans le contrôle d'échange entre utilisateurs d'internet [P2P]) mandatée par les ayants droit (ministère de la Culture et de la communication entre autres) pour relever les infractions aux droits d'auteur sur l'internet, a fait preuve de négligence en laissant en libre accès des adresses IP sur l'un de ses serveurs. *Quid* de la responsabilité de la CNTCR en la matière, susceptible, en vertu des compétences et moyens qui lui sont conférés, de commettreles mêmes erreurs et de risquer les mêmes imprudences ?

La dernière cyberattaque contre la vie privée des citoyens ne vient pas des hackers, mais des barbouzes de l'État français avec la complicité de l'Union européenne.Plusieurs mesures, l'une législative nationale, l'autre réglementaire depuis la Commission de Bruxelles, viennent de voir le jour, vraisemblablement par suite des évènements tragiques survenus le 13 novembre 2015. Dès lors qu'une attaque terroriste frappe la France, le Gouvernement réagit légitimement en déployant une parade défensive pour faire face à d'éventuels nouveaux assauts des intégristes islamiques contre la Nation. Beaucoup moins légitimes sont les pratiques gouvernementales consistant à jeter un filet d'indiscrétion et de suspicion sur l'ensemble des citoyens français. Dans un précédent article paru dans le quotidien juridique *LesPetites Affiches* du 9 octobre 2015 relatif à la loi sur le renseignement, nous avons fait état de cette réactivité politique après les attentats de janvier 2015, dont les réserves soulevées autour des effets délétères de cette réponse au terrorisme, à savoir l'empiétement de certaines libertés naturelles que suscitent des textes de parade autour du Code de la sécurité intérieure.

Dans une chronologie répondant à la hiérarchie des pouvoirs entre les États membres et l'Union, une loi française portant n° 2015-1556 du 30 novembre 2015 relative aux mesures de surveillance des communications électroniques internationales (JORF le 1er décembre 2015) est venue - en lecture d'urgence - d'être promulguée promptement moins d'une semaine après la publication du *Règlement (UE) 2015/2120 du Parlement européen et du Conseil du 25 novembre 2015 établissant des mesures relatives à l'accès à un internet ouvert, et modifiant la directive 2002/22/CE concernant le service universel et les droits des utilisateurs au regard des réseaux et services de communications électroniques et le règlement (UE) n° 531/2012 concernant l'itinérance sur les réseaux publics de communications mobiles à l'intérieur de l'Union,* dont le commentaire est exposé plus bas.

Après la décision favorable et sans réserve audit texte de loi par le Conseil constitutionnel (n° 2015-722 DC du 26 novembre 2015) sur la saisine en date du 12 novembre 2015 présentée par au moins 60 sénateurs, il apparaît que l'État d'urgence décrété au lendemain des attentats terroristes(n°s 2015-1475 et 2015-1476 du 14 nov. 2015 portant application de la loi n° 55-385 du 3 avr. 1955 ; (Voir l'épilogue) est venue à point nommé pour donner l'opportunité au législateur français d'infirmer sans délai la décision du Conseil constitutionnel qui avait abrogé un seul article de la loi relative au renseignement du 24 juillet 2015. Il s'agit de l'article 854-1 du Code de la sécurité intérieure déclaré contraire à la Constitution ; une disposition issue de l'article 6 de la loi dite *renseignement,* consacrée aux mesures de surveillance internationale.

Revenant à la charge, par suite des attentats dans la Capitale et des mesures d'exception prises par la plus haute autorité politique de la Nation pour répondre positivement à cet effroi collectif, l'article L. 854-1 aura subitement ressuscité, reprenant force avec l'actualité. Il s'agit du 1° de l'article 1er de la loi relative aux mesures de surveillance des communications électroniques internationales (articles L. 854.1, L. 854-2, L. 854-5 et L. 854-9 du Code de la sécurité intérieure). Ainsi que l'indique l'auteur de la saisine (2015-722 DC), la loi relative aux mesures de surveillance des communications électroniques internationales fut initiée par le rapporteur des lois de la majorité de gauche et confortablement votées par le Parlement, sur laquelle le Gouvernement aura préalablement engagé une procédure accélérée. En outre, rappelons que la proposition déposée par les députés du groupe socialiste n'avait pas fait l'objet d'un avis consultatif en Conseil d'État, comme cela est la règle.C'est ainsi que l'article L. 854-1 prépare son entrée par une phrase lénifiante, en assurant que les mesures de surveillance des communications émises ou reçues à l'étranger ne peuvent avoir pour objectif de fomenter des indiscrétions de la part des services de renseignements français, sauf au cas où ces personnes qui communiquent depuis l'étranger feraient l'objet d'une autorisation d'interception de sécurité (individu présentant une menace au regard des intérêts fondamentaux de la Nation). Autrement dit, à l'instar de l'exception due à certaines professions sensibles, comme les juges, les avocats et les journalistes censés être protégées par la confidentialité de leur charge ou le secret professionnel et des sources, la CNTCR, une institution quasi entièrement sous le contrôle du premier ministre, est seule juge pour attribuer ces exceptions à la règle.

Or, sur ce registre, il s'agit bien de l'exception qui fait la règle, puisqu'aucun juge de l'ordre judiciaire n'est éligible pour contrôler ce qui relève du Secret Défense, voire de l'initiative de l'opérateur aux ordres, lequel n'a même pas le pouvoir de dénoncer certains agissements abusifs venant de sa hiérarchie *(In,* l'article LPA susvisé). Reste que l'article L. 854-3 de la loi du 30 novembre 2015 spécifie, sous le détail de l'article L. 821-7 du Code de la sécurité intérieure, les catégories de personnes faisant exception à : *« une surveillance individuelle de leurs communications à raison de l'exercice du mandat ou de la profession concernée ».* Sauf qu'à l'article suivant il se dit tout le contraire :

☐ « Article L. 854-4 : *« L'interception et l'exploitation des communications en application du présent chapitre font l'objet de dispositifs de traçabilité organisés par le premier ministre après avis de la Commission nationale de contrôle des techniques de renseignement* (la CNTCR susmentionnée). *Le premier ministre définit les modalités de la centralisation des renseignements collectés ».* Ici la réserve accordée en privilège de la fonction ou du mandat bascule dans le libre-arbitre du patron de l'Hôtel Matignon, *via* la CNTCR, *via* le Conseil d'État ; une décision pourtant lourde de conséquences qui échappe quasi totalement au contrôle de la Cour de cassation que la géographie parisienne relègue sur l'autre rive.

Rappelons que la haute juridiction administrative est une justice déléguée, depuis la loi du 24 mai 1872, au vice-président par le Président du Conseil d'État qui n'est rien d'autre que le premier ministre ou le ministre de la Justice, lesquels ne siègent plus depuis la création du Code de justice administrative en l'an 2000, mais qui exercent fatalement une influence politique sur les décisions de cette Cour suprême administrative, même si le vice-président en assure explicitement la présidence. Toujours sur ce même schéma, le parquet et le CNTCR sont des organes hiérarchisés et/ou sous contrôle de la puissance publique, et ne jouissent donc pas d'une qualité d'indépendance, même si leurs décisions sont subornées à un devoir de partialité. Sur ce constat, se profile en France un régime oligarchique qui se précise au fil des réformes législatives.

☐ L'article L. 854-9 de la présente loi indique que la CNCTR reçoit communication des décisions déterminant la procédure d'autorisation de mise en œuvre des mesures de veille des communications électroniques internationales. Elle dispose d'un accès permanent et complet au contenu des renseignements collectés, aux transcriptions et extractions réalisées ainsi qu'aux relevés des données et leur origine. L'écrasement de ces informations, certes bien qu'encadrée par les textes, n'est aucunement vérifiable par la justice prétorienne civile qui ne peut donc garantir que ces données collectées illégalement ne basculeront pas dans la trappe inexpugnable du secret défense. À la source de ces modes de surveillance, il est stipulé à l'article L. 833-3, que : *« De sa propre initiative ou sur réclamation de toute personne souhaitant vérifier qu'aucune mesure de surveillance n'est irrégulièrement mise en œuvre à son égard, la commission s'assure que les mesures mises en œuvre au titre du présent chapitre respectent les conditions qu'il fixe ainsi que celles définies par les textes [...] »*.

Or, puisqu'il est quasiment impossible pour un internaute de se savoir surveillé, qui contestera quoi et comment ? Qui pourra vérifier dans l'ordre des recours une réponse ne provenant que d'un seul côté du pouvoir exécutif, puisque dans cette hiérarchie décisionnelle, sont absentes les juridictions civiles ? Et même si une personne parvient à extraire la preuve qu'elle a fait l'objet d'une violation de ses données, aura-t-elle le temps, les capacités, les moyens et le pouvoir de franchir tous les obstacles alambiqués dans cette jungle judiciaire parsemée d'embûches réglementaires pour faire valoir ses droits ? La lecture de ces textes législatifs peut donner l'illusion pour un néophyte d'une protection lénifiante, mais le cheminement d'un recours dans ce dédale de procédures s'avère être une autre réalité qui n'est pas à la portée d'un citoyen lambda, *a fortiori* s'il réside à l'étranger.

Prenons pour exemple le *Défenseur des droits* (article 71-1, titre XI bis de la Constitution), successeur du *Médiateur de la République*. Son recours, en cas de litige relatif à ces deux lois sur le renseignement dedans et en dehors du territoire français, n'est nullement mentionné, et suppose son incompétence d'attribution puisque sa juridiction n'a aucune autorité en matière de défense nationale. Et même si son intervention était autorisée, le régime présidentiel de la France - de plus en plus évident - s'inscrit au fil de ses prérogatives étendues au titre des nominations qui lui échoit. Alors que le Médiateur de la République était désigné en conseil des ministres, le Défenseur des droits est directement nommé par le Président de la République. Il eut été logique, pour garantir l'indépendance de cette autorité, qu'il fut choisi par un collège parlementaire, comme c'est le cas en Espagne.

Cette brèche dans la cuirasse de la démocratie soulève bien des inquiétudes, à savoir qu'il est essentiel, dans une conjoncture aussi grave, tels les impératifs de la sécurité nationale que des mesures, aussi opportunes soient-elles, ne portent pas atteinte de façon disproportionnée aux droits et aux libertés constitutionnellement garantis. Le rouleau compresseur de l'État providence tire le meilleur de sa force au travers des actions globales, mais sa capacité interventionniste demeure impuissante devant le harcèlement d'un terrorisme dispersé, imprévisible et retranché dans les cités inextinguibles de communautés retranchées où se fabriquent notamment des loups solitaires. Il y a donc une infinie difficulté de juxtaposer les intérêts vitaux concernant la sécurité nationale avec les fondamentaux vulnérables des libertés, lesquels ne devraient pourtant pas s'opposer mais se compléter harmonieusement.

Dans cette délicate dichotomie, il appartient d'une part au législateur de fixer les règles concernant les garanties imprescriptibles accordées aux citoyens pour l'exercice des libertés publiques, dont les droits et les libertés constitutionnellement garantis ; au nombre desquels figure le droit au respect de la vie privée et le secret des correspondances protégés par les articles 2 et 4 de la Déclaration des droits de l'homme et du citoyen de 1789. Par ailleurs, sachant que le Président de la République est le garant de l'indépendance nationale, de l'intégrité du territoire et de l'indépendance de l'autorité judiciaire (articles 15 et 64 de la Constitution de 1958), le premier ministre demeure pour sa part responsable de la Défense nationale ; un cocktail de responsabilités peu facile à délayer dès lors que l'un et/ou l'autre emprunte la voie du resserrement des libertés démocratiques. Nonobstant les antagonismes de ces charges, la liberté de disposer d'un droit souverain, mais exorbitant ne devrait jamais entrer en conflit avec l'essence même de ce qui différencie une démocratie d'une dictature.

Ironie ou ambiguïté de cette situation de crise, c'est par la psychose et le chaos que le fondamentalisme musulman instrumente cet antagonisme juridique et constitutionnel pour éreinter les bases de la démocratie et de la laïcité ; un piège dans lequel ne doit pas tomber l'exécutif à peine d'apporter un soutien implicite aux commanditaires du terrorisme islamique. De fait, ces deux lois qui relèguent l'intimité des personnes à la chose publique pour des raisons d'État mettent à mal un pan entier de la démocratie ; un objectif que recherchent les promoteurs de l'intégrisme musulman pour répandre une théocratie sharîaque et totalitaire dans tous les pays qu'ils investissent. Bien évidemment, ce sont la liberté de conscience et le droit d'expression, dont celui de la presse et de l'édition, qui en sont les premières cibles.

S'agissant du secret de défense nationale, cette prérogative du pouvoir exécutif participe au nombre des dispositifs consacrés à l'indépendance de la Nation et à l'intégrité du territoire. Mais en écartant le pouvoir judiciaire en tant que gardien des institutions, le Gouvernement ne répond plus à l'obligation de l'un des fondamentaux qui consiste à assurer l'intégrité de la vie privée des citoyens ; cette liberté du *for* que constitue l'intimité, la confidentialité professionnelle, les secrets de fabrication et les codes d'accès. Quant à s'arroger les moyens de captation, d'interception ou de piratage des informations relatives aux échanges extrafrontaliers entre nationaux et expatriés, faut-il encore pour cela être en osmose avec le droit international. En signifiant une solidarité de circonstance à ce *Big Brother* à la française, la Communauté européenne vient sûrement de franchir une étape vers la confiscation de cette liberté relative au secret de la vie privée.

Il s'agit du règlement (UE) 2015/2120 du Parlement européen et du Conseil du 25 novembre 2015 établissant des mesures relatives à l'accès à un internet ouvert et modifiant la directive 2002/22/CE concernant le service universel et les droits des utilisateurs au regard des réseaux et services de communication électronique et le règlement (UE) n° 531/2012 concernant l'itinérance sur les réseaux publics de communications mobiles à l'intérieur de l'Union (JOUE, L. 310 du 26 nov. 2015, p. 1-18). En clair, le chef de l'exécutif vient de franchir la ligne jaune en contournant l'obstacle du

Conseil constitutionnel qui lui refusa le contrôle en ligne de ses ressortissants à l'étranger, en passant par la Commission européenne et le Conseil pour se voir autorisé à réintroduire par une nouvelle loi l'article précédemment jugé inconstitutionnel ; le tout en profitant de la psychose nationale des attentats et la solidarité de ses voisins membres de la Communauté. Autre singularité révélatrice de ce grand écart pour faire passer en force cette initiative du Gouvernement sous une autre sphère que la sienne, cette remise en force de l'article incriminé n'est pas de l'initiative d'un projet de loi (émanation du Gouvernement), mais d'une proposition de loi (groupe de députés de même sensibilité que l'exécutif).

Par cette initiative de l'Union européenne, par la Commission et le Conseil, qui prend en surface figure de garantie et de transparence, seulement dans la marge d'action politique de l'exécutif, la Communauté ouvre plus largement l'accès à l'Internet, d'abord en se conformant aux exigences prévues aux paragraphes 1 et 2 de la directive 2002/22/CE dans l'axe de la pertinence de la directive 2002/21/CE, puis en établissant un blanc-seing aux gouvernements en matière de surveillance et d'information (article 4, § 3). Il s'agit d'ouvrir un contrôle sur les contenus, la forme et les méthodes de publication des informations ainsi que la durée de leur détention. Autrement dit, les États membres sont autorisés à instaurer, sinon maintenir, des exigences supplémentaires en matière de renseignement, cela en profitant d'une voie plus largement ouverte aux frontières électroniques et des communications numériques.

Parmi les considérants, estretenu en alinéa 13 et 14 l'exposé des motifs suivants :

En premier lieu, des situations peuvent se présenter dans lesquels des fournisseurs de services d'accès à l'internet sont soumis à des actes législatifs de l'Union ou à la législation nationale qui est conforme au droit de l'Union (par exemple, en ce qui concerne la légalité des contenus, applications ou services, ou la sécurité publique), y compris le droit pénal exigeant, par exemple, le blocage de contenus [...]. *Quid* de la confidentialité des logiciels libres (free software) en licence publique générale dont le copyright est détenu par une fondation américaine ?

En second lieu, des mesures de gestion du trafic allant au-delà de telles mesures raisonnables de gestion du trafic pourraient être nécessaires pour protéger l'intégrité et la sécurité du réseau, par exemple en prévenant les cyberattaques qui se produisent par la diffusion de logiciels malveillants ou l'usurpation d'identité des utilisateurs finals qui résulte de l'utilisation de programmes logarithmiques espions. Oui mais qui est le plus grand hacker de France, sinon l'État lui-même ?

Or, si la sécurisation des services en ligne a certes besoin d'être renforcée contre les malveillances et piratages, le législateur européen n'a observé aucune réserve quant aux débordements et abus de position dominante conjecturals venant du pouvoir de l'État envers les citoyens de l'Union. Le Conseil d'État, dans une étude antérieure sur le numérique avait estimé que l'interception des communications de personnes situées à l'étranger ne constituait pas une atteinte à leurs droits de la même manière que sur le sol français, et que cette constatation suffisait à conclure que de telles mesures juridiques contraignantes, se fondant sur des éléments collectés, ne pouvaient déboucher sur le préjudice objecté relevant d'un viol non justifié de communications privées.

La Cour EDH a rejoint cette analyse dans sa décision *Liberty c/Royaume-Uni* du 1er juillet 2008. De sorte que l'on observe une approche différente entre les interceptions internes et les mesures de surveillance internationale. Il en retourne qu'une harmonisation des dispositifs de renseignement s'impose, eu égard au traitement civiliste des affaires et leurs recours juridictionnels de droit commun, et non seulement administratifs, contre les dérapages éventuels et les conséquences dommageables de cette surveillance exercée par les États, dès lors que de droit positif confisque aux citoyens la possibilité d'ester devant une justice civile, puisque *de jure et facto* écartée. Rappelons les termes de l'article 16 de la Déclaration de 1789 susmentionnée qui dispose : *« Toute société dans laquelle la garantie des droits n'est pas assurée, ni la séparation des pouvoirs déterminée, n'a point de Constitution »*.

Autre inquiétude s'agissant de cette mainmise de l'État sur les affaires privées, il s'agit de la suppression de la Commission consultative des communications électroniques (Décret n° 2015-1566 du 1er décembre 2015, JORF n° 0279 du 2 décembre 2015). L'abandon de cette formation informative et de médiation imposée en 2009 par le Parlement, a été rendu possible par suite d'une décision du Conseil constitutionnel du 21 juillet 2015, au motif que cette commission aurait dû relever du pouvoir réglementaire, d'où celui du Gouvernement, et non du pouvoir législatif. En terme juridique, on appelle cela une délégalisation autorisée par l'article 37 de la Constitution. Il ne reste plus au Parlement que la possibilité de constituer des commissions d'enquête pour rendre publics les agissements douteux ou délictueux des organes sous contrôle direct ou implicite de l'État.

Pourtant placée au service du ministère en charge du numérique et de l'Autorité de régulation des postes (l'ARCEP, encore une prétendue AAI), cette institution consultative et informative dispensait, par des avis et recommandations, une simplification du droit de recours et un allègement des procédures. Selon Guillaume Champeau (journaliste juridique, fondateur et dirigeant de la Société de presseTIC), la CCCE apportait des contributions de qualité, disposait de nombreux moyens pour assurer la concertation préalable à toute prise de décision, notamment avec le comité de l'interconnexion et de l'accès, les collectivités territoriales et les opérateurs

(GRACO), les ateliers entreprises, les comités de consommateurs, les comités de prospective et de réunion multilatérales, etc.

De sorte que l'ARCEP, aujourd'hui libérée de son fil à la patte, est indirectement placée sous le commandement de l'État avec trois membres du collège sur sept, dont le président sur proposition du premier ministre ; les quatre autres acteurs étant l'émanation directe des présidents des chambres parlementaires avec leurs alliances politiques d'opportunité. La disparition de la CCCE constitue sans doute un moyen de déconnecter une formation difficile à manœuvrer depuis les coulisses du pouvoir régalien, trop près du pouvoir législatif, donc du peuple. Il est remarquable que cette substitution de la CCCE par l'ARCEP, rappelle étrangement celle de CNCIS par la CNTCR dans la loi relative au renseignement, la première relevant d'une composante représentative qui n'était pas favorable à l'exécutif, car trop engagée avec l'ordre judiciaire finalisé par la Cour de cassation *(op. cit.,* Daniel Desurvire, LPA du 9 octobre 2015).

La jurisprudence européenne, par un arrêt de la Cour de justice de l'Union européenne (Grande chambre, 6 octobre 2015), saisie de questions préjudicielles, a invalidé la décision n° 2000/520 de la Commission, laquelle avait reconnu la légalité de la protection des données personnelles des citoyens américains aboutissant sur les territoires de la Communauté, mais après avoir avalisé la compétence des autorités nationales de renseignement des membres de l'Union s'agissant du contrôle des données individuelles des citoyens européens allant vers des pays tiers (Voir à ce titre : *« Arrêt SCHREMS : Courmagistral de droit à la protection des données personnelles »,* de R. PERRAY et J. UZAN-NAULIN, CCÉ, LexisNexis, décembre 2015). Dans ce chassé-croisé, on comprendra que la CJUE cherche à renforcer le contrôle des échanges d'informations à l'intérieur de la Communauté, faisant fi du régime de protection outre-Atlantique qu'elle ne reconnaît pas. Sur ce registre, la Cour de Strasbourg aura penché en faveur de la compétence et de la légitimité des autorités nationales, se fondant sur l'article 28 de la directive n° 95/46/CE du Parlement européen et du Conseil, du 24 octobre 1995, relative à la protection des personnes physiques à l'égard du traitement des données à caractère personnel et à la libre circulation de ces données. Cependant, ne perdons pas de vue que si l'intitulé dudit texte semble *a priori* vouloir protéger les libertés individuelles et le secret des communications des citoyens, le dessein du législateur européen est tout autre puisque cette finalité est clairement indiquée à l'endroit les autorités nationales de contrôle au seul profit des dirigeants qui disposent :

« [...] de pouvoirs d'investigation, tels que le pouvoir d'accéder aux données faisant l'objet d'un traitement et de recueillir toutes les informations nécessaires à l'accomplissement de sa mission de contrôle », puis en outre : *« de pouvoirs effectifs d'intervention, tels que, par exemple,*

celui de rendre des avis préalablement à la mise en œuvre des traitements, conformément à l'article 20 (traitements susceptibles de présenter des risques particuliers au regard des droits et libertés des personnes), *et d'assurer une publication appropriée de ces avis ou celui d'ordonner le verrouillage, l'effacement ou la destruction de données, ou d'interdire temporairement ou définitivement un traitement, ou celui d'adresser un avertissement ou une admonestation au responsable du traitement ou celui de saisir les parlements nationaux ou d'autres institutions politiques ».*

Quid du respect de la dignité humaine et la liberté des personnes, dès lors que des mesures d'alertes lancées par les autorités politiques de contrôle sont mises en œuvre *erga omnes* pour des motifs qui président à la sécurité publique, cela sans préjuger de la dignité et de l'honnêteté des internautes dont plus de 99,99% d'entre eux sont étrangers à l'objet des récriminations ou des crimes que commettent des individus malveillants et des terroristes ? Il ressort que la justice communautaire fait davantage avancer l'Europe de la surveillance et des barbouzes que l'Europe des libertés et des droits individuels comme la vie privée, tout en filtrant les communications venant de l'étranger *via* les réseaux sociaux.

En resserrant les mailles du filet pour piéger des communautés de malfaiteurs et de criminels, c'est tout un pan de la démocratie qui se voit étranglé au travers un pouvoir politique exorbitant, lequel s'abrite, pour la bonne conscience, derrière le décor lénifiant de prétendues autorités de contrôle ; des commissions sous la tutelle de l'autorité qu'elles sont censées surveiller. Perfidement, des textes se référant à des institutions de modération ou de protection des libertés de communication, ainsi la CNIL ou le Défenseur des droits, les rédacteurs gouvernementaux successifs glissent en filigrane des mesures propres à renforcer leurs seules prérogatives, cela enconfisquant aux administrés les moyens d'investigation au motif d'un providentiel Secret défense, ou en invoquant les intérêts supérieurs de l'État.

Certains États de l'Union, telsle Luxembourg, l'Allemagne ou l'Irlande, n'avaient pas encore transposé fin 2015 ces filtres de surveillance, à l'instar de la loi française de programmation militaire du 18 décembre 2013 (Voir chap. Ier, §-II b) pour les années entre 2014 à 2019 qui autorise la police, la gendarmerieainsi que les services habilités des ministères de la Défense, de l'Économie et du Budget, à examiner de près les activités des citoyens sur les réseaux informatiques ; une exploration exercée sans l'autorisation d'un juge relevant d'une juridiction judiciaire civile. Ce mode d'interception des communications s'apparente à *PRISM* (programmenumériqued'espionnage US), par la collecte de renseignements sur l'Internet,en se servant de la plate-forme des fournisseurs de services électroniques.

Ce *Big Data* auto quantifié -*quantified self* selon le langage informatique - alimenté de façon continue, est doté de capteurs corporels numérisés ;

l'utilisateur connecté devenant un objet qui trace l'activité humaine dans la société. Ce ramassage massif d'informations est ainsi livré au tri savant de la puissance de calcul des computers bientôt quantiques, puis les objets connectés (les utilisateurs) redistribués par des experts de l'activité sociale qui les exploitent pour vendre les donnes recueillies à des tiers. Tels sont définis les moyens de collecte massifs mis en œuvre par la loi relative au renseignement susvisée dans ce chapitre, sans égard aux principes de transparence énoncés par la loi informatique et liberté (Voir supra, note 7, in l'article de Maximilien LANNA). C'est ainsi que les données personnelles des citoyens recueillies par les opérateurs de plates-formes deviennent un produit de merchandising, industriel ou politique, en offrant un service personnalisé de ressources ciblées, inépuisables et mis à jour constamment. De surcroît, les outils de stockage du *cloud computing* s'avèrent un risque accru qui plongeau plus profond de la vie privée des utilisateurs, tellement confiants de l'assurance que les FAI (fournisseurs d'accès à l'internet) leur prodiguent derrière une sécurisation latérale qui ne concerne que les hackers privés, pas celle en bout de course de la police inquisitoriale de l'État. Derrière l'écran de fumée des mesures dites sécuritaires pour la démocratie, que sommes-nous loin de la lutte anti-terrorisme annoncée !

Quant à escompter que certains États de l'Union européenne pourraient servir d'hébergeur pour protéger les données personnelles des Français beaucoup plus vulnérables chez eux, je laisse à l'auteur de cette suggestion pertinente à l'épreuve du temps (Antony EMORINE, Les *Petites Affiches* du 9 décembre 2015). Bien que ce détour semble indiquer une bonne piste, ce serait néanmoins faire l'impasse à la loi française n° 2015-1556 du 30 novembre 2015 relative aux mesures de surveillance des communications électroniques internationales, et pire encore, ignorer le règlement (UE) 2015/2120 du Parlement européen et du Conseil du 25 novembre 2015 établissant des mesures relatives à l'accès à un internet ouvert et modifiant la directive 2002/22/CE concernant le service universel et les droits des utilisateurs au regard des réseaux et services de communications électroniques et le règlement (UE) n° 531/2012 concernant l'itinérance sur les réseaux publics de communications mobiles à l'intérieur de l'Union (JOUE, L. 310 du 26 novembre 2015, p. 1-18).

La réactivité des acteurs politiques apparaît certes légitimée en regard des attentats islamiques qui défraient l'actualité mondiale au quotidien, en particulier lorsque ces horreurs se produisent sur le sol français, autant dire tout près des citoyens et à l'épicentre de leurs préoccupations. Mais le droit ne saurait vaciller sur ses fondements au motif de l'urgence, et le législateur de se laisser entraîner dans une cascade de mesures réputées sécuritaires, paradoxalement toxiques pour les libertés constitutionnelles. Il ne suffit donc pas d'organiser une battue généralisée pour prétendre extraire les moutons noirs du troupeau, lesquels n'arborent pas forcément une tenue distinctive, mais se fontde préférence de plus en plus discrets et se rendent invisibles même sur la toile ou les réseaux sociaux. L'expérience démontre qu'entre janvier et novembre 2015, les dispositifs de renseignement étaient déjà en place ; la loi n'ayant fait que légaliser les pratiques préexistantes. De sorte que les techniques de renseignement - au moins pour ces deux périodes - ont montré leur limite, et il serait judicieux de ne plus offrir aux fondamentalistes de l'Islam le résultat de ce qu'ils escomptent à terme.

Le mal intégriste ne siège donc pas uniquement dans la population des tours verticales au tréfonds des ZUP, mais il réside imperturbablement dans le dogme, là où un *aggiornamento* de l'Islam semblerait mieux indiqué que la campagne menée par le Gouvernement sous le slogan *pas d'amalgame*, pour démonter cet inexorable processus de violence,et de déni des lois de la République. De surcroît, la dématérialisation de l'identité nationale - un paradigme accroché à l'histoire, la culture et le patrimoine d'un terreau multimillénaire - semble vouloir s'effacer au profit d'un multiculturalisme qui gomme les valeurs enracinées dans les annales d'une nation ; tels ses fondements juridiques, éthiques et démocratiques.

En l'occurrence, c'est par l'éducation, l'information et la prise de conscience des ressortissants étrangers nouvellement nationalisés, et pas seulement des croyants, que l'on peut espérer un retour vers la concorde et l'intégration par le patriotisme, et non pas en phagocytant tous les Français à la fois dans la nasse d'un filtrage domestique, *via* l'identité numérique des internautes.Derrière cette erreur de cible, pourra-t-on espérer un jour faireconnaître la réalitédu Coran au grand public, puisque précisément ce livre de culte est le siège de tous les problèmes évoqués autour de l'insécurité et des atrocités dans le monde ? Cette vérité, certes dérangeante autour d'un monstre d'intolérance morbide, mériterait une restauration salutaire du Livre désacralisé par la parole libérée des non-dits et des mystifications sous le rideau pusillanime du *calmer-le-jeu*.

Pour faire face efficacement à cette dure réalité, au lieu d'espionner tous azimuts et sans discernement tous les Français, voire profiter de diverses collectes d'informations inadéquates et illégitimes pour servir d'autres intérêts - car la corruption et les indélicatesses cela existe aussi dans les couloirs de l'État et de leurs entreprises contractuelles de surveillance, - nos dirigeants, sages et exégètes à leur solde devraient cesser d'ignorer l'évidence, et s'ouvrir sur la sombre réalité des Écritures de l'Islam qui fabriquent ces monstres sociopathes, *via* le Coran qui rend fou les croyants les plus vulnérables. Et là, nul besoin de renseignement, car pour un incrédule ou un païen, il suffit de lire et de juger sur pièce, non de croire et de se persuader uniquement de ce qu'il se dit ou s'écrit par ailleurs. Selon le physicien Christophe Galfard :« *Le premier obstacle à la compréhension, c'est la croyance* ».

Ce que n'évoque pas les représentants du peuple dans les hémicycles parlementaires, c'est le désengagement de l'Union envers son principal allié outre-Atlantique en regard de l'abandon de l'accord *Safe Harbor,* fragilisant ainsi le renseignement au travers le numérique à des fins économiques et commerciales. Le fonctionnement de la Sphère de sécurité (*Safe Harbor*) autorise les entreprises américaines à se certifier auprès de la législation de l'Espace économique européen* afin de bénéficier dusésame de transfert de données personnelles depuis l'EEE* vers les États-Unis. À la faveur de ce protocole, les états membres de l'Union disposaient de la capacité de vérifier si les transferts de données entre les deux continents étaient en conformité avec les exigences de la directive européenne sur la protection des données personnelles. Or, le 6 octobre 2015, la Cour de justice de l'Union européenne invalida l'accord *Safe Harbor* de la Commission européenne remontant à l'an 2000. La Cour considéra que les États-Unis n'offraient plus un niveau de protection adéquat aux données personnelles transférées relatif à la vie privée. (Voir de Emmanuel DAOUD et Géraldine PERONNE,« *Transferts de données personnelles entre l'UE et les États-Unis : clap de fin pour le Safe Harbor* » : AJPénal [Dalloz], décembre 2015).

Selon les motifs qui président à cette rupture, il fut opposé que les programmes de surveillance de masse de la *National Security Agency* (NSA), stockés à Maryland dans les bureaux du *Central Security Service* (CSS), étaient consultables et réutilisables notamment par le canal de *Facebook.* Cependant, cette décision de la CJUE, en l'absence d'un contrat-cadre européen, favorisera la multiplication d'accords spécifiques entre les entreprises, pouvant provoquer une mosaïque de contrats d'espionnage encore moins contrôlables. En outre, la Cour semble violer l'article 26 de la directive 95/46/CE de 1995 certifiant le droit au transfert des données personnelles venant des pays-tiers n'assurant pas un niveau de protection adéquat, dès lors que la personne concernée a donné son consentement au transfert envisagé. Le dysfonctionnement des régimes de surveillance et de sécurité entre l'UE et les États-Unis induit la nécessité d'une harmonisation législative et réglementaire des deux côtés de l'Atlantique, d'où un nouvel accord *Safe Harbor* pourrait déboucher.

Dans l'intervalle, l'arrêt de la CJUE dénonce avec véhémence une incompatibilité des systèmes de protection américains avec le droit européen, mettant en difficulté l'accord dit *parapluie* sur les échanges de données relatives à la collaboration policière et judiciaire entre les deux blocs européen et américain, précisément en période de crise intérieure au sein de l'UE après les attentats islamiques survenus en France (puis en Belgique)et autres tentatives terroristes avortées à l'intérieur de l'Union depuis 2015. L'administration de Washington marqua sa déception en regard de cette décision lourde de conséquences, cette dernière s'ouvrant vers des incertitudes quant à la coopération des polices antiterroristes, les échanges économiques et commerciaux des deux côtés du numérique transatlantique.

On ne saurait autrement que déplorer l'onde de choc néfaste que générèrent les attentats d'extrémistes mahométans sur l'économie réelle, en termes de confiance et d'échange de toutes natures qui outre la psychose que provoquent les terroristes, induit une crise structurelle du renseignement et des échanges d'informations indispensables aux bonnes relations politiques et diplomatiques dans le monde. La CJUE aura vraisemblablement été bien mal inspirée d'instruire un tel débat polémique en supprimant ce filtre à un moment où la coopération multilatérale est indispensable pour faire face à cette situation de conflit intérieur et de l'état d'exception en France, faisant ainsi le jeu des fondamentalistes musulmans qui tentent de déstabiliser les bonnes relations internationales entre les partenaires occidentaux du monde démocratique ; cela pour fragiliser la paix intérieure des pays de tradition judéo-chrétienne et hébraïque, puis à terme instaurer leurs propres codes théocratiques, autant dire leurs valeurs shariâques. Autrement dit, la guerre des mouches électroniques connaît son plein de rivalités et d'idioties.

En outre, comment comprendre que les élus de l'Union aient donné leur autorisation à la France de consolider sa surveillance venant de données et de communications extérieures à ses frontières (Voir supra, le règlement (UE) 2015/2120 du Parlement européen et du Conseil du 25 novembre 2015), et dans la même année procède à un retrait de sa confiance visant à faciliter les échanges numériques avec l'un de ses plus importants partenaires (USA) en matière de communication et de commerce en ligne ? Paradoxalement,cette position hostile aux États-Unis limite unilatéralement les pouvoirs et moyens d'investigation de la France autour d'un processus d'identification,pourtant plus aisément exploitable qu'un patchwork de mécanismes numériques global mais épars. Voilà bienautant de procédés chaotiques se bousculanthorsdes contraintesréglementéesinternationales, donc à présent plus difficiles à explorer puis à exploiter par les professionnels autorisés du renseignement, lesquels au contraire coordonnent leurs investigations.

La Communauté européenne ne s'embarrasse pas de paradoxes ou de volte-face, comme de s'être opposée à la censure d'informations étrangères en ligne par la France vers son territoire, pour finalement lui restituer cette prérogative après les attentats de novembre 2015 sous l'empire de l'émotion, nonobstant son désaveu en amont envers le Conseil constitutionnel (Voir supra, même rubrique). Ironie du sort, car les attentats meurtriers de l'Islam font parfois le jeu de l'Exécutif, dès lors qu'une mesure législative en temps normal est jugée impopulaire. À ce propos, voir l'article du professeur émérite spécialiste en droit pénal (Université Panthéon-Sorbonne) Yves Mayaud : *« L'état d'urgence récupéré par le droit commun »* ? (La Semaine juridique, Édition générale, 21 mars 2106, LexisNexis). Voyons ici, depuis l'action des terroristes, un coup de pouce morbide pour servir une classe dominante de ploutocrates, de technocrates ou dogmatiques de gauche, qui tend à élargir ses pouvoirs discrétionnaires, et inversement un service rendu involontairement à l'Islam fondamentaliste qui projette, au fil de ses attentats et de la radicalisation de ses coreligionnaires, deconfisquerla liberté de conscience dans le pays conquis au rythme effréné des invasions migratoires et de la croissance démographique vertigineuse des communautés polygames.

En annihilant les règles de laïcité et de démocratie,l'orthodoxie de cet Islam fidèle au Coran - car tel que ce Livre est écrit (voir *in fine,* « Les pages noires du Coran à bannir du XXIe siècle » en bibliographie) - prépare ainsi le terrain à son*graal*théocratique, un régime khalifien intolérant, brutal et sans concession, lequel aspire à abroger la liberté de conscience des personnes à son profit exclusif. Voilà parallèlement exposé l'objectif du pouvoir régalien français, une autre figure de l'intolérance qui tend à la confiscationde certaines libertés privées, comme celle de violer l'intimité des citoyens *via* l'informatique,d'où encore le rétrécissement du droit d'expression individuel et de la liberté de la presse qui en découle à l'aide de violences fiscales,dont l'État français s'est ainsi empressé decannibaliser. Si personne n'y voit une analogie d'objectif ontologique ou existentiel entre ce culte prédateur et l'oligarchie rampante du régime social-démocrate français insatiable d'informations volées à ses électeurs pour une multituded'usages possibles, gageons qu'il existe sans aucun doute une volonté identique de s'accaparer de tous les leviers du pouvoir, autrement dit de réduire à presque rien le droit du sujet ou du citoyen à une existence individuelle libre de ses choix, de ses convictions et de son mode de communication confidentiel.

Pour Jacques Prévert, « *La meilleure façon de ne pas avancer est de suivre une idée fixe* »(in, « Choses et autres »). De sorte qu'en créant l'illusion qu'un lobbying idéologique fait consensus autour d'idées majoritaires donc incontestables, que ses choix de société sont légitimés par l'empreinte de certitudes qui écartent toute alternative, et que sa logique et ses décisions font autorité derrière le label d'experts et de sages dont la notoriété s'avérela marque de fabrique du système, l'État oligarque engage une apologétique d'adhésion spontanée et irrécusable. Pour Leibnitz, la théodicée excuse Dieu nonobstant le mal-être du monde. Transposée au postulatnéojacobin du XXIe siècle, la foi dans les valeurs démocratiques acquitte les échecs de ses gouvernances ; des politiques qui s'obstinent à répéter leurs erreurs tant que le peuple persiste à croire qu'il n'existe que cette seule voie pour le conduire.

Chapitre second

I - La dictature invisible au XXIe siècle

a) Un pouvoir qui se rend maître des esprits et des libertésrompt tout lien avec le peuple

J'ai le triste privilège de figurer sur la liste en tête des *Soljenitsyne,* les oubliés au Goulag de la littérature des sciences humaines, le 16ème sur les 300 premiers auteurs évincés. Ces écrivains français sont les *effacés*des librairies, les proscrits du monde de la communication et de la diffusionà cause de leur audace intellectuelle et leur campagne pour la vérité et la propagation d'un savoir hors des rails académiques ; tous gommés par l'État discriminant en termes de censure et de relégation culturelle. Voici publié en ligne le tableau d'une liste noire qui dresse les vingt premiers bannis du Palais royal, un ministère (rue de Valois) que n'aurait certes pas désavoué la dynastie des Bourbons, dont les trois *Louis,* leur cour et le Clergé d'alors à l'aune des esprits révolutionnaires[8].

Voici le résultat du journal en ligne du 23 octobre 2014 publié par *Enquête & Débat,* un média participatif prônant l'ouverture d'esprit et la liberté d'expression. Certes, l'histoire ne se répète pas, mais il est des autodafés qui ne brûlent pas la culture sur les places publiquesdans les feux de joie, mais qui étouffent silencieusement et dans l'ombre les esprits rebelles, en les écrasant de silence ou en faisant le vide autour d'eux, voire en leur interdisant l'accès aux médias, aux plateaux télévisuels, aux salles de rédaction, aux maisons d'édition par le truchement de chantages appuyés de menaces économiques *via* la rue de Bercy (Voir chap. II, §-I a). Cette pratique dissimulée et déloyale, où la censure clandestine esquive le prétoire des tribunaux, a ceci d'efficace qu'elle n'autorise même pasles victimes à s'en défendre avec les outils de la démocratie alors inactifs.

Sur le site http://www.enquete-debat.fr/archives/top-300-des-intellectuels-sous-mediatises-a-la-television-publique-française-10191, est présenté le *Top 300* des auteurs, essayistes et pigistes frappés d'ostracisme culturel et intellectuel par l'État français, mais de façon encore plus

---

[8] Ceux-là durent, de temps à autre, subir les allusions impertinentes de l'emblématique philosophe des *Lumières ;* des couronnes successivement persiflées par Voltaire en cavale chez les Helvètes à Genève dans sa *Maison des délices.*

redoutable sous la législature de François Hollande. Sur l'éditorial, il y est expliqué : « *Au lieu de la fausse censure dont les médias et les pseudo-censurés nous parlent sans cesse, voici une liste de 300 auteurs véritablement censurés dans les médias français.La tête est tenue par l'éditeur et libraire Philippe Randa* (écrivain et chroniqueur politique), *auteur d'une centaine d'ouvrages et jamais invité à la télévision publique française. À comparer avec plus de 500 invitations pour Bernard-Henri Lévy pour une quarantaine d'ouvrages publiés seulement, ou bien d'autres figurant dans le top 100 des auteurs les plus médiatisés. Bref, la censure a cours dans notre pays, cette liste en est la preuve* ».

La source de cette inopportune indiscrétion, car vraisemblablement cette contre-publicité sur la réalité de l'état catastrophique de la liberté d'expression en France n'est certes pas du goût des politiciens de l'exécutif, est réputée provenir de l'Institut National de l'Audiovisuel (l'INA : entreprise publique culturelle chargée de la sauvegarde, de la valorisation et de la transmission de notre patrimoine audiovisuel), dont curieusement la Présidente, Agnès Saal, fut poussée à la démission fin avril 2015, juste un an après son intronisation, cela pour des motifs discutables d'abus de biens sociaux ; un chef d'accusation qu'elle aura finalement reconnu pour avoir abusé de ses prérogatives dans la confusion de dépenses professionnelles. Rappelons que - nonobstant sans lien apparent sinon une sanction déguisée - cette liste noire fut communiquée clandestinement en octobre 2014.

Pour décoder les champs chiffrés de cette liste, il convient de lire les informations suivantes, ainsi : le nom de l'auteur, puis entre parenthèses le nombre de passage à la télévision publique (TF1 publique, France 2, France 3, et France 5), le nombre de livres publiés, et le ratio entre les deux. Le coefficient multiplicateur pour les auteurs n'ayant jamais été invités est de 1,5 (Source : *Enquête & Débat*, 23 octobre 2014). Bien entendu, cerelevé des auteurs virtuellement éliminés n'est ni exhaustif ni figé :

1. Philippe Randa (0/110/165)☐ - 2. René Pommier (0/26/39) - 3. Jacques Abeille (1/35/35) ☐- 3 Georges-Jean Arnaud (10/350/35) - ☐5. Pierre Legendre (0/21/31,5) - 6. Laurence Catinot-Crost (1/30/30) - ☐6. Patrick Charaudeau (0/20/30) - 6. Claude Cognard (0/20/30) - ☐6. (1/30/30). - 6. Bernard Plouvier (0/20/30)☐ - 11. Francis Jacques (0/19/28,5) - 11. Matthieu Baumier (0/19/28,5) - 11. Philippe Zarifian (0/19/28,5) - 14. Michel Dreyfus (0/18/27). - 15. Jean-Claude Rolinat (0/17/25,5)☐ - 16. Daniel Desurvire (0/16/24)☐ - 16. Hughes Kéraly (0/16/24)☐ - 16. Jean-Louis Picoche (0/16/24) - ☐19. Pierre Lance (1/23/23)☐ - 20. Frédéric Delorca (0/15/22,5) - 20. Eric Werner (0/15/22,5), etc.

Sur un registre proche, il est notoirement admis que le droit à l'image ne fut jamais expressément reconnu par le législateur français : « *Un droit fantôme caution à toutes les interprétations* » selon le Professeur de droit privé Grégoire Loiseau. Il faut aller puiser dans une intimité interdite, la diffamation ou l'impudeur pour avoir la permission d'alléguer ce droit. Ironie de la situation, ces fauteurs médiatiques, paparazzis freelances et leurs publications voyeuristes et inventées s'emploient en général, volontairement et sans modération, par clientélisme et mercantilisme, à devoir s'exposer systématiquement à des poursuites judiciaires et de nombreuses fois à des réparations en justice en diffamation, indiscrétions et autres déviances fantaisistes de cet art populaire, mais après avoir fait le plein de leurs lecteurs, donc de recettes. La recherche d'une publicité opportune est aussi à ce prix.

Quant au droit de se faire lire et entendre, nous venons de brosser un état des lieux où l'État français prend toute la place, distribue ses bons points pour les uns, mais enferme dans le silence, sinon couvre d'opprobre tout ce qui lui fait de l'ombre. De fait, même publié, un auteur de talent et de savoir peut ne jamais être lu, il suffit de faire croire au client que l'ouvrage commandé est épuisé, comme si, dans l'industrie numérique de l'imprimerie cela pouvait être encore possible, puisqu'il n'existe plus de stock et que l'impression est à la commande ! Voilà bien comment un État - qui se dit démocratique - peut user perfidement de son droit de censure, ce dernier achetant l'éditeur de subventions et d'exonérations, puis le contraignant à enfouir les livres embarrassants aux oubliettes. *Quid* du contrat d'édition ? *Quid* de la liberté d'expression ? *Quid* de l'honorabilité des gens d'esprit triés, sondés, gavés de slogans qui fabriquent l'opinion, puis espionnés entre chaque mot ou discours par l'intelligentsia des censeurs institutionnels ?

On notera que l'État social-démocrate esquive prudemment l'intervention judiciaire lorsque les auteurs jugés polémiques s'expriment sur des sujets à controverse susceptibles de contrarier aux orientations politiques et intellectuelles de l'establishment, surtout lorsqu'ils le font dans le respect de l'éthique constitutionnelle, sachant que les gens de pouvoir ne souhaitent pas avoir recours à un débat public qui pourrait produire un effet publicitaire profitable à l'auteur. La nouvelle pratique de la censure consiste à acheter le concours de l'Éditeur, *via* les pressions et sanctions déloyales autour du chantage aux aides et privilèges fiscaux et parafiscaux. On appelle aussi cela une dépendance fiscale ou une violence économique, moins visible que l'étatisation ou la pratique d'un *trading OPA* sur les maisons d'édition et de la presse. Voyons là un berlusconisme qui ne se nomme pas, ou une autre technique détournée comme la mainmise des publicitaires-promoteurs qui envahissent les pages de revues, dont les directeurs de rédaction ne peuvent plus se passer pour exister. Observons là encore des méthodes à rapprocher que pratiquent les consortiums pétroliers et gaziers, lesquels achètent toutes les inventions pouvant faire concurrence à l'énergie fossile, ne les exploitent pas et en interdisent de la sorte leur émergence industrielle (Voir plus bas).

Hors de ce champ de récupération aux pratiques dissuasives, il n'y a rien, par ces méthodes perfides, qui puisse corroborer avec les dispositions *ad hoc* du droit français, dont la parcellisation des textes instrumente des situations dédiées, mais que leur surabondance sibylline aux multiples facettes juridiques, opacifie l'esprit capital du droit d'expression qui fut instauré le 29 juillet 1881. Dans le flot et l'enchevêtrement inextricable des réformes juxtaposées, nous comprendrons comment le législateur parvient, dans ce dédale éthico-juridique, corporatif et déontologique, à opacifier la lecture du droit, ce qui l'autorise à manœuvrer selon ses propres choix de société. Pour illustrer cet habile cheminement plus discrétionnaire que démocratique, voici un échantillonnage de ce monument de codifications stratifiées, qui n'autorise que les professionnels de la politique et de la justice inquisitoriale à se convaincre eux-mêmes qu'ils ont frappé au bon endroit sans démolir tout l'édifice de 1881 :

- Code civil : article 9 (vie privée),
- article 1108 (vices du consentement),
- article 1382 à 1384 (responsabilité),
- et article 1602 à 1603 (obligations).
- Puis les articles 226-1 à 226-24 et 227-23 du Code pénal (droit à l'image, mineur, pornographie),
- l'article 16.1.1, loi n° 2008-1350 du 19 décembre 2008 (respect du corps humain post-mortem),
- la loi n° 2004-801 du 6 août 2004 relative à la protection des personnes physiques à l'égard des traitements de données à caractère personnel et modifiant la loi n° 78-17 du 6 janvier 1978 relative à l'informatique, aux fichiers et aux libertés,
- les articles 23 et 39 *bis* de la loi du 29 juillet 1881 sur la liberté de la presse,
- Loi n° 86-1067 du 30 septembre 1986 relative à la liberté de communication (Loi Léotard) Version consolidée au 24 août 2014,
- Décret n° 2014-1235 du 22 octobre 2014 modifiant le décret n° 2006-1067 du 25 août 2006 pris pour l'application de l'article 80 de la loi n° 86-1067 du 30 septembre 1986 relative à la liberté de communication,
- Article L. 132-17-8-III de l'Ordonnance n° 2014-1348 du 12 novembre 2014 (JORF n° 262 du 13 novembre 2014 page 19101, texte n° 48) modifiant les dispositions du code de la propriété intellectuelle relatives au contrat d'édition dispose : « *Le ministre chargé de la culture peut mettre fin au caractère obligatoire de l'accord pour l'ensemble des auteurs et des éditeurs du secteur du livre, en raison d'un changement dans les circonstances de fait ou de droit ou pour un motif d'intérêt général* ». Autant dire qu'entre ces quelques lignes, se saisissant du secteur du livre à l'ère du numérique, l'autorité normative de l'État se substitue uniquement au droit des contrats qui, dans ce cas de figure, n'a plus force de loi. Quant à décliner le contenu nébuleux de ce qui sous-entend *l'intérêt général*, n'importe quel motif *(changement dans les circonstances de fait ou de droit)*,

a fortiori si la doctrine de l'auteur ne correspond pas à la discipline intellectuelle et l'éthique qu'impose l'autorité politique et administrative de tutelle, est susceptible d'interdire la publication numérique, sans devoir en passer par l'ordre judiciaire et son débat contradictoire. En légiférant sur les droits d'auteurs et leur publication numérique, le pouvoir exécutif - subrepticement et de façon omnipraticienne - prend une nouvelle fois la main sur les libertés d'expressions (Voir supra, chap. Ier, §-I d).

- Décret n° 2015-92 du 28 janvier 2015 relatif à l'attribution des aides déconcentrées destinées aux artistes, auteurs d'œuvres graphiques et plastiques : Article 2 : Les aides sont attribuées par le préfet de région après avis de la commission mentionnée à l'article 4, en tenant compte de *l'intérêt artistique du projet, des conditions de sa réalisation et de la démarche professionnelle du demandeur*. En filigrane, on perçoit nettement que les sujets traités par les artistes feront ou ne feront pas l'objet d'une subvention ou d'une aide matérielle de quelque nature indiquée dans cette réglementation.

- Par le décret n° 2015-721 du 23 juin 2015 modifiant le décret n° 57-281 du 9 mars 1957 pris pour l'application de la loi n° 57-32 du 10 janvier 1957 portant statut de l'Agence France-Presse (AFP), l'article 2 de cette nouvelle réglementation dispose que :« *Le représentant des sociétés nationales de programmes sera désormais nommé par le ministre chargé de la communication* ». Alors que les organes de l'information et de la diffusion (AFP, CSA...) étaient jusqu'alors principalement dirigés et administrés par des collèges représentatifs de la corporation, c'est à présent le pouvoir exécutif politique qui en devient directement le mandataire et le donneur d'ordre, s'appropriant par là l'autorité sur toutes les décisions et les orientations des médias. Là où l'État providence - oligarchique devrait-on dire - s'accapare tous les pouvoirs, c'est la démocratie qui s'effondre, avec la mainmise sur la presse et les outils de la communication.

- Décret n° 2015-1376 du 28 octobre 2015 modifiant le régime de diffusion et de contribution à la production d'œuvres cinématographiques des éditeurs de services de télévision de cinéma (prise de contrôle économique de l'État).

- Décret n° 2015-1392 du 30 octobre 2015 réformant plusieurs dispositifs d'aide à la presse écrite (autre moyen de contrôle faisant appel aux violences économiques potentielles de l'État par le truchement du ministère des Finances).

- Etc.

À propos de l'AFP, retenons que le professeur agrégé des facultés de droit, Jean Waline et président de l'Institut international des droits de l'homme, y voit dans cet organisme : « *Une personne morale de droit public sui generis ou innommée* ». Oublions donc le prétendu statut d'indépendance de l'AFP sanctionné par une loi du 10 janvier 1957 et autres qualifications faussement démocratiques, comme celui d'un organe privé selon l'analyse du Conseil d'État retenu le 10 juin 2004. D'ailleurs, le premier ministre, le ministre des Finances et le ministre des Affaires étrangères sont statutairement représentés à l'AFP, donc membres à part entière du conseil d'administration de ce diffuseur ;dispensateurde communiqués pour l'ensemble de la presse française. Il ne s'agit rien d'autre que d'une expropriation ou d'une extorsion par l'État du principal outil de l'information nationale.

Quant aux autres membres du conseil d'administration de l'AFP, ils sontsous influence et à la merci des avertissements de Matignon. En effet, treize de ceux-ci sont issus de la presse publique et privée ; une profession qui reçoit d'indispensables subventions de l'État, dont la plupart des groupes de presse se rendent économiquement dépendants. De fait, ces aides dérogatoires sont confiscables ou réductibles à tout moment, selon la nature des rapports entretenue avec le ministre de la Culture et de la Communication, lui-même hiérarchisé au plus haut niveau. Voilà dit pour cette parenthèse qui se referme sur l'emprise des médias en France par l'exécutif, *via* l'AFP,un oligopole de la diffusion comparable àHachette dans le monde de l'édition.

Ce parrainage d'État, dont l'influence économiqueressemble étrangement à une capture, sorte de chantagequi asservit les organes d'information et de diffusion, procède à une sélection discriminatoire sous contrôle, laquelle viendra sanctionner l'œuvre selon que celle-ci entre dans le moule politico-intellectuel de la pensée dominante programmée par l'élite des sages, des élus et leurs sycophantes, autant dire de l'idéologique propagandistique de l'État-providence. Selon François Guillaumat (Directeur de la collection « Laissez-faire » aux Éditions des *Belles Lettres* et directeur éditorial de l'Institut Turgot) pour qui la loi du plus fort est le fait de l'État : « *L'intervention de l'État ne peut être rationalisée, elle est nécessairement arbitraire et destructrice. Elle détruit les conditions dans lesquelles le raisonnement [...] est possible* ». Nonobstant son discours ultralibéral, ne nous y trompons pas, cet intellectuel est tout, sauf un anarchiste !

L'interventionnisme social-démocrate-libéral de la France, devenu tentaculaire et multidisciplinaire, vient ainsi, une fois de plus, s'ingérer dans les affaires privées de ses citoyens, en s'efforçant insidieusement de rendre dépendantes et soumises toutes les formes d'expression : artistique, littéraire,journalistique, ainsi quel'ensemble des métiers de la communication. En introduisant des contributions, des encouragements monnayés et des participations publiques dans les domaines relatifs à la publication et autres modes de diffusion (musées, expositions, galeries, vernissages, affiches…), des arts à la littérature, c'est le droit d'expression qui s'en trouve grevé par la séquestration mentale des auteurs et l'ingérence fiscale du pouvoir politique. De surcroît, une concurrence déloyale s'établit *de facto* entre ceux qui empruntent les sentiers idéologiques de la bien-pensance et du politiquement correct du pouvoir en place, et ceux qui refusent de se laisser confisquer la plume ou la parole, et osent exprimer leur liberté par l'esprit, le talent et la diffusion du savoir sans tabou ni entrave nonobstant l'épée de Damoclès qui peut s'abattre sur eux à tout moment.

La spécificité disciplinaire ou *sui generis* de chacune de ces adaptations législatives couvre des zones balisées par une jurisprudence mouvante, ballottée par l'évolution de la société et du progrès. Ce qui fait, de façon collatérale à chaque procès, une singularité de terrain que beaucoup s'accordent à remettre sur le tapis en vue d'une autre interprétation par la Cour EDH, cela dans l'esprit affecté de la Charte onusienne des Droits de l'homme, ultime gardien du temple des libertés. Parfois même, durant le temps du long intervalle d'un feuilleton judiciaire rebondissant à chaque strate de développement des appels, les choses auront encore changé. Autrement dit, jamais personne - qui croit détenir l'instant présent - n'a raison pour l'éternité, sachant que les faits et le temps sont les mailles perpétuelles du syndrome de Pénélope. Ce pourquoi, avoir peur de faire ou d'avancer, c'est refluer dans le temps et laisser la place à d'autres.

En l'occurrence, si l'éditeur refuse de se laisser porter par la diversité des événements sans passer par le filtre de la censure, d'où l'honnêteté d'un essayiste qui ose braver les interdits pour exposer la réalité, il en oubliera pourquoi il pratique ce métier. Dès lors que l'œuvre proposée n'est pas moralement nauséabonde ou ne porte de propos diffamatoires ou d'incitation à la violence, s'y dérober ne peut qu'induire une servilité envers des hobereaux politiques. Le média ou l'éditeur est alors présumé être sous l'emprise d'une sujétion comminatoire et pernicieuse qui le plante dans le décor qu'on lui impose, et qui concomitamment infère une irréparable rupture avec son esprit corporatif et les droits naturels dits fondamentaux.

Entendons-nous bien ; si dire la vérité ou l'exposer dans une analyse pragmatique est considéré comme une atteinte à la sécurité publique, comme débattre sur des sujets sensibles(ainsila religion, l'immigration ou la démographie), ils'agit sûrement là d'une démission des représentants nationaux qui choisissent de museler ou de dissuader les diffuseurs de cette vérité, pour ne pas avoir à affronter intellectuellementles plus lucides qui portent leur analyse sur le terrain de l'anticipation, expliquent les inadéquations sécuritaires,économiqueset sociales autour du déferlement de réfugiés et de la surnatalité tiers-mondiste. L'essayiste, le média ou le philosophe polémique se verront alors infiltrés, tracés etclassifiésà la façondesactivistes, et que - comble du paradoxe - l'esprit libéré des entraves du *politically correctness*se voit traité enterrorisme intellectuel.

Gageons que la liberté d'expression vue sous quelque trait d'esprit que ce soit, telle la pasquinade intellectuelle ou artistique, se pose comme l'un des derniers remparts contre une certaine propension de nos dirigeants actuels, à revenir de façon indicible au postulat collectiviste de la pensée unique. Ce néo-dirigisme, qui voudrait trier à son avantage ce qu'il se dit, s'entend ou s'écrit, avant de laisser les diffuseurs livrer leurs auteurs au public, emporte l'illusion de la démocratie, surtout lorsque le peuple est persuadé d'être protégé derrière une Constitution et des lois, dont il semble ne subsister que des symboles aveuglants, mais à présent vides de sens.

La social-démocratie à la française, à rapprocher d'un *præsidium* ou d'un *politburo* façon bolchevique subtilement dupliqué, parvient insidieusement à forger les esprits citoyens dans le moule d'une casuistique qui interprète les libertés à sa manière. Par cet obstacle rédhibitoire, où la pensée individuelle n'a plus l'espace de s'accomplir et de s'épanouir, l'État s'ingénie à emmener les esprits lambda dans une captationde masseautour de grands rendez-vous sportifs, de diffusions de *reality-show* ou d'appels à la générosité nationale à la façon de grands-messes. Dans cette réalité tronquée, le monde politique créé l'événement pour masquer les vrais problèmes auxquels il ne s'attaque pas, par couardise, incurie, intérêt ou parti-pris. En conditionnant le public sur des sujets anodins ou fabriqués, l'actualité ainsi mystifiée s'en trouve anamorphosée. C'est ainsi que l'enjeu d'un footballeur courant après un ballon devient plus important que de protéger un droit fondamental. Tout est une question d'imprégnation ou de suggestivation des foules, et beaucoup moins de discernement, de lucidité et d'honnêteté.

Sous l'épaisse et anesthésiante brume de ce *no man's land* de l'information banale, inoculée en masse dans le cerveau des gens à l'échelle planétaire, ce néo-collectivisme parvient à effacer l'essentiel et à occulter la réalité visible dans notre environnement. Cela se fait, non pas en laissant disparaître cette réalité par un tour de prestidigitation, mais en l'effaçant furtivement du cortex cognitif préfrontal des gens comme d'une chose sans importancesous un effet quasi subliminal. Cette technique induit, à l'insu des sujets, un coma suggestivé sur les consciences insidieusement endormies.

En injectant le futile - leurre et dérisoire - dans la rétine d'un public fasciné par l'accessoire, celui-ci est emporté et vacille sous l'effet de foulepar impulsions chaotiques, dans une cohue ludique, anesthésiante et stupéfiante.L'outil de fascination peut revêtir l'habit d'un*bébête-show* ou d'un message*people*sur micro-trottoir. Le prospect en oubliera le reste, autant dire la situation sociale etéconomiqueen berne. Jonglant entre le théâtre d'ombres et les thuriféraires partisans qui s'extasient autour de l'action politique des leurs *où tout va bien* - ainsi procède l'Empire du Milieu depuis la chute de la dynastie Qing en 1912, mais que dénonce avec véhémence la nomenklatura sociale-démocrate tout en s'en inspirant dans les coulisses du pouvoir, - le monde politique français a trouvé mieux en faisant parler sa propre vision triangulée (cupidité, pouvoir et influence) de la liberté d'expression, plutôt quecelle de son peuple.

En effet, la gouvernance oligarchique de nos énarques juge - avec suffisance - ses électeurs incapables, mal informés, voire dangereux pour l'intérêt collectif de les laisser orchestrer eux-mêmes la vie politique, et qu'il vaut mieux ainsi les museler discrètement pour les gouverner dans leur intérêt pense-t-elle. Sans doute est-ce la nouvelle stratégie des décideurs politiques et faiseurs d'opinions français, lesquels, avec suffisance et mépris, veulent nous faire croire qu'ils nous protègent de notre incapacité présomptive, et qu'ils assurent le continûment des valeurs démocratiques en se les accaparant toutes, et en les confisquant pour notre bien croient-ils.

Ipso facto, pour savoir manipuler, réunir et pouvoir gérer comme un seul homme les masses populaires aux idéologies diversifiées, il faut façonner de nombreux maîtres à penser, des directeurs de conscience qui prendront le pouvoir sur la scène par le choix tronqué des urnes où les principaux acteurs s'entendent, mais en coulisse avec ceux qui tirent les ficelles et tombent le rideau. C'est avec ces derniers que de grandes écoles sous mandat public, tels *Sciences po* ou l'*ÉNA*, fabriquent des cerveaux clonés en les remodelant sur un seul format. Selon le référentiel d'un leadership d'excellence, émerge de ces fabriques soldatesques le produit d'un savoir-être objectivé ; en filigrane de futurs serviteurs inconditionnels de la social-démocratie, déjà lénifiante rien que par son évocation.

Cette distillerie intellectuelle concentre ses élites vers les postes clés des administrations, des grandes entreprises publiques, mais aussi en destination de noyaux durs d'entreprises industrielles de droit privé, des ministères et des collectivités territoriales, d'où elles œuvreront sous contrôle de gauche à droite des enseignes politiques colorisées pour mieux faire illusion de leurs différences. Apparemment pluralistes et opposées, mais toujours dans le fil d'un formatage social-libéral ou libéral-social qu'ils ont en commun, ces gardiens de la République mènent la même danse d'alternance rose-bleue. Cette mystification suffit à créer l'illusion d'une démocratie nonobstant tronquée, comme dans une course de relais ou le témoin change de main à chaque tour de piste, sauf que dans cet exercice il n'y a qu'une seule équipe qui concourt, tandis que les -5 %mendieront leur part de butin aux affaires.

L'électeur, suborné au second tour, n'aura ainsi d'autres choix que de voter pour l'un ou l'autre de ces logotypes politiques, lesquels en arrière plan font bon ménage car sur le fond,ils ont partie liée pour barrer l'accès à d'autres formations, même si l'une d'elles s'avère majoritaire. Cet habile stratagème abandonne la part congrue aux partis non alignés inexorablement placés en touche, incapables de gouverner à défaut d'électeurs, donc de moyens, puisqu'invariablement frappés d'ostracisme au second tour des élections. Certaines de ces sensibilités s'y complaisent, car elles ont conscience de leur incompatibilité avec le système démocratique institué par la République, ou que leur idéologie se suffit à n'exister que dans une opposition d'opportunité, confortable car sollicitée pour coller à la majoritéqui leur tendra la main pour faire le plein d'une majorité de composition (tels le Modem,l'EELV, le PCF et quelques partis antilibéraux frustrés).

Pour d'autres, qui ne rallient pasl'establishment socio-conservateur de gauche à droite en passant par le centre, ceux-là seront sûrement imputés des pires affectations d'amoralité, d'intentions honteuseset de radicalismepernicieux, carprétendument antithétiques avec les standards républicains ; les nationalistes ou les souverainistes se réclamant du patriotisme, puis tous ceux que l'on taxe d'extrémisme de droite, de fascisme, de xénophobie et de racisme. Ceux-là se verront diabolisés selon l'angle anamorphosé de la même toile tendue de chaque côté des affects politiques ; une ambivalence si remarquablement illustrée dans le double portrait d'une huile sur panneau de chêne du peintre et graveur germanique Hans Holbein le Jeune : *Les ambassadeurs* (1533) !

b) *Démographie, chut !La crue anthropique sous le couvercle de la sacro-sainte famille*

Comment la politique-attitude minimaliste procède-t-elle pour laisser croire qu'il n'existe aucun danger de surnatalité dans le monde, qu'il n'y aura jamais *trop d'humains* sur la planète, même à coup d'un milliard de naissances supplémentaires tous les douze ans, ainsi qu'il en fut durant la dernière tranche courue (population mondiale multipliée par 7 ces 2 derniers siècles), nonobstant les guerres génocidaires, la désertification, les pollutions, les pandémies et les famines ? Face à cette progression exponentielle des âmes sur la planète bleue, un seul remède est préconisé par les élites dirigeantes : dire le contraire comme pour conjurer une réalité incontournable et/ou se désenvoûter d'un scénario catastrophe. C'est ainsi que l'évidence et le sens commun cèdent à l'apparence de certitudes fabriquées par nos suborneurs au pouvoir ;un pieux mensonge qui s'ajoute à la séduction d'amalgames éthiques, de raccourcis idéalisés et de détours de langage.

Ainsi, pour faire entrer cette mystification sous le *sunlight* des médias, on fait tout simplement croire que cela n'arrivera jamais. *Exit* les fables malthusiennes. Ô miracle ! La population mondiale devrait se stabiliser à ± 10 milliards d'ici la fin du XXIe siècle, et même décélérer jusqu'à réduire selon les standards des pays développés (« Réduction de la population mondiale : faire face à l'inévitable » par J. Kenneth Smail, World Watch Institute). Par quel processus miraculeux ou catastrophique, etsuivant quel variable mathématique ou phénomène socio-sanitaire - telle une pandémie, un cataclysme cosmique ou sismique, une troisième guerre mondiale ou un génocide à l'échelle planétaire - devrait-on cette rétractation démographique subite et mystérieuse ? (Voir bibliographie *in fine :« Nous n'avons pas réussi à sauver la Terre »*, pages 134 et suivantes, Édilivre, 2010).

Une catastrophe qui raserait une grande partie de l'humanité serait-elle attendue ? Personne ne le sait, mais il est des scientifiques suffisants qui avancent que ce ralentissement des naissances se fera naturellement jusqu'à inverser la courbe de cette inflation anthropique. D'ailleurs, il suffit d'y penser très fort pour s'en convaincre, tant de gens croient en Dieu sans jamais l'avoir vu ! Là encore, l'inconscient collectif est d'autant plus malléable, qu'il parvient à se convaincre lui-même par un effet de persuasion auto-multiplicateur. Ainsi, plus de gens sont nombreux à penser la même chose, plus cette chose devint probante, et plus il devient illusoire de la démentir. Les vraies fausses réalités se fabriquent dans les laboratoires de certitudes plombées par des analystes aux ordres, tandis que les vérités les plus probantes sombrent dans le chaos léthargique de l'incommunicable, de ce qu'il ne faut surtout pas dire ou entendre.

Or, il n'y a jamais eu de décélération, de stagnation ou de transition démographique depuis les grands cataclysmes qui décimèrent les dinosaures. Ainsi, la Terre abritait ± 679 millions d'habitants en 1700, puis 1,76 milliard en 1900, 6,1 milliards en l'an 2000 et 7,058 milliards en 2012 selon l'ONU. Face à cet inexorable bondissement nataliste, que nenni ; le recteur Gérard-François Dumont et autres démographes révisionnistes, compulsivement anti-malthusiens, affirment, sans preuve ni de statistiques indépendantes à l'appui, que la dénatalité a désormais pris le pas sur l'inflation procréative. Curieusement, depuis la chair de conférence dudit professeur spécialiste de la géopolitique des populations, l'épiphénomène de la gérontocroissance est introuvable, pas plus qu'une simple projection d'avenir en courbe ou en chiffres. Cependant, si l'on veut bien ne pas s'égarer dans les conjectures, au fil des années l'accélération en nombre de la population mondiale ne cesse de surpasser les statistiques, au grand dam de la démographie politique !

Toute confrontation ayant trait au contrôle de la croissance démographique, d'où la connexité de reliefs jamais très éloignée de la famille et de la religion, est sujette à polémique. La diabolisation de la régulation des naissances, de quelque manière que ce soit, tient à des tabous aussi sensibles que l'avortement ou l'euthanasie, autrement dit, tout ce qui touche à la vie. Oui mais de quelle vie parle-t-on ? Si l'on évoque la limitation des enfants par famille au motif de lutter contre la pauvreté durable dans le tiers-monde, aussitôt, des détracteurs de tout poil évoquent par réflexe dogmatique la résurgence du malthusianisme, une calamité idéologique présumée aussi abjecte et honteuse que l'holocauste nazi. C'est ainsi que plus personne n'ose évoquer les problèmes de surpopulation.

Les uns arguent : *« Pourquoi les riches auraient-ils le droit de procréer autant qu'ils le veulent et pas les pauvres »* ? Les autres tentent de questionner *« Que faire des enfants voués à une mort précoce parce qu'ils souffrent de famine et de manque de soins, inexorablement condamnés à la misère et à l'exile ou la délinquance pour survivre »* ? Les nourrir et les soigner provisoirement et/ou partiellement tant il s'en s'ajoutent chaque seconde, ne sera jamais que cautère sur jambe de bois.Devant une souffrance qui se répète et se propage, ce n'est ni de l'indifférence ni de l'irresponsabilité que de souhaiter que cette machine à fabriquer le tiers-monde s'arrête, dès lors qu'il existe des moyens de contraception. *Exit* les discours réactionnaires, car selon les socialo-communistes toujours prêts à défendre par réflexe électoraliste la veuve et l'orphelin, ou aux intégristes religieux pour qui l'inviolabilité des tabous place la famille au cœur de leur fond de commerce confessionnel, il serait inconvenant d'évoquer la sexualité reproductrice comme un facteur de pauvreté !

Pourtant, à l'exception du Vatican, de la République monastique du Mont-Athos et des dignitaires musulmans résolument figés autour du statut intouchable de la famille et sa liberté de procréer, aujourd'hui la plupart des communautés n'ose plus se dresser contre le contrôle des naissances orchestré par le planning familial, qui certes a d'autres vocations, bien qu'il serait hypocrite de ne pas y voir la principale activité autour de la régulation démographique par la contraception et l'avortement. Or, qui dit régulation, dit limitation des enfants à naître, sinon aucune maîtrise sanitaire, économique et sociale ne saurait être envisagée, même à court ou moyen terme. Mais ce constat polémique reste du domaine sanitaire, le côté sociodémographique demeurant le pré carré des politiques et des religions.

En l'occurrence, il est notoirement admis que la planification des naissances peut sauver des vies humaines, même si certains procédés radicaux de stérilisation ou d'émasculation sont venus inopportunément renforcer la contraception bien souvent contournée, donc inefficace, alors même que le préservatif, sans danger et peu coûteux, demeure la meilleure parade contre les Maladies sexuellement transmissibles. La surpopulation concentrationnaire, dans les régions nécessiteuses du globe, ne peut favoriser l'expansion économique, puisque le développement ne saurait, selon toute vraisemblance, profiter à des miséreux matériellement exsangues, en souffrance de santé, d'hygiène, de malnutrition et en approvisionnement d'eau potable, puis encore sans instruction ni sources de revenus ou possessions matérielles.Les décès de nourrissons et la mortalité précoce d'adultes liés à l'absence d'assistance sanitaire et médicale, à la dénutrition, aux épidémies et aux maladies infectieuses (paludisme, dracunculose, virus du Nil occidental, Bilharziose, choléra, onchocercose, etc.), grèvent de façon durable tout espoir de prospérité dans certaines régions du monde. Cette disette de moyens creuse douloureusement le fossé entre les minorités riches locales souvent corrompues, avec la masse grossissante du peuple d'en bas, qui s'englue inexorablement dans une indigence endémique. Comment donc alors, dans ce terreau de misère, de souffrance et de frustration, ne pas y voir la poussée de l'extrémisme cultuel dont les leaders y puisent les soldats du djihâd pour en faire de la chair à canon ?

Ce pourquoi les partisans d'une politique responsable d'équilibre démographique avancent l'argument logique suivant : « *Les programmes de planification familiale sont une solution gagnant-gagnant ; le bien-être de chaque foyer comprenant une proportion raisonnable d'enfants dont les parents peuvent en assumer la charge financière s'en trouve amélioré. Puis en face, l'économie nationale, dont l'environnement naturel, éducatif, sanitaire et social gagne en prospérité pour le bénéfice de tous* ». Dans sa campagne pour une stratégie mondiale de la santé en septembre 2010, le Dr HC Ban Ki-Moon (secrétaire général des Nations-Unis) s'exprima avec l'ambiguïté de la diplomatie autour de la surnatalité sans se risquer à désigner le contexte : « *Nous devons faire davantage pour l'adolescente confrontée à une naissance non désirée* ».

Tous les acteurs de premier plan, ainsi Every Woman - Every Child (Chaque femme, chaque enfant), ont une propension à vouloir s'exprimer autour de la démographie galopante des pays du tiers-monde, mais sans oser s'ajuster avec le fond du problème, comme par exemple, en se glosant d'euphémismes grandiloquents sans jamais nommément citer l'objectif direct qui siège au cœur de l'étiologie du mal, et cela afin ne pas rompre avec cette façon dérobée de nevouloir blesser personne, comme en proclamant : « *Les objectifs millénaires pour le développement* ». Sont évoqués des phototypes larmoyants autour de la mortalité accélérée des enfants, ou de l'adolescente malencontreusement enceinte pour se soustraire aux amalgames, puis échapper à toute idée saugrenue qui viendrait dénoncer un problème global autour des taux excessifs de fécondité qui sonnent faux, parce que certains dirigeants ont voulu s'essayer dans cette voie avec des procédés honteux, et qu'il est pas question, par association spongieuse, d'emprunter leurs discours.

Or, c'est précisément de la faute des institutions internationales que de tels abus ou de telles maladresses furent perpétrées sur des populations démunies et/ou mal informées. C'est en se refusant à prendre le problème à bras le corps, avec sérénité, logique et discernement, en se détournant de toute volonté résolue sur une initiative honnête et propre sur les plans éthique et sanitaire, que les tenants de la conscience planétaire se rendirent collatéralement responsables de ces campagnes isolées contre la surnatalité ; ainsi au Pérou, en Chine ou au Viêt Nam. En somme, les responsables nationaux et onusiens préfèrent dénoncer les conséquences du *baby-boom* du Sud de la planète, en se gardant de diagnostiquer la cause d'ensemble pour ne pas contrarier les religieux,donc en abandonnant cette évidence aux pseudo remèdes drastiques de dictateurs fous, ainsi Alberto Fujimori avec ses campagnes coercitives de stérilisations forcées durant la fin du XXe siècle.

300 000 péruviennes furent de la sorte soumises à un programme sanitaire de ligature des trompes de Fallope (laparoscopie ou minilaparotomie, stérilisation chirurgicale féminine permanente), dont des dizaines d'entre-elles en moururent en l'absence de milieu stérile et de formation chirurgicale insuffisante des praticiens lors de ces opérations à la chaîne et des objectifs draconiens imposés. Les dégâts psychologiques et les souffrances physiques furent effroyables. De leur côté, 16 000 hommes ont subit, dans ce même temps, une vasectomie. Certes, il plus facile de juger *a posteriori,* des conséquences tragiques de telles politiques déraisonnables, plutôt que de s'engager officiellement et sous contrôle des instances internationales (une branche de l'ONU comme l'OMS), dans un programme de régulation des naissances pourtant nécessaire, mais interdit par les religions et mal vécu sous l'angle de la sacro-sainte liberté de procréer.

D'autres expériences malheureuses virent le jour dans le monde pour endiguer les flots ininterrompus de natalités surnuméraires, dont les conséquences et les dérives sont incalculables en termes de santé et de criminalité, ainsi la méthode de stérilisation non chirurgicale à base de quinacrine employée par la Fondation Mumford, créée au Chili par Jaime Zipper dans les années 1970. Les pilules sont insérées dans l'utérus des femmes, avec un effet très douloureux pour leur organisme (évanouissement, hémorragies menstruelles, fièvre, douleurs dorsale et abdominale, maux de têtes et risques de cancer par l'effet de mutation de cellules). En outre, selon l'OMS, entre 60% à80% des mutagènes sont carcinogènes. Enfin, la plupart des femmes qui furent stérilisées croyait se prêter à une campagne de vaccination contre le tétanos. Mais à la place, on leur injectait ladite substance stérilisante. De fait, l'OMS est effectivement à la recherche d'un vaccin supposé modifier le système immunitaire du corps humain, de manière à ce que la femme avorte au tout début de sa grossesse.

Si aujourd'hui, certains rhéteurs évoquent en variables (en chiffre et en courbes) un véritable génocide, les taux de mortalité maternelle et infantile en Afrique notamment, décuplent allègrement de telles statistiques, ce qui tendrait à objecter que les coupables seraient surtout ceux qui font semblant d'ignorer les aspects génocidaires du laisser-faire de l'expansion démographique des pays pauvres, tout en se dédouanant avec le financement de l'aide au tiers-monde. Et encore, c'est sans compter la corruption, la délinquance, les viols, les meurtres en bandes et la dégradation desbiotopes sociaux qu'engendre le dénuement, puis encore les guerres intestines entre clans ou ethnies et autres fléaux que génère la fécondité foisonnante. Pour faire court, plus les populations s'élargissent dans le dénuement, plus elles s'exposent aux risques de banditisme en s'enfonçant dans le non-droit.

On ne saurait ignorer que l'Islam intégriste participe activement de cette croissance endémique depuis l'intérieur de leur communauté par la polygamie et l'incitation à fertiliser sans interruption le ventre des femmes pour fabriquer toujours plus de possibles djihâdistes ; ainsi les Palestiniens, les Républiques islamiques et autres mouvements terroristes qui s'inspirent de la tristement célèbre déclaration de l'Algérien Houari Boumediene à la tribune de l'ONU en 1974 : « *Un jour prochain, des millions d'hommes quitteront l'hémisphère sud pour aller dans l'hémisphère nord. Ils ne s'y installeront pas en amis, mais pour conquérir l'Occident. Ils le feront avec leurs fils, et le ventre de nos femmes nous donnera la victoire* » !

Au rythme accéléré de ce déversement incessantes flots de naissances sur des régions arides et déshéritées, les possibilités de restaurer les économies sont quasiment nulles dans une telle conjoncture d'anarchie, d'absence de ressources de développement et d'instruction. S'y s'ajoute ces dernières décennies l'action caritative et sanitaire d'ONG souvent plus spontanée que réfléchie, qui augmente un peu plus cet accroissement de populations surnuméraires, en sauvant des vies humaines certes, mais sans chercher à diminuer la fécondité irraisonnée de ces pauvres femmes à la source de ce malheur. Chaque gosse sauvé engendrera à son tour douze à quinze ans plus tard des grappes faméliques d'autres enfants mort-nés ou survivants miséreux et ainsi de suite. Quand à la pression anthropique sur l'environnement, pour s'y réprouver honnêtement, il faut lire les travaux du Professeur Hugues Stoeckel (Voir ci-après les sources en référence).

On reconnaîtra l'existence silencieuse (car rarement médiatisée) de thèses scientifiques, plus discrètes - car à l'ombre des grands-messes apologétiques sur les vertus de la grande famille - publiées par des chercheurs dotés d'une expérience avérée sur la croissance démographique. Ceux-là parlent d'un héritage négatif, car au-delà des tabous cultuels et de l'empirisme traditionnel, la grandeur signifiée dans une fratrie ne se compte pas en nombre, mais en qualité : « *Si nous pouvions mesurer les souffrances de femmes, elles sont probablement plus grandes depuis la conférence du Caire qu'elles ne l'étaient auparavant... les femmes, qui auraient pu bénéficier d'une aide pour éviter des grossesses non désirées, ont continué à tomber enceintes sans le vouloir. Je pense que c'est l'une des choses les plus tristes au monde. L'élan démographique est un processus impitoyable* ». À l'opposé, d'autres traditionalistes allumés arguent sans sourciller que : « *La croissance démographique est un facteur positif de développement économique** ». Sauf que ceux-là n'habitent pas les bidonvilles de Calcutta !

Bien sûr que oui*, mais seulement dans les pays industrialisés, ce qui fait de cette assertion non achevée, un pieux mensonge par omission. À l'appui, je cite : *Global Development And Environment Institute* (Tufts University), publication du GDAE « *Environmental and Natural Resource Economics : A Contemporary Approach* » ; Hugues Stoeckel, auteur de *La faim du Monde ;* le colloque *Environnement et démographie du 24 octobre 2012,* puis les travaux de la CUDEP(Conférence universitaire de démographie et d'études des populations). L'une des études universitaires suggérées, non attribuées pour des motifs d'anonymat prudent et de la protection de l'intégrité de l'auteur, expose de façon claire et sans ambages, une réalité aussi dérangeante que pouvait l'être la position de l'économiste britannique et pasteur anglican Thomas Malthus entre la fin du XVIIIe siècle et le début du XIXe siècle. En voici un extrait édifiant :

« Un nombre croissant de résultats issus de différentes disciplines montrent que le bien-être humain est de plus en plus menacé par le rythme insoutenable de la croissance démographique. Les conséquences de cette menace se produisent à différents niveaux. À l'échelle mondiale, la taille de la population est un facteur déterminant dans la consommation des ressources. La question clé consiste à savoir si la Terre, le comportement de l'homme et la technologie pourront fournir suffisamment de nourriture et de ressources à une population croissante, sachant qu'une partie importante de cette population a du mal à répondre à ses besoins fondamentaux.

Les calculs réalisés par Global Footprint Network (Réseau mondial de l'empreinte écologique) estiment que la moyenne de l'empreinte écologique (la zone productive de terre et d'eau au niveau biologique utilisée par la population pour produire les ressources qu'elle consomme et absorber ses déchets avec la technologie actuelle) de la population mondiale représente 2,7 hectares globaux par habitant, et la biocapacité (la capacité des écosystèmes à produire des matières biologiques utiles et à absorber le dioxyde de carbone produit par l'homme avec les systèmes de gestion et les technologies extractives actuels) 1,8 hectares globaux par habitant. Cela signifie que les hommes surexploitent aussi bien les ressources des continents que des océans, détruisent les habitats, nuisent à la biodiversité, et privent ainsi les générations futures de leurs moyens de subsistance ».

Voici les conclusions de l'OMS et de l'UNICEF : *« La croissance démographique est un obstacle majeur à la réalisation de l'OMD 7c : « Réduire de moitié, d'ici à 2015, le pourcentage de la population qui n'a pas accès à un approvisionnement en eau potable ni à des services d'assainissement de base ».* Selon les thèses avancées par les chercheurs Alex C. Ezeh, John Bongaarts, Blessing Mberu : *« Il en résulte le paradoxe suivant ; qu'une croissance démographique rapide constitue une menace au bien-être des pays les plus pauvres, tandis qu'une très faible fécondité menace de manière croissante le bien-être futur de nombreux pays développés ».* Il s'y ajoute la réflexion suivante : *« Pour de nombreux pays en développement, en particulier en Afrique subsaharienne, le fait d'atteindre une prévalence contraceptive compatible avec les prévisions médianes de croissance démographique exigera des investissements importants pour répondre aux besoins non satisfaits en matière de planification familiale ».*

En filigrane, l'auteur de ces deux remarques induit la nécessité d'une immigration du Sud vers le Nord de la planète, rapide et nombreuse pour désengorger les pays pauvres de leur population surnuméraire. À une calamité, l'auteur y répond par une autre ! En s'adossant sur le principe des vases communicants, bien des analystes, sociologues, démographes et politiciens, ont une propension facile et élégante de faire face moralement et mathématiquement à la quadrature du cercle des problèmes d'inflation démographique dans le monde. Reste que cette transhumance transporte avec elle les mêmes problèmes et réclame des solutions souvent en inadéquation en regard à leur culture et leur religion, souvent intransposablesdans leur pays d'accueil ; ainsi la polygamie, l'égalité des sexes et le droit à l'éducation des femmes.

Dans un autre domaine, et selon les études de MM Brian C O'Neill, Brant Liddle, Leiwen Jiang, Kirk R Smith, Shonali Pachauri, Michael Dalton et Regina Fuchs, *« Les relations entre la croissance démographique et les émissions de gaz à effet de serre tel que le dioxyde de carbone (CO_2), sont préoccupantes. Une analyse des scénarios démontre que des trajectoires alternatives de croissance démographique pourraient avoir des effets considérables sur les émissions mondiales de CO_2 dans quelques décennies. En l'occurrence, ces résultats signifient que les politiques visant à ralentir la croissance démographique entraîneront probablement des avantages climatiques ».* À ce propos, un nuage brun quasi permanent, plombé de particules aérosols,couvre l'Océan indien, l'Asie du sud et le Proche Orient.

En outre, *Cdurable info,* un média citoyen francophone a publié le 6 septembre 2007 un article traitant de l'inexorable l'avancée du désert qui menace un tiers de l'humanité, et dont un extrait reproduit ceci : *« La désertification décrit l'aridification locale ou l'avancée du désert vers les terres auparavant non désertiques. C'est un phénomène qui a pour origine des variations climatiques et qui, aggravé par les conséquences d'activités humaines, prend une ampleur croissante. La désertification affecte actuellement directement 200 millions de personnes mais au total deux milliards de personnes pourraient être concernées, qui vivent dans des zones arides. Tous les continents sont touchés, selon l'ONU qui chiffre à 47,6 milliards d'euros les pertes économiques annuelles liées à la dégradation des sols et la diminution inexorable des terres arables ».*

Une conférence de l'ONU sur la désertification eut lieu à Madrid du 3 au 14 septembre 2007. Pour les experts indépendants qui ne font pas dans un optimisme béat, il faut s'attendre à une intensification des exodes massifs de populations vers des eldorados verdoyants du Nord, jusqu'à ce que ces territoires soient écrasés sous le volume de cette immigration. On estime à 250 millions le nombre de réfugiés climatiques et sanitaires pouvant être poussés à quitter leurs terres incultes et à migrer d'ici 2050 à cause de la sécheresse, du manque d'eau, des famines et des maladies qui en découlent. Avec l'avancée de la désertification, des régions contaminées par le sable deviendront bien trop inhospitalières pour que puissent survivre des communautés humaines. Puis les migrations ne feront qu'augmenter les tensions sociales et religieuses aux frontières et entre les communautés.

Quand le désert avance, le monde meurt titra*Rfi*(Radio France International) dans un article du 20 juin 2005, signé Valérie Gas : *« Réchauffement climatique, croissance démographique, agriculture intensive, irrigation incohérente, déboisement participent au lent mais inexorable phénomène de la désertification [...]. Le désert gagne du terrain. Ce n'est pas nouveau mais c'est inquiétant. Plus de 40% de la surface du globe est actuellement constituée par des terres arides ou semi-arides sur lesquelles vit un tiers de la population mondiale [...]. La dégradation à grande échelle des terres desséchées fait, d'autre part, courir un risque majeur à l'environnement, et peut même participer à induire des changements climatiques. La progression des espaces désertiques, sur lesquels plus aucune végétation ne pousse, perturbe le cycle de la vie des hommes mais aussi celui de la nature en modifiant l'écosystème ».*

Autre témoignage, le 18 janvier 2009, *ConsoGlobe* (Signé Jean-Marie) publie un article alarmant estimant qu'un tiers environ de la superficie des terres émergées du globe, soit 4 milliards d'hectares sont menacés de désertification. 24 milliards de tonnes de sols fertilesdisparaissent chaque année. 41% des terres de la planète sont constitués de zones arides ou semi-arides. Certes, L'État d'Israël s'est construit sur un désert, et de luxuriantes palmeraies bordent à présent de riches agglomérations où l'industrie et le courage de tout un peuple a fait de cette région aride un écrin pour l'humanité. Mais ce n'est là qu'une exception qui confirme la règle.Quant aux discours immodérés qui s'extasient devant les potentialités des déserts et des technologies qui feront reculer les sables, nous en attendons depuis près d'un siècle la preuve qu'une telle volonté existe, avant que ne se réalise la prédiction de Jean-Christophe Rufin dans « Globalia » (éditions Folio) où d'immenses bulles de verre seraient censées abriter les régions civilisées à l'écart d'un monde, où plus aucune espèce ne pourra survivre. Si l'on veut rester lucide et s'exprimer avec un minimum d'honnêteté, la progression des déserts ne saurait être compatible avec la démographie galopante des pays pauvres, dont les ressources sont principalement agraires. Il faudra bien un jour demander des comptes aux politiciens, aux religieux, aux dispensateurs de bonnes paroles et tiers-mondistes qui prétendent ne pas craindre la montée en puissance de la démographie mondiale, ou qui osent encore affirmer - nonobstant contre toute logique - que cette poussée anthropique va obligatoirement régresser.

Conjointement, il devrait également être constaté une dégradation sensible du biotope des communautés humaines, en particulier s'agissant des rejets et de la pollution qu'engendre les activités agricoles et industrielles dans les pays ne disposant pas de technologie d'élimination des produits chimiques toxiques ou d'incinération des déchets et excréments, lesquels vont tout droit polluer des sites de décharges à ciel ouvert, ou se déverser dans les fleuves, les lacs et les océans. Cependant, tenter d'impliquer la croissance démographique avec un risque écologique accru ne saurait être perçu comme une hypothèse recevable, puisque précisément les écologistes, les extrémistes de gauches et autres altermondialistes soutiennent que seuls les pays riches polluent. Certes oui davantage, mais avec une démographie décuplée du côté du tiers-monde, cet argument ne tient plus la route, sachant par ailleurs que les pays émergents deviennent les plus pollueurs, ainsi la Chine où l'air ne devient même plus respirable du côté des mégapoles et des zones fortement industrialisées. Un brouillard jaunâtre (des PM 10) s'abat certains jours sur le nord de l'Empire du Milieu lorsque l'hiver s'est installé, et que les centrales au charbon tournent à plein régime.

Dans les conclusions d'une synthèse rédigée par David Canning et T. Paul Schultz, *« En 2006, l'accès universel à la santé reproductive en 2015 a été ajouté aux cibles des Objectifs du Millénaire pour le développement dans le but de contribuer à améliorer la santé maternelle. Selon notre analyse, l'accès à la santé reproductive et à la planification familiale peut également contribuer à atteindre certains des autres objectifs du Millénaire pour le développement, tels que ceux visant à éradiquer l'extrême pauvreté et la faim, assurer une éducation primaire pour tous, promouvoir l'égalité des sexes et l'autonomisation des femmes, puis assurer la durabilité environnementale ».*

Oui, mais… est-il possible de transposer une telle analyse aux théocraties islamiques, dès lors que la religion du Coran s'oppose à l'égalité des sexes et à l'instruction dont une grande part est interdite aux sexe féminin par les muftis et mollahs. Puis encore, il est notoire que cette communauté d'islamistes orthodoxes se moque éperdument des problèmes environnementaux, du progrès en termes de santé et de condition de vie auxquels les fondamentalistes préfèrent la chasse aux mécréants et guerroyer contre les infidèles, précisément ceux qui pourraient leur apporter le progrès et un espoir de prospérité et de santé ? Or, c'est avec des ventres creux que les barbus fabriquent le plus aisément les combattants d'Allah !

Des clivages profonds et anciens, dogmatiques et traditionnels, butent sur l'opportunité de proposer des services de planification… entre les démographes, les défenseurs de la santé des femmes et tous ceux qui accueillent les parties prenantes de la planification familiale :*« Ces divergences sont identiques à celles qui existent entre les donateurs des pays à revenu élevé. Certains mettent l'accent sur les préoccupations écologiques : l'incidence du comportement reproductif des individus sur la structure et la vitalité économique des sociétés, et sur les bienfaits généraux du ralentissement de la croissance de la population. D'autres soulignent des préoccupations relatives aux droits : les droits des femmes à contrôler leur vie reproductive (certaines parties prenantes rejettent l'expression de planification familiale, parce qu'elles pensent qu'il s'agit là d'une question qui ne concerne que les familles, et non pas les femmes en tant qu'individus). Parmi ces parties prenantes, la plupart estime que les conséquences négatives de la croissance rapide de la population seront résolues naturellement au fur et à mesure que les individus disposent du droit de contrôler leur propre reproduction ».*

Observons ici une belle utopie, sachant bien que plus un pays s'enfonce dans l'indigence des familles nombreuses, souvent polygames, où de très jeunes filles tout juste pubères se retrouvent enceintes sans époux et sans protection sociale, moins il ne peut y avoir l'espoir d'un mieux-être, même si des actions caritatives tentent, avec de maigres dispositifs de faire face à l'énormité du problème, d'endiguer une partie congrue de cette détresse humaine : « *La Conférence du Caire, qui a adopté un programme d'action sur 20 ans, laquelle a établi un lien entre le développement et l'émancipation des femmes, n'a pas touché à l'accord stratégique entre le mouvement international des activistes en faveur de la santé des femmes et le thème de la [sur]population ... Elle s'est prononcée contre l'utilisation de mesures incitatives, mais pas contre l'établissement d'objectifs démographiques nationaux pour réduire la croissance démographique [...]. Lorsque vous présentez cet impératif démographique, cela peut véritablement fausser la prestation des services* ».

Le chercheur, auteur de cette remarque, qui qualifiait les défenseurs d'une croissance démographique plus lente de « néo-malthusiens », ajouta qu'à ladite Conférence, il y avait : « *... Une fissure importante au sein du mouvement entre les personnes qui pensaient qu'il fallait remettre en question les idées néo-malthusiennes, et celles qui pensaient le contraire, parce que la droite fondamentaliste était un ennemi plus important que les néo-malthusiens* ». Comprenons qu'une bonne idée, lorsqu'elle fut précédemment galvaudée, souillée et amenée au pinacle de l'horreur par des imprécateurs illuminés ou des despotes politiques, ne saurait être reprise par quiconque, et que le détour pour remettre cette idée sur les rails consiste à emprunter les chemins de l'hypocrisie pour ne pas être confondu à ces horreurs. De sorte que l'idée, même si elle s'avère incontournable et qu'il est suicidaire de ne pas s'y attacher, ne verra vraisemblablement jamais le jour, ou qu'il sera alors trop tard, en particulier pour tous ces malheureux.

D'autres participants scientifiques, démographes et autres responsables d'associations ou acteurs d'agences non gouvernementales d'aides et de soins qui ont soutenu la planification familiale, ont exprimé l'ambivalence de l'héritage de la Conférence susmentionnée du Caire, qui s'est tenue du 5 au 13 septembre 1994 sur la population et le développement. Un démographe d'une agence multilatérale s'inquiétait en aparté de la perte de focalisation du problème central : « *La santé reproductive a beaucoup, beaucoup de priorités. Certaines personnes disent qu'avec 19 priorités... on est dans une stratégie fourre-tout ».* Mais il a aussi demandé de se pencher sur les droits de la personne : *« Légitime, nécessaire, il faut corriger les excès du passé, en particulier le programme indien et le programme chinois »*... un leitmotiv qui n'est pas près de s'épuiser dans les discours !

Il faudra donc attendre encore bien longtemps - sinon s'en remettre aux calendes grecques - que s'établisse enfin une cohérence logique entre le fléau planétaire d'une surpopulation de pauvres gens en souffrance et sans espoir, et l'intervention intelligente des pays démocratiques pour convenir qu'entre le malthusianisme et le contrôle des naissances, le mal ne siège que dans la méthode des uns, ou le dogmatisme cultuel des autres. Mais l'idée qu'il y a vraiment urgence à se mobiliser... et moins à se lamenter ou pérorer dans un misérabilisme d'école, est restée dans les cartons.

Pour conclure ce passage, où les dérives péruviennes ou asiatiques commentées plus haut s'inspirent avec allégresse d'un sédiment culturel indien (qui veut la fin veut les moyens), le but recherché ne justifie certes pas que nécessité fasse loi. Telle est la conclusion apportée par le professeur de philosophie Chantal Delsol : *« Même si la fin est bonne, on ne saurait user de tous les moyens pour l'atteindre ».* De fait, améliorer la condition humaine ne justifie aucunement ajouter à la souffrance des femmes avant qu'elles ne soient mères. Faut-il encore laisser une chance de mieux vivre à leur progéniture ; un espoir peut-être d'atteindre l'âge de 35 ans.

Cependant, ce qui est jugé vrai n'est pas toujours démontrable, surtout quand multiplier des vies humaines est facteur de souffrance et de mortalité dans un monde qui ne peut davantage en contenir. Selon le mathématicien Kurt Gödel, la logique, à partir d'axiomes, ne permet pas de couvrir tous les domaines de la raison, et encore moins de mettre la vérité en chiffre. Partant de ce postulat, passé neuf à douze milliards d'humains sur Terre, la raison commande de stopper cette progression mortifère au-delà de cette limite ; question de survie, et pas seulement pour les plus démunis !

Les ONG ont souvent ceci de culpabilisant et de décourageant qu'elles empruntent sciemment la voie d'un interventionnisme doctrinal, au-delà de leur mission matérielle pour secourir le tiers-monde. La morale - celle du cœur - a-t-elle toujours raison devant les faits ? La charité chrétienne est-elle si bien ordonnée ? Quel bénéfice humanitaire retire-t-on de l'action caritative et sanitaire dans le tiers-monde, laquelle génère à chaque génération toujours plus d'infortunés qu'il faudra ensuite arracher à leur tour de la mort pour les mêmes raisons ? Ironie d'une implacable réalité ; préserver une vie de la faim, de la soif ou de la maladie pour lui donner une chance de survivre, c'est à coup sûr promettre la même misère aux nombreux enfants qui naîtront par suite de cette assistance à court terme.

Jean-Claude Jouhaud (Pascal Sevran), animateur et producteur TV, expliquait que c'est le sexe mâle qui fabrique ces grappes de gamins affamées, lesquelles butinent sur des montagnes d'ordures ! Certes, face à la souffrance, et surtout celle des enfants, le geste secourable d'assistance procède d'une compassion spontanée devant des scènes de souffrance aussi cruelles que déchirantes : « *Maxima debetur puero reventia* » (On doit le plus grand respect à l'enfance). Mais devant ce raz-de-marée de bambins faméliques, ce fut Sœur Emmanuelle[†] elle-même qui demanda au Saint-Père le droit d'utiliser la contraception dans les chiffonniers du Caire.

En voulant préserver des malheureux de la mort (famines, épidémies, drogues, trafics d'organes, meurtres, guerres tribales), la charité sincère et larmoyante contribue paradoxalement à aggraver le mal démographique. En clair, sauver des âmes sur des régions incultes, arides et en état de guerre endémique suggère une floraison surnuméraire de nouveau-nés à venir, d'enfants faméliques, d'orphelins issus de viols (un tiers des premiers rapports sexuels chez les Africaines n'est pas souhaité, notamment en regard des mariages forcés), qu'il faudra par suite secourir encore et encore, à défaut de solutions pérennes de survie sanitaire, d'une régulation des naissances et d'instruction. De sorte que l'effort humanitaire qui ne cherche pas à contrôler la natalité génère fatalement dans le temps une progression exponentielle du mal qu'il est censé combattre ; un puits sans fond, une spirale morbide, le tonneau des Danaïdes.

Soigner et nourrir, sans imposer des planningsfamiliaux contre la surnatalité galopante, revient à engranger toujours plus de misère devant soi. Aucune manifestation militante altermondialiste, voire l'écoterroriste ou les suicides collectifs contre l'OMC, le G-8 et la Banque mondiale, n'ychangera quelque chose. Il serait bien plus utile d'abattre les interdits religieux qui condamnent la contraception et l'avortement, dont le préservatif contre les MST. *Quid* del'ingérence humanitaire pour enrayer les conflits et mettre fin aux atrocités qui ravagent des peuples exsangues, sans État et sans force ? Comment intervenir contre les bandes armées qui pillent et rançonnent les ONG, lesquelles participent malgré elles à ces exactions (détournement ou prélèvement de leurs cargaisons sanitaires et alimentaires, rapts des bénévoles humanitaires menacés de mort pour de l'argent et des armes) ?

La contraception et l'avortement étant proscrits par les cultes monothéistes, nous voyons mal comment faire aboutir une logique humanitaire responsable, sinon perpétuer le mobile trop facile de la charité comme faire-valoir de la bonté et de la générosité (FMI, FAO, etc.). Faudrait-il encore que la biologie médicale, pour planifier les naissances, ne soit jamais placée sous le contrôle glacé de dirigeants maoïstes. En effet, comme vu plus haut, certains pays d'Asie pratiquent la limitation des naissances (Chine, Vietnam). Si cette mesure répond à une logique salutaire, économique et sociale, son applicationest inhumaine (sanctions matérielles, confiscation des aides et interdiction d'accès aux structures sociales, privation des droits civiques, camps de stérilisation forcée). Les garçons étant le plus souvent préférés aux filles, les parents détournent le jeu de la planification des naissances (avortement sélectif, trafic d'enfants voire de leurs organes, abandon sans état civil dès le second enfant).Il n'est pas rareen Asie que des parents euthanasient discrètement leurs nouveau-nés féminins et se débarrassent des petites dépouilles dans les caniveaux ou les poubelles. Au mieux, certains seront adoptés, à condition que l'adoption ne deviennent pas l'excuse ou le mobile de poursuivre un tel laxisme en matière de surnatalité… le marchandising et les trafics n'étant jamais loin.

Trop souvent, les lobbies humanitaires forcent l'argument politique qu'ils retournent précisément contre leurs bailleurs de fonds institutionnels et leurs donateurs privés, croyant peut-être, par ce biais, apporter une valeur ajoutée à leur action prétendument altruiste. L'aide au tiers-monde, ou aux pays en voie de développement, serait mieux acceptée s'il s'agissait d'un altruisme désintéressé (avoir fiscal, propagande élitiste d'où certaines campagnes politiques déguisées, etc.) et d'idéologies poussant à l'exaltation humanitaire, puis encore faisant abnégation de toute publicité et de calcul politique. Quant aux charités de kermesse et autres show télévisuels à grands spectacles dont profite la bourgeoisie bobo qui ainsi se dédouane à l'appui de crédits d'impôt, en ajoutant les artistes qui s'offrent une publicité à bon marché, il s'y trouve certes de braves gens qui donnent avec candeur et sans arrière pensée ni calcul. Mais il resterait à les informer sur la véritable finalité de ces actions prétendument généreuses et d'obédience nationale, en termes d'incitation démographique létale et de corruption locale. En effet, beaucoup trop d'intermédiaires, dont des chefs d'État et des bandes armées des pays du tiers-monde, se servent au passage, n'abandonnant aux véritables destinataires, la partie congrue de la manne des dons récoltés.

D'un autre point de vue, il apparaît que le secours des pays riches, dispensé dans les régions dépourvues de la planète, est davantage perçu comme un devoir, plus qu'une action charitable (défiscalisation oblige) ; là où précisément la philanthropie est ressentie comme une forme de mépris des classes supérieures, c'est dire une pitié que seul le privilège de la richesse peut dispenser à l'égard des plus faibles et des malchanceux. Les règles de coexistence socio-culturelle et de compatibilité économique, avec en filigrane un idéal laïc, mutualiste, solidaire et démocratique, ne peuvent véritablement être discutées et acceptées que dans les contextes respectifs de chaque nation. Mais à condition que ces bonnes intentions ne suivent pas toutes le même mouvement dogmatique sous l'inexorable poussée d'un *Jet Stream* planétaire (onusien) qui confine le problème du côté des ONG pour ne pas avoir à s'en préoccuper ou se voir taxé de corruption, ou encore devant l'inextricable chaos des guerres civiles, s'en remettre à plus tard comme se passer la patate chaude !

II - Un regard anamorphosé sur le monde libre qui met en place ses propres entraves et se glisse délibérément sous le garrot de celui qui cherche à l'occire

a) Point de liberté sans droit de l'exprimer, de la répandre et de l'enseigner même au risque de la perdre

En son temps, l'encyclopédiste et philosophe Denis Diderot avait entrevu l'enjeu de ces libertés naturelles qui, selon lui, ne peuvent profiter que par l'encadrement de celles-ci : « *Regardez-y de près, et vous verrez que le mot liberté est un mot vide de sens ; qu'il n'y a point et qu'il ne peut y avoir d'êtres libres ; que nous ne sommes que ce qui convient à l'ordre général, à l'organisation, à l'éducation et à la chaîne des événements »...] »* (Lettre à Landois, 29 juin 1756). La leçon des *Lumières*réside précisément dans la mesure, la pondération, l'appréhension des limites du tolérable entre soi et les autres.Dans cet intervalle aux frontières mouvantes, le règne dogmatique de l'absolu comme postulat du pouvoir individuel et la puissance publique oligarquequi fait dans l'intransigeance, bien des digressions aux libertés deviennent inéluctables.

Là où les évènements font réagir, c'est autour de la prétendue liberté de la presse, le droit d'expression et la réalité de ce qu'il reste aux Français de la sacro-sainte démocratie qui jadis enflamma la Bastille. *Quid* de l'article 27 de la Déclaration universelle des droits de l'homme protégeant la liberté du lecteur, de l'internaute ou du spectateur d'accéder librement à une œuvre ? La dynastie élyséenne social-démocrate exerce-t-elle un chantage contre les auteurs, producteurs et diffuseurs, voire sur leur conseil d'administration, autant dire l'espace hertzien ou littéraire qui pourrait tout simplement leur être confisqué ? D'autres intimidations et de pressions comminatoires sur les personnes et leur carrière sont tout aussi envisageables. Rien ne ressemble plus dans cette conjoncture néo-marxiste, à ce que furent les camarades du Kremlin au temps desBolcheviks de Lénine et Trotski, puis du soviétisme de Staline à Gorbatchev, avec leurs purges politiques qui perdurèrent sous les absolutismes prolétariens de Khrouchtchev à Brejnev.

« Les grands médias d'information ont-ils donc définitivement cessé d'informer pour servir la doxa souhaitée par ceux qui les détiennent » ? Voici bien résumé la déclaration de l'enseignant et écrivain Christian de Bongain (publié sous le pseudonyme Xavier Raufer), lequel dénonce le dirigisme et la censure de l'État français dans le *Nouvel Économiste* de la dernière semaine de mai 2015. L'idéologie dominante qui impacte une économie assistée, reprise par la plupart des sensibilités sur l'échiquier politique, orchestre les grands médias de l'info, épaulant à coups de contributions d'État et autres encouragements ceux qui se plient au dictat du pouvoir. Inversement, les tenants de ce pouvoirmenacent les plus récalcitrants en les privant de canaux d'émission et en affaiblissant leur budget sous le filet d'une concurrence déloyale, autrement dit en leur confisquant les aides qui les maintiennent sur le marché de la concurrence. Il ne saurait y avoir de plus redoutable qu'un État qui scande les vertus apologétiques de la démocratie tout en se servant de cette propagande pour faire exactement le contraire, cela en compactant les libertés d'opinion et de la presse dans les mâchoires d'une pensée unique réinventée.

L'auteur soutient, qu'en portant à distance critique des faits pertinents et vérifiés mais en échange, en leur imprimant une autre dialectique fabriquée pour les édulcorer, le public perd inconsciemment le sens des réalités et de ce qu'ils sont devenus : *« Ces médias vendent la salade de leurs propriétaires libéraux-libertaires, tout en vantant à la Tartuffe, leurs valeurs et leur indépendance. Désormais, ces médias délaissent l'échange d'idées pour la brutale affirmation d'un « There is no Alternative » à la Thatcher. Qui s'oppose à cette ligne est noyé dans le silence »*. Rappelons que Xavier Raufer est un essayiste de renom, bien que contesté par la bien-pensence car ses sujets sont censés donc polémiques, donc dérangeants. Il fut également conseiller politique de plusieurs hommes de droite depuis 1996. Cet auteur est spécialiste de la criminalité, du terrorisme et de l'insécurité urbaine ; autant de sujets tabous qu'il est aujourd'hui imprudent d'aborder avec une rhétorique qui ne serait pas en phase avec le *political correctness*imposé par la Communauté européenne.

Quid du CSA pour garantir le respect du pluralisme d'opinion ou des courants de pensée, puis encore son corollaire sur l'honnêteté et l'indépendance de l'information qui lui incombe de faire respecter ? En outre, quel est le rôle du ministère de la culture et de l'information dans cette surprenante éclipse d'un auteur et/ou de la confiscation publique de son œuvre ? Nous ne sommes donc pas loin de conjecturer que le ministre en charge de ce secteur d'activité se fait la courroie de transmission de Matignon, une réplique moderne du *politburo* dont le pouvoir territorial s'étend depuis la rue de Valois, aux places Vendôme etBeauvau, en passant par la DGSI.En tout état de cause, un auteur, un journaliste ou un artiste, peut être traité depuis l'exécutif comme une sorte de terroriste réactionnaire, un esprit rebelleplacé sous une surveillance rapprochée au même titre qu'un activiste islamique fiché « S » (Police générale des étrangers) au motif d'atteinte à la sûreté de l'État. La propriété vibratoire des mots suppose-t-elle une déflagration intellectuelle aussi explosive que la poudre à canon ?

Mais les paradoxes ne s'arrêtent pas là, car l'affaire des *caricatures de Mahomet* illustre l'emballement exalté de l'Islam radical, avec en réponse ses promesses de vengeance, ses *fatwas* mortelles et ses attentats terroristes qui s'en suivent partout dans le monde, où il n'est rien toléré qui puisse porter ombrage à l'image idolâtrée de leur icône cultuelle. Etonnamment, une chanson propre et sans injure (La femme grillagée), venant d'un Français du terroir (Pierre Perret), a fait l'objet de censures cachées, lesquelles se passent d'une décision de justice, dès lors que les salles lui sont fermées ou que ses producteurs et directeurs de théâtre furent la cible de chantage, *via* les violences économiques (Voir intro a], etchap. II, §-I a). En effet, face aux situations où l'auteur ne peut être poursuivi en justice pour des motifs de provocation à la haine raciale ou à la violence, ou quel'interdiction d'un spectacle ne peut être obtenu en séance plénière, outre en référé lorsque l'artiste fait ouvertement preuve de racisme (ainsi Dieudonné interdit de salle à Genève, en Seine-Saint-Denis, etc.), le barrage au public se trame plutôt en coulisse, loin des salles d'audience de la justice civile.

Des interdits d'images informels et des mises à l'écart de la vedette sur les plateaux de TV, à la radio et des salles de spectacle, au motif que l'auteur se prêterait à une imprudente critique à l'égard d'une communauté protégée, sont arrangés dans l'antichambre du pouvoir, pendant que l'Islam, lui, multiplie ses intimidations en représailles. Et pour mieux dissimuler cette encombrante réalité pourtant quasi quotidienne, des intellectuels ont trouvé plus commode de dissocier le Musulman de l'islamiste, comme si l'un et l'autre ne partageaient pas le même culte ! *Quid* de la responsabilité de tout musulman dans cette religion, dès lors qu'il accepte le contenu des Écritures, de toutes les Écritures dont il n'a même pas le droit d'en contester un mot ? *Quod licet Iovi, non licet bovi* (ce qui est permis à Jupiter ne l'est pas aux vaches) : le droit profite mieux au *béni-oui-oui,* aux dépens de l'esprit, surtout lorsque le style est irréprochable en droit*.

Il y a certes une fâcheuse confusion entretenue dans la logique de la population lambda, dès lors qu'un homme public, politicien, philosophe ou artiste, par ses déclarations son texte ou son art, dénonce un lobby touchant aux droits fondamentaux comme la liberté de culte ; ainsi l'Islam pour ses pratiques conjugales polygames, misogynes et violentes, ses intolérances communautaires incompatibles avec la législation et/ou la morale, son hégémonisme intransigeant et son dogmatisme insurrectionnel. Cet amalgame tient à ce que critiquer un culte, ou porter une appréciation négative sur le contenu de ses supports hiératiques ou liturgiques, reviendrait concomitamment à insulter les croyants y affidés ; un inélégant raccourci.

Or, précisément pour les doctes islamistes, le prétendu outrage que commettent les essayistes laïcs consiste à dénoncer les incompatibilités des traditions cultuelles avec les droits constitutionnels relatifs à la démocratie et la laïcité. Ce procès intellectuel s'avéreraitêtre une offense envers leur communauté, car il frapperait obligatoirement et concomitamment leur dieu et leurs adeptes d'une avanie sans discernement : le Coran et le Musulman. Par opposition, aucun des autres cultes traditionnels n'exhorte ses fidèles à se détourner de leur devoir citoyen, pour obéir de préférence à leur religion plutôt qu'aux fonctions régaliennes et laïques de l'État. Pourtant, moult fidèles de l'Islam estiment que les lois divines sont supérieures au droit séculier, et qu'il est du devoir du croyant de désobéir à la puissance publique, lorsque les obligationsdes ressortissants en droit positif local contreviennent à celles qui s'inscrivent dans le Coran. Cette litanie n'est certes pas nouvelle dans la bouche de ces illuminés, mais continue néanmoins à faire loi.

Cependant, dans l'esprit et le droit séculier qui président à la liberté d'expression, chacun peut apporter son opinion, même négative sur ce qui est écrit, sans pour autant que cela se traduise par une insulte pour son auteur ou son dépositaire. De surcroît, un livre de religion ou autre ouvrage d'ontologie, dans le monde laïc, n'est jamais qu'une œuvre quelconque qui charrie un courant de pensées profanes pour un non-croyant, un incrédule (athée, agnostique, sceptique ou pyrrhonien). Le caractère dit sacré ne sera jamais qu'une sacralisation symbolique contestable, car fatalement de facture humaine, voire sans réalité historique et spirituelle pour celui qui ne l'entend pas ainsi. Ne voyons donc ici aucun sacrilège à contester la réalité d'un culte, ses traditions, ses pratiques, la légitimité de ses annales et ses canons, car la religion du doute (zététique) ou le positivisme scientifique d'Auguste Comte sont aussi respectables que toute autre forme de déité cosmique ou terrestre.

b) *Le mensonge est la vérité de celui qui y croit jusqu'à se convaincre qu'il dit vrai*

À force de se résigner à ne pas dire les choses (xylolalie ou langue de bois) ou à esquiver les sujets qui fâchent, on finit par croire que ces choses-là n'existent pas. Telle est la nouvelle façon des puissants de ce monde de canaliser les foules, d'endormir les esprits et de prendre un contrôle insidieux sur les principaux courants d'opinion ; toutes sensibilités confondues. Depuis les mouvements de rue d'Amérique du Nord, du Japon et de certains pays d'Europe d'Est à l'Ouest en 1968, la pensée néojacobine s'est insidieusement mais durablement répandue dans les pays industrialisés. Ces mouvements séditieux pour les uns, modernistes pour d'autres, aussi honorables ou légitimes furent-ils, se propagèrent avec une bonne presse internationale, jusqu'à alanguir toute forme de réponse claire quant à la finalité desrevendications, à savoir à qui ces révolutions profitèrent, et d'où émergèrent ces idéaux qui façonnent désormais les esprits ?

La plupart des partis politiques, de gauche comme de droite, ont fédéré à la conscience onusienne uniformément sociale-démocrate, avec juste un peu de nuances pour feindre le pluralisme démocratique. On observe que cette nouvelle vague de la pensée unique n'abandonne aux esprits frappeurs (les *poltergeists* qui osent dénoncer l'imposture de la bien-pensance) qu'un accès congru aux libertés d'expression, au profit d'une assimilation d'idéologie droit-de-l'hommiste et multiculturaliste obligatoire, injectée dans le corps social. Par martèlement propagandistique et logique prétendument incontournable, cette variante occidentale du globalisme anationaliste s'imposa comme une évidence, la seule voie compatible avec la morale, autrement dit le bien et la vertu. Cette perception altermondialiste, qui contamina la vieille Europe depuis 1980, siège à présent dans l'âme de la plupart des sensibilités s'affichant comme non extrémistes.

C'est ainsi que la doxa, la plus convenable qui colle au choix que nous impose l'élite intellectuelle, se prête docilement à fédérer à l'uniformité d'un conformisme qui se décline dans le moule apprêté du*Politically correctness* où tout le monde y est inclut sans discernement. Dans cette logique aveuglément philanthrope, l'Islam, tapi dans l'ombre des fondamentalistes inquiétants, n'est jamais perçu comme une menace, mais une religion comme une autre, nonobstant ses accents comminatoires, les attentats terroristes, les émeutes urbaines et nombre d'incompatibilités sociales et juridiques que ce culte infère dans la société occidentale.

*De jure et facto,*cette communauté incarne unculte estimable et respecté, nonobstant les graves difficultés d'intégration, les violences meurtrières, xénophobes, racistes et sexistes que soulève le dogme musulman. Cependant, le postulat institutionnel de la liberté de culte protège ce dogme.Reste que l'Islam s'affiche davantage sur des assises cultuelles que citoyennes, sachant que les fondamentalistes musulmans ne se sentent vraiment patriotes qu'avec leur dieu.Conscient de cet obstacle confessionnel, l'Occident joue la carteducosmopolitisme qui efface le postulatdu nationalisme, lequel est désormais perçu de façon péjorative, laissant aux seules rencontres sportives et aux olympiades les oripeaux d'un patriotisme chauvin qui peu à peu perd la vocation fédérative d'une nation au sens de son histoire et de ses frontières géographiques. Quant à évoquer l'ethnie, la couleur, la race, la nationalité ou la religion… chut !La didactique des esprits éclairés se forge non pas dans l'opinion populaire, mais au sein catégoriel d'une fine fleur estudiantine, des esprits conditionnés aux coryphées de l'antinationalisme et au langage choisi et feutré, des vraies fausses valeurs par lesquelles ces futurs cadres de la Nation s'interdisent de raisonner par eux-mêmes, et que l'État insidieusement prépare à sa propre succession (Voir supra, chap. Ier, §-I a).

Dans les grandes écoles françaises, comme l'École Nationale d'Administration (l'ÉNA), L'Institut d'études politiques de Paris (IEP), connu sous l'apocope « Sciences Po », on y fabrique la postérité politique dont les cerveaux sont préparés à penser dans la même direction ; un autre uniformisme, non pas géopolitique mais cette fois éducatif, en suivant les mêmes normes éthiques et intellectuelles (Voir chap. Ier, §-I e). Cependant, dès la sortie de sa promotion, chacun de ces allocataires, sortis de sa promotion, apparaît comme vouloir suivre des voies différentes ; les uns vers des partis conservateurs, tandis que d'autres adhèrent à des sensibilités démocrates. Parfois même, les chemins se croisent, voire font volte-face. C'est ainsi que l'énarque Jacques Chirac, qui fut par suite un grand leader de la droite conservatrice, venditdurant ses jeunes années l'Humanité rue de Vaugirard et milita pour le Parti communiste (4ème Internationale), et que le très socialiste Michel Rocard, son camarade de promotion à l'ÉNA, aura brillamment fini sa carrière politique aux côtés d'Alain Juppé et de Sarkozy.

Mais ne nous y trompons pas, ces jeunes gens sortis des grandes écoles, à quelques exceptions près (Philippe de Villiers, Florian Philippot...), demeurent imprégnés, formatés et clonés une fois sortis du moule, et n'en sortiront jamais, sauf petite incartade de gauche à droite et inversement, histoire de créer l'illusion d'une diversité idéologique. De sorte qu'en façade, ceux-là se poseront en adversairesdevant leur public respectif, mais ordonnanceront des politiques de circonstance assez semblables. Ces frères ennemis projettent l'illusion de leur différence où tout en apparence les oppose, mais seulement devant les médias ou dans les hémicycles parlementaires pour espérer un jour pouvoir changer de place avec le banc des ministres. C'est le syndrome de l'UMPS évoqué par Marine Le Pen, ce turnover monochrome de la politique unioniste, européenne et onusienne.

Ce pourquoi il apparaît uniformément fondé de penser que ce monde-là serait le seul qui soit raisonnable et moralement acceptable. Tout le peuple doit y adhérer pour être bien considéré et rester en osmose avec cette forme aboutie de gouvernance, donc s'offrir une paix de bon aloi avec sa conscience. Oui mais... aucune rhétorique soutenue par un seul discours ne saurait emporter la certitude que ce qui est juste ou bien, peut se passer d'un débat contradictoire, voire même échapper aux faits et aux idées qui pourraient déranger, semer le doute, voire importuner le sens de l'éthique préétabli. Certes, le pluralisme politique fait encore son effet, restreignant la capacité sinusoïdale du modèle déontique du droit républicain (obligation, interdiction, permission, option facultative...) ; un leurre manichéen d'apparence dans le choix d'appartenance, chacun étant la chimère de l'autre.

Les sociologues, politologues et politiciens, pour expliquer cette phénoménologie d'agglutinement de l'inconscient collectif que l'expression populaire qualifie prosaïquement : « *Le syndrome du mouton de Panurge »*, empruntent un autre vocable, dénommé lexicologiquement *la dépendance au sentier.* Illustrant le dictat de la pensée dominante, cette économie de réflexion et d'intervention, *via* la liberté de penser, est induite par le cheminement idéalisé de la bien-pensance. Cette imprégnation de masse - une subjectivation liberticide - évacue ainsi toute idéation ou langage jugé déviant ou fâcheux pour eux-mêmes, en se servant de cette même conscience populaire acquise comme d'un garde-fou en première ligne, écartant pas là toute opportunité à devoir répondre directement par esprit de dialogue et d'apaisement, politiquement ou judiciairement à un adversaire non aligné.

Cet habile raccourci, par la récupération de censeurs parmi les citoyens insidieusement formés à cette dialectique par les voies d'une éthique populaire imprimée, dédouane l'État de toute intervention directe, donc à s'impliquer lui-même, tout en inversant la logique démocratique et constitutionnelle qui inscrit le droit de conscience au chapitre des libertés fondamentales. En réduisant l'accès à certains sujets sensibles, on en affaiblit du même coup la dynamique intellectuelle, en suggérant aux imprudents - avec en filigrane le triangle du danger - d'aller voir ailleurs ! Mieux, un autre vocabulaire prend ostensiblement dans la littérature le relais de certains mots, trop intègres ou trop précis, lesquels sont jugés dangereusement suggestifs, incitatifs ou déviants à défaut de réponse compromettante.

Roger Cukierman, neuvième président du Conseil représentatif des institutions juives de France (CRIIF) aurait franchi la ligne jaune en prononçant le second mot défendu de l'expression régulière *« jeunes ~~musulmans~~ »*, dont la variable politiquement correcte se traduit par le seul substantif *jeune*. Il est donc superfétatoire d'ajouter des caractéristiques de sémantique ou des séquences de spécificité pour désigner plus précisément des occurrences qui correspondraient mieux à cettecontraction peu explicite, précisément parce qu'il est de bon ton de s'en tenir à cette mise en mémoire partielle de ce que l'on voudrait désigner, mais sans se donner le vocabulaire pour l'exprimer explicitement. On notera néanmoins une légère évolution sémantique du Gouvernement puisque ce dernier vient de publier un décret n° 2016-553 du 6 mai 2016 portant modification de dispositions relatives à la prévention de la délinquance ; ce texte ajoutant au mot « délinquance »« *Lutte contre la radicalisation »*. Cette association ne précise certes pas qu'il s'agitd'une radicalisation fatalement islamique, d'où une délinquance en majorité musulmane. En clair, la fragmentation de cette exposition de la pensée, qui dénote l'embarras d'un langage feutré - lequel mérite de recourir à une précision - devient, par son raccourci, une métaphore qui consiste à gommer certaines apparences ; un balisage qui efface toute évocation suspecte. Certes, dans une très large proportion, lorsque l'on veut désigner la délinquance des *jeunes*, le contingent masqué de la réalité est flouté sur les images télévisuelles, donc par extension, elle doit aussi être gommée des discours.

De sorte que le slogan du *vivre ensemble,* n'est pas compatible avec la lisibilité de ce que contient la population dans son *ensemble,* de même que *vivre* dans la délinquance et le crime n'est pas associable avec la religion, même lorsque ces *jeunes* islamistes revendiquent fièrement en faire une marque de fabrique. Comment donc comprendre que les faits n'échappent pas à la photographie de l'actualité, mais que le langage qui en parle se voit interdit d'en décrire les contours interethniques, d'en désigner la pathologie ontologique, ou d'en rechercher l'étiologie sociétale et migratoire ? Au final, l'establishment social-démocrate rejoint l'aniconisme de l'Islam qui proscrit l'idolâtrie. En l'occurrence, le paganisme dialectique banni, étant pour le génuflecteur de l'Islam, précisément de proscrire l'appellation adjectivée du vocable musulman ; un mot à ne jamais associer aux émeutes urbaines, ni aux attentats terroristes, sachant que l'adjectif de substitution« islamique » a été réservé pour cela, pour gommer tout lien avec ce culte officiel, et comme si ce terme réassorti n'avait aucun lien avec la religion du Prophète.

Par cette métaphore de Xénophon (dans Mémorables) révélatrice de libertés hypothéquées par le conformisme, évoquons celle du *lit de Procuste* pour suggérer l'éreintement de l'intelligence libertaire que nous léguèrent les philosophes du XVIIe siècle, dont Voltaire ; cet électron libre que la Cour versaillaise ne parvenait jamais à taire l'impudence (Voir note 8). À l'instar du bon docteur Jekyll, alias l'horrible Mr Hyde, personnage tiré de l'œuvre phare de Robert Louis Stevenson, nous avons d'un côté du miroir un charmant garçon (d'où la bonne société dont l'éthique et les institutions sont finalisées), et le brigand de l'Attique, Polypémon ou Damastès. Cette figure mythologique nuisible ou dominante,dit le dompteur, réduisait les hommes à un seul modèle n'ayant qu'une seule façon de penser et d'agir. On y perçoit avant l'heure les prémisses de la pensée unique.

Or, comme on le sait, celui qui se reflète dans la psyché est l'exacte inversion de l'image qu'il renvoie aux autres comme à lui-même. Il ne s'agit pas ici d'un trouble de la personnalité multiple et dissociatif de l'identité, mais du parcours bivalent qui conduit un individu à se fondre dans le moule d'une société cryptomarxiste qui fabrique pour lui un mode de pensée. Comme pour les insectes sociaux doués d'une intelligence collective (instinct grégaire), il est suggéré un rôle que tout un chacun trouvera normal d'adopter, et qui lui fera croire qu'il sera heureux et bien considéré dès lors qu'il se conforme aux règles de vie dans son biotope, à l'organisation de sa ruche. Le sujet devient alors, soit l'avatar du citoyen parfait lorsqu'il se met à ressembler à l'image qu'on lui injecte (eusocialité), soit il risque les foudres des donneurs de leçon qui entraveront chacune de ses initiatives, l'empêcheront d'évoluer, d'être lu ou de se faire entendre.

Revenant à Procuste, sous l'habit de son clone Damastès, celui-ci capturait les voyageurs, les attachait, puis couchait les plus grands dans les petits lits, et inversement. Puis il coupait les membres qui dépassaient du lit trop petit et écartelait ceux des plus petits pour les ramener à la dimension du lit trop grand. Cette allégorie suscite réflexion, quant à comprendre comment le *Siècle des Lumières* aura aboutit à la censure de l'intelligence et du libre-arbitre (tout ce qui dépasse ou circonvient à la norme globalisée), lorsque des citoyens imprudents tournent le dos à l'uniformisation de la pensée institutionnelle (le voyageur de l'esprit), ou à la morale arbitrée par le système (autant dire la social-démocratie). La fragmentation des esprits par les faiseurs d'opinionsaccoucheuses de prêts-à-penser, autorise les paradoxes linguistiques par des codes, des alertes insoupçonnables et des faux-amis dans le compendium vernaculaire de la communication.

Le lit symbolisant ici la bonne conscience ou le canon social, l'objet a pour attribut de cadrer le citoyen, ce qui est contraire à l'esprit de la démocratie où le peuple est censé choisir son mode de gouvernance. Autrement dit, Procuste ou Polypémon, selon celui qui martèle ou formate, incarne ici le beau visage de la démocratie vue et corrigée par une élite. Sous cette apparence enjôleuse, cet artisan de l'éthique normative censure ou châtie les esprits qui ne se conformeraient pas à son modèle. En l'occurrence, *le lit de Procuste* ne fait pas la part belle à la pensée alternative, voire aux intellectuels qui s'engagent dans une voie non autorisée par la bien-pensance. Ce stéréotype conduit la société à un retour à la dictature des oligarques, *via* le *Katorga*tsariste des sujets qui fâchent et des interdits balisés.Pour ajouter à la taille des esprits par le couperet des concepts obligatoires et l'injection des clichés qui font *« plus blancs que blanc »* selon l'élégante satyrique de l'humoriste Joseph Colucci(nom de scène Coluche), il suffit d'ajouter la particule titrée« Docteur » devant l'annonceur de n'importe quelle marque de dentifrice, de biscuit de régime ou de lessive pour que toute prétendue vérité devienne plausible et incontestable. Autrement dit, grâce au support des écrans télévisuels, dactyles ou téléphoniques, la surimpression de l'image par des effets spéciaux, et de la propagation de discourstissés de mensonges tellement énormes que personne n'ose imaginer l'imposture de ce monde virtuel, de la fable ou de la tromperie. Imaginons qu'il s'agit d'une sorte de 5ème dimension qui absorberait la réalité par désintégration des esprits en face.

Nous avons aperçu plus haut (Chap. II, §-I b), comment il est possible aux grands de ce monde, avec les relais des pouvoirs publics et politiques, de l'enseignement depuis la plus petite classe aux écoles supérieures, des centres de recherche et des médias, de faire croire aux gens du commun que l'avenir appartient aux sociétés dont la natalité est la plus prolifique, même s'il est facile de constater que la surnatalité démographique qui caractérise le tiers-monde génère un désastre social, sanitaire, économique et écologique irréversible et générateur de guerres et de colonnes de réfugiés aux flux migratoiresininterrompus. De sorte que les contrevérités, lorsqu'elles sont dites avec solennité et exposées à grand renfort d'émissions et de reportages, parviennent à effacer la réalité de la carte du monde ; les livres scolaires parachevant le singulier tableau de ce charlatanisme intellectuel et de ce pharisaïsme consternant que livrent les élus pour lesquels le peuple aura imprudemment placé sa confiance.

Puis encore, toujours sous l'effet salvateur de la rhétorique social-démocrate, par quel tour de passe-passe la classe politique représentative du *calmez-le-jeu,* la seule qui accouche de l'opinion publique - ou qui le fait croire, - parvient-elle à nous convaincre tranquillement et sans faiblir que l'Islam est un culte paisible, égalitariste, tolérant et pacifique ? Pourtant,les conflits mondiaux incessants autour et en dedans des nations musulmanes, ainsi que les attentats islamistes essaimés n'importe où et sur n'importe qui, ne font que s'étendre sur toute la géographie du globe, et perdurent dans le temps depuis les années 1970 (pardon, depuis l'hégire), alors même que cette phénoménologie mortifère galopante, pourtant menaçante pour la stabilité internationale, semble être aujourd'hui vécue dans une normalité quasi anodine. Comment les élites politiques parviennent-elles à berner aussi facilement des sujetsde la République - car non plus aujourd'hui des citoyens - dans cette spirale délirante de mystifications ?

Pour ce faire, rien de plus simple ; il suffit de taire ce que les gens n'ont pas envi d'entendre ou de banaliser un type d'information à dessein d'en réduire les effets - même lorsque celui-ci se répète au fil de l'actualité (émeutes urbaines, crimes d'honneur, agressions contre les forces de l'ordre, attentats islamiques, etc.) - jusqu'à ce que le public cesse de s'en émouvoir, puis encore de caresser les prospects de l'actualité dans le sens du poil et les flatter jusqu'à l'orgasme électoral. Voyons ici une configuration insidieuse de déprogrammation, à l'aide de quoi l'intérêt général parviendraà affaiblir toute réaction susceptible de soulever l'inquiétude, et taire les esprits qui auraient autre chose à dire, comme :*Pourquoi diable l'Islam est-il le seul culte au monde capable de faire plier la démocratie et d'expulser la laïcité du monde occidental ?*En suggérant la logique des non-dits et des *« passez votre chemin il n'y a rien à voir »,* toute recherche ou curiosité du prospect d'informations* est canalisée dans un parcours compartimenté ou parcellaire de l'info, afin que l'acuité de perception de l'intellect de l'auditoire passif* se fonde avec les inclinations du sujet, et cela sans qu'il le devine. À terme, ce processus finit par réduire tout un chacun la vision différenciée du monde, scléroser la liberté de conscience, et orchestrer de manière insoupçonnable une morale citoyenne bien modelée.Ce formidable entonnoir, broyeur d'âme et vidangeur d'esprits exerce son art, *via* les façonneurs d'opinion, en s'octroyant l'exclusivité de l'info, par la communication à domicile ou sur soi (GMS, TCP/IP). Cette technique élaborée qui met en sommeil la volition et la réflexion du public, s'obtient par absorptiondu lobe frontal - siège du langage et de la volonté - à l'aide demartèlements télévisuels subliminaux, des dialogues interactifs en ligne,blogs et talks sur confort canapé.

L'historien et sociologue Pierre Rosanvallon, dans son étude sur « *Les fondements et problèmes de l'illibéralisme français* », met en exergue la vision moniste de la France socialisante et les sensibilités associées, dont il dissocie l'impératif démocratique au développement des libertés. Dans cette approche, il pressent « *La dénonciation paresseuse d'un jacobinisme chargé de tous les maux* », ce que dénonçait en son temps Alexis de Tocqueville, avec les idiosyncrasies nationales (imprégnations suggestives, viol de l'inconscient, inhibitions intellectuelles, perte de la vigilance ou de la défiance).

Sous l'imbition autistique d'agents extérieurs contaminants, numériques et binaires, lesquels captivent l'esprit et simplifient la pensée, les sages, au sommet des bonnes consciences, induisent subrepticement les attitudes citoyennes à répliquer. Par ce procédé insinuant fascination et modelage, l'État social équipollent, seul maître de la morale ou de la bien-pensance, vide ainsi les libertés individuelles en suggérant une dyade autiste d'une pensée déconnectée qui se substitue à l'égalité de traitement politique ; ainsi l'ostracisme médiatique des partis d'extrême droite que les voix de rédaction taxent de populisme, mais sans jamais y associer le lobbyisme populiste d'extrême gauche, pourtant ôcombien plus démagogue ! Là encore, nous retrouvons cette dissociation terminologique que caractérise la sémantique d'un mot à connotation dévalorisante voire insultante pour les uns, le même qui sera emprunté par synonymie, mais de façon édulcorée pour adjectiver d'un gentil épithète l'autre que l'on cherche à épargner.

En France, plus particulièrement, cette posture matoise des acteurs socio-politiques, avec leurs relais associatifs et syndicaux affidés au pouvoir, dès lors que ceux-ci détiennent la faculté d'une résonnance publique, s'exerce sans vergogne à l'exercice soporifique de la menterie nationale, induisant le sport très prisé de la *langue de bois*. Il semblerait même que nos dirigeants, qui se prêtent volontiers à suborner l'important de l'actualité et les vrais débats de fond, cela en faisant passer en boucle de la banalité événementielle comme le football, les *reality-shows,* les micros-trottoirs, les jeux hippiques, les performances automobiles ou courses de motos et autres conversations ludiques de comptoirs, aient une curieuse inclination à considérer le peuple immature et mentalement déficient, donc incapable de comprendre, voire de se protéger de ses propres réponses. De fait, l'État providence, soit en surprotégeant le consommateur en le déresponsabilisant, soit en imbibant le citoyen de phototypes médiocres et abrutissants, parvient à perméabiliser les esprits jusqu'à l'abandon de ses capacités cognitives et du processus de formulation de ses choix ; un paradigme qui inclut également une action de réflexe induite par une incitation suggérée ou un enfouissement.

De sorte que la démarcation, entre d'une part la tyrannie des mots qui poussent à l'usage de périphrases euphémisantes, les interdits moralistes avec leurs accents comminatoires édictés par lecorollaire social d'un contrôle du langage, et d'autre part le césarisme d'une persuasion insinuée où la bienséance s'impose dans la norme obligatoire de la morale, semble étrangement ténue. Cette méthodologie insidieuse n'est pas très éloignée du joug psychosociologique dressé par les idéaux marxistes, mao-spontex ou théocratiques. La spéculation autour de la connaissance et des convictions intimes, développée notamment par John Locke au XVIIe siècle, n'est pas sans rapport avec le naufrage paresseux de la volition par des idéaux dominants aux ambitions prédatrices. On y retrouve tous les ingrédients de la paranoïa agressive de Pol Pot, de Nicolae Ceaușescu ou d'Adolf Hitler, associée au déclin intellectuel, de l'autodafé à la régression sociale : « *Cette frustration des puissants qui brûlent les livres et enterrent vivants les lettrés* » selon Jacques Andrieu (Chargé de recherche au CNRS).

Stratagème de gouvernance, ou xyloglossie teinte en *rose, rouge ou vert* pour calquer sur un sociostyle, cette circonspection réductrice consiste à escamoter les évidences qui dérangent, comme si elles n'existaient pas. Pourtant, ce qui va sans dire, vaut mieux en le disant ! Mais en distillant des poncifsanesthésiants sur les ondes, le papier ou en ligne, les manipulateurs de l'opinion publique parviennent à soustraire ou dénaturer des informations jugées trop délicates pour être convenablement et sans danger, digérées par la perception des masses populaires supposées vulnérables au mal supposé, voire immatures. Cette imagerie clandestine, avec ses artifices heuristiques, suggère une duplicité expertement instrumentalisée par une classe d'énarques, amortisseurs d'idées sous-entendues subversivesselon ses marqueurs.

Culpabiliser des intervenants libres et individuels en les qualifiant d'alarmistes semant le trouble, voire d'activistes rebelles, dès lors que ceux-là soutiennent des interprétations objectives sur l'actualité et posent des suggestions anticipatives, fait partie du stratège des grands et des puissants qui n'acceptent pas de se remettre en cause, c'est dire d'ébranler l'édifice de leur credo établi. Cette posture, cambrée jusqu'à l'affectation et l'arrogance, relève de pratiques dignes d'un bolchevisme de triste mémoire. En couvrant d'une réputation malsaine les témoins de la réalité quotidienne, parce que précisément ceux-là concourent à faire savoir cette face cachée de la vérité, ou anticiper sur des conséquences alarmantes et informer honnêtement l'opinion publique, revient à requérir contre l'évidence, une actualité qui ne ment pourtant pas pour l'observateur impartial qui refuse de se laisser distraire et de se laisser emmener ailleurs.

En l'occurrence, la soi-disant normalité qui nous est distribuée par nos maîtres à penser s'avère fréquemment en marge de la vraie vie et des circonstances qui gravitent autour de la fiction d'une figure imposée. Pour nos censeurs, encadrés par les garde-chiourmes en habit de patriarche, et les ordinations sacerdotales des sages, déontologues et comités d'éthique spécialistes de l'excommunication idéologique, la restitution médiatique de l'actualité doit subir un minimum de tricheries avant d'être renvoyéesans détour devant l'étroite acuité de perception du public profane dans une société sous contrôle. Ce pourquoi il est d'usage, de Matignon à l'Élysée, en passant par les hémicycles parlementaires, de reformuler les événements au rythme que la société peut les digérer, autrement dit, reprogrammer opportunément la conscience collective. Là encore, il n'est pas difficile de déceler le mépris des gouvernants envers le peuple qui les a élus.

*Au chapitre régalien des communautés occidentales, regardées comme de haute et pontifiante culture, l'évocation de la démocratie suppose que cette société évoluée détiendrait, à la faveur des intouchables vertus de la République, le vrai et le bien, c'est dire *la solution* sur l'autel des valeurs constitutionnelles imprescriptibles. La sacro-sainte liberté de conscience et le mythe de l'égalité des sexes jamais atteints sont forgés dans l'idéation collective que concentre le symbolisme révolutionnaire de notre histoire républicaine. Mais pour aller jusqu'au bout de la démocratie, avec tout ce qu'elle inclut dans son paquetage, faut-il encore avoir l'humilité d'admettre ne jamais pouvoir y parvenir tout à fait, et que ni la raison la plus affranchie et ni le résultat proposé ne seront la panacée en ce monde d'approximations, en particulier lorsque la religion s'en mêle.

Au final, pour garnir l'espace dangereusement disponible dans notre cortex cérébral capable de réflexion, donc d'égarement, cet idéal virtuel doit être réformé et revisité par la classe politique afin que celle-ci en contrôle toute la substance, et d'être en mesure d'en borner, à chaque fois que cela semble nécessaire, les éventuelles dérives avec des anticorps lexicologiques et/ou sémiotiques. Il s'agit, pour nos directeurs de conscience, de capturer les esprits disponibles pour les rediriger vers le banal et le quotidien dénervés de tout relief interprétatif. Bardés de certitudes légitimant un entrisme idéologique injecté de molécules de persuasion infraliminales, et après avoir méticuleusement balayé les équivoques retorses susceptibles d'introduire une contingence dans l'effectivité des droits naturels[9], nos magisters académiques restent déterminés à étendre ce primat *erga omnes*.

c)C'est dans un florilège d'évidencesque l'esprit lucidea le plus de mal à susciter l'intérêt d'un public engourdi par manque d'oxygène cérébral, là où l'État lui injecte sa rhétorique anesthésiante

---

[9] L'instrumentalisation des facultés de perception des laisse croire au sujet qu'il est maître incontesté de ses pensées et seul fondateur de ses convictions. De sorte que les citoyens répercutent la suggestion idéative qu'on leur a injectée sans qu'ils le sachent, et le travail d'imprégnation collectif se fait tout seul par l'effet contrefactuel d'une chute de dominos.

Porteur de vertus onusiennes imprimées d'idéologies socialisantes, lénifiantes mais démagogues, cette *intelligentsia,* qui gouverne la plupart des États libres et instrumente la morale mondiale, tend à sublimer la pensée collective en réinventant la démocratie à l'aide d'imprégnations itérativessubreptices, cela en ostracisant les intellectuels récalcitrants. Quant aux esprits primaires, intolérants et violents, il convient de circonvenir la société en ne les blâmant que timidement, et d'attendre le miracle qui les sortira de leur obscurantisme. Pour ceux-là, la social-démocratie fait montre de compréhension, d'indulgence, de patience, de veulerie, voire d'absolution judiciaire.Voyons là l'effondrement de l'État de droit aux frontières des zones urbaines sensibles, un autre monde où les lois de la République sontinopérantes ou frappées d'obsolescence face aux valeurs sharîaques.

D'un point de vue tiers-mondiste ou néo-colonialiste (césarisme autochtone qui accouche de tyrannies locales, voired'ingressions guerrières ou d'hyménées monarchiques au sang bleu), la dictature prolétarienne, l'absolutisme religieux ou le népotisme d'un leader charismatique à tête couronnée, annihilent, par la contrainte et la terreur toute manifestation velléitaire individuelle, jugée outrageante, dissidente ou illégitime. C'est comme cela que le mondefonctionna jusqu'au XVIIIe siècle.Ces autocraties participent d'une cause entendue comme idéologique ou sacrée lorsqu'elles se réclament d'une praxis collectiviste, d'une révélation déiste ou d'un lignage despotique. Eu égard au nombre en progression constante de ces types de gouvernance jupitérienne sur la planète, les allégories doctrinales, les emblèmes héraldiques et les croyances monothéistes ont décidément la vie dure ! Quant à la démocratie, qu'en reste-t-il ?*« La dictature, c'est ferme ta gueule, la démocratie c'est cause toujours »* titrait un dessin de *Loup ;* ce trublion facétieux sur l'une de ses caricatures de presse exposée à l'occasion du bicentenaire de la Révolution française (Voir chap. Ier, §-I e).

Dans une société parfaite, la *liberté* ne saurait être illimitée, le *droit* figé et les *devoirs* prédéfinis. C'est l'élasticité de ces trois fondements qui font d'une société imparfaite le moins mauvais des scénarios. Selon Winston Churchill : « *Democracy is the worst form of Government except all those other forms that have been tried from time to time* » (La démocratie est le pire système de gouvernement, à l'exception de tous les autres qui ont pu être expérimentés dans l'histoire). Selon les coauteurs de *La représentation et ses crises* (in, Laboratoire de recherche philosophique sur les logiques de l'AGIR, aux presses universitaires Franc-Comtoises, 2001, diffusé par Les Belles Lettres), il se dit que les institutions ne valent que par les hommes qui les dirigent, les fonctions n'ayant de sens que par ceux qui les remplissent.

Entre ces deux idéations politiques, ce fut Aristote, dans son *Étique à Nicomaque* (livre II, chap. 6), quidélimita les frontières d'un juste milieu. Il reste à modéliser l'appréhensiondu vocable « démocratie » dans l'affectation glorieuse d'un acquis révolutionnaire, puis à observer l'usage souvent galvaudé de ce substantif encensé, lequel ne restera jamais qu'un vain mot, une utopie au service de carriéristes, une métaphore pour démagogues sortis des urnes (Voir, chap. 1er, §-1 e). Dans le vocable démocratie, on y trouve la racine étymologique « *peuple* » (δῆμος en grec). Tandis que le mot république nous vient du latin « *res publicae* », autrement dit, la chose publique. Mais les emprunts sont divers et variés, de sorte que la démocratie ou la république sont tout à la fois une symbolique populaire, puis l'excuse de tout et de n'importe quoi, ainsi les Républiques islamiques, les émirats ou les sultanats qui ne sont, dans les faits, que des dictatures théocratiques ou des monarchies absolutistes ; tout à l'opposé des peuples laïcs, libres et égalitaristes en politique et en genre.

Mais sous quel emploi cette sapience peut-elle être légitimement reconnue ? Sous quel vocable illustratif doit-on désigner la sagesse d'un *parler-vrai* ou de *mots justes,* sans risquer une association douteuse avec un patronyme politique à connotation fasciste pour certains ? Les vraies démocraties ne se seraient-elles pas éteintes avec le siècle de Périclès, la *res publicae* romaine, l'Althing (Alþingi) en Islande : le plus ancien régime parlementaire démocratique d'Europe fondé en l'an 930, ou avec les élections dogales du XIIe siècle à Venise (Promissio ducalis) ? Rappelons que la monarchie élective constitutionnelle en Grande-Bretagne naquit un siècle avant la Révolution française sans qu'une seule tête ne soit tombée ! Ce fut Guillaume VI, le dernier monarque absolu d'outre-Manche qui le dernier révoqua le premier ministre, Lord Melbourne (William Lamb) en 1834, la Reine Victoria entamant un processus démocratique du Royaume.

Qu'en fut-il de *l'Ordre nouveau* des intellectuels du *Club du Moulin Vert* dans les années 1930, dont la volonté était de subordonner l'État aux citoyens sans en passer par l'anomie, une désintégration de l'ordre social, un graal que voudraient les anarchistes ? Alors, cessons de croire que la France fut le fer de lance d'un symbole démocratique, aux dépens de centaines de milliers de morts entre la Révolution et l'Empire (deux millions selon *Démocratie royale* du 19 octobre 2012 ; moins de trois cent mille selon l'historien François Lebrun ; source, Historia n° 177 de mai 1994).

Sans amalgamer l'orientation collaboratrice du Gouvernement de Vichy après l'abdication du maréchal Pétain face au nazisme durant la dernière Grande Guerre, qu'advint-il de la devise *Travail, Famille, Patrie* qui figurait sur les pièces de monnaie française, dont le but était d'associer le peuple à son destin, à ses devoirs et à l'autorité tutélaire de l'État (Loi du 10 juillet 1940) ? En lui préférant la formule *Liberté, Égalité Fraternité* qui s'inscrit sur le fronton des mairies, l'État inquisiteur vienten échange de balayer une part *des libertés* aux Français en leur confisquant le droit à une vie privée ;*l'égalité* s'est une fois encore inclinée sous de nouveaux privilèges accordés aux populations migrantes incapables de s'intégrer sous le fer d'un confessionnalisme intolérant (telle la discrimination positive) ; et *la fraternité* a cédé la place au communautarisme. Comment porter aux fonts baptismaux la liberté de parole héritée de la culture des *Lumière,* sans risquer de bousculer les bornes imposées par l'État réinventeur de la pensée unique, voire susciter une coercition réactionnaire ? De fait, il apparaît de plus en plus évident que les postulats du bon sens et de la cohérence, dans la hiérarchie des valeurs sociales et des normes intellectuelles, nous sont à présent confisqués par la nomenklatura socialiste d'un genre nouveau.

Hormis les divergences existentielles du langage et des corrections idéologiques dont nous reviendrons plus bas, la France a un vrai problème avec la politique. Un clivage, entre la jacobine gauche-droite et la politique dissidente conservatrice qui se veut patriote (dite nationaliste), s'est ostensiblement installé plus durement qu'ailleurs, peut-être sous l'effet répliqué de la Révolution de 1789 avec le syndrome d'un vieil atavisme fait de lutte des classes et de la résurgence des privilèges. Bien que la social-démocratie ait adouci ces frontières (seulement) dogmatiques entre le nanti et l'ouvrier (dit le tâcheron), la dictature prolétarienne fait encore de la résistance dans certains esprits gaucho-antiautoritaires restés bloqués entre l'idéation surannée du travailleur exploité, avec en face de l'ennemi héréditaire : les patrons, les possédants de l'époque victorienne, au lieu et place de la noblesse et du clergé d'antan.

Ces trente dernières années, une nouvelle scission d'opinion entre les Français et l'État s'est creusée en France ; un phénomène qui se reproduit à l'intérieur des États membres de l'UE, scindant le cœur des familles politiques quelle que soit leur orientation idéologique, à droite comme à gauche des hémicycles parlementaires. Les unes se montrent de moins en moins favorables au multiculturalisme vu du côté de l'immigration massive, indigente, assistée donc non productive de refugiés islamiques venant des pays du tiers-monde (souvent les anciennes colonies), à l'appui des partis conservateurs qui renouent avec l'esprit national, son histoire chrétienne et son patrimoine culturel et cultuel. Ceux-làse sentent menacés par l'effet démographique d'un grand remplacement annoncé par les plus farouches partisans d'un retour aux valeurs morales, patriotiques et républicaines.

Mis à part l'effet ricochet des standards moraux du*melting pot*aux implications géopolitiques,dans le mental des Français subsiste cette idée indéboulonnable qu'il existerait deux sortes de gens : les uns catalogués à droite, comme des électeurs qui protègeraient les riches qualifiés de fascistes au dépends d'un *civitas* populaire sublimé (selon Karl Marx) ; et de l'autre, les héritiers du collectivisme qui s'imaginent encore détenir l'exclusivité de la défense des opprimés et des exploités. Dans cette dichotomie, le prêt-à-penser social-conservateur ou social-républicain (toujours social-démocrate) imprime les extrêmes à gauche comme à droite, soit dans l'irresponsabilité pour les premiers, et dans le fascisme pour les seconds. La France est ainsi restée en retrait, par absorption jusqu'à l'indigestion de ces clichés réducteurset raccourcis surannés, de l'évolution constructivedes grandspays industrialisés, où les partis politiques se sont d'abord entendues autour de notions sociales et consensuelles, préférant se mesurer autour des urnes sur leur capacité respective à progresser sur la voie dupragmatisme.

La France mitterrandienne du président Hollande, délestée de ses moyens économiques et financiers résultant de l'incurie de ses dirigeants, se fait à présent moquer par ses alliés occidentaux, et l'on dit qu'elle aime tant les pauvres qu'elle les multiplie à souhait. On pourrait y ajouter l'ingrédient famélique et sanitaire venant d'une immigration pauvre indiscernement légale ou illégale, en faveur desquels des samaritains distribuent sans compter des permis de séjour à durée illimitée, avec l'argent des cotisantset contribuablesautochtones qui s'évapore dans l'assistanat. Surle manteau de reliefs charitables, la spoliation des droits sociaux par des non-participants à l'effort socio-économique, et les incompatibilités ontologiques qui viennent bousculer les règles de vie et la dénégation du droit réel, ces nouvelles normes sociales dépassent à présent largement les clivages politiques traditionnels en s'ouvrant ostensiblement vers une guerre de civilisation.

À travers ce bouleversement des valeurs et la correction obligée des codes sociaux, le langage devient la cible des censeurssocio-républicains. Quandd'aucuns utilisent les expressions rappelant la *race blanche* et le *Français de souche* pour se rappeler à leur origine ou profiler un accent patriotique, ces citoyens du terroirsont derechef affublés d'un nationalisme péjoratif, assimilés à des xénophobes ou des racistes. Mais comment donc aujourd'hui s'exprimer en clair et avec précision et discernement, si un ethnologue ou un anthropologue veut, au faciès et par la phrénologie (ou crânologie terme cité dans la comédie-folie du XIXe siècle avec M. Mutin dit « les deux docteurs »), désigner la racine scientifique d'une souche endémique d'individus ? Sera-t-il convaincu de mauvaises intentions si ce chercheur, anthropologue ou historien, évoque dans sa thèse la donnéed'un leucoderme, d'un europoïde, d'un caucasien servie par la synthèse de la vitamine D ?

Mais gare aux ponctuations et aux inflexions linguistiques autour des mélanodermes ! Les fondements disciplinaires pour nommer un noir, ou plutôt un black ou un Africain, ne relève pas du taux de mélamine du sujet, mais de l'intonation de celui qui en parle. De sorte que l'expression *Français de souche* est perçue comme désobligeante pour nombre deMusulmans qui y verraient une forme dissimulée de ségrégation, ou que ces derniers se sentent dévalorisés, voir en situation d'inégalité, d'infériorité socialeou deniveau de culture, nonobstant le fait qu'un culte n'est pas l'exclusif d'une race. Quant à suspecter d'intention négative un Blanc qui ose parler de son terroir ou de ses origines, voilà bien une généalogie proscrite… à ne pas recommander.

Pourtant, à bien y regarder, les Français d'origine maghrébine disposent pour la plupart d'une double nationalité, ce qui ne devrait pas normalementles désavantager en leur qualitéde Français,sachant qu'une partie d'entre eux s'en s'exclut au profit de leur nationalité d'origine qui se rapproche de l'Islam. Mais lorsque l'État français projette précisément de confisquer cette nationalité aux barbares islamo-français qui tuent leurs compatriotes au seul motif qu'ils sont français et de culture non musulmane, un tollé de protestations fuse alors depuis la gauche aux communautés musulmanes. C'est ainsi que la déchéance de la nationalité fut mort-née.

Relevons ici une fois encore le comportement controversé de l'Amérindienne Christiane Taubira qui n'a jamais renoncé à son aversion contre la France, et pour ce faire, se sera investie dans tous les combats politiques et idéologiques pour disqualifier la Métropole et rappeler à ses concitoyensdu XXIe siècle leur descendance coloniale esclavagiste (Voir chap. II, §-IV). N'est-il pas paradoxal qu'une ancienne militante indépendantiste guyanaise - dont l'actuelle ne renie aucunement son passé (Voir chap. Ier, §-II b) - se soit opposée à la déchéance de la nationalité française contre les criminels musulmans ayant préalablement bénéficié de la double nationalité ?Est-il concevable, dans un État de droit, qu'un Garde des Sceaux se fasse l'avocat de la criminalité carcérale, forçant plus que de raison les libérations anticipées, et par là multipliant les évasions de hauts criminels, cela contre l'avis même des juges d'application des peines ?Comment comprendre qu'une citoyenne, qui porte le poids historique de mutineries insurrectionnelles anti-françaises dans une collectivité territoriale d'Amérique du sud (DFA), se soit récemment investie - au point de démissionner de son poste de ministre de la justice, pour venir au secours de sociopathes, eux-mêmes anti-français -afin que ces derniers puissent néanmoins conserver la nationalité française qu'au demeurant ils haïssent ? Doit-on en déduire, dans l'esprit tourmenté de cette élue outre-Atlantique, que la privation d'une carte d'identité serait plus dommageable pour des fanatiques, que d'occire à la bombe ou au fusil-mitrailleur des civils innocents au hasard, au motifde répondre aux commandements du Coran ?

Ce triste exemple d'antipatriotisme, aux plus hautes marches du pouvoir, illustre ô combien les stigmates d'un langage toxique peuvent dégénérer sur le mental fragile d'individus davantage ouvert à la haine, à la violence, à la xénophobie et au crime, plus qu'à la compassion et au patriotisme ! Si par euphémisme, métaphore ou tic de langage, le mal-comprenant sera aisément manœuvré,que dire des brouillages intellectuels ; ces attitudes équivoques, ces débats malsains avec leurs polémiques d'opportunité empreintes d'artifices, de contradictions et de malhonnêtetés ?

Illustrant le portrait antithétique de ce que devrait être un digne représentant de la France, le 10 mai 2014 à Paris, lors des cérémonies en hommage au général Thomas Alexandre Dumas, figure des combats pour l'abolition de l'esclavage, l'ancienne garde des Sceaux Christiane Taubira, par mépris de la Nation et de son histoire, refusa de chanter la Marseillaise aux côtés de ses camarades ministres socialistes. Cette dernière, pathétique, compara l'hymne national à un *karaoké d'estrade ;* sonprétendu recueillement ne pouvant en aucun cas excuser son silence, mais plutôt révéler un aveu bien mal dissimulé de xénophobie récurrente eu égard à sa jeunesse militante contre l'impérialisme français *(op. cit.,* Chap. Ier).Si le nationalisme revêt une significationpéjorative dans l'esprit influençable des multiculturalistes, que dire des comportements etpropos anti-français des gens de pouvoir d'origine extérieure à l'Hexagone, et dont l'exemple méprisablefabrique fatalement des émules dans les zones urbaines issues de l'immigration, notamment auprès d'une jeunesse décervelée ; lobotomisée par leurs précepteurs intégristes ou droguée au Coran.Ceux-là auront pourtant, à un moment de leur vie ou de celle de leur ascendance et collatéraux, bénéficié de l'accueil généreux d'un pays libre et laïc, qui de surcroît leur a offert la nationalité sans contrepartie ?

En injectant dans la Nation toutes sortes de réfugiés à qui l'État accorde tous les bénéfices humains, matériels et sanitaires,allant jusqu'à brader des nationalisations sans condition, le *melting pot* à la française ressemblera bientôt à une population sans identité, mais vraisemblablement promis à une partition entre l'Islam et Français de souche.Puis au-delà d'une pensée unique revisitée que la social-démocratie nous impose, ce sera le silence culturel, littéraire et artistique, sorte de chahâda que l'establishment instituera pour dissiper les différences de quelques Français qui revendiquent de l'être, voire intégrer la majorité du terroir national dans une assimilation inversée ; c'est-à-dire refondue dans le moule des minorités exogènes. Or, c'est à cela que s'emploient les panislamistes avec leur horde d'activistes, tel le 7 janvier 2015 en assassinant lescaricaturistes de *Charlie Hebdo*(11 morts) et des clients d'*Hyper Cacher*(4 morts),ou le 13 novembre 2015 en mitraillant mortellement 130 jeunes gens que leurs assassins ne connaissaient même pas, au seul motif qu'ils n'ont pas prêté allégeance à Allah !

Cette collusion de fait, entre le pouvoir politique et le fondamentalisme de l'Islam, met en lumière l'incapacité des premiers à accepter la voix du peuple en refusant à quelques-uns de ses intellectuels le droit de s'exprimer dès lors qu'il y a divergence d'opinion, puis le refus sans condition des seconds à accepter les différences, autrement dit une intolérance poussée à son paroxysme jusqu'à annihiler tout ce qui n'entre pas dans l'idéologie musulmane. Même si cette intransigeance fanatique ne concerne pas directement une grande partie des mahométans, la permanence et la fréquence rapprochéesde conflagrations généralisées menées par une multitude de groupes terroristes sur la planète est en marche forcée ;

l'actualité faisant écho quotidiennement de cette sinistre réalité, où l'Islam se trouve partout où des attentats, des guerres civiles et des génocides se perpétuent. Mais de cela, même si l'évidence -selon l'expression œdipienne - crève les yeux, il n'est pas permis d'en faire état en vertu du *calmer-le-jeux*, du *politiquement correct* ou du *pas d'amalgame*.

En déclarant qu'il est préférable de ne pas dénoncer la responsabilité du culte au travers le Coran, la tradition et ses lois qui s'y rapportent, afin - prétend-on - de ne pas emmener tout l'Islam à s'engager de front dans une guerre de civilisation pouvant contaminer tous les recoins de la planète, le silence autour de l'étiologie de ce mal demeure enfermé dans une omertà, qui au final laisse se poursuivre les attentats terroristes et les guerres civiles que la *bien-pensence*allègue ainsi éviter. Alors qu'est-ce qui tuerait le plus de gens dans le monde ; de répandre une vérité légitime et honnête envers les citoyens de toutes les sensibilités et confessions, afin de leur restituer l'honneur et la capacité de se protéger, comme de s'ouvrir au savoir et à la vigilance par l'information vraie, sans préjugés ni malversation, ou le silence pusillanime par la dissimulation et le mensonge, comme de laisser croire que l'Islam serait une religion de tolérance et de paix ?

Quant aux génuflecteurs inconditionnels de l'Islam, nous pensons tout naturellement à Dominique de Villepin (alors premier ministre de Jacques Chirac), lequel, sous le manteau de prudents conseils de pondération et de devoir de réserve des fonctionnaires de l'État, n'aura soutenu que mollement le Professeur Robert Redeker contre la *fatwa* lancée contre lui, notamment lorsque ce dernier déclara que : *« La haine et la violence habitent le Livre dans lequel tout Musulman est éduqué, le Coran »*. Bien entendu, il aurait d'abord fallu que le locataire de Matignon ait eu le courage de lire le Coran pour comprendre que l'auteur de cette analyse avait, en quelques mots, touché du doigt la gravité d'un sujet qui méritait autre chose qu'une simple admonestation contre les auteurs de menaces sur l'intégrité physique du Professeur.

Cependant, nous comprendrons - sans toutefois l'excuser -qu'il soit difficile de soutenir ses compatriotes alors que cet éminent et sympathisant défenseur de l'Islam fit du Qatar son premier client dans son cabinet d'avocat d'affaires. Outre le fait d'avoir abusé de sa position dominante au sein du pouvoir politique pour faire profiter ses activités lucratives au sein de son agence privée, Dominique de Villepin se sera offert une honorabilité dans les milieux terroristes, autant qu'à l'ONU où il s'exhiba en grand négociateur pacifiste et islamophile sans aucune réserve. Cela explique vraisemblablement la position partisane de ce doux rêveur le 20 septembre 2014 sur le plateau de Jean-Jacques Bourdin (BFMTV) : *« Le terrorisme islamique a été créé par les Occidentaux. L'État islamique est l'enfant monstrueux de l'inconstance et de l'arrogance de la politique occidentale »*. Voilà bien une péroraisonqui occulte que c'est précisément le Qatar, entre autres pétromonarchies du Golfe, qui, depuis des lustres, finance directement ces monstrueux terroristes de la trempe d'al-Qaïda et Daesh, de la même obédience sectaire (sunnite) !

Mais les exemples d'hommes ou de femmes politiques qui déclament haut et fort leur confiance en un Islam pacifique (ainsi M. Sultan Shahin devant le Conseil des Droits de l'homme des Nations Unies le 24 septembre 2010), ou qui n'en ont pas peur (telle Martine Aubry qui se félicite de la surpopulation musulmane grouillante à Lille), puis certains islamophiles, encore plus audacieux, qui souhaitent sans sourciller les voir prendre le relais dans les institutions républicaines (ainsi François Hollande qui y voyait l'avenir de la France lors de sa campagne électorale pour l'Élysée) ; et enfin ceux-là qui font les thuriféraires d'un culte musulman indiscernement progressiste et tolérant (Laurent Fabius, Élisabeth Guigou, Dominique Voynet, etc.), ne sont jamais que de braves utopistes certes un peu malhonnêtes, car vraisemblablement convaincus de pouvoir rallier les suffrages de l'Islam à leur prochaine élection*.

Puis il y a aussi les comptes numérotés, qui profitent en marge du fisc et des prélèvements sociaux, qui reposent sous les horizons dorés les paradis fiscaux des banques offshore (pour la plupart classifiés non-coopératifs selon l'OCDE) à Panama, aux Bermudes, aux Îles Caïman et aux îles Marshall, les Samoa, puis les républiques de Nauru et de Vanuatu, le Liberia… (Voir supra : chap. Ier, §-I g et §-III a et note 6). Voilà bien de douces et discrètes récompenses pour la compassion des politiciens avec les firmestransnationales qui commercent avec l'or noir des pays de l'OPEP, en particulier du côté de la péninsule arabique. En politique, c'est comme pour les noyaux durs de la finance, car le délit d'initié, les forfaitures, la corruption ou la prévarication ne sont des qualifications réservées qu'à ceux qui se font prendre ; autant dire une infime minorité d'imprudents qui se montrent déloyaux envers leurs obligeants bienfaiteurs.

*Contre ce mauvais calcul mortifère pour la Nation, car le peuple moyen n'en tire aucun profit en contrepartie d'une immigration massive d'indigents africains et moyen-orientaux, sorte de monnaie d'échange découlant de ces transactionsdiplomatiques aux relents financiers, gageons que le moment venu, eu égardau potentiel électoral indiscutable de la communauté musulmane en termes de démographie, ce seront des imâms radicaux qui enfileront l'écharpe tricolore. Après avoir jeté les politiciens du terroir qui les soutenaient,ces nouveaux élus,en *kufi* (couvre-chef) et *papush* (soulier),troquerontl'étendard français contre les couleurs de l'*hibra burd* (carré vert sur le linceul du Prophète) et le croissant lunaire de l'Islam, cela sous l'hymne nasillarde de *Saleel al-Sawarim*et de l'antienne *takbîr* (Allah est grand) entonnées par des Muezzins en guise de Marseillaise. Quant au buste de Marianne, il connaîtra le sort des bouddhas de Bâmiyân.

Il est évident que cette mystificationcalculéeau point de vue des profits colossaux et du pouvoir souvent obtenu par d'obscures concussions plus que par la voie des urnes ne saurait fonctionner favorablement pour l'avenir du monde. Outre les dommages collatéraux économiques et sociaux,ce business de tractations, financements contre réfugiés menées en coulisses, engageconcomitamment les fondamentalistes, au travers cet encouragement implicite, à persévérer dans leur logique de haine et de conflagration, dont ils tirent, de cette manne inépuisable de migrants, la substance d'un terrorisme dormant.Il en résulte que l'Occident se fait complice de ces derniers en cachant au public la réalité de ce culte qui retient en 114 sourates tout ce qu'il est haïssable en termes de morale ou de diplomatie, puis s'oppose à la concorde et à la fraternité entre les peuples de cultures différentes.

Pourtant sur ce registre sensible, dire la vérité aux citoyens des pays socio-démocrates serait vraisemblablement, pour la communauté musulmane, prophylactique et même curatif dans la mesure où le savoir et la connaissance supposent un progrès, et non le mensonge qui nourrit l'obscurantisme et le fanatisme. De surcroît, n'est-ce pas une tartufferie hypocrite et méprisable que de laisser incuber des idéologies délétères et pathogènes dans l'esprit des populations les plus naïves ou fragiles, parce que la gouvernance intellectuelle et politique est convaincue que le peuple estpuéril, influençable donc altérable, et même au point d'amnésie en regard de l'histoire génocidaire de l'Islam depuis l'hégire ?

La seule et vraie solution durable réside dans la vérité, même si le premier choc ferait bondir les précepteurs et prédicateurs musulmans qui sans doute crieront au sacrilège ou à l'outrage. Mais une réflexion prévisible s'installera dans l'esprit des gens qui voudront alors vérifier ce qui, dans un premier temps, semblera inqualifiable à l'enseigne de la liberté de culte. Le monde musulman sera alors contraint de changer, de revisiter ses propres écritures et à s'investir dans un *aggiornamento* incontournable entre les dogmes mecquois et médinois notamment. Même si l'Islam se fissure de l'intérieur entre progressistes et intégristes, il ne le sera jamais davantage divisé qu'il ne l'est aujourd'hui entre les 73 sectes de la Jamâ'ah (Voir chap. II, §-III e), en particulier entre sunnites et shî'tes. Cependant au final, la vérité gagnera en respectabilité politique en regard de la liberté d'expression, et la démocratie s'en trouvera renforcée.

Toujours du côté du droit d'expression, il y aurait-il donc un mal dans une locution à dire ce qui est, ou plutôt n'est-ce pas dans la translation nauséabonde de contrefacteurs partisans que siège ce malaise de perception ? De quel droit s'arrogent des détracteurs institutionnels de la vérité pour convertir d'une tournure verbale imposée, la substance obligatoire d'un vocable ou la déclinaison sémantique d'un postulat à dessein de leur livrer un autre sens ? Supposons qu'un Maghrébin utilise la même phrase qui proscrit aux Français l'usage de l'expression *Français de souche* en évoquant les *« Algériens de souche »* ; lui ferait-on ne serait-ce qu'une courtoise allusion ? Quel vocabulaire désormais doit-on utiliser pour éviter toutes les embûches du langage que s'inventent les faiseurs d'opinions et tous ceux qui s'arrogent le droit de lister l'éthique des mots et de lisser lesesprits au risque de coller dans le dos de quiconque une dénotation péjorative ou faire courir sur celui-là qui dérange l'ordre moral édifié en primat des rumeurs malsaines ?

De qui nous vient ce pharisaïsme délétère qui force l'imaginaire collectif pour censurer la parole des gens au motif d'interprétations diaboliques subodorées ? Cette inquisition de l'esprit et des lettres n'aurait-elle pas un relent de chasse aux sorcières, sorte d'autodafé de la liberté d'expression ? Même Voltaire (Voir note 8 et son texte d'appel) en son temps disposait davantage de marge pour s'exprimer dans ses œuvres, et provoquer la cour du Roi dans ses analyses philosophiques et ses grinçantes réflexions à l'encontre d'une monarchie qu'il tournait en ridicule.

Mais comment donc pouvoir sortir de cette impasse idéologique, où de simples mots prennent la place d'une rhétorique détournée et récupérée, laquelle réinvente l'histoire à sa manière, fabriquée par des stéréotypes ou des uchronies (histoires alternatives) ? Pourquoi les censeurs de la place Beauvau ou du Palais royal ne surveillent que le langage des Français du terroir ? Pourquoi n'est-il plus possible à présent de s'exprimer sans redouter l'usage de certains vocables récupérés par les lobbyistes d'une prétendue bonne morale, cernant d'un affreux doute et charge de suspicions celui qui oseemprunter un mot rebaptisé par ces faiseurs d'opinions ? Une expression qui pressent, implique, suspecte son auteur, au détour d'une idéation diabolisée par des préjugés formatés stigmatisent l'imprudent au travers une asémantique spécieuse. Comment donc pouvoir exprimer ce que l'on voit et ce que l'on entend sans être vilipendé par les inquisiteurs socio-démocrates ? La réponse devrait apparaître naturelle, en commentant sans façon la vérité nue, sans masquer les mots justes et nécessaires pour en parler.

Or, cette liberté de conscience nous serait-elle à ce point confisquée à notre insu, hors du champ des prétoires et des personnes autorisées ? Il devient aujourd'hui dangereux d'appeler un chat un chat. S'il est un handicap dans l'usage d'un terme ou d'une expression, c'est avant tout dans le prédicat : un Africain est un *Black,* car on ne dit pas un noir sachant que la langue française renvoie un phototype trop lisible. Les anthropologues suggèrent un mélanoderme pour classifier les gens de couleur à différencier d'un leucoderme (voir plus haut). Il fut un Nègre dans la littérature, un *noir* dans les années 60 *(Discours sur la négritude* de Aimé Césaire, 1987), un Kémite pour le mouvement panafricain. Puis sur un autre registre, notamment dans le monde social, un chômeur fut rebaptisé demandeur d'emploi, un pays du tiers-monde devient un pays en voie de développement ou émergeant, ce qui apporte du lustre aux pays plutôt en voie de perdition, ou encore une vidéo-surveillance est rebaptisée vidéo-protection ; protéger étant mieux perçu que surveiller. Enfin, un voyou est un *jeune,* expression anonyme sans coloration ni faciès ;un simple mot en forme de capuche rabattue pour masquer le profil ou l'identité de l'individu.

Certes, quand il est des mots qui s'attachent à un sujet sensible, une période honnie, un culte ombrageux, un régime tortionnaire, une déconfiture politique ou une mutation des esprits et de la morale, les vocables empruntés changent de sémantique ou se modifient selon les situations et le temps, de façon à ce que leur connotation devenue favorable ou défavorables, ne puisse supposer des intentions suspectes voire malveillantes. Quant au droit positif, qui évolue en marge des changements de mentalités, de comportements ou de géographie, il se retrouve parfois paradoxalement hors-la-loi, lorsqu'il est transposé à une autre époque, en un autre lieu.

Ainsi l'arrêt de la Cour de justice dans l'affaire C-379/11 Caves Krier Frères, où la codification au Duché du Luxembourg en matière d'aide à l'embauche est apparue contraire à la libre circulation des travailleurs (13 décembre 2012). Bien d'autres bouleversements législatifshistoriques sont venus brutalement inverser les mœurs et les mentalités durant l'histoire contemporaine, ainsi la loi *Marthe Richard* n° 46-685 du 13 avril 1946 légiférant la fermeture des maisons closes (dites de tolérance), la loi *Neuwirth* n° 67-1176 du 28 décembre 1967 autorisant pour la toute première fois la contraception sous l'enseigne titrée de la régularisation des naissances, la loi *Veil* n° 75-17 du 17 janvier 1975 relative à l'IVG qui légalisa l'avortement,ou encore l'interdiction de la mendicité (article 274 de l'ancien code pénal, loi du 26 février 1810)abrogée part la loi n° 94-89 le 1er mars 1994 ; les unions libres (ou concubinages) interdites sous l'Ancien régime et le droit canon, mais progressivement admises *de jure et facto,* dont la loi n° 72-3 du 3 janvier 1972 sur la légalité des enfants naturels hors mariage et la loi n° 75-617 du 11 juillet 1975 qui dépénalise l'adultère. Enfin la loi n° 2013-404 du 17 mai 2013 ouvrant le mariage aux couples de personnes de même sexe. Enfin, la loi relative au renseignement - objet principal de cet ouvrage - constitue l'une des plus invisibles mais non moins effarantes réformes que le droit français n'ait jamais connu, lorsque l'on sait qu'il ne s'agit ici, rien de moins, que la violation de la vie privée de tout un peuple.

D'autres verrous sauteront tôt ou tard, comme la prohibition de la toxicomanie, déjà amorcée par l'adoption à l'Assemblée nationale le 7 avril 2015 par l'ouverture des salles de shoot ; une expérimentation dite de consommation à moindre risque (SCMR). Voilà donc encore une valeur socio-sanitaire et morale qui s'évapore sous le mobile glauque de soigner la drogue par la drogue, autre que par des produits de sevrage. Cette banalisation, énième disparition d'un radar de notre société contre cette délinquance criminelle, n'est jamais que permettre à des drogués, prétendument précarisés, de pouvoir s'injecter de l'héroïne en toute légalité, le dealer ici n'étant autre que l'État français. Cette mesure, qui prélude à la dépénalisation des stupéfiants et psychotropes en France, à l'instar de la Hollande, confirme ce virage à 180 ° des mœurs, des usages et des droits, les uns étant salutaires et se dirigent dans le bon sens, ainsi les droits de la femme, les autresdéliquescents faisant de ces volte-face idéologiques la perdition de standards éthiques menant tout droit le pays à sa décadence.

Ces grandes mutations attestent des changements inéluctables dans le parcours d'une civilisation. Cependant, il faut reconnaître qu'en un demi-siècle, la rapidité-éclair de ces révolutions sociales, éthiques et juridiques force l'inquiétude quant à comprendre l'acceptation silencieuse du peuple à se laisser métamorphoser à une telle vitesse. « *À force de tout voir on finit par tout supporter... À force de tout supporter, on finit par tout tolérer... À force de tout tolérer, on finit par tout accepter... À force de tout accepter on finit par tout approuver* » ! (Saint Augustin, Evêque, docteur de l'Église et de philosophie romaine, Thagaste, 430 après J.-C.). Tant il est vrai que l'érosion de l'habitude emporte les derniers remparts de notre vigilance. De façon plus prosaïque, Louise-Marie Damia chantait *tout fout l'camp !* (1939 de Juel et Asso). Autrement dit, certaines valeurs jugées jusqu'ici intouchables, lesquelles bornent le savoir, la morale et la politique, versent progressivement dans l'oubli et s'effondrent dans l'indignité.

Ce qui jadis aurait pu soulever notre exaspération entre désormais dans la normalité et le quotidien. Les changements incessants emportent lassitude, échappent à l'entendement et ne suscitent plus notre intérêt. Selon l'Association *Référendum d'initiative citoyenne : « Le gavage médiatique permanent, à base d'informations futiles, spectaculaires ou anecdotiques, sature les esprits qui ne parviennent plus à voir ce qui est essentiel »*. Par exemple, exhiber l'étendard français et se gonfler d'orgueil d'être français est devenu dangereux dans les quartiers arabophones de France. Encore plus insupportable venant de nos concitoyens, cette manifestation patriotique est perçue comme une provocation par les tenants du multiculturalisme. Le symbole de la patrie, qui jusqu'ici honorait celui qui en portait les couleurs, n'aura bientôt plus de mot pour en parler, car c'est le patronyme français qui se couche devant la xénophobie d'un culte intolérant ; une confession portée par une immigration qui efface l'histoire, l'ethnie et le patrimoine de son hôte. Face à cette mutation, les derniers maquisards de la dernière GrandeGuerre invitent leurs concitoyens à entrer de nouveau en résistance (Pierre Thibaud, amicale du bataillon Violette, 50° RI, bulletin de mars 2016).

Sur un terrain voisin, la perception de certaines terminologies dans un usage propre, peut virer au déshonneur pour celui qui aurait la maladresse de ne pas savoir à quoi d'autre ces mots peuvent servir après avoir été longtemps usités sous leur ancienne déclinaison. Sous le couvercle d'une rhétorique concoctée par les puritains du verbe, le sens caché ou implicite de certains substantifs peut véhiculer un cliché négatif pour celui qui en use. Le langage direct, absent de sous-entendus qui mènent au paralogisme, devrait autoriser quiconque à s'exprimer sans détour et sans crainte d'être pris à partie ou au piège d'une sortie de contexte, d'une translationdéformée, malveillante. Par le bannissement de certains vocables, on réduit d'autant le droit d'expression ; cela sous la menace indicible d'une culpabilisation de tous les instants par procès d'intention, une déontologie de composition, en insufflant des frayeurs calculées contre l'imprudent qui chercherait à s'exprimer autour d'un sujet réservé au pré carré de la bien-pensance.

La langue de bois consiste, notamment, à ne jamais désigner les gens selon leur origine ou leur aspect, mais dans un vocabulaire voisin pour échapper aux interprétations spécieuses. Ainsi, la jeune délinquance urbaine étant devenue principalement musulmane, les politiques et les médias utilisent désormais le terme *« jeunes »* pour les désigner de façon générique sans se risquer à les distinguer au faciès. De fait, dans le profil de cette jeunesse importée au fil des générations par les vagues tourmentées de la détresse du monde, émergeun dogme intransigeant et expansionniste. Cependant, par esprit d'apaisement, il n'est pas prudent de nommément les désigner, au risque de provoquer l'indignation, l'excitabilité, et d'exacerber l'hyper-sensibilité de la classe bienséante des xénophiles primesautiers qui en fait des victimes brimées par l'histoire impérialiste de la France.

Que dire des fausses vérités qui font tellement vraies que l'on finit par s'en convaincre comme si elles faisaient corps avec la réalité ? À sa manière, Horace y répondit dans *Jus et Norma loquendi* (in, Art poétique) : *« C'est l'usage qui décide en maître et règle les lois du langage, et non les mots qui gouvernent la Citée »*. Selon Albert Camus, prix Nobel de littérature en 1957 : *« Mal nommer les choses, c'est ajouter au malheur du monde »*.C'est à l'aide de placebos linguistiques que la gouvernance académique, seule autorisée, corrige le langage présumé désordonné ou maladroit, selon sa propre perception, et subodore l'esprit qu'il convient de s'imprégner, cela à l'aide de règles établies sur la base d'un protocole lexicologique, en administrant la libre pensée par litotes interposées (Voir chap. Ier, §-I b).

C'est ainsi que la *nomenklatura* néojacobine a tranché de façon manichéenne sa vision universaliste de l'ordre social : d'abord celle de la morale dispensée par nos consuls et légats issus de l'Internationale socialisme, laquelle ne saurait être discutée et remise en cause dans la logique rétrograde d'un statisme cérébelleux. Puis en face, celle des esprits libres mais factieux qui osent exprimer des vérités qui ne sont pas toutes bonnes à dire, ou tout simplement qui dérangent un certain confort intellectuel. Pour cela, je m'en remets à l'esprit de discernement d'Aristote : *« Dire de ce qui est qu'il est ou de ce qui n'est pas qu'il n'est pas, c'est dire vrai. Dire de ce qui n'est pas qu'il est ou de ce qui est qu'il n'est pas, c'est dire faux »* (Livre sixième de Métaphysique).

Jusque dans les années 1990, la locution *« pensée unique »* était considérée comme la marque de fabrique d'un mode politique communiste, ainsi sous la Chine de Mao, ou de Lénine à Staline en Union soviétique, puis encore plus tardivement avec les régimes des Castro cubains et de la Corée du Nord avec la dynastie des Kim Jong, puis encore avec le Viêt Nam et le Laos où le marxisme à encore la vie dure. En fait, cet avatar du collectivisme socialiste, vu par Karl Marx ou Friedrich Engels entre autres, suscite le paradoxe de Russell, dès lors que *« l'unique »* triomphe de la *« multitude »*, autrement dit lorsqu'une idéologie se mue en dogme réducteur jusqu'à effacer la diversité ou les différences, au nom de la classe prolétarienne qui n'a plus rien à dire, sinon louanger - sans écart ni supputation personnelle - les vertus indiscutables de l'État dit ouvrier ou populaire.

Autre paradigme contestable, les partis uniques qui se réclament outrageusement du peuple ne font jamais que briguer le pouvoir le plus étendu qui soit, pour soumettre leurs contemporains jusqu'à ce que leur autorité prédatrice devienne absolue, irréversible. Compulsivement, ces autocrates, ces despotes ou oligarques cherchent à écarter toute formation d'opposition, considérée alors pour eux déviante et inquiétante. En voulant s'exprimer autrement, les opposants importuns sont qualifiés de fâcheux trouble-fêtes, de dissidents, de renégats voire d'insurgés ; autant dire qu'ils deviennent des traîtres à la Nation alors même qu'ils sont l'émanation directe du peuple. Prenant le contre-pied de cette dialectique, la démocratie, à la faveur des bulletins de vote, se présente comme l'antidote des dictatures, précisément en donnant le sentiment de s'installer en synergieau-dessus de la partisanerie des parangons, qu'ils soient prolétariens et républicains, ou théocratiques et dynastiques… sauf qu'ils siègent tous dans la même coterie.

Empruntant une litanie bien connue, le pouvoir, quel qu'il soit, d'où qu'il vienne ou quel que soit son inspiration idéalisée, aspire à convaincre, à fédérer et à rassembler, à uniformiser. Cette obsession dans l'union, l'unité ou l'osmose se retrouve dans tous les discours démagogues ou populistes, selon qu'on les attribue à la gauche ou à la droite. Mais en filigrane, même en démocratie pour les ténors des tribunes politiques, il s'agit invariablement d'écarter tout ce qui n'est pas miscible avec la doxa de la gouvernance, la meilleure qui soit, et le cheminement profilé par l'éthique des sages. Pour ce faire, les élus au pouvoir useront subtilement - mais légalement - de discrètes contraintes comminatoires à grand renfort de textes législatifs et réglementaires, soit pour persuader le citoyen des bons choix de leurs élus, soit pour dissuader les récalcitrants qui se risqueraient à sortir de la trame intellectuelle del'élite dirigeante (Voir chap. Ier, §-I f).

En programmant son vocabulaire et sa façon de penser dans le psychisme des citoyens, les partis politiques en pays démocratiques fondent puis imposent leur philosophie du pouvoir. Pour illustrer leurs méthodes, il s'avère commode de travestir le patriotisme en nationalisme, notamment en taxant les conservateurs de fascisme ou de réactionnaire, ou par exemple, en taxant de xénophobie toute approche négative de l'immigration surnuméraire du tiers-monde, voire critiquer les prétendues dérives qui en découlent. Ce en quoi, au final, les démocraties n'échappent pas davantage au cercle concentrique de cette déviation absolutiste qui tend à ordonner les vocables, orienter l'éthique et modeler les sensibilités. En somme, tout contrôler dans la société et soumettre le peuple à une seule autorité qui ne se nomme jamais relève d'une volonté commune à tous les régimes : gouverner, donc maîtriser et subjuguer le peuple dans les plus grandes largeurs.

Pour parvenir à baliser - sans le laisser paraître - un sens unique aux idéologies, il convient que toutes les forces de la majorité et de l'opposition empruntent sur le fond un même cheminement idéologique en se partageant le pouvoir par alternance (ainsi l'UMP et le PS en France, le *Conservative Party* et le *Labour Party* au Royaume-Uni, le *Democratic Party* et le *Republican Party* aux États-Unis, le *CDU/CSU* et le *SPD* en Allemagne, etc.). On comprend mieux pourquoi le système politique du bipartisme, qui donne l'illusion à chacun de faire la différence en simulant le pluralisme démocratique, cohabitent et réalisent leur stratégie ensemble, en s'accordant mutuellement et par fréquence le partage combiné du pouvoir.

Pour renforcer en coulisse cette alliance inavouable, la conjuration se ferme aux autres formations politiques concourantes, contre lesquels s'organisent à leur encontre le discrédit et l'opprobre. Le processus s'avère plus doucereux mais tout aussi efficace. L'idée procède d'un blanc-seing droit-de-l'hommiste qui s'habille d'une apparence immaculée, rétrécissant le couloir de réflexion du citoyen et subornant sa vigilance jusqu'à fonder subrepticement une morale obligatoire donc obligée, parée de soi-disant logiquescertifiées, puis d'admonestations contraignantes si cela devient nécessaire. Cette respectabilité académique se passe de justification, sachant que la fine fleur institutionnelle, au triomphe apologétique, estime ne devoir plus rien à démontrer, se positionnant bien au-dessus du peuple d'en bas (jadis la plèbe). Leur stature impressionnable de sages et d'énarques n'a plus besoin de faire preuve d'honnêteté, comme en respectant leurs promesses, pour séduire et déciderles électeurs subjugués, sinon perdu dans ses choix.

De fait, lorsque des intellectuels égarés tentent de s'écarter de ce couloir balisé en s'appuyant sur un autre fondement idéaliste, ces audacieux se heurtent de front à un paradigme infranchissable subtilement tracé par les *bonnes consciences*. Ces dernières, armées de leurs sycophantes, s'adossent aux linéaments démagogues de leurs rhéteurs du *politiquement correct*. La dialectique des redresseurs d'image procède au discrédit et à la démonisation de ceux qui sortent du modèle prescrit. Cet épistémè démocratique devient alors une réplique édulcorée des régimes autoritaires, mais en faisant croire qu'il n'en est rien avec eux, voire qu'ils s'imposent comme leur contraire, notamment en affirmant que ce danger-là serait que le peuple abandonne le pouvoir aux partis non alignés dit extrémistes, au FN par exemple.

C'est ainsi que les moyens dissimulent la fin, et que le pharisaïsme des plébicoles (ostentation des vertueux), de gauche à droite, prend ostensiblement le relais virtuel des camps de redressement chinois ou du Goulag soviétique, mais tout en douceur et de façon informulable, comme derrière un écran TV dont les images et les paroles ne font que circonvenir sans explicitement formuler ou conclure. Le progrès, ce peut être également cela ; une manipulation édulcorée ou implicite, donc inconsciente et indolore, de l'esprit chevillé à une propagande bien lissée, pourvu que tout le monde - ou presque - pensent en même temps la même chose, dans l'illusion d'être libre et de s'être fabriqué soi-même.

Par exemple, le lobbyisme de la social-démocratie injectera l'idée que le racisme ne peut être ou venir que d'un côté de la couleur ethnique (caucasienne), que toutes les confessions autorisées se valent (y compris avec l'Islam nonobstant ses avatars intégristes et ses rameaux terroristes) ; que chercher à modérer la démographie procède du malthusianisme, d'un outrage à la sacro-sainte famille ; ou que les discours qui fâchent relèvent forcément d'opinions marginales, d'attitudes négatives, de compromisstipendiés et de mentalités sordides. Entre l'angélisme et la diabolisation, ce manichéisme sournois ne laisse aucune place à l'explication libérée, rationnelle et argumentée, au développement didactique ou philosophique, voire au doute et à la remise en question de certains credo de convictions.

Pour illustrer ce qu'il ne peut s'exprimer en France venant d'un Français, mais qui *de facto* s'autorise depuis l'étranger, voici un témoignage de Alain Finkielkraut qui donna une interview au quotidien israélien *Haaretz* s'agissant du caractère raciale des émeutes qui eurent lieu en 2005 dans les ZUP : « *En France, on aimerait bien réduire ces émeutes à leur dimension sociale, les voir comme une révolte des jeunes des banlieues contre leur situation, contre la discrimination dont ils souffrent, contre le chômage. Le problème est que la plupart de ces jeunes sont des Noirs ou des Arabes avec une identité musulmane. Regardez ! En France, il y a aussi des immigrés dont la situation est difficile - des Chinois, des Vietnamiens, des Portugais - et ils ne prennent jamais part aux émeutes. C'est pourquoi il est clair que cette révolte revêt un caractère ethnique et religieux* ».

Mais en France, la censure veille à tout débordement supposé, les textes législatifs et réglementaires sont bardés de garde-fous, d'interdits, d'avertissements et de sanctions pénales, puis les autorités administratives indépendantes (AAI) sont des guetteurs avisés qui contrôlent et policent une déontologie verbale. C'est ainsi que la politique entre en religion, en d'autres termes ; que l'idéologie plurale de ceux qui osent penser différemment et suggérer des idées neuves est étouffée sous le couvercle doctrinal d'un conformisme internationalisé. D'ailleurs, cette légitimité façonnée par une poignée d'énarques se renforce sous lenombre grossissant de ses adeptes, dont l'opinion forgée dans une conviction de sermon laisse croire que la raison et ce qui est juste siègent imparablement de ce côté là.

Selon l'écrivain Pierre Jourde, professeur de littérature à Valence (Université de Grenoble III) : *« L'essentiel de la censure, c'est celle qu'on ne voit pas »*. Pierre Jourde n'hésita pas à affronter la doxa des faiseurs d'opinion, à l'instar de l'essayiste et romancier Philippe Muray, lequel mena un combat moral contre les lobbies institutionnels qui cherchent à imposer la nouvelle pensée unique des bonnes consciences ; celle qui endosse l'étiquette de *l'empire du bien.* Mais il en est d'autre de ces intrépides protagonistes des libertés qui tentent, certes à armes inégales, de rétablir certaines vérités que l'establishment du *politiquement correct* nous dissimule ;ces premiers étant méprisamment qualifiés de nouveaux réactionnaires, de fascistes. Certes, de nombreux intellectuels en sont venus, comme à l'époque des *Lumières,* à se battre avec leur plume pour ces libertés de penser et de communiquer par écrit que l'État interventionniste, voire néo-collectiviste à son point de rupture avec le peuple, cherche à étouffer les libertés sous le couvercle d'un pouvoir exorbitant, de plus en plus asphyxiant et mentalement réducteur.

Parmi cette élite d'intellectuels en rébellion contre cette inquisition d'État, nous pourrions citer en première ligne Michel Houellebecq (poète frondeur, de son vrai nom Michel Thomas), Maurice G. Dantec (écrivain français naturalisé canadien), Pierre-André Taguieff (sociologue et politologue, directeur au CNRS), Marcel Gauchet (philosophe et historien), Pierre Manent (professeur de philosophie politique à l'École des hautes études en sciences sociales), Michel Onfray, personnage renversant, philosophe hédoniste épicurien et athée qui se pose contre l'ordre social, Ivan Rioufol, essayiste qui se proclame néo-réactionnaire,et beaucoup d'autresintellectuels rebellescontroversés, certes moins visibles, que l'État censorial s'évertue à faire disparaître des feux de la rampe (Voir chap. II, §-I a).

Il en ressort que le prétendu consensus de la bien-pensance et de son lénifiant *calmer-le-jeu,* suppose la pratique de l'exclusion morale, intellectuelle et politique ; une autre forme d'intolérance qui se cache derrière le rideau immaculé de ce qui est supposé être le bien pour tous, avec pour support un socialisme universel dont seule la moral prévaut.Cette campagne acharnée contre l'alternative de vocations dites contestataires, carsuspectée de penchants séditieux, anarchiques, dissidents ou diaboliques, est une façon bien inattendue de parodier la société des insectes sociaux qui chassent de la ruche leurs congénères indésirables ; ces mauvaises guêpes, ou ces géniteurs d'idées aussi vite refoulés une fois que leur esprit aura servi !

III - Quand une évidence frappe la conscience collective au point d'amnésie, ou l'évanescence des repères axiologiques

« Le monde ne sera pas détruit par ceux qui font le mal, mais par ceux qui regardent sans rien faire », Albert Einstein.

Le viol de l'intimité, par l'espionnage numérique en ligne et autres indiscrétions indécelables (écoutes, correspondances vocales, etc.), prélude à l'évanescence de nos libertés et à la faillite du système. Voyons ici la démocratie française en déshérence de souveraineté, sous la singulière gouvernance d'élus qui confisquent à leurs électeurs des prérogatives d'équité comme le temps de parole, un devoir de vérité qu'ils doivent à leurs administrés et la liberté d'expression ; un droit constitutionnel. Il en va également ainsi pour tout citoyen désormais privé de la capacité de reproduire par l'information et la littérature des évènements sociaux et politiques accablants pour la sécurité publique et l'éthique du monde civilisé.

Parmi ces interdits sanctionnés par voie de censure, il est proscrit à quiconque d'évoquer la menace que constitue le culte islamique - donc d'évoquer le contenu du Coran - sur le peuple français, nonobstant l'épicentre d'une dangerosité terroriste maintes fois réactivée sur le territoire de la République. En l'occurrence, si l'Islam insupporte les autres religions, paradoxalement ce dogme chargé d'intolérances se trouve surprotégé par la liberté de culte dont les fondamentalistes musulmans se réclament et opposent à leurs détracteurs, étrangement soutenus dans leurs digressions.

Si l'on commet à travers le monde - de l'hégire à nos jours - autant d'horreurs et de crimes au nom de l'Islam, c'est bien parce que ce culte enferme en son épicentre, le Coran, le mal pour lequel ces abominations se perpétuent. Que l'on cesse alors de mystifier cette réalité quotidienne et de diaboliser ceux qui ont l'honnêteté de l'exprimer ; ces observateurs honnêtes et conscients ayant assez de lucidité pour fusionner cette réalité à un constat de vérité. D'aucuns, depuis le Moyen-âge, comprirent que l'Islam était un culte voyou, car intolérant, phallocrate, esclavagiste, guerroyant, génocidaire et hégémonique (voir plus bas). Mais aujourd'hui ce constat est interdit en France, la vérité étant perçue comme une offense à l'Islam, avec la menace d'émeutes insurrectionnelles et des actes de terrorisme au bout.

Mais depuis la fin du XXe siècle, accablé et débordé sous la poussée démographique de l'Islam, l'Occident socialisé et humanisé est parvenu à faire oublier le plus grand ethnocide de l'histoire avec l'Hindi Kouch qui décima 80 millions d'Hindous durant la première moitié du second millénaire (Voir plus bas), et entre autres génocides, tel celui des Arméniens, la coalition génocidaire du mufti de Jérusalem (Mohammed Amin al-Husseini) avec la *Waffen SS* du IIIe Reich, en vue de la Solution finale à la question juive. Il s'agit de la Conférence de Wannsee, impliquant directement l'Islam allié du nazisme, une coalition qui déboucha sur la Shoah. Nous noterons une fois encore que les livres d'histoire et les manuels scolaires en France occultent pudiquement cette sombre page de fraternité musulmane antisémite, pas plus que ces ouvrages n'évoquent les pyramides de têtes d'hindous que les turcs d'alors élevaient sur les places publiques, à la gloire des sultans Bahmani ou de Timur Lenk (Tamerlan dit le boiteux), lequel se fit une gloire de tuer cent mille Hindous en une seule journée.

Cependant au IXème siècle, l'Évêque Euloge de Cordoue s'exprima en ces termes (Exhortation au martyre, 859 de notre ère) : *« L'hérésiarque Muhammad est une figure de l'antéchrist »*. Pierre le Vénérable (né Pierre de Montboissier, 9ème abbé de Cluny dès 1122) présenta Muhammad comme : *« Une créature satanique à mi-chemin entre Arius et l'Antéchrist »*. Pour Dante Alighieri (dans la *Divine comédie,* un poème écrit entre 1307 à 1321), le Prophète Muhammad était fréquemment apparenté à une enseigne diabolique, une allégorie chtonienne. Enfin, le linguiste André du Ryer qui traduisit d'arabe en français le *Coran de Mahomet* en 1647, adressa à son commanditaire toute sa consternation en ces termes : *« Tu seras étonné que ces absurdités aient infecté la meilleure partie du monde, et avoueras que la connaissance de ce qui est contenu dans ce Livre, rendra cette loi bien méprisable »*. Plus récemment, le député néerlandais Geert Wilder compara le Coran à l'œuvre ignominieuse d'Adolf Hitler : *Mein Kampf*[10]. Oui mais voilà, au XXIe siècle, dire ou écrire ces choses-là ne passe plus.

---

[10] Outre Geert Wilders (voir infra, notes 13 et 14), parmi les politiciens contemporains à avoir développé cette analogie, citons Carl Hagen (leader du Kristiansand Progress Party et ancien vice-président du Parlement norvégien). Or, la comparaison la plus édifiante fut celle de Winston Churchill, quoique l'auteur l'ait amenée différemment (p. 50, § *« Guerre à Guerre »*, 1ère partie du 1er volume de son ouvrage intitulé « Seconde guerre mondiale » en 6 parties). Le chapitre 4 associe *Mein Kampf* à la foi islamique, comme *« Le nouveau Coran de la guerre : turgide, verbeux, informe, mais gravide dans son message »*. Cette similitude fit l'objet de travaux controversés, notamment autour des djihâdistes kamikazes ayant prononcé le serment d'allégeance d'al-Aqaba. Par ailleurs, ce qui fut considéré comme l'évangile Nazi (selon Heinrich Himmler en 1943) faisait de Muhammad une figure messianique (à l'instar du führer Adolf Hitler, ainsi l'évoqua Paul Joseph Goebbels en 1929) exterminatrice des Juifs, aidée en cela des 60 000 islamistes enrôlés dans la *Waffen SS* sous la conduite du grand Mufti de Palestine.

Quant à moi, agnostique, pyrrhonien ou sceptique, pas même athée, qui n'ai aucun intérêt à m'investir dans ce cheminement contre les tabous cultuels, ni ne fomente de haine envers les Musulmans lambda, ni encore ne cherche gloire, fortune et influence dans cette queste pour la vérité, je réclame en retour de mes contemporains qu'ils prennent le courage de s'investir dans la lecture du Livre sacralisé de ce dogme - prétendument une religion - pour aller y puiser leur propre conviction dépouillée de l'imprégnation des préjugés et des certitudes que la bien-pensance leur injecte. Je dirais même, sur les traces métaphoriques du *Silence des agneaux,* que ce monstre d'animosité et de violence, confronté à lui-même et dépouillé des aimables menteries dont on le pare, pourrait, par la seule persuasion de ses atrocités terroristes, guérir de leur cécité ceux qui croient encore que ce culte enferme quelque chose de bien ou de bon pour l'humanité.

Taire, voire menacer tous ceux qui ont quelque chose à dire ou à révéler sur la véritable nature de l'Islam, voilà bien ce que la pensée onusienne répand sur les chemins balisés de mansuétude du nouveau monde socialisant. Mais cela ne saurait se poursuivre sans rogner dangereusement sur les libertés fondamentales (droit d'expression, liberté de la presse, la vérité dans les livres scolaires, etc.). Cependant la France, chancre des droits de l'Homme et promoteur de la démocratie sur la planète, semble à présent suivre le chemin inverse des libertés qu'elle a jadis conquises. Les moyens, dont les législateurs successifs s'y emploient, sont cauteleux, difficiles à entrevoir, car ils se dissimulent sous le voile lénifiant de bonnes intentions, de mots et d'expressions qui rassurent mais qui finassent. Quant aux détracteurs, ils sont vite coiffés d'un bonnet d'âne, pire encore, ils sont diffamés, discrédités et qualifiés de tous les épithètes susceptibles de les faire apparaître hostiles à la société des citoyens soumis. Ces pratiques qui font florès sont perverses, car ces faiseurs d'opinions trahissent leurs concitoyens électeurs, et pire encore, ils hypothèquent l'avenir des enfants de la Nation.

Le processus qui consiste à museler les essayistes polémiques est bien rodé : l'éditeur publie mais s'arrange pour ne pas les diffuser sous l'intimation des cadres de l'hôtel de Beauvau et de la rue de Valois entre autres. Quant aux récalcitrants, ils se voient confisqués le privilège de certaines aides d'État et autres faveurs ; des subsides financiers aujourd'hui indispensables dans le monde impitoyable de la concurrence. Ce trafic d'influence, qui s'apparente à une violence économique, s'avère de loin préférable pour l'État à la mise en œuvre judiciaire d'une censure toujours incertaine quant à son aboutissement, laquelle, ô paradoxe, pourrait *a contrario* générer une publicité providentielle à l'ouvrage et à son auteur !

À ce jour, après la démultiplication insidieuse d'outils législatifs et réglementaires, l'État français aura réussi à soustraire l'information - la vraie - et à détourner l'esprit des citoyens en phagocytant les rédactions du monde de l'édition par la dépendance de subventions et d'exonérations fiscales et parafiscales comme susmentionnéessur ce chapitre (§-I a), puis en réduisant à sa partie congrue la loi du 29 juillet 1881 sur la liberté de la presse et du droit d'expression (article 10 de la Convention EDH). C'est ainsi que le berlusconisme à la française s'y est patiemment employé ; les censeurs au pouvoir parachevant leur mainmise sur les médias, les auteurs et les diffuseurs à l'aide des dernières réformes, ainsi par le décret n° 2015-721 du 23 juin 2015 en violant l'indépendance de l'AFP, et la loi n° 2015-912 du 24 juillet 2015 relative au renseignement (Voir supra, chap. Ier, §-II). Ce dernier texte - et non l'ultime - est venu télescoper la première des libertés fondamentales en ôtant toute confidentialité aux communications, avec le piratage des idées, la violation du secret des sources et la mainmise sur les professionnels du livre et des médias, devançant leurs projets en amont pour mieux les contrôler.

Dans une vraie démocratie, il ne saurait exister de *politiquement incorrect*, car cette aberration, inventée par des faiseurs d'opinions, insinue qu'il n'existerait qu'une seule façon de penser, et que tout le reste est suspect, inapproprié,malhabile ou nuisible. Pour illustrer cette dichotomie dominante, les gesticulations des politiciens, qu'ils soient républicains ou socialistes, n'ont de visible que la réfraction dichromatique qui les discerne entre le bleu et le rose ; les autres faisceaux du spectre représentant les laissés-pour-compte de la politique, ou font tapisserie pour feindre le pluralisme des sensibilités. Leurs discours respectifs sont cadencés selon la même technique utilisée en studio ou sur les plateaux de télévision en *direct-live,* sous le commandement des *opérateurs sampler* (les échantillonneurs).Ceux-làajustent l'applaudimètre qui prend lamesure de l'audience obligatoire d'un artefact politique (RPS), selon un soigneux réglage du volume souhaité, afin que le public (les électeurs), ait l'illusion d'avoir été pour quelque chose dans cette mise en scène, autrement dit que le choix des auditoires, en leur âme et conscience, fut retenu, alors même qu'il leur fut administré.

D'ailleurs, l'interlocuteur institutionnel depuis les partis sociaux-libéraux néojacobins aux libéraux-sociaux républicains, résume assez bien l'aimable alternance de *bonnet blanc et blanc bonnet.* De la même façon, pour illusionner la France avec des expressions symbolisant l'idéal ethnocentriquedes communautés, le multiculturalisme façon *melting-pot*en bonnet phrygien, borde d'un joli ruban bleu-blanc-rougela ghettoïsation des zones urbaines, même si le spectre d'une discriminationfissure l'harmonie des cités socialesmorcelées de zones de non-droit impénétrables ; des *no man's land*devenusdes poudrières, quasi entièrement investies par la communauté islamique. De sorte que le slogan lénifiant du *vivre ensemble* n'est qu'une vaste utopie, un leurre pour masquer la réalité démographique maculée d'insécurité autour de cette immigration monolithe abreuvée du Coran ; une vague invasive que d'aucuns qualifient de *grand remplacement.*

Ne cherchons pas à savoir si l'homme est bon ou mauvais, si une ethnie, une politique, un syndicat, une association ou une confession doit être catalogué sur ce schéma manichéen, mais plutôt ce que les idéologies et les dogmes font de l'homme. Ici est toute la différence, un discernement qui ne porte pas sur les individus, mais sur l'objet sacralisé d'un culte et ceux qui fomentent l'inhibition des valeurs morales et sociales, puis encore l'anéantissement de la société des autres. Ce pourquoi cet ouvrage ne doit pas être jugé comme une incitation à la haine à l'égard des Musulmans, mais compris tel un réquisitoire contre le culte islamique à travers son seul Livre ; le Coran,étiologie de ce mal-être communautaire.Ce produit du VIIe siècle n'a jamais cessé de propagerl'intolérance, la haine raciste et ses intonationsphallocrates, puis encore ses appels à une conflagration généralisée. Si les mots ont un sens, l'esprit qui traduit la critique d'un culte, mais ne se pose pas en rabatteur d'aversion contre ses croyants, ne saurait être confondu à des intentions malveillantes contre cette communauté elle-même, sans doute innocente du hasard qui a fait naître ets'élargir un peuple dans ce biotope confessionnel indélayable.

Nous comprenons, gens du métier, pourquoi les mots ont une force, que l'expression épistolaire soit une arme redoutable, et que la gouvernance - confrontée à l'indiscible 4ème pouvoir, - n'a de cesse que d'éreinter le libertinage des libres penseurs qui s'aventurenthors des clous, autrement dit lorsque ces derniers ne s'alignent par derrière le conformisme des idées dominantes. Sous les dehors culturel et didactique,l'État providence prend la main sur le langage vernaculaire, ainsi des expressions usuelles et les vocables anodins. Quoi de plus innocentque d'emprunter l'expression*Français de souche*pour désigner un autochtone du terroir ? Or, ces deux mots sans intention particulière, une fois collés ensemble deviendraient suspects, voire immoraux et malsains ?Parler des racines chrétiennes de la France ou de la Péninsule ibérique*très catholique* ne relève plus d'une page didactique de l'histoire du vieux continent, mais deviendrait uneprovocationà l'égard des Musulmans dont leurs ancêtres furent chassés de l'Europe à l'époque de la *Reconquista*. La simple évocationd'une peau *noire* ou *blanche*nous estconfisquée au nom d'un racisme présomptif (Voir la cabale montée contre Nadine Morano à ce propos ; chap. II, §-III d).

Si l'inanité du concept de race appliqué à l'homme fait consensus, force est de constater qu'il existe bien de légères différences, et que ces nuances d'aspect deviennent imprononçables pour d'obscures raisons de susceptibilités épidermiques. Cette inquisition du langage, empreinte de suspicions, coiffe tous ceux qui, intentionnellement ou non, usent de ces vocables proscrits faute de ne pouvoir exprimer autrement ce qu'ils veulent dire. Finirons-nous par avoir honte de notre marque de fabrique et de devoir cacher nos atavismes cultuels, nos origines généalogiques ou simplement de commenter l'histoire de France judéo-chrétienne pour ne pas risquer de froisser les populations importées ou inversement ? Est-ce pour cela que l'État socialiste a pris l'initiative d'effacer certaines traces de la culture traditionnelle française, au nom prétend-il de la laïcité, comme en remplaçant les symboles des fêtes chrétiennes, ainsi Noël devenu la fête de l'hiver, la Pâques qui s'est muée en fête du printemps ? Est-ce encore pour ne pas froisser les Musulmans pour qui, en échange, les fêtes autour du ramadan sont largement commentées et encensées par les médias ?

Les sciences humaines, côté sociétal, sont devenues un champ de mines semé de non-dits et de circonspections qu'il vaut mieux ne pas aborder dans la vie publique et en littérature, cela pour ne pas risquer le moindre écart qui mettrait son auteur au banc de la disgrâce et des ostracisés. Les pouvoirs publics redouteraient-ils donc à ce point le lobbyisme des fondamentalistes et les assauts insurrectionnels des *jeunes* des quartiers sensibles jusqu'à abdiquer sur tout ce qui pourrait froisser de près ou de loin l'Islam ? Est-ce dans un esprit de salut public que la nomenklatura socialistefit l'apologie des criminels du Hamas et du Fatah au Musée du Jeu de Paume en 2013, cela en ajoutant une pierre à l'édifice antisémite et antisioniste de la nouvelle France ? Je vois mal comment, dans cette conjoncture glauque qui flirte avec les nostalgiques du nazisme, réécrire l'histoire vraiesans soulever l'indignation des foules mahométanesdésinhibées au Coran et leurs caudataires islamophiles inconditionnels ?

Dans une sentence tirée de la Vie d'Aristote (Ammônios), il est écrit : *« qu'il ne suffit pas qu'une opinion soit recommandée par l'autorité d'un nom respectable ; il faut encore qu'elle soit conforme à la vérité ; Platon m'est cher, mais la vérité me l'est encore davantage ».* Au siècle de Périclès, l'esprit libre depuis l'âge d'or athénien sublimait l'école de la première république de l'histoire de notre civilisation. Paradoxalement, au pays des droits de l'Homme parvenuau XXIe siècle, ce sont les législateurs socio-libéraux qui annihilent l'intelligence, corrompentla perception intuitive du citoyen et luiconfisquent son libre-arbitre, cela au mépris des articles 10 et 11 de la Déclaration des droits de l'homme de 1789.

Le manque de discernement, l'absence de lucidité et le refus d'anticipation de nos politiciens expliqueront plus tard à nos enfant, l'état catastrophique de ce legs empoisonné de cette France latitudinaire, eu égard à ce qu'il en subsistera, avec au bout du chemin la partition ethno-confessionnelle de la Nation. Ainsi en est-il aujourd'hui du Liban, des Balkans côté Cosovo, Bosnie et Albanie, ainsi que des Républiques islamiques du Caucase, trace indélébile de l'Empire ottoman. Ainsi en fut-il aussi, en remontant plus loin dans le passéavec la diaspora indo-européenne d'Arménie, où les Turcs, par économie et efficacité, précipitèrent des dizaines de milliers de familles chrétiennes du haut des falaises dans le canyon du fleuve Munzur, ou de la disparition indienne de l'hindi Kouch en Afghanistan, avec l'élimination de dizaines de millions d'âmes durant cinq siècles de purge ethnocidaire, lorsque, entre autres monstruosités musulmanes, le guerrier turco-mongol Tamerlan (Timur Lang,XIVe-XVe siècles), massacra cent mille hindous par an (nombre imposé par le sultanat et tenu) durant la dynastie des sultans Bahmani qui gouvernaient en Inde centrale (Source : Le Professeur Kishori Saran Lal dans son livre *« La Croissance de la Population musulmane en Inde »).*

Durant ces longues et interminables périodes de génocides dont les traces historiques sont indiscutables, les survivants furent islamisés dans la terreur et pour leur survie, ce qui explique pourquoi, passé l'apogée de l'Empire ottoman, tant de régions de ce côté-ci de l'Euro-Asie fusionnèrent avec l'Islam. Or, cette projection incontournable des évènements futurs, pour notre descendance, le pays et son héritage historique, prélude le destin de la vieille Europe à l'Ouest.Ce pourquoi encore, lorsque l'État social-démocrate confisque le droit d'expression aux Français en le rendant imperceptible sous uncodage censorial aux accentsinquisitoriaux, au prétexte d'un métissage cosmopolitequi le pare d'honorabilité, c'est la France qui disparaît, dès lors que la Nation n'a même plus de droit de se reconnaître à travers ses racines, son patrimoine cultuel, ses traditions et même son vocabulaire.

Depuis près de trente ans, l'an 1990 arrête certains observateurs, les maîtres du monde ne sont plus ceux que l'on croit, queles électeurs ont choisis ; ceux que les urnes portent au pinacle des républiques et qui prétendent légitimement représenter le peuple. De fait, en filigrane, les noyaux durs des sociétés transnationales et autres conglomérats tentaculaires détiennent sans aucun doute le vrai pouvoir de gouverner et comment orienter et décider du destin du monde, faire et défaire les régimes politiques, ainsi que de choisir le créneau des conversations et des sujets de sociétés qu'il serait seulement convenable d'aborder en public et sur les antennes. Du côté de la politique mondiale et financière, les institutions internationales, tel le FMI, la Banque mondiale, l'OMC, l'OCDE et les banques centrales donnent l'illusion qu'il existerait des autorités indépendantes, apolitiques et non fermées aux gouvernances pour soutenir les nations à prendre les bonnes décisions dans leur intérêt. Sauf que toutes ces institutions sont l'émanation même des grandes puissances économiques, et non de celle des non-alignés.

Or, ces fonds que se partagent l'Amérique et l'Europe, à l'instar des unions économiques continentales d'États (ainsi l'UE, l'EEE, l'Uemoa, Mercosur, Aléna, Ohada, etc.), disposent à présent d'une marge de manœuvre élargie, sachantque l'endettement place une majorité de leurs membres en situation de dépendance financière, donc sociale, culturelle et politique. Ces consortiums mondiaux, pour renforcer leur influence, poussent les pays à emprunter à la limite de leur moyen budgétaire et à accepter de fortes immigrations pauvres pour s'octroyer de la main-d'œuvre à bon marché et les rendre encore plus vulnérables. Par ce processus inexorable d'absorption et d'asservissement, la haute finance privée des banques et des sociétés faîtières parvient à soumettre ces États indépendants, et à affermir leur emprise énergétique et technologique en créant de nouveaux besoins indispensables au nom du progrès et de la science, mais surtout du profit.

    Les élus politiques, soit par le biais de la corruption, soit par soif de pouvoir et de gains (carrière et mandats), deviennent la courroie de transmission des géants de la finance, impactant les populations dans cette nasse politico-financière qui écrase leur libre-arbitre et sclérose l'information. Le lobbying de ces gigantesques organisations arachnéennes s'exerce à l'échelle planétaire, alors que le pouvoir politique d'un État se limite à sa dimension géographie nationale. De sorte que ces sociétés holding, trusts, joint ventures et autres cartels apatrides, car seulement attachés aux paradis fiscaux qu'ils créent eux-mêmes, génèrent des flux financiers d'une capacité qui dépassent très largement ceux des États qu'ils manœuvrent dans l'ombre de tractations politico-financières.

    C'est ainsi que ces richissimes organisations, *de facto* apatrides car mondiales, sont au-dessus des partis politiques de ces pays, laissant à la démocratie la partie congrue d'un espace électoral tronqué, miné par les concussions et les compromis socio-politiques de façade. Pour donner un ordre d'idée sur ce déséquilibre entre le pouvoir de l'argent et la souveraineté des États, le chiffre d'affaire annuel de *General Motors,* se monte à 178 milliards de dollars, et le groupe Volkswagen talonne avec 145,7 milliards d'euros en 2013, un score déjà dépassé de 2 milliards d'€ les neufs premiers mois de l'année suivante. Comparativement, le PIB de l'Irlande ne dépasse pas 72 milliards de dollars. Les sept premières entreprises mondiales sont toutes des compagnies pétrolières générant chacune pas moins de 400 milliards de dollars de CA. En tête du palmarès, la *Wal-Mart Stores* a produit 485,651 milliards de $ en 2014.

    Ce n'est donc pas une coïncidence fortuite si ces industries tournent toutes autour du pétrole, donc de l'OPEP, et prioritairement au profit des monarchies pétrolières du Golfe, toutes islamiques, hégémonistes et de régime totalitaire. Mais il y a mieux encore, car selon un rapport du cabinet d'analyse *SNL Financial,* rendu public le 5 juin 2013, le groupe britannique HSBC, qui s'est enraciné dans 84 pays et territoires, affiche un bilan de 2 041 milliards d'euros, soit un peu plus que la *Deutsche Bank,* autant dire le budget de la France dont le PIB était de 2 032 milliards d'€ en 2015 selon l'Insee. Quant à l'actif des banques françaises, elle complète le podium avec quatre d'entre elles sur les dix établissements bancaires les plus importants d'Europe, dont le *Crédit Agricole* avec 2 008 milliards d'€. Au passage, notons que la ICBC, une banque chinoise, un régime communiste rappelons-le, a réalisé 148,8 milliards de $ US de CA sur l'année fiscale 2013 (Source : *Saksak,* 27 mars 2015, publié par Fortune Global 500).

Là encore, les établissements bancaires ne sont pas étrangers aux intérêts pétroliers et de toutes les industries qui tournent avec les énergies fossiles, donc l'automobile et son fameux moteur à explosion (voir le commentaire plus bas), puisque, selon une étude publiée en 2015 par les ONG *Oxfam* et *les Amis de la Terre,* les banques, notamment françaises, consacrent sept fois plus de leurs investissements dans l'or noir que pour les énergies renouvelables (847 milliards d'euros contre 89 milliards d'euros dans le monde entre 2009 et 2014). Nonobstant les déclarations vertes des gouvernants, cet écart abyssal continue de se creuser, à l'instar de la France qui consacra 129 milliards d'euros pour le gaz et le pétrole, contre 6 milliards au profit des *EnR* sur cette même période. Autant dire que la force des décideurs politiques s'épuise devant le rouleau-compresseur des groupes pétroliers internationaux, et que la Conférence climatique internationale de Paris (COP21 du 30 novembre au 12 décembre 2015) n'est qu'un sidekick politico-diplomatique ; une montagne qui accoucha d'une souris.

On comprendra, à la lumière des intérêts financiers hautement stratégiques, lesquels ne doivent surtout pas être inconsidérément versés à la connaissance des électeurs lambda, que l'information dans ces pays prétendument souverains se limite aux grands-messes télévisuelles, cependant vidés de ce qui est important, eu égard à la misère montante dans le monde (Source : Syti.net). De sorte qu'à la place de telles informations qui peuvent susciter l'indignation et la sanction électorale, sont injectées sur le petit écran des exutoires sous forme de commentaires constitués de reportages anecdotiques, d'actualités dérisoires sorties du format tabloïd de la presse people, de campagnes électorales fracassantes qui font grande illusion dans une diversité de composition mystifiée, d'interviews sur micro-trottoir, de reality-shows ludiques et de matchs sportifs qui détournent l'attention des téléspectateurs ainsi phagocytés, l'esprit de telle sorte tourné ailleurs.

Les analyses journalistiques, reproduites sur les chaînes Tv nationales ou privées (toutes assistées par l'État providence), sont le produit de manipulations savamment orchestrées pour faire du vrai avec des artifices et de l'anodin. Quant au monde de l'édition, la presse écrite et radiophonique, il est soumis à des violences économiques sous l'effet pervers des chantages aux exonérations fiscales, de menaces de retrait de subventions catégorielles, de privilèges corporatifs et d'attribution de faisceaux hertziens ou satellites, avec en toile de fond l'invisible spectre de la finance étrangère, comme les Émirats du Golfe qui achètent des Airbus et des Rafales (ou les finances pour le compte de l'Égypte) à coup de centaines de milliards de pétrodollars, et qui en échange fournissent l'énergie nécessaire. Reste l'information en ligne qui fait à présent l'objet de censures discrètes mais efficaces, sachant que l'État français et l'Union européenne multiplient les textes pouvant espionner, voire effacer les sites polémiques qui se risquent à aborder certaines réalités dérangeantes ; un *parler-vrai*qui démasquerait les impostures.

Côté politique, lorsqu'une majorité change de camp, les électeurs sont convaincus que les choses vont aussi changer... mais rien ne bouge en vertu du postulat de la pensée unique que répandent les social-démocraties qui soutiennent détenir la seule bonne morale instituée, donc obligatoire. Mais s'il est un parti qui apporte la preuve d'un vrai changement, il est alors vilipendé, diabolisé, et les ennemis de la gauche à la droite traditionnelle qui d'habitude s'entredéchirent devant les caméras, font alors cause commune pour éliminer l'intrus qui pourrait remettre en cause les ententes bien ficelées en coulisse avec les éminences grises du monde de la finance et de l'industrie. La victoire volée au Front national majoritaire au premier tour, par la coalition des frères ennemis de la politique française aux élections régionales de 2015, et à l'instar précédemment des Européennes l'année précédente, illustre cette erreur mathématique absolue autour d'une variable politique faite d'ententes et d'exclusions, laquelle parvient à piper les cartes de l'équité à l'intérieur de la logique républicaine qui n'a plus rien de démocratique.

D'aucuns avancent qu'aucune démocratie ne peut tenir plus de deux siècles, et qu'il faudrait une révolution politique au terme de cet intervalle pour replacer les droits fondamentaux à leur place, tant les lois promulguées par des législateurs successifs, sous contrôle des lobbies financiers, parviennent à étouffer les droits et les libertés, nonobstant la prétendue garantie des gardiens de la République, comme le Conseil constitutionnel. En l'occurrence, les lois et libertés que corrigent sans cesse les gens de pouvoir, s'emploient à asphyxier les droits les plus élémentaires, ainsi la liberté d'expression, les libertés de l'information et de l'édition, dans le même cheminementdans lequel s'employèrent les régimes collectivistes socialistes d'antan, mais aussi les dictatures impitoyables comme les théocraties islamiques. À présent, les nouvelles oligarchies *made in* sociales-démocratesn'ont certes plus rien à envier à la Révolution d'octobre rouge de novembre 1917, sinon qu'il ne s'agit pas là d'un coup d'État, mais d'une lente transfiguration de la démocratie, les insurgés étant déjà dans la place.

Les analyses qui ressortent des sensibilités de l'ultra gauche (anticapitalistes, écologistes, altermondialistes...), font état de ce recul des droits constitutionnels *via* les droits de l'Homme. Leur argumentation, reposant sur des slogans ressassés autour des révolutions prolétariennes et la lutte des classes, laisse néanmoins poindre de nombreuses vérités dont il faut tenir compte. Sauf que ces manifestations d'opposition nostalgique, au relent bolchevique, perdent en crédibilité au travers une rhétorique pathétique dont le support reprend en boucle la dialectique de la pensée unique. Ce postulat certes vicié revient néanmoins à l'aune de tous les pouvoirs, comme à présent avecl'oligarchie de la France hollandaise. Il s'agit donc là d'une autre dictature qui ne se nomme pas, vraisemblablement plus redoutable - carinsidieuse - que celle de la faucille et du marteau ;puisque la garde élyséenne n'enferme certes pas les citoyens polémiques dans le goulag des centres de rééducation pour dissidents politiques, mais elle les retient dans les mailles invisibles mais circonspectes du filet plombéde prêts-à-pensersuggestivés.

a) L'art de la corruption, de la tromperie et de la trahison envers l'électeur, est le propre des politiciens qui savent manipuler l'actualité et le renseignement à leur seul profit

En politique, comme dans toutes les sphères qui fédèrent des groupes à vocation idéologique ou dogmatique, les luttes d'influence d'ambition et de pouvoir font remonter aussi bien des mégalomanes narcissiques et des carriéristes, que des philanthropes ou des ascètes. Tous prétendent s'investir au service du bien, et sont convaincus d'avoir raison sur les autres, ignorant eux-mêmes qu'ils sont fatalement subjugués et agissent sous l'empire d'un ascendant qui les récupère ou les isole. Déprogrammation, conditionnement et lavage de cerveau ; ces enseignements impriment un choix de société et un comportement*ad hoc* dans le mental des sectateurs, des croyants, des adhérents ou des militants, lesquels se voient la plupart du temps interdits de remettre en cause l'objet de leur investissement et/ou de leur croyance. C'est ainsi que le dogme religieux n'admet pas le doute ou l'erreur, ni ne l'envisage légalement en droit canon, ou que le politicien qui échoue, voire se trouve démasqué dans une malversation, concussion ou corruption, ne se pliera jamais à un exercice public de *mea culpa.*Cependant, dans les sociétés de culture asiatique, il n'est pas rare qu'un chef d'entreprise qui fait faillite ou un politicien confondu dans la malhonnêteté, l'erreur ou l'insuffisance, demande publiquementpardon pour ses fautes, voire son incrédulité. Selon René Descartes : *« Pour examiner la vérité, il est besoin une fois dans sa vie, de mettre toutes choses en doute autant qu'il se peut »*.

Forte de cette assurance indélogeable, la société de production et de consommation occidentale fonctionne avec la certitude que les électeurs, les salariés, les clients ou les prospects sont quasiment tousincapables de suffisamment d'appréciation et de clairvoyance pour réaliser l'ampleur et la finalité des campagnes de désinformation et de mystification qui leur sont destinées. L'énormité d'une telle révélation, si elle pouvait être rendue publique,n'est même pas possible à envisager, et encore moins à admettre dans l'amalgame d'actualités confuses et la profusion des discours qui font tellement vrais. Quand les noyaux durs de la finance privée, les intellectuels et les décideurs élus par le peuple cohabitent dans la même sphère, où ils se garantissent mutuellement de leur probité et de leurs bonnes intentions, comment pourraient-ils ne pas devenir complices les uns des autres, par avidité et soif de pouvoir ? Quant à leurs petites querelles, à savoir qui passera devant l'autre lors de primaires, de rivalités de sensibilité ou de conflits de clochers, elles trouvent leur résolution au nom de la hiérarchie des normes (statuts des partis, sondages d'opinion, charisme médiatique, procédures judiciaires, etc.) ; ce qui bien entendu justifie une pluralité de surface afin de donner le change auxélecteurs, subornés et naïfs.

L'inconcevable siège étrangement dans ce qui nous est coutumier, habituel, certes visible à chaque instant mais transparent, au point que plus personne n'y prête vraiment attention. Afin d'illustrer ce propos,parmi les duperies les plus incroyables que la société contemporaine aura réussi à soustraire de l'appréhension des citoyens sur plusieurs générations, figure la longévité anormale du moteur à explosion (moteur à allumage commandé). en 1860, l'inventeur, Jean-Joseph Étienne Lenoir a déposé un brevet n° 43 624 pour un moteur dilaté par la combustion et enflammé électriquement. Or cette invention, qui révolutionna les déplacements à travers le monde, aura la vie longue, au point que, même si la technologie l'a maintes fois améliorée, l'exploitation de cette découverte se prolongera au-delà des 155 ans passés son avènement, sans qu'aucune autre invention ne l'ait jusqu'ici détrônée.

Certes, bien des chercheurs dilettantes et ingénieurs ont donné jour à de nouvelles technologies utilisant des énergies autres que fossiles. Mais leur brevet aura été systématiquement acheté par les firmes pétrolières, non pas pour les mettre en œuvre, mais pour les enfouir dans des coffres-forts, à l'abri de la concurrence, afin que personne ne les exploite avant que leur propriétaire n'y trouvent eux-mêmes un intérêt économique. Autrement dit, toutes les gesticulations politiques autour de la pollution ne sont que des faire-valoir pour prolonger encore et encore les bonus financiers autour de cette manne d'hydrocarbures, sachant bien que les États empochent la plus grosse part des recettes de cette industrie polluante en prélèvements fiscaux et parafiscaux (entre 60% et 70% en France). En l'occurrence, l'intérêt des pactes d'actionnaires de ces consortiums pétroliers est concomitant de celui des États qui les hébergent.

D'aucuns objecteront que les emplois et les priorités sociales conjugués sont tellement importants, que l'on ne saurait aller plus vite que le monde ne peut absorber de progrès, et que vouloir casser trop vite l'industrie pétrolière engendrerait, dans un intervalle de temps insuffisant pour une transition compatible, des dégâts considérables dans l'organisation sociale et économique, la mutation des industries et leurs investissements. Sauf que la concurrence d'une autre forme d'énergie n'est pas acceptée par les noyaux durs des sociétés pétrolières et gazières en place, et que les élus politiques suivent le mouvement en faisant croire qu'ils sont indépendants et impartiaux, tout simplement en créant un ministère de l'environnement ou de l'écologie. D'ailleurs, ce sont quasiment les mêmes acteurs industriels et financiers qui exploitent les sources d'énergie émergeantes (dont le gaz de schiste, les énergies renouvelables et matériaux fissibles), gardant ainsi le contrôle sur les évolutions scientifiques et la main sur le portefeuille.

Comprenons que seuls les intérêts économiques et le pouvoir font bouger le monde, rarement les expériences lorsqu'elles n'aboutissent pas dans un créneau de rentabilité et de bénéfices. Cela explique notamment pourquoi, depuis juillet à novembre 1969, aucun homme n'aura marché sur la Lune en presque un demi-siècle, puisqu'il n'y aurait rien à récolter de ce côté-là du ciel. Mais en revenant sur Terre, lorsqu'un marché mondial pharmaceutique, censé agir contre l'hypercholestérolémie et ses prétendues conséquences opportunistes cardiovasculaires, qui pèse 30 milliards de dollars par an, avec un coût de dépistage et de traitement de 100 milliards de dollars annuels, est lancé sur le mobile d'une campagne sur la santé, rien ne saurait l'arrêter ; même si d'autres études épidémiologiques sérieuses sur l'identification thérapeutique et les conséquences controversées de la molécule prouvent le contraire, rapports scientifiques opposables.

Lorsque l'étude *4S* (Scandinavian Simvastatin Survival Study) fut rendue publique en 1994, il s'avéra, selon l'enquête produite par une équipe de scientifiques, que le cholestérol (le mauvais : LDL) était la cause d'une grande partie des maladies artérielles et cardiaques. Or, ce mythe reste à déconstruire car des travaux contradictoires, teints de conflits d'intérêts, laissent bien au contraire apparaître que la testine, cette molécule miracle et ses succédanés (les hypolipémiants) supposés faire baisser le taux du LDL, serait responsable d'une augmentation des cardiopathies, de la dégradation de la mémoire (Syndrome d'Alzheimer), de l'endommagement des tissus musculaires, d'hémorragies cérébrales (AVC) et de bien d'autres effets délétères encore. D'ailleurs, il fut avéré que l'étude *4S* susvisée fut entachée de lapsus, d'oublis volontaires, de statistiques tronquées et d'une absence évidente de professionnalisme scientifique.

Oui, mais voilà, les industries pharmaceutiques ont beaucoup trop investi dans la publicité et la fabrication pour arrêter la production de cet inhibiteur de la HMG-CoA réductase, pour accepter l'erreur et stopper l'énorme machine en marche. Pire encore, les États complices, qui, rappelons-le, engrangent la plus grande partie des recettes, retranchés derrière le rideau des délais autorisant les mises sur le marché de ces principes actifs (AMM des agences sanitaires comme l'ANSM), ne font que timidement campagne pour cesser de répandre ce fléau d'effets indésirables, eu égard à leur prises d'intérêt. De fait, il est délicat de reconnaître s'être trompé et n'avoir pas cherché à arrêter immédiatement la catastrophe sanitaire que l'on sait perdurer depuis des décennies, nonobstant les mises en gardes des scientifiques indépendants et de leurs travaux publiés (ainsi l'amiante, l'affaire du sang contaminé, le Distilbène, le Clordécone, l'hormone de croissance, le scandale de l'Isoméride, Médiator, etc.).

Ces deux cas de figure, parmi d'autres, expliquent la capacité de persuasion dont peuvent faire preuve les États industrialisés pour tromper le public, autrement dit détourner l'attention de leurs électeurs manipulés, déprogrammés puis stéréotypés [11]. Sous la pression des consortiums économiques, financiers, pétroliers ou pharmaceutiques, ces élus usent du pouvoir exorbitant de la communication pour dissuader les scientifiques réfractaires nantis de résultats contradictoires, mais aussi les communicants et statisticiens professionnels ayant une autre perception sur les effets indésirables d'une thérapie ou de l'obsolescence du moteur à explosion.Par le truchement dedémonstrationsretorses, l'État, à l'appui de moyens de censure ou de violences économiques,*via* la confiscation d'aides financières et de soutiens matériels, tireles cordes sensibles que lui confère le pouvoir. Il s'agit là de mettre tout le monde sur les rails de la raison d'État, sans autre aiguillage que le parcours suivi de la finance boursière, l'internationalité desfirmes, véritables États dans l'État, et surtout vecteurs de substantielles rentrées fiscales et de gigantesques profits pour les noyauxd'initiés.

Des exemples de corruption, de chantage et de trafic d'influence fourmillent, mais en ne défrayant la chronique que sur l'instant, car tout est vite oublié, notamment au détour d'un mondial de foot qui rendra subitement amnésique un public aussi distrait que versatile, voire empreint de mansuétude envers ses élus. Les grands-messes du showbiz, du sport, des reality-shows, des campagnes multi-chaînes de mendicité et des informations télévisées du soir font illusion, faisant du dérisoire l'essentiel, et de l'important le futile. La société lambda, phagocytée par le numérique clos des faiseurs d'opinions et fascinée par le multimédia fournisseur de spectacles carnavalesques, finit globalement par démissionner avant de comprendre ce qu'il y a derrière, ce qui fait écran avec la réalité de son quotidien.

Pour illustrer ce phénoménal aboutissement au pire des scénarii, évoquons Roselyne Bachelot, ancienne ministre de la Santé sous les gouvernements de François Fillon, laquelle a passé pas moins de douze années au service de l'industrie pharmaceutique. En effet, cette ancienne visiteuse médicale publia professionnellement pour le compte du magasine PHARMAnetwork, ce qui, n'en doutons pas, constitue la preuve flagrante d'un conflit d'intérêts. Puis encore, le médecin Aquilino Morelle, ancien conseiller du premier ministre Lionel Jospin puis conseiller politique du Président François Hollande, fut poursuivi par le Parquet national financier pour avoir été rémunéré par un laboratoire Danois *Lundbeck,* laquelle firme scandinave confirma ses liens professionnels avec ce précieux collaborateur.

---

[11] L'État providence suppose une centralisation collectiviste du progrès social. On y perçoit la résurgence d'un paternalisme féodal, où le sujet assisté est d'abord jugé incapable de s'assumer, mais suffisamment perméable pour se laisser duper puis convaincre.

Comble de l'ironie, rappelons que le Dr Aquilino Morelle exerça également à l'IGAS (Inspection générale des affaires sociales). Mais les enquêtes diligentées en 2014 furent étrangement classées sans suite le 8 février 2015, sachant bien que sous les feux d'une enquête judiciaire, le prévenu pourrait chercher à se venger par des révélations fracassantes et délations insupportables, car compromettantes pour d'autres tenants du pouvoir, lesquels préfèrent rester dans l'ombre de ces affaires glauques. Quant à comprendre pourquoi François Hollande a choisi précisément de se faire conseiller par un individu déjà précédemment inquiété pour ses accointances dommageables à sa profession médicale et sa mission sociale au sein du Gouvernement, il faudrait envisager le pire pour toute explication ?

De sorte qu'à l'endroit du locataire de l'Élysée, certes embarrassé par cette affaire relevant d'une indélicatesse de sa personne de confiance nommée par lui, beaucoup comprendront que ce chef de l'État se trouva pris au piège de ses déclarations lorsqu'il prétendit, dès son intronisation à la fonction suprême, jouer dans la transparence et lutter sans concession contre la corruption. Cela explique évidemment que des pressions politiques, depuis l'Élysée, aient exercé une influence négative sur le pouvoir judiciaire saisi *in rem* (Voir chap. Ier, §-II d),afin de faire oublier au plus vite cette indiscrétion qui porte un lourd discrédit pour le pouvoir socialiste... et faire renaître le phénix de ses cendres. *« Ubi lex non distinguit nec nos distinguere debemus »* (Là où la loi ne distingue, nous ne devons distinguer).

Cependant, très vite le Palais présidentiel s'embrasa d'une nouvelle affaire scabreuse, celle de Faouzi Lamdaoui, un autre proche conseiller du Président Hollande. Ainsi, le Docteur Morelle ne fut pas le seul et dernier, sous cette mandature, a être entendu pour des motifs relevant du mensonge d'État, d'une position de partialité entre des intérêts privés et les responsabilités d'une charge ministérielle, voire de trahison aux principes déontologiques du pouvoir politique. Dans les rangs socialistes, ce franco-algérien fut reconnu comme étant le *majordome* de François Hollande avant son accession à la présidence. En remerciement, ce dernier fit nommer son fidèlede campagneà plusieurs postes successifs de délégué et de secrétaire national près du 55 rue du Faubourg Saint-Honoré.

Là encore, François Hollande s'est encore fourvoyé dans l'éventail de ses proches, puisque ledit Lamdaoui fut entendu pour des affaires de recel d'abus de biens sociaux et de fraude fiscale. Cette éminence grise fut poussée à la démission le 3 décembre 2014 après avoir été cité à comparaître. Mais une affaire en amène une autre, puisque dans l'intervalle, il y eut aussi l'affaire Cahuzac, le ministre délégué chargé au budget interpellé autour d'un scandale politico-financier en décembre 2012. Ce dernier fut confondu dans ses mensonges, niant posséder des comptes *offshores,* alors qu'il dut se résigner à admettre qu'il détenait des comptes en Suisse et à Singapour.

Jérôme Cahuzac, après avoir reconnu les faits devant ses juges, fut mis en examen pour blanchiment d'argent provenant de fraudes fiscales. Ce scandale n'aurait jamais pris une telle envergure si, devant le public, ce dernier n'avait pas fait campagne de probité et de recommandation aux Français pour faire preuve d'honnêteté citoyenne envers l'État. Or, beaucoup de ces dévoyés en politique passent à travers les mailles de la justice, sont réhabilités, relaxés ou blanchis, puis se font oublier quelque temps pour briguer par suite de nouvelles responsabilités politiques, comme ce fut le cas pour Alain Juppé, ancien Premier ministre de Jacques Chirac, rattrapé par la justicepour des affaires d'emplois fictifs et trafic d'influence sur des logements locatifs, notamment pour lui-même et sa famille. Madame Taubira fut également montrée du doigt pour avoir loué pour elle-même un logement social, selon l'enquête du Journal Marianne qui dénonce un trafic d'influence.

Mais il y eut aussi Alain Belviso (PCF), dans le cadre d'une affaire du faux et usage de faux, Alain Gouriou (PS) coupable d'abus de confiance, Anne Hidalgo (PS), pour infraction à la législationdu travail, Alain Ritz (Verts), pour ses navigations sur des sites pédophiles, Bernard Granié (PS), condamné pour corruption, et tant d'autres élus poursuivis en justice, puis élargis ou pardonnés (Voir de *pierre.parilloover-blog.fr.,* un mémoire du politiquement incorrect). Rappelons la présence de quelques articles du Code pénal qui ne devraient pas concerner que les citoyens ordinaires, un paquet de mesures judiciaires réprimant la concussion (4232-10), la corruption et le trafic d'influence (423.11), les prises illégales d'intérêt (432-12), le délit de favoritisme (432-14), ainsi que les faux et usages de faux (441-2 et 441-4).

Lorsque de tels scandales éclatent au sein du Gouvernement et de la Présidence, immédiatement les deux chefs de l'exécutif se posent en donneurs de leçon, rappelant - pour se dédouaner - la loyauté et l'honnêteté dont l'État doit s'habiller, avec la peur aux trousses de se voir un jour ou l'autre à leur tour impliqués. Pour la petite histoire, souvenons-nous des multiples affaires crapuleuses sous la mandature de François Mitterrand*, dont les écoutes téléphoniques illégales à l'Élysée, les rétrocommissions occultes des frégates de Taïwan, le scandale politico-médiatique des Irlandais de Vincennes, l'action barbouze commanditée depuis la place Beauvau du *Rainbow Warrior,* le financement occulte du PS, etc., dont le chef d'État et sa famille n'étaient pas étrangers. Difficile dans l'histoire de la République de trouver une présidence si crapuleuse au cœur des ressorts de l'intrigue !

Beaucoup ont bien vite oublié le passé troublant du maréchaliste de Vichy : François Mitterrand* aux ordres de Pétain sous l'occupation de la France par les nazis, même si par suite l'homme s'est opportunément tourné vers la clandestinité des maquisards pour se laver des accusations de collaboration qui pesaient sur lui. Rappelons que cet ancien compagnon de

Pierre Laval travailla début 1942 à la légion française des combattants et des volontaires de la révolution nationale au titre d'activiste contractuel, ce qui valut à François Mitterrand de devoir faire face à de compromettantes controverses dans les années 1980/1990. Ou encore, évoquons le faux attentat dit *« de l'Observatoire »* qui a été manigancé par la présumée victime elle-même en 1959 ; une mascarade pour que le sénateur de la Nièvre* regagne de la visibilité publique et une opinion favorable face à l'inexpugnable De Gaulle. Comment de tels gens peuvent-ils faire carrière en politique et relever dignement la tête après s'être souillés dans les affaires, fourvoyés dans les mensonges et confondus par leurs trahisons ?

En politique, les parias, pris la main dans le sac tels des pestiférés sont précipitamment expulsés par leurs amis, et pour se réhabiliter, ces derniers s'en remettent à la justice pour rappeler l'indépendance des tribunaux qu'ils cherchent pourtant, et à tout propos, à se les suborner. De sorte que, bizarrement, François Hollande et ses premiers ministres successifs deviennent des victimes lorsqu'ils se sentent éclaboussés par les affaires, tel le scandale de Jérôme Cahuzac, alors même que leur responsabilité indissociable est en cause puisque ce sont précisément ceux-là qui choisissent leurs collaborateurs, arguant qu'ils ne peuvent pas tout savoir. Au plus fort de la crise, les services de l'information et du renseignement d'État commencent alors un travail d'enfouissement, non-lieux et sursis à l'appui. Puis très vite, les escrocs institutionnels seront oubliés sous les feux d'une actualité superficielle qui soudainement prend la place… jusqu'à une nouvelle affaire, et en voici une autre :

Christiane Taubira s'est piégée dans les mailles de son propre filet à propos de courriels dévoilés impliquant directement sa prétendue impartialité. Il s'agit d'une affaire impliquant la Garde des Sceaux elle-même après une plainte de Patrick Buisson (journaliste et historien, ancien conseiller de Nicolas Sarkozy). En 2010, l'association déclarée *Anticor* pour l'éthique, fondée en juin 2002, dont le but est de lutter contre la fraude fiscale et la corruption en politique (laquelle refuse les subventions de l'État pour rester indépendante) a déposé une plainte contre Patrick Buisson pour favoritisme et détournement de fonds publics dans le cadre de l'affaire des sondages commandés par l'Élysée. Or, à cette époque, il s'agissait évidemment de frapper un adversaire politique, mais un coup bas qui eut l'effet d'un boomerang contre celle-là même qui croyait servir son camp.

Mis en examen, Patrick Buisson dénonce alors, en décembre 2012, une cabale montée de toutes pièces contre la principale enseigne de l'UMP, avec la présence suspecte car partisane de Christiane Taubira, garde des Sceaux, au comité de parrainage d'*Anticor*. Le prévenu dépose à son tour une plainte contre cette dernière pour *« prise illégale d'intérêt »*. Sous la pression de la Chancellerie, cetterequête ne sera validée que très tardivement par la Cour d'appel de Paris en janvier 2014 ; cette manœuvre étant vraisemblablementliée à l'action dilatoire des entremetteurs du n° 13 de la place Vendôme, cherchant à enfouir l'implication de la protagoniste dans cette affaire embarrassante. Aujourd'hui, de nouveaux documents, que *France 3* a pu consulter, mettent en lumière une concussion existante entre Christiane Taubira et *Anticor* ; une prise d'influence et un abus de position dominante, en violation avec l'indépendance déclarée aux statuts de cette association, loi 1901.

Rappelons que le ministère de la Justice, alors sous la direction de Christiane Taubira, est déjà placé sous le coup d'un rapport d'inspection interministérielle pour l'emploi de 40 500 personnes salariées non déclarées, un atavisme qui perdure depuis des lustres et qui concerne aussi d'autres ministères. Selon une source de *France Inter,* confirmée par l'*AFP* qui a obtenu une copie du rapport, ces collaborateurs occasionnels du service public (interprètes, experts, médiateurs et autres agents contractuels) sont employés et souvent amenés à intervenir quotidiennement. Pour ces prestataires, rémunérés à l'heure, ce ministère (qui ne serait pas le seul) ne paie pas les charges patronales, et les travailleurs employés en tant que vacataires ne sont pas assujettis à la TVA ; un tout bénéfice pour l'employeur selon la source de cette Radio qui publie sur son site le rapport en question.

Ne cherchons pas une ressemblance plausible entre l'étrange persistance du moteur à explosion, le principe actif de la testine plus délétère que bénéfique, et les tribulations malhonnêtes d'un Jérôme Cahuzac ou des complots et fraudes parafiscales d'une Christiane Taubira, mais le dénominateur commun qui relie ces sujets glauques entre eux : l'information dirigée avec son lot de propagandes qui focalise l'intérêt, autorise le profit ou le pouvoir, et soustrait la réalité aux proies qui consomment les produits qu'on leur prescrit à coup d'ordonnances, ou qui élisent leur maître à penser en croyant fermement voter juste. De fait, la faculté de suggestion de l'information, lorsqu'elle conditionne la perception du public à qui elle est destinée, draine des électeurs qui bourrent les urnes des promesses qu'on lui injecte, et persuade les consommateurs qui achètent, se nourrissent et se soignent de la publicité dans l'ignorance de ce qu'elle contient vraiment.

La pertinente efficacité de l'information vaut à ce jour ce que les variables digitales et la norme GSM sont capables de diffuser dans un instantané fulgurant et dans un espace concentré de millions de prospects. Tandis que le particulier croit pouvoir communiquer et répandre ses informations sur son ordinateur ou son androïde, en réalité celles-ci se dispersent et se perdent dans l'infinitude abyssale du vacuum numérique ; un nomadisme fragmenté en blogosphères quasiintrouvables par des tiers dans le tempo de la toile. Mais pour ceux qui disposent d'un vrai pouvoir, assistés de leurs ingénieux techniciens aux ordres, l'information numérique, avec ses variables algorithmiques au service du renseignement, devient une arme redoutable. Dans cet exercice de style qui autorise toutes les audaces, les opérateurs ciblent un public choisi, et mettent en œuvre une stratégie de coalition qui parvient même à forcer l'incrédulité des plus avertis.

La société moderne est ainsi devenue malléable, conditionnée par l'information qu'on lui distille de façon insidieuse, éveillant inconsciemment chez le sujet un stimulus capturé avec la précision d'un schème infraliminal (Voir supra : d] et note 17). Il n'y a plus désormais de libre-arbitre, il ne subsiste plus que l'illusion d'une liberté évaporée, d'une indépendance invalidée d'imprégnations combinées et de truismes savamment administrés. L'information inoculée par les voies informatiques et télévisuelles n'efface pas l'idée d'une opinion personnelle. Mais - ô paradoxe ! - elle laisse croire que chacun dispose de ses propres choix alors que la plupart agit dans la même direction, ou s'exprime avec les mots d'une dialectique préalablement orchestrée à l'insu de l'essayiste, de l'électeur ou du consommateur.

b) *Quand les législateurs successifs sacrifient, sur l'autel des intentions supposées charitables, leurs propres concitoyens*

« La France s'est rappelée à mon bon souvenir quand, devenue société post-nationale, post-littéraire et post-culturelle, elle a semblé glisser doucement dans l'oubli d'elle-même. J'ai découvert que j'aimais la France le jour où j'ai pris conscience qu'elle aussi était mortelle, et que son après n'avait rien d'attrayant ». Alain Finkielkraut philosophe, auteur de *« l'identité malheureuse ».*

Lorsqu'il s'agit de dénoncer les crimes des intégristes associés au culte musulman, les foudres de l'État s'abattent sur l'imprudent qui ose aborder le sujet en y évoquant l'implication de la religion. Paradoxalement, on observe un silence pesant, une mansuétude suspecte, voire un déni des réalités face à ces exactions que la puissance publique cherchera plutôt à taire pour ne pas soulever l'indignation contre ce culte qui prêche la violence, d'où l'amalgame. Le droit d'expression, arbitrairement manipulé par des opérateurs politiques disposant d'un pouvoir discrétionnaire, ceux-là mêmes subtilement appuyés par quelques juges du fond, est quelquefois instrumenté en France d'une bien curieuse façon. D'un côté, nous avons un individu, Nicolas Bedos ayant statut d'artiste de spectacle, qui profère à l'encontre d'une responsable politique des propos insultants relayés par une certaine presse *people* à scandale ; un *tabloïd* qui publie de plates libelles tout à la fois diffamatoires et dépourvues d'argumentation intellectuelle et de vérité.

Pétri d'aversion contre un modèle politique qu'il arbore, Marine Le Pen, l'homme de théâtre amalgame tout à la fois la raillerie béotienne à une lutte politique partisane chargée de camouflets glauques et acides. Que la cible plaise ou ne plaise pas à une fraction du public, et que cette femme prenne position contre le fondamentalisme religieux et le terrorisme qui va avec, celle-ci dispose néanmoins de la respectabilité de ses électeurs avec 30% de suffrages aux élections européennes en mai 2014. Pourtant, l'auteur de ces calomnies triviales, jouissant seulement de la notoriété de son défunt père et pour cela jouissant de l'intérêt des paparazzis, ne sera même pas inquiété par l'ordre juridictionnel invité à se prononcer par les défendeurs pour cette basse vilenie. Ici, le droit d'expression rayonne dans sa plénitude et c'est tant mieux car la plaignante n'ira pas mitrailler son persifleur comme le firent les terroristes musulmans au siège de *Charlie Hebdo* début 2015.

D'un autre côté, des intellectuels, journalistes et politiciens, sont traînés en justice et certains d'entre eux condamnés pour s'être livrés à une analyse historique critique à l'encontre d'un personnage de fiction, ainsi Muhammad dit le Prophète. Plus loin, d'autres associent l'Islam au terrorisme, voire condamnent la morale du Coran pour les versets outranciers que cet ouvrage de culte contient réellement. Pour qui veut accepter de lire ce concentré de propos sexistes, injurieux et producteurs d'appels à la haine et à la guerre pour des motifs d'intolérance et de discrimination religieuse, il est aisé de reconnaître ces mêmes faits qui ressortent de l'actualité quotidienne, et dont précisément les activistes musulmans se réclament. Ainsi, entre autres procès politiques, Michel Houellebecq fut poursuivi pour avoir écrit que l'Islam est une religion dangereuse (Voir note 13), puis Éric Zemmour fut également inquiété par la justice pour avoir mis en exergue un signe d'égalité entre l'Islam et les islamistes, autrement dit la foi fondamentaliste et le Coran.

Or, défiant toute logique, la conclusion d'un tribunal, confirmé en appel, relaxa l'humoriste susvisé qui avait ouvertement insulté une personnalité politique manifestement bien réelle. Paradoxalement, cette même justice sanctionne sévèrement des citoyens qui expriment un point de vue tout à fait légitime, non pas sur une personne, mais sur une religion, un dogme sans vie, un symbole. En l'occurrence, il s'agit pourtant d'un objet de culte qui rend agressifs ses lecteurs, ainsi que les fous d'Allah qui se servent de ce Livre pour annihiler les règles de la démocratie, bafouer des libertés et l'égalité des genres, puis répandre un terrorisme meurtrier sous un faisceau de haine raciste et d'appel à une conflagration généralisée. De sorte que selon une caste de triumvirs, un livre de culte aurait plus d'importance qu'une citoyenne bien vivante. Autant dire que la religion prend le pas sur la laïcité, et que l'idolâtrie autour du Coran devient un tabou ; une amulette qu'il faudrait respecter plus que les personnes physiques, plus que la vie !

Il serait donc moins grave de fustiger un être en vie qu'un livre unilatéralement sacralisé, non signé et non protégé d'un droit d'auteur au motif que ces Écritures incarnent une religion (désignation inadaptée à l'Islam)contestable pour un non-croyant. *Quid* de l'athéisme, du scepticisme, de l'agnosticisme, de la liberté de conscience ? Réciproquement, il serait permis d'injurier une personne publique de la façon la plus répugnante, au motif de faire de l'humour... quel humour, certes celle de Charlie ? Un prétendu comique - parce qu'il marche dans les pas de l'establishment social-démocrate - aurait-il davantage de droit et d'audience qu'un intellectuel ou un journaliste d'opposition, pour exprimer ses ressentiments épidermiques au motif que son métier consiste à persifler, même en usant pour ce faire de goujateries infamantes et d'opprobres ?

Là encore, ne regrettons pas qu'un individu, même d'envergure intellectuelle peu reluisante, puisse s'exprimer sur n'importe qui et même n'importe comment, car il ne le fera qu'avec les mots de son vocabulaire, pas avec un fusil d'assaut à la façon des fanatiques musulmans. Mais regrettons que l'appréciation judiciaire tranche sur deux poids deux mesures lorsqu'il s'agit d'un côté de dénigrer un symbole dit religieux, et de l'autre des personnes. Fusent alors des incantations au cri de blasphème et d'outrage soutenus par les gardiens institutionnelsde l'ordre morallorsque l'on fustigeou dénonce le contenu d'un livre de religion. S'il s'agit de raillerun leader d'opinion non conforme à la droiture instituée par l'éthique dominante, ce serait moins grave. Mais gare à ce dernier au moindre faux pas, à un seul substantifadjectivant prononcé par mégarde, comme indiquer la *souche* française d'un citoyen du terroir, ou qui rapprocherait le Coran à Mein Kampf !*Quid* de l'intelligence qui sied au respect des opinions d'autrui, de la liberté de s'exprimer avec sérénité et dignité sans se voir interdit par des tabous religieux et par ceux qui les soutiennent ? Mais en deçà des offenses cultuelles que la démocratie protège au nom de la libertéd'expression, pourquoi donc cette liberté s'arrête-t-elle sur l'autel des croyances, des superstitions et même du perron de l'Élysée ?

Contre toute attente, le chansonnier irrévérencieux, Nicola Bedos, fut blanchi le 28 mai 2014 des poursuites pour injures sur la personne de Mme Marine Le Pen, après avoir violemment traité cette dernière de *« Salope fascisante »* dans l'hebdomadaire Marianne ; une chronique parue le 14 janvier 2012. Sans entrer dans le débat de fond, invectiver une religion, c'est n'insulter personne sinon dans l'esprit égaré des sectateurs. En échange, il n'est pas difficile de deviner ô combien il est aisé de jeter l'anathème arrosé de diatribes plus calomnieuses que sarcastiques sur un adversaire politique bien réeldans un langage de charretier. Lorsqu'il s'agit d'invectiver unadversaire conspué par le jacobinisme social-démocrate de la classe politique dominante, le lobbyisme politique solidaire, alors dénommé UMPS, précisément par la présidente du FN, franchira allègrement l'amalgame entre les citoyens et le dogme, mais se cabrera lorsqu'il s'agit d'intellectuels qui s'en prennent au dogme, en particulier si ledit dogme revêt l'habit de l'Islam.

Ce fut ainsi que la 17e chambre correctionnelle de Paris estima qu'il était *« parfaitement clair pour tout lecteur que la chronique en cause se situe dans un registre aux accents délibérément provocateurs et outranciers, revendiqué comme tel ... mais pas insultant »*. Si le vocable *salope* n'est pas une avanieetson qualificatif *fascisant*un affront, qu'est-ce donc qu'une insulte ? Dans la logique de cette juridiction répressive, ce style pamphlétaire n'est pas jugé contraire avec la polémique montée sur les affiches internes du syndicat de la magistrature, qualifiant entre autres M. Claude Béant (ancien ministre de l'Intérieur), comme « *Une tête de bite sous Prozac, de singer l'extrême droite* » (Source, AFP, 28 mai 2014)[12]. Pourtant, pour des motifs similaires, des citoyens engagés, ainsi Jacques Philarchein, Renaud Camus, Pascal Hilout et Pierre Cassen, Michel Houellebecq, etc., furent traînés en justice pour bien moins que cela, alors qu'ils n'ont jamais insulté qui que ce soit, en retour de leurs opinions défavorables sur l'islamisme, le Coran et ses dangers pour la République, la laïcité et les droits fondamentaux.N'est-ce pas l'auteur-compositeur-interprète Guy Béart qui chantait (1968) : « *Le premier qui dit la vérité... il doit être exécuté* » ?

Au-delà de l'effacement de la matrice deux fois millénaire de la France, l'incantation du « *vivre ensemble* » prônée par l'oligarchie centralisée depuis Paris, revient à déconnecter la patrie charnelle de la Nation au profit d'un libéralisme mondialisé (Voir NRH n° 78, mai-juin 2015). Le *melting-pot* recherché ne sera jamais qu'une utopie, sachant que la dilution avec un Islam insoluble dans la maison des droits de l'homme n'aboutit qu'à multiplier les privilèges autour de cette confession peu encline à fraterniser avec les autres cultures et se mélanger avec les non-circoncis. Les opposants qui s'accrochent aux valeurs patriotiques de la France et l'empreinte de son patrimoine judéo-chrétien sont immédiatement taxés de nationalisme populiste ou de fascisme, cela afin de diaboliser les esprits conservateurs républicains, attachés à leur culture historique et culturelle.

Cette pandémie musulmane fut dénoncée par deux essais qui furent abondamment vendus nonobstant les accusations de xénophobie et de racisme de l'école social-démocrat gauche-droite du pouvoir d'alternance à l'Élysée depuis un quart de siècle. Il s'agit de *Suicide français* de Éric Zemmour (publié en 2014 aux Éditions Albin Michel), et de *Soumission* du

---

[12] Visée par une douzaine de plaintes, la présidente du Syndicat de la magistrature (SM), Françoise Martres, aura été contrainte de s'expliquer devant la justice le 19 février 2015 à propos de l'affaire du *Mur des cons* dans les locaux parisiens du SM. Bien entendu - solidarité oblige - le Syndicat bénéficia d'un non-lieu, nonobstant les réquisitions du Parquet qui fit appel de ce renvoi ; les juges syndiqués à cette ligue gauchiste n'ayant pas pour habitude de s'auto-flageller. Le *Mur des cons* était un tableau où s'affichait les photos de politiciens de droite et de personnalités, tous affublés de l'épithète de « *con* » par cette fédération, ainsi Brice-Hortefeux, Nadine Morano, le juge Philippe Courroye, le criminologue Alain Bauer ou les intellectuels Alain Minc et Jacques Attali, Alain Bénisti, Valérie Debord, etc. Ce mur honteux pour ses auteurs, juges et conseillers, situé à l'intérieur des locaux du Syndicat, fut expliqué comme étant un défouloir ; ses initiateurs arguant que ces photos et leur commentaire n'étaient pas accessibles au public (le site *Atlantico* fit une capture d'écran de ce mur, publiée le 23 avril 2013).

prix Goncourt 2010 Michel Houellebecq (publié en 2015 aux Éditions Flammarion)[13]. Ces deux ouvrages furent battus en brèche par la rhétorique unanimiste de gauche ; une doxa que reprend en cœur la nomenklatura politico-médiatique au nom d'une mixité multiraciale. Or, dans les faits, l'intégration musulmane se heurte au néant islamique porté par le culte coranique qui se place au-dessus des lois terrestres et du droit prétorien des pays civilisés, s'opposant à tout système progressiste et humaniste, prônant notamment la démocratie et l'égalité des sexes.

Cependant, en France, il serait malvenu, moralement déplacé, voire proscrit et pénalement retenu de qualifier le prophète des Musulmans avec le même vocabulaire injurieux emprunté par Nicolas Bedos, entre autres comiques de salle ou railleurs de presse, à l'encontre d'un personnage qui pourtant n'existe évidemment pas en tant que personne physique. Si tant est que ce sinistre personnage ait un jour existé, eu égard à ses actes criminels consignés dans le Coran et les hadîths, sa place aujourd'hui serait fatalement dans un lieu de privation des libertés, tant l'individu, psychopathe et assassin avéré dans les écritures de l'Islam, serait dangereux pour la société. Quant à confondre le Coran à *Mein Kampf,* cela n'a rien d'excessif, puisque cette dernière association a déjà fait l'objet de poursuites judiciaires suivies d'une relaxe devant une juridiction néerlandaise (Voir plus bas).

Plusieurs tentatives judiciaires furent instruites pour museler des notoriétés politiques non alignées, journalistiques ou intellectuelles, lesquelles n'ont pas craint de gratter le fond du problème islamique et à faire connaître des contrevérités qui accablent l'Islam dans ses œuvres délétères et létales. Bien heureusement, ces attaques contre le droit d'expression se heurtèrent à un échec en Europe, notamment aux Pays-Bas. Cependant, ces pourfendeurs de vérité, une fois déboutés, se gardèrent prudemment de poursuivre plus loin devant d'autres instances, pour ne pas générer une jurisprudence qui aurait pu engendrer des émeutes islamiques dévastatrices en termes de représailles et de soulèvements insurrectionnels.

Ce pourquoi, dans la hâte et la discrétion, les services du Parquet au tribunal d'Amsterdam ont relaxé, en juin 2011, Geert Wilders (patron du Parti pour la Liberté, le PVV), lavé de tous les chefs d'accusation pour

---

[13] Poursuivi pour injure et incitation à la haine religieuse contre l'Islam, l'écrivain Michel Houellebecq fut relaxé. Le tribunal correctionnel de Paris n'a pas retenu les poursuites engagées par des organisations musulmanes en raison de ses propos tenus dans deux magazines : « *La religion la plus con, c'est quand même l'Islam. Quand on lit le Coran, on est effondré... effondré* » déclarait ainsi l'auteur dans *Lire* en septembre 2001. Les associations qui s'étaient constituées partie civile réclamaient 190 000 euros de dommages et intérêts. ▢Les magistrats de la 17e chambre du tribunal correctionnel ont néanmoins suivi la réquisition du parquet, qui avait estimé le 17 septembre, à l'audience, que les propos de l'écrivain relevaient de la liberté d'expression. A la barre, l'auteur avait nié toute aversion contre les Musulmans mais a revendiqué son mépris pour l'Islam.

lesquels il était poursuivi[14], notamment pour avoir comparé le Coran à *Mein Kampf*(Voir supra, note 7) ; œuvre de sinistre mémoire rédigée par l'homme, on le sait, qui devint le terrible géniteur de la solution finale sur la question juive. ☐En droit comparé, il apparaît cependant légitime de fouiller la terminologie intrinsèque d'un vocable et d'estimer la valeur morale d'un livre de religion, sachant que, je cite les conclusions de ce jugement : « *Les déclarations de Monsieur Wilders ne constituaient pas une critique des individus eux-mêmes, mais un examen de leurs croyances* ». Outre ce développement, le président d'audience en première instance s'exprima sans détour en ces termes : « *Le tribunal juge ces déclarations acceptables en raison du contexte et du débat de société* ».

En outre, Le tribunal estima que : « *Ces déclarations, même dénigrantes, ne constituent pas une incitation à la haine* ». Selon le droit local néerlandais, cette décision ne peut pas constitutionnellement faire l'objet d'un appel (il en va ainsi d'une relaxe). Mais les plus avisés ont compris qu'il ne fallait pas aller plus loin dans cette joute enflammée, et surtout ne pas engager de telles poursuites en débat public devant une juridiction nationale dont les retombées gagneraient en surenchères politiques, de polémiques entre essayistes et en soulèvements explosifs à travers l'Europe.On imagine qu'une jurisprudence prononcée contre les intérêts de l'Islam en tant que dogme religieux au motif de l'irrecevabilité de son contenu, pourrait à terme aboutir à interdire le Coran dans les bibliothèques et sa diffusion en ligne et en librairie.

Devant un refus généralisé de la presse grand public de diffuser sa déclaration, le député Geert Wilders demanda à des mouvements politiques ou des sites indépendants de faire écho à cette non-décision de justice (une relaxe sans jugement tournanten déni de justice), sachant qu'un non-lieu, en l'occurrence, n'a pas valeur de jurisprudence. Geert Wilders lança un appel au monde s'agissant de l'incapacité de la société politique et médiatique occidentale de faire preuve d'un minimum d'honnêteté à l'égard d'un parlementaire européen frappé, par des esprits furieusement fanatiques, d'une *fatwa* mortelle non réprimée par cette même justice, alors que ces

---

[14] Ses courageuses positions, en vue de placer au grand jour les horreurs édifiantes du Coran, furent connues entre octobre 2006 et mars 2008 dans la presse hollandaise et sur des forums internet, puis dans son film *Fitna* (« Discorde » en arabe), diffusé sur le web. Dans son pays, ce parlementaire néerlandais encourait un an de prison ferme ou 7 600 euros d'amende en vertu des chefs d'accusation. Si la comparaison entre l'œuvre du Prophète et celle du Führer avait pour dessein de secouer la torpeur pusillanime des gens de pouvoir, ceux-ci ne pouvaient certes autrement répondre que par la voie judiciaire, peut-être pour faire comprendre au Monde musulman réfractaire à toute critique portant sur le soc de leur religion, qu'il existe en Occident un droit de réponse paisible ; une alternative légale autre que la condamnation explicite de leurs détracteurs, sans débat contradictoire, seulement agrémentée d'une *fatwa*.

juges eurent l'audace de s'en prendre à lui, menacé de mort par des fous d'Allah, pour s'être tout simplement défendu, mais avec les armes de l'esprit.

Rappelons que Mme Marine Le Pen a soutenu ce rapprochement littéraire exprimé par le député européen Hollandais Geert Wilders ; une position qui, insidieusement, lui vaut ces outrages sur un chapitre où la justice étrangère a pourtant déjà tranché en faveur de cette analogie exprimée par le député susmentionné. Alors, à défaut de procès, on répand des rumeurs, on diabolise, on insulte ! En échange, qualifier Muhammad de chef de guerre cruel et sanguinaire, tel qu'il apparaît dans le Coran, ne saurait être associé à un camouflet, sachant que ce démiurge est sans réalité, et que ce livre de culte est sans auteur, *a fortiori* puisque ce messager d'Allah ne savait ni lire et écrire (Coran : VII.157, LXII.2).

Notre société européenne, pourtant catapultée au rang de haute civilisation brossée par une démocratie plus de deux fois centenaire, semble aujourd'hui se couler dans l'arbitraire, la pusillanimité, la rhétorique spécieuse et la contradiction persistante. L'Europe offre ainsi le spectacle d'un intégrisme terroriste qui poursuit sans faille son objectif destructeur au nom d'un culte, et sous le même angle ceux qui soutiennent cette religion au motif qu'il faut protéger les minorités. Pour ce faire, mieux vaut, pour *calmer le jeu,* museler les tenants d'un reste de souveraineté, de patriotisme et de bon sens. De sorte que la liberté d'expression se limite désormais à la frontière de l'Islam qui voudrait laisser croire que ces islamistes agissent au nom de la sacro-sainte liberté de culte, mais faisant fi des autres libertés que des Musulmans intolérants ne reconnaissent pas ni ne les acceptent.

La libre communication des pensées et les débats d'opinions, controverses et pamphlets, devraient pouvoir s'articuler et concorder intelligemment entre les notions de démocratie et de libéralisme, sans néanmoins déborder d'un côté en délit d'opinion et de l'autre en invective et violence. Cependant, il est visible en France que la censure ne s'est jamais autant rapprochée de la pensée unique revisitée par un socialisme élargi social-conservateur, de sorte que l'action répressive devient l'arme fatale d'une conscience populaire modelée par des groupes de pression à la solde de celobbying social-démocrate mondialisé et onusien. La chose publique agite de façon comminatoire le couperet de la violence économique ; une censure sournoise car silencieuse, telle l'épée de Damoclès sur quiconque, disposant de l'art de la plume, du pinceau ou de la rhétorique de pupitre, qui oserait s'affranchir de la liberté d'expression, en usant de l'audience que lui confère son audimat (Médiamétrie) et/ou de l'attraction charismatique que génère sa réputation, son instruction, son éloquence et son talent.

Comme le souligne le Professeur Anne-Marie Le Pourhiet (Université de Rennes 1) : *« Le chercheur ou n'importe quel citoyen vit désormais sous la menace d'une multitude de lobbies faisant régner une sorte de terreur judiciaire ».* Puis d'ajouter : *« Ce sont ainsi de véritables privilèges au sens* *étymologique de lois privées qui sont reconstituées au mépris, non seulement de la liberté, mais aussi de l'égalité républicaine... ».*L'auteur cite le doyen Carbonnier sur la*« ... pulvérisation du droit objectif en droits subjectifs ».* Puis encore le philosophe Pierre Manent : *« Parce que notre régime est un régime de liberté, et pour qu'il puisse le rester, nous n'avons pas le droit d'exiger de nos concitoyens qu'ils approuvent nos styles ou nos contenus de vie : ce serait tyrannie. Que la dignité de chacun puisse être respectée, c'est le moins que l'on puisse demander, mais c'est aussi le plus »* (Source : les Petites affiches - La loi, 25 février 2015, n° 40, pp. 8 à 15). Combien d'autres témoignages d'intellectuels faudrait-il encore citer pour qu'enfin le peuple - héritier du Club des Jacobins - se réveille ?

J'ajoute que la France, qui fut la vitrine des Droits de l'homme et du citoyen, d'où un modèle pour l'humanité, a progressivement perdu de sa superbe, et a cédé sa place de grand ordonnateur des libertés à l'esprit libéral et l'*equity* du droit anglo-américain. Notre démocratie, érodée par les faiseurs d'opinion et de morale tronquée ou partisane, a été progressivement sapée au nom d'une prétendue volonté de protéger certaines communautés prédatrices sous couvert de valeurs humanitaires. Mais en même temps, faute de discernement, des législateurs et magistrats du parquet, dans l'engrenage de promulgations législatives contrevenant à la Constitution, les politiciens ont stigmatisé les observateurs critiques, d'où la réflexion prospective de nos intellectuels autour des faits de société qui mettent en danger la souveraineté du pays. Ce pourquoi fleurissent sur la toile et les publications non subventionnées, les mises en garde sur les dérives de l'humanitaire qui souvent s'expose à prendre des positions partisanes, et de l'engorgement que provoque une politique d'immigration irresponsable car destructrice.

Vouloir limiter la parole en la soumettant à un modèle prescrit, culpabiliser l'intuition des évènements sur des sujets de société comme l'immigration sans anticipation, la religion du terrorisme et ses lectures délétères tel le Coran, c'est réorganiser le monde sur des codes sociaux qui n'ont plus rien de républicains. Comment les dirigeants et faiseurs d'opinions français en sont-ils venus à s'interdire de penser en phase avec le réel, soit-dit la réalité des évènements qui bouleversent les paysages urbains du pays et les institutions ? Pourquoi interdire de parler ou de commenter certains faits brûlants de société, comme l'engorgement d'étrangers exsangues, incultes, porteur d'une religion prédatrice et non miscible, qui envahissent le territoire national sans contrepartie économique, dont les mentalités etcomportements ne sont pas miscibles avec les valeurs morales et juridiques del'État qui les accueille ? Laisser se couler dans la société des mœurs et comportements asociaux, des violences communautaristes de Mahométans intégristes, c'est aussi laisser libre court aux discours venimeux de l'intolérance et de la xénophobie en l'absence de garde-fous éthiques et de réflexion intellectuelle.

C'est ainsi que s'installe désormais l'iniquité dans un droit d'expression préalablement soumis à la censure et calibré par des sages ; un chausse-trape lorsque les politiques interdisent aux Français de dénoncer les travers d'un culte offensif, chancre de l'intransigeance et de la barbarie. Les admonestations *ad nutum* des décideurs politiques promettent le pire aux bavards récalcitrants qui usent néanmoins de leur capacité à s'exprimer et osent s'indigner, car objectent-ils, il est plus prudent de ne pas intervenir, voire de ne pas entendre les agressions outrancières de prédicateurs mahométans, puis de leurs sycophantes prêts à orchestrer des soulèvements incendiaires dans les ZUP ; sécurité oblige ! La raison d'État se passe de justice lorsque les tenants du pouvoir agitent l'épouvantail de leur prétendu intérêt supérieur.

Quant à l'indépendance de la justice, elle demeurera une fable tant que le ministère public restera enfermé dans la hiérarchie du pouvoir exécutif, dont le Livre de la sécurité intérieure qui confisque quasiment le droit au public à un recours aux magistrats du siège*(in,* loi sur le renseignement, voir chap. Ier, §-II).Au nom d'un tout-laisser-faire pusillanime et politiquement confortable, face à la menace persistante des émeutes et des exhortations des fougueux partisans droit-de-l'hommistes,ainsi que des multiculturalistes compulsivement islamophiles, le mot d'ordre dit ceci : *Taisons-nous. Ne faisons pasd'amalgame. L'Islam n'a rien à voir avec le terrorisme, et les Musulmans françaisen sont les premières victimes !* Ici, cette pathétiquetirade à mensonges répond à la stratégie de la taqiyya ; une très ancienne félonie islamique (Coran : V.52) qui mystifie le premier des droits fondamentaux de la République institués en 1789.

Rappelons l'affirmation solennelle de la Cour EDH dans l'arrêt *Handyside (C. plén., 7 déc. 1976, série A, n° 24, GACEDH, n° 7)* faisant de la liberté d'expression l'un des fondements essentiels d'une société démocratique, et l'une des conditions primordiales de son progrès social et de l'épanouissement de chacun. Alors que l'article 11 de la Déclaration de 1789 dispose que : « *Tout citoyen peut parler, écrire, imprimer librement, sauf à répondre de l'abus de cette liberté...* », le premier amendement de la Constitution américaine affirme péremptoirement que le Congrès ne fera aucune loi qui contingente la liberté d'expression, sans rien de plus ni commentaire ou restriction : « *Le Congrès ne fera aucune loi [...] qui restreigne la liberté de la parole ou de la presse, ou le droit qu'a le peuple de s'assembler paisiblement et d'adresser des pétitions au Gouvernement pour la réparation des torts dont il a à se plaindre* ». Par ce texte fondateur, il ne peut y avoir un droit de réserve, un privilège ou une exception religieuse, car la liberté d'expression outre-Atlantique ne saurait partir en vrille ni se vaporiser dans le dédale de considérations assorties de privilèges.

Le fossé des libertés des deux côtés de l'Atlantique est énorme. S'il est une autre révolution française à réinventer, commençons par libérer les penseurs, les essayistes et les philosophes dans le même esprit que fut celui des *Lumières*. Et s'ils se fâchent entre eux, par désaccords et opposition, gageons que ces antagonismes procèdent d'un progrès, d'une richesse qui s'épanouit dans la joute intellectuelle, autant dire de vraies libertés exprimées par des locutions publiques ouvertes au débat public. Alors qu'au contraire, empêcher les antagonismes de s'étriper en procédantpar de sournoises mises en garde comminatoires et de violences économiques, c'est l'intelligence, l'art rhétorique du pamphlet ou de la caricature, priver la conscience collective de réflexionsantithétiques, et par voie de conséquent, inciter à la sédition clandestine ceux qui se voient interdits de parole.

La vague d'attentats islamistes perpétrée à Paris en janvier, en novembre 2015 puis en juin 2016 (outre ceux de Bruxelles et Orlando récemment), plutôt que d'amener les pouvoirs publics à affronter l'ennemi qui se terre sous l'identité d'une religion dite officielle pour les légalistes, intouchable pour ses croyants, aura plutôt suscité des mesures de soutien en faveur dudit culte sous couvert d'apaisement et de relativisation médiatique, soit-dit de recule devant le terrorisme que soulève précisément cette confession. Certes, les politiques objecteront que le fait de relever la sécurité de Vigipirate à sa vigilance maximum(dite écarlate), constitue la preuve d'une action gouvernementale contre le terrorisme. Sauf que le terrorisme ne s'exprime pas seulement avec des bombes ou des fusils mitrailleurs, mais aussi de façon plus perfide en propageant la psychose. La montée en puissance du stress et le lobbying prosélyte au travers même des procédures de contrôle et d'alerte maximale, rappellent sans cesse que des terroristes peuvent agir n'importe où, à n'importe quel moment et sur n'importe qui.

Au plus fort de cette aliénation collective, les socio-démocrates en poste de veille verrouillent tout ce qui pourrait provoquer le courroux des fondamentalistes musulmans, précisément les commandeurs et les trésoriers du terrorisme internationaux, avec leurs ramifications à intérieur de l'État, dont le Qatar. Ainsi, plutôt que de montrer que la démocratie est la plus forte et qu'elle ne craint pas les violences de ces fanatiques de l'ombre, les dirigeants français font profil bas, et s'emploient à museler toute tentative de réponse loyale et courageuse face à ces criminels dépourvus d'émotion et de conscience. Dire la vérité, même incontestable, est jugé outrancier et critique pour les intérêts dits supérieursde l'État, alors même que c'est la Nation qu'il faut protéger. De sorte que le danger d'une rupture économique et diplomatique avec les États pétroliers du Golfe et gaziers d'Algérie et d'Iran principalement semble prévaloir sur la sécurité intérieure. Dans les faits, ces mesures, dites du *clamer-le-jeu,* sont considérées comme une victoire par les intégristes islamiques qui méconnaissent le sens de la longanimité ; une indulgence comprise comme une reddition vue par les fous d'Allah.

La pusillanimité des gouvernants français, sous couvert d'une longanimité qui masque leur impuissance et/ou leurs intérêts, est ainsi observée par les fondamentalistes comme un aveu d'impuissance, voire de capitulation depuis les plus hautes instances du pouvoir exécutif. Il ne reste plus que les pamphlétaires et les caricaturistes en Europe pour oser dénoncer l'insupportable. Cependant, l'humour est trop fréquemment associé à de la provocation, voire de la calomnie par les inconditionnels islamophiles. Puis en face, l'ironie, la dérision ou le quolibet suscitent des réactions d'une violence inouïe de la part des intégristes musulmans dépourvus de conscience, lesquels - le mental asséché et sans compassion - ne savent autrement répondre qu'en semant la mort à défaut d'une réponse de l'esprit.

Que sommes nous loin en France d'avoir le cran de mettre en scène sur un plateau à grand spectacle une satire sur les terroristes islamiques, tel le chaîd de fiction *Achmed** mis en scène par Jeff Dunham, un humoriste ventriloque américain qui s'est produit notamment à Montréal devant des milliers de spectateurs. Non, les Français ont tellement peur de la réaction des Musulmans, que pareille outrecuidance, même si cette satire est dirigée contre les adulateurs de la mémoire de Ben Laden, risque à tout moment de provoquer des attentats et des insurrections. Le monde politique français est incapable de contenir les pulsions pyromaniaques des casseurs de quartiers, puis de les réprimer de façon dissuasive, notamment avec des expulsions massives d'étrangers délinquants et une répression pénale à la hauteur de crimes touchant à la sécurité du territoire et la déchéance de la nationalité dont le projet fut lâchement abandonné par l'Élysée. Pourtant, les périodiques pamphlétaires illustrés, ainsi *Marianne, Charlie Hebdo*, le *Canard enchaîné* et bien d'autres spécialistes de l'hilarité mortifiante, ne se privent pas pour se moquer des personnes publiques, deridiculiser un chef d'État, une star du show-biz ou le Pape, la Reine d'Angleterre ; mais l'Islam... n'y touchez surtout pas !

Cette poupée d'os articulée*, volubile et concentrant sur elle toute la sottise de l'Islam intégriste que nos voisins d'outre-Atlantique ne se gênent pas d'éclabousser de leur moquerie, incarne le spectre symbolique d'un ancien terroriste kamikaze, mort dans l'explosion accidentelle de sa bombe, à cause d'un mauvais réglage du minuteur. Cette comédie est animée par un squelette au physique ridicule, coiffé d'un turban blanc, en réalité son slip épargné dans l'explosion. Il ne cesse de pousser des invectives, enjoignant le public - qui ose rire de lui - à se taire : « *I'll kill you* » (Silence, je vais vous tuer) ! Ou encore : « *Holy crap* » (Merde sainte) et « *You racist bastard* » (Vous bâtards racistes) ! Ce produit *made in China* (avec l'estampille du Pays du Milieu tatouée sur ses fesses) qui ne s'imagine pas être mort et en appelle à Oussama Ben Laden, apparaît également dans un sketch où l'auteur parodie des chants de Noël, interprétant « *Jingle Bells* » en entonnant « *Jingle Bombs* ». Même *Charlie Hebdo* n'aurait pas osé !

Mais en France, des festivals, des musées, des salles de spectacles se ferment aux acteurs, auteurs et artistes polémiques qui se risquent à s'atteler à un exercice critique du Coran. Puis des afficheset des œuvres littéraires sont confisquées, censurées, bannies pour ne pas être exposées ou jouées à un public qui pourrait se moquer de l'Islam à travers une œuvre sarcastique. Ainsi que je l'ai évoqué en préambule (b), la tragédie de Voltaire (1736), *Le fanatisme ou Mahomet le Prophète,* fut interdit une première fois par un arrêt du parlement de Paris. Même durant son exil, l'Empereur Napoléon Bonaparte condamna cette œuvre jouée par des acteurs profanes, autres que les pensionnaires de la Comédie-Française. Puis en 1993, cette pièce présentée par Hervé Loichemol fut de nouveau fermée au public sur l'intervention musclée de Tariq Ramadan, nonobstant des dénégations des protagonistes politiques qui privèrent la salle de subvention. Cependant, cette pièce si controversée fut présentée et interprétée à guichet fermé dans l'Ain à Saint-Genis-Pouilly fin 2005, cela malgré les menaces du clergé musulman et contre l'avisdesélus qui cherchèrent à dissuader le metteur en scène.

Pourtant, c'est bien le public qui est libre de juger par lui-même si l'on en croit le postulat de la liberté de conscience ; autant dire le droit d'appréhender des œuvres selon son intelligence personnelle, et non pas sous l'empire d'une critique dirigée, fabriquée ou tronquéepar des détracteurs étrangers à l'art et à l'esprit culturel. Pourtant, les Français, citoyens à part entière devant les urnes, ne sont pas considérés matures par leurs concitoyens élus qui lesempêchent de comprendre, de choisir, de se forger une opinion et réagir selon leur libre arbitre. La peur des tensions, voire d'auto-défense, suppose pour l'État la nécessité de faire barrage à toute réactivité de talent et d'esprit liéede la raison ou à l'évidence, même lorsque la réponse à l'intégrisme est seulement intellectuelle et artistique, comme le firent avecaptitude, talent et courage, les regrettés caricaturistes de*Charlie Hebdo.*

C'est ainsi que beaucoup trop d'élus politiques, de professionnels et de personnalités aujourd'hui, tant en France qu'à l'étranger, estiment que ces meurtres de masse et cette tension islamiques sont le résultat d'attaques provocatrices, exagérées, outrancières envers une religion qui pourtant ne ménage pas ses efforts pour tuer à tour de bras. Un avocat britannique et militant des droits de l'Homme, Peter Herbert, a accusé sur Twitter le journal caricaturiste d'être :*« Une publication xénophobe »*. Pire encore, le Pape François depuis Manille, s'invita dans le débat en déclarant que *« Si le droit d'expression est un droit fondamental, on ne peut pas insulter la foi d'autrui, c'est une limite sérieuse au droit de caricature ».* Qui s'en émeut ? Autant dire que tuer des gens pour leurs opinions devient un motif légitime en raison qu'il est un prétendu dieu quelque part qui refuse que l'on se moque de lui, et qui use du bras armé de ses vengeurs exaltés ! Seul un despote est capable de tenir ce langage, de sorte que les islamistes radicaux, ce Papepoltron et autres illuminés politiques s'en font les thuriféraires.

Cette aliénation de l'un des tout premiers droits fondamentaux aura même gagné l'étranger, puisqu'à Cologne les organisateurs du célèbre carnaval germanique ont préféré interdire le char de *Charlie Hebdo* au motif des menaces que cette expression commémorative pouvait faire retomber sur l'événement. Le spectacle du 12 janvier 2015 de Patrick Timsit au théâtre du Rond-Point à Paris : *« On ne peut pas rire de tout »,* fut amputé de son affiche parce que l'image présentait un humoriste enlaçant une bombe. Autre affiche prohibée, fut celle représentant une femme voilée avec une larme de sang sur le visage. Cette photo devait être placardée dans les couloirs du métro parisien pour présenter la pièce de théâtre *« Lapidée ».* Ce spectacle sur le lynchage des femmes au Yémen aura aussi été annulé, puisqu'il ne fut joué que trois fois sur les trente représentations prévues au petit *Ciné 13* à Paris, nonobstant un divertissement culturel joué en salle comble.

Sait-on jamais…, le long métrage *Timbuktu,* franco-mauritanien d'Abderrahmane Sissako, pourrait donner des idées à des terroristes en herbe, lesquels auraient pour mauvaise interprétation de l'auteur de prendre les djihâdistes comme parangon ? De sorte que ce film fut déprogrammé des salles en France et en Belgique. Pour éviter la polémique autour de la terreur que sèment les islamistes d'Ansar Dine à Tombouctou au Mali, le festival Ramdam de Tournai en Belgique fut reporté en raison des risques autour de son déroulement. Une autre cible potentielle ; le documentaire *« Essence of Terror »* fut aussitôt annulé en Belgique lors d'un ciné-cocktail de Louvain-la-Neuve selon le périodique *Le soir*. Même destin, le film *« L'apôtre »* de Cheyenne Carron fut mis au panier le 15 janvier 2015, car il raconte la conversion d'un jeune musulman au Catholicisme ; une mise en scène insupportable pour l'Islam qui condamne à mort les apostats !

Encore en Belgique wallonne, le Musée Hergé de Louvain-la-Neuve, aura annulé le même jour une exposition temporaire sur *« La caricature »* en hommage à *Charlie Hebdo.* Quelques jours plus tard, une œuvre représentant des paires d'escarpins de mode posées sur des tapis de prière musulmans à l'exposition *Femina* de Clichy-la-Garenne (Hauts-de-Seine), fut provisoirement retirée de l'exposition. Le journal dominical *The Observer,* associé au Guardian, a révélé une anomalie au Musée *Victoria & Albert Museum* de Londres ; il s'agissait d'un poster iranien représentant le Prophète dans leur catalogue numérique. L'image aura subitement disparu de la toile, donc rendue invisible, comme l'honneur de la civilisation judéo-chrétienne d'ailleurs. Il s'agit de ne pas offenser ces poseurs de bombes et tueurs de civils désarmés, puisde faire de ces bourreaux des martyrs de l'offense plutôt que leurs victimes égorgées, explosées ou mitraillées !

Puis à Welkenraedt en Wallonie, une exposition prévoyait un panneau d'affichage en hommage à *Charlie Hebdo*. Mais il fut de même banni. Selon la direction de la RTBF, il fallait surtout éviter l'incitation à quelque crime délibéré venant d'un fou d'Allah, de donner un autre alibi au terrorisme. Autant dire que l'Islam intégriste a déjà gagné une guerre, celle d'avoir vaincu le droit d'expression et de museler les détracteurs de l'intégrisme religieux, qu'ils soient intellectuels ou artistes talentueux. Mais au fait, peut-on vraiment évoquer le terrorisme à travers l'Islam, le Coran, la religion musulmane dans son ensemble ? Ce fut la *White House* qui livra cette idée folle pour gommer le terrorisme islamique de la planète, lorsque Barack Obama, début 2015, s'employa à remplacer ce vocable effrayant par l'expression fabriquée pour prétendre vaincre le mal : « *Insurrection armée* » en évoquant les talibans. Peut-être que dans l'esprit de ce chef d'État à moitié mahométan par son père, ces coupeurs de têtes, ces tueurs de femmes et écraseursde bébés (piétinés) ne sont-ils que de légitimes résistants à l'instar des partisans retranchés dans les maquis de la Seconde Guerre mondiale ?

Peut-être bien encore, en cherchant à redéfinir la terminologie du terrorisme musulman, serait-il possible d'occulter l'Islam qui niche au cœur de cette barbarie, faire disparaître cet agrégat qui colle au substantif *terrorisme,* en ne conservant l'idée qu'il ne s'agit que de bandes de mercenaires en rébellion et sans religion qui usurperaient l'esprit d'un culte honorable pour salir etdiaboliser le dogme mahométan. Le négationnisme qui raya de l'histoire et de la conscience collective le plus grand génocide jamais perpétré par l'homme : l'*Hindi Kouch,* atteste de l'efficacité de cette manipulation inconsciente des foules assujetties ou suggestionnées. Après la confiscation de la liberté artistique, se profile désormais une autre mainmise sur la pensée populaire par le grand ordonnateur social-démocrate : une refonte lexicologique ou sémantique de la parole insidieusement mystifiée. Alors que nous n'en n'avons pas fini de nous taire, aujourd'hui la bien-pensance nous imprime l'art de conjuguer l'esprit laïc avec le Verbe ou son succédané fourchu. En d'autres temps, les observateurs révolutionnaires et autres soixante-huitards appelaient cela une subornation, une imposture.

Le postulat qui préside « *à la cohésion sociale et à la lutte contre les discriminations »* a vocation, dans l'esprit de ses concepteurs néojacobins, non pas seulement de réduire la fracture sociale et de lutter sans discernement envers toutes les populations contre la xénophobie et le racisme ainsi qu'il y paraît, mais d'induire subrepticement l'idée qu'il faut protéger ces minorités dites défavorisées et déracinées, pour mieux préserver la stabilité et la sécurité du territoire. Or, l'excuse qui se réfugie derrière la sacro-sainte liberté de culte, ne fait aucunement état que ces populations refoulées se ghettoïsent dans leur confession, s'isolent et se replient par refus de s'assimiler. *Quid* de la cohésion sociale et du *vivre ensemble ?*

Pire encore, le laxisme entretenu à leur égard est vécu comme une victoire, celle d'Allah prétendent les intégristes, puisque se croyant soutenu par le divin, ils y voient une incitation supplémentaire à provoquer davantage encore les institutions républicaines de la Nation jusqu'à souhaiter leur effondrement. En effet, le grand khalifat est l'objectif déclaré des intégristes religieux, une prémisse répétée comme un mantra que ressassent les leaders musulmans pour investir la place partout où se propage l'invasion migratoire de leurs coreligionnaires, notamment en Europe. Nonobstant cette réalité de terrain, bien connue quoique interdite de l'évoquer, il importe davantage à l'État français de taire les réactions exaspérées des ressortissants nationaux contre les exactions d'activistes intolérants et racistes, prenant pour cible la société historiquement chrétienne, ses libertés fondamentales et l'égalité des femmes.

Dès lors qu'il s'agit de réfugiés de confession non endémique sur le territoire de tradition judéo-chrétienne ; autant dire l'Islam, cette religion doit être protégée de la xénophobie française présumée, alors même que l'intolérance de l'Islam intégriste envers les non-musulmans est une normalité avérée, contre laquelle il semble que rien n'ait été mis en œuvre pour éradiquer spécifiquement cetapartheid façonmahométane, parce que c'est indiscutablement la religion du Prophète elle-même qui prêche cette discrimination culturelle, ethnique et sexiste (Voir*in fine,* la bibliographie « Les pages noires du Coran à bannir du XXIe siècle »). La religion étant un tabou protégé par la liberté de culte, il est plus facile pour les gouvernants de manœuvrer du côté des citoyens laïcspondérés que du côté des religieux musulmans agressifs et menaçants, cela pour faireencenser leurantienne contre un racisme plus aisé à stigmatiserdu côté des autochtones nationaux.

Cette manœuvre politique opportuniste, dont le courage se trouve enfouie dans la peur inavouée des émeutes à répétitions, que suscite également en toile de fond des intérêts pétro-gaziers avec les pays arabes, se pare d'une glorifiante idéation d'apparence philanthrope, nonobstant captieuse et servile, à laquelle se raccordent les spongieux multiculturalistes et autres lobbyistes tiers-mondistes pour qui toutes les religions se valent. Le processus consiste à culpabiliser les alarmistes qui accusent l'irresponsabilité des dirigeants occidentaux en raison de la pénétration corruptive et asséchante des flots migratoires, et par suite à sanctionner toute approche négative contre cet exode, même justifiée car corroborée dans les faits, ayant pour objectif de recadrer cette politique qui favorise de façon exorbitante l'assistanat exogène. Il est notoire que le misérabilisme de composition des doctes musulmans prend appui sur des motifs entretenus autour du prétendu martyr de l'islamophobie, sur l'infortune du déracinement de leurs migrants et l'affectation identitaire que recouvre un communautarisme cultuel ; un fanatismeexplosif parfois dissimulé sur le drap immaculé des burqas.

La véritable *« égalité de traitement »* serait de ne pas se servir de mots et d'expressions qui, par leur commode évocation, dédouanent les uns en incriminant les autres de façon insidieuse. La liberté d'expression n'a rien de confus ni de difficile à faire respecter. Ce n'est surtout pas d'interdire de désigner les un du même qualificatif que l'on attribue volontiers les autres (ex : la désignation d'une *délinquance de race blanche* est permise, mais une *communauté arabe délinquante* est inconvenant). En l'occurrence, des tabous pusillanimes et des réponses laxistes se dressent depuis les palais du pouvoir contre la liberté de parole, aux fins d'ignorer les violences et les outrages aux libertés républicaines. Cette posture couarde vient interdire aux observateurs imprudents, de commenter, d'analyser et de condamner verbalement cette impunité légalisée, toujours au motif du *calmer-le-jeu* et du *pas d'amalgame*.

« *L'égalité des chances* », si souvent évoquée dans les textes législatifs et réglementaires, puis dans les discours lénifiants de la bien-pensance depuis les fonctions régaliennes d'un socialisme d'État, passe par la voie ségrégationniste d'une discrimination positive. Cette manipulation des foules se réalise en insinuant des clichés dans l'imaginaire collectif, voire en formulant expressément que les plus riches (les actifs) les blancs de peau (leucodermes) ou les Français de souche européenne réputés favorisés (mais aussi des DOM-TOM) sont censés faire un effort, des concessions sociales et fiscales, puis encore de surveiller leur langage et de se montrer bienveillant avec une part de cette immigration musulmane intégriste qui ne se cache pourtant pas de vomir la France et ses valeurs. En échange, il n'est nullement évoqué dans lesdits textes de dispositions analogues à l'adresse des fondamentalistes véhéments qui excitent, en zone urbaine, les jeunes émeutiers issus des migrations du Sud et du Proche-Orient.

Dans la question, à savoir « *qui doit intégrer l'autre* », celui que l'on désigne sous les vocables de déracinés démunis, de défavorisés ou de mal-aimés aura, dans notre société à genou, souvent raison du contribuable et du cotisant qui travaille et apporte ses richesses. Du reste, pourquoi réintroduire dans la conscience populaire de façon redondante et si appuyée de pareils rappels à l'ordre qui semblent au demeurant couler de source, depuis longtemps inscrits dans la Constitution, sinon pour admonester les indociles qui oseraient se rebeller au vu de ce parasitage de leurs ressources, de leurs droits civils et de leur couverture sociale.

Quant aux imprudents communicants qui s'aventureraient à relayer l'inquiétude de ces citoyens, qu'ils sachent que des sanctions planent sur leur tête (confiscation de subventions, restrictions des canaux hertziens, sanctions pécuniaires, interdiction de professer, fermeture de salles à certains artistes polémiques…). Ces menaces s'adressent implicitement vers les éditeurs et producteurs qui n'entrent pas dans ce couloir d'esprit préétabli, où domine la dialectique de ceux qui endossent la faconde des puritains politiques, ceux-là disposant de la force publique et du relais des médias à leur botte. Quand la vertu se nourrit d'une économie assistée, la critique se meurt et laisse placeaux thuriféraires, faisant violence aux intellectuels devenus improductifs lorsqu'ils ne sont pas assistés. Autrement dit, lorsque des professionnels de l'information ou de l'édition refusent de se laisser cadencer au pas de l'oie, leur espérance de poursuivre leur activitédevient alors quasiment nulle, et la contestation s'éteint d'elle-même.

C'est ainsi que dans les secteurs publics ou privés de la communication radio-télévisuelle, les actions en faveur de « *l'intégration et de la lutte contre les discriminations* » sont récompensées par des aides d'État qui se traduisent par un élargissement à l'audimat, à condition que ces actions ne portent qu'au profit des réfugiés et/ou minorités non issues du terroir. Le sujet ne peut être abordé autrement car en toile de fond, la politique favorable à l'immigration ne saurait souffrir d'une quelque critique. Or, ce conditionnement des esprits gauchisant jusqu'au populisme d'État, participe *de facto* à une diabolisation de tout Français qui prône le patriotisme ; une position idéologique pressentie incontinent comme un accès de nationalisme xénophobe. Seul le chauvinisme est accepté dans les stades, bien que la Marseillaise soit souvent sifflée au stade de France, et l'étendard national peu actif dans les tribunes[15]. De sorte que les intellectuels ou les élites scientifiques qui se risquent à proposer au public une vision fidèle des réalités quotidiennes, car élargie à l'actualité catastrophique et les inquiétants faits de société autour des populations allogènes, sont réduit au silence, à l'ostracisme public, à l'exclusion professionnelle.

Quant aux « *atteintes aux libertés d'expression* », cette noble et lénifiante locution destinée aux éditeurs, distributeurs d'accès, aux médias de la communication audiovisuelle et aux opérateurs de réseaux satellitaires, elle est plus fréquemment tournée à l'avantage de ceux-là mêmes qui en abusent, calomnient en public leur pays d'accueil, imposent leur mentalité phallocrate et discriminatoire en terme de religion et de comportement irascibles ; autant dire en forçant les limites tolérables de la morale, de la laïcité et de la démocratie. À ce propos, voici quelques exemples textuels illustrant cette fallacieuse récupération de l'éthique du droit par nos sages et censeurs institutionnels bardés de leur bonne conscience, autant dire du détournement

---

[15] Autres faits, autres preuves des mobilisations antifrançaises sur le territoire national, le 6 octobre 2001, lors d'un match de football entre les équipes de France et d'Algérie, l'hymne national de France fut sifflé par le public, et la Marseillaise ne fut pas chantée par les joueurs français sur le terrain. En milieu de match, la pelouse du parc des sports fut envahie par des Algériens et Franco-algériens, non pas pour soutenir une équipe, mais pour y perpétrer des actes de hooliganisme à connotation xénophobe. Il est vrai que l'équipe nationale ne comptait quasiment aucun Français de souche, la plupart étant des Musulmans d'Afrique fraîchement nationalisés pour être sélectionnés. De sorte que le public ne se reconnaît plus dans les valeurs de la France, méprisant le drapeau tricolore car venu spécialement pour voir leurs coreligionnaires arrivés du Maghreb, et encourager les joueurs Africains revêtus du maillot français dont ils se sentent d'abord les compatriotes. Même dans nos stades, la France a perdu ses couleurs et son honneur, et la colère de Jacques Chirac du 11 mai 2002 fut mémorable !

arbitraire des principes fondamentaux qui se retournent contre le peuple français, au nom d'une utopique intégration :

- Décret n° 2014-1235 du 22 octobre 2014 modifiant le décret n° 2006-1067 du 25 août 2006 pris pour l'application de l'article 80 de la loi n° 86-1067 du 30 septembre 1986 relative à la liberté de communication : Article 7 (ou art. 6 du décret du 25 août 2006) :« *La subvention sélective à l'action radiophonique est attribuée aux services de radio par voie hertzienne en fonction* (Notamment) *des 2° ou 5° : « leurs actions en faveur de l'intégration et de la lutte contre les discriminations » »* ; puis :

Article 8 (décret du 25 août 2006) :« *Les subventions sont attribuées par décision du ministre chargé de la communication. La subvention sélective* à l'action radiophonique est accordée sur proposition de la commission prévue à l'article 15 »*. Soit-dit, selon l'appréciation non pas du droit, mais de la tournure des discours* qui ne doivent jamais dire la vérité lorsque celle-ci pourrait nuire aux auteurs de provocations xénophobes ou racistes venant des minorités exogènes, en particulier lorsque celles-ci proviennent de l'Islam.

Article 8 :« *L'art. 9 est complété par 3 alinéas ainsi rédigés :* ☐« *[...] Sous réserve de l'accord du service de radio recueilli lors du dépôt de la demande de subvention et de son information préalable, le ministre chargé de la communication peut organiser, aux frais de l'administration, des contrôles sur pièces [...] aux seules fins de vérification du respect des dispositions du présent décret par les services de radio.* ☐*En cas de refus opposé à l'exercice des contrôles [...], le bénéfice de la subvention au service concerné est retiré, l'exploitation de la concession hertzienne est confisquée et les sommes versées sont remboursées. Le non-remboursement entraîne la suspension du versement de toute subvention prévue par le présent décret »*.

Ces dispositions sembleraient de bon aloi si elles ne visaient que les atteintes à la morale, à la dignité et à la protection des personnes (concussion, déviance, abus, atteinte à l'intégrité des jeunes, etc.). Cependant, il apparaît en filigrane dans les textes, voire clairement à l'article 3.1 de la loi ci-dessous reproduite, l'orientation inquisitoriale du législateur qui consiste à débusquer l'imprudent qui se risquerait à dénoncer l'inqualifiable venant de réfugiés musulmans, dès lors que des débordements, des violations et des agressions sont le fait de ces minorités que l'État veut soustraite à la critique au motif du *calmer-le-jeu*et de la peur viscérale des émeutes urbaines.

- Loi n° 86-1067 du 30 septembre 1986 relative à la liberté de communication (Loi dite Léotard) Version consolidée au 24 août 2014 : Article 1 :L'exercice de cette liberté ne peut être limité que dans la mesure requise, d'une part, par le respect de la dignité de la personne humaine, de la liberté et de la propriété d'autrui, *du caractère pluraliste de l'expression des courants de pensée et d'opinion* [...]. « *Sauf que les subventions sont versées* *selon l'appréciation* des pouvoirs publics et politiques, et que ces subventions décident, eu égard à la concurrence, si le diffuseur, confisqué ou pas de ce droit et de ce moyen, pourra continuer à exister ou pas ».*

La liberté, dans ce cas de figure, est non seulement tronquée mais bafouée, sachant notamment que nul n'a le droit d'évoquer librement le sort qui est réservé aux femmes en Islam, même sur le sol français, ou bien les contraintes vestimentaires et alimentaires qu'inflige cette religion à la laïcité dans les écoles, les crèches (ainsi l'affaire *Baby Loup*) et le mobilier public dans les zones dites sensibles. Sur ce registre, un couvercle de silence pèse sur les médias, et bien des reportages sont frappés par la censure exercée par la bien-pensance et les stratèges des non-dits. Certes, quelques décisions de justice et de rares dispositions législatives viennent timidement rappeler que la France existe autrement que sous le voile de l'Islam, mais ces textes et arrêts ne sont jamais explicites et ne désignent pas nommément le mal et d'où il vient ; *politically correct* oblige !

Article 3-1 :« *Le Conseil supérieur de l'audiovisuel [...] assure l'égalité de traitement ; il garantit l'indépendance et l'impartialité du secteur public de la communication audiovisuelle [...] ».* De fait, cet organe de contrôle n'est que l'exécuteur des directives du Gouvernement, sachant d'une part que sept de ses membres sont nommés par décret du président de la République, et que d'autre part, parmi ses missions prédéfinies : « *Le CSA contribue aux actions en faveur de la cohésion sociale et à la lutte contre les discriminations dans le domaine de la communication audiovisuelle ».* Ici encore, l'indépendance ne porte que les couleurs de la social-démocratie, là où l'impartialité est au service d'un exécutif partisan, et où l'égalité de traitement se traduit le plus souvent en termes de discrimination positive, autant dire au faciès, ainsi que l'entend ledit texte.

Article 15 : « *Il (le CSA) veille enfin à ce que les programmes mis à disposition du public par un service de communication audiovisuelle ne contiennent aucune incitation à la haine ou à la violence pour des raisons de race, de sexe, de mœurs, de religion ou de nationalité ».* Cette phrase serait un beau sujet pédagogique si elle s'appliquait à l'égard de tous, autant dire sans préjuger de l'origine, du statut social et de la sensibilité de chacun, car ici, en filigrane, c'est encore le Français du terroir que l'on met en garde.

Essayez donc de répertorier par écrit ou en public la multitude croissante des attentats islamiques dans le monde, les exécutions sommaires que pratiquent les terroristes sans conscience, l'esclavagisme dont profitent les magnats du pétrole sur la péninsule arabique ou dans les palais des têtes couronnées du Maghreb et du Moyen-Orient, puis d'en porter responsable le Coran qui légifère de ce côté-là. Tentez de dénoncer les tyrannies qu'exerce l'Islam contre les femmes (excision, infibulation, crimes d'honneur, niqaab, polygamie, répudiation, exhérédation, etc.) devant le petit écran ou devant un micro radiophonique. Ces informations-làpassent invariablement à la trappe, car on évoquera *l'amalgame* comme si le culte musulman n'y était pour rien.

Articles 42 et 42.1 :*« Les éditeurs et distributeurs de services de communication audiovisuelle et les opérateurs de réseaux satellitaires peuvent être mis en demeure de respecter les obligations qui leur sont imposées [...]. Si la personne faisant l'objet de la mise en demeure ne se conforme pas à celle-ci, le Conseil supérieur de l'audiovisuel peut prononcer à son encontre [...] une des sanctions suivantes : 1° La suspension de l'édition, de la diffusion ou de la distribution du ou des services d'une catégorie de programme, d'une partie du programme... 2° La réduction de la durée de l'autorisation ou de la convention ; 3° Une sanction pécuniaire assortie éventuellement d'une suspension de l'édition ou de la distribution du ou des services ou d'une partie du programme ; 4° Le retrait de l'autorisation ou la résiliation unilatérale de la convention ».* Ici, tout est dit et l'État peut tout faire, trier, radier et interdire.

Article 54 : *« Le Gouvernement peut à tout moment faire programmer par les sociétés nationales de programmes (art. 44) toutes les déclarations et communications qu'il juge nécessaires ».Quid* de la liberté d'expression et de l'indépendance de la presse ? Certes, tous sont d'accord avec les débordements publicitaires ou violation des règles qui protègent les mineurs, mais pas s'agissant de la confiscation du droit de s'exprimer sur la réalité des violences qui menacent la sécurité et les libertés du peuple français venant de minorités d'intégristes islamiques. Où sont les Musulmans dits intégrés, pacifiques et indulgents pour dénoncer les barbaries des islamistes, manifester en nombre conséquent dans la rue et sur les écrans des médias contre leurs coreligionnaires terroristes ? Pourquoi, si ces derniers sont si nombreux à être eux-mêmes victimes de ce foisonnement de haine et de dérèglement sociaux sur le territoire français, ne se font si peu entendre pour défendre leur religion sacralisée ? Parce que précisément le creuset de leur culte, le Coran, est exactement le contraire d'une religion paisible et tolérante, et que cette cause devient au final indéfendable pour quiconque partage ce dogme, sauf à être soi-même sociopathe.

Lequel*amalgame* parle-t-on si l'*omertà* prévaut entre coreligionnaires ? La razzia des institutions semble de plus en plus perceptible avec l'encerclement du monde mahométan qui refuse le droit positif des *kafirs* pour y substituer la *sharî'a* et le *fiqh,* menaçant la société civile par son intransigeance et ses provocations. Ce lobbyisme islamique qui tourne en guerre d'enclaves s'exerce*via* les zones arabophones de France, *via* la menace terroriste qui implique une vigilance de tous les instant, d'où le stress d'une société en permanence prise pour cible. La France est ainsi devenue l'otage d'une politique pusillanime et condescendante envers cet Islam intraitable et hégémoniste, que les politiciens n'osent même pas nommer ou qualifier par peur précisément *d'amalgame.*

S'il est encore possible de combattre le terrorisme à l'étranger sous des pluies de bombes, bien que cette stratégie ne soit pas compatible avec des bandes armées de terroristes qui se servent des civils comme des boucliers humains, comment éradiquer ce même terrorisme à l'intérieur des pays démocratiques d'Occident, sauf à entrer dans le processus infernal d'une guerre civile ? La législation et le système judiciaire des nations civilisées n'autorisent pas de moyens adéquats pour discriminer des gens selon leur religion, leur couleur de peau et leurs intentions cachées, eu égard aux droits de l'Homme et aux fondements des libertés les plus élémentaires. Dans cette guerre intestine asymétrique, seule une dictature est équipée pour cela, à la manière desRépubliques islamiques où la théocratie admet la ségrégation religieuse, ethnique et les répressions.

Ce pourquoi, la seule piste qui autoriserait un État civilisé à entrer en guerre contre le fondamentalisme et le terrorisme musulmans, n'est autre que l'arme intellectuelle. Et pour cela, il faut commencer à dire et écrire la vérité, faire connaître à tous, y compris aux Musulmans ce que contient réellement le Livre dont s'inspire les croyants de l'Islam. Comprenons que la majeure partie des Musulmans intégrés et pacifistes méconnaît le contenu du Coran, et que c'est précisément pour cette raison qu'ils sont intégrés et pacifistes. Aucun Mahométan n'est mauvais ou criminel de naissance, car l'islamité n'est pas la transmission d'un génotype, mais un atavisme acquis.

Par cette voie, où la gangrène coranique nourrit trop souvent la haine et la violence à travers les cités arabophones, ce serait à l'intérieur de ce culte que nombre d'interrogations se poseraient, remettant en cause la religion elle-même. Cette information largement distribuée obligerait par là, à peine d'une envolée massive d'apostasies, les prêcheurs musulmans à revoir le contenu de leur culte, et peut-être à procéder à un *aggiornamento* de l'Islam, afin de nettoyer le support de leur confession de ses impuretés au sens historique, herméneutique et moral. Bien sûr, cette thérapie peut sembler utopiquetant que l'Islam se refusera à ne toucher ne serait-ce qu'un seul mot de leurs Écritures (Coran : II.100 et 169 ; XVI.104 et XXVI.195 à 200).*Ad impossibile nemo tenetur* (À l'impossible, nul n'est tenu) !

Cependant cette logique semble inaccessible à l'entendement des gens de pouvoir, car croient-ils, ce serait ouvrir la porte à une nouvelle guerre de religion. Mais n'ayons pas la sottise de croire que ces gens de pouvoir sont forcément intelligents, lucides, honnêtes, capables de détermination et de discernement.Quant à la pensée unique refondée par le moralisme censorial du brainpower d'État ; *exit* la réalité, bonjour les fables ! La preuve de leur incurie est pourtant patente. En échange, cette inaptitude à reconnaître leurs erreurs, à changer de politique et de stratégie intérieure pour combattre l'inqualifiable, rend éminemment service aux béotiens de l'Islam qui savent se servir de cette démocratie latitudinaire pour la retourner à leur avantage, et annihiler la civilisation qui l'a constituée.

Parce que l'Europe est gouvernée par des politiciensincapables de reconnaître et de corriger leurs fourvoiements dans l'appréciation de l'actualité et des évènements, sinon trop préoccupés à préserver leurs intérêts issus de la corruption, autant dire de prendreune bonne direction dans leurs décisions, immanquablement, dans un futur proche,les enfants de la vieille Europe incrimineront leurs aînés pour les avoir trahi et déshérités de leurs droits.Depuis plusieurs générations d'élus et de gouvernements en France, au fil des années de laxisme et d'incurie, l'État social-démocrate - de gauche à droite -prive le peuple de demain de sa souveraineté, de ses libertés, de sa laïcité, de sa culture et de son patrimoine,*« Errare humanum est, perseverare diabolicum »*(L'erreur est humaine, persévérer est diabolique).

c)Comment la France abdique devant une guerre de civilisation qu'elle se refuse à reconnaître, mais avec laquelle elle compose en apprêtant les citoyens à renoncer à leur liberté de parole

La présente monographie consiste à désacraliser l'Islam, quant à la nature réelle de ce dogme pétri d'intolérance, secouée par ses violences mais habillé en religion. Cependant, cette analyse, dont la sévérité ne fait que se rapporter aux faits tragiques de l'actualité, ne doit pas être associée à une condamnation radicale et sans appel des croyants mahométans, sachant que l'on ne saurait amalgamer les personnes en vertu de leurs origines, de leur conscience et de leur attitude. Lorsque des gens naissent dans une culture, qu'ils s'y baignent durant toute leur jeunesse et qu'ils y réunissent leurs intimes souvenirs autour d'une parentèle traditionnelle, il est normal que cet environnement soit compris comme étant distinct des individus, quels qu'ils soient, bons ou mauvais, comme il en va dans toutes les sociétés.

Les personnes ne sont pas forcément responsables de ce qu'ils croient, car c'est ce qu'ils croient qui leur a fabriqué l'esprit ; un hasard comme de naître quelque part plutôt qu'ailleurs. De sorte que c'est à l'endroit et à l'objet qu'il faut s'en rapporter, car c'est précisément ce dernier qui fabrique des monstres qui tuent au nom de cette chose. Maiscette chose peut également associer des gens paisibles, aimables, indulgents, bienveillants, cela dans l'indifférence d'une croyance bien plus supportable dans l'ignorance que dans la ferveur, la tradition plutôt que la prière acétique, l'amour des siens et le respect des autrespar ses rituels et folklores, plutôt que ceux-là recrutent ou haranguent pour haïr par haine et frustration.

Dissocier les personnes de leur emprise ontologique relève d'une difficulté que seule l'intelligence suppose une aptitude à un tel exercice. Par opposition, l'intolérance incarne la pauvreté d'esprit, ainsi les islamistes radicaux. Certes, le contenu amoral et violent du Coran peut agir de façon délétère sur les croyants, par son imprégnation familiale et communautaire.

A fortiori, ce Livre de culte demeure indissociable pour tous les Musulmans, ce qui explique les mentalités déréglées et les crimes des extrémistes de ce culte, mais ne traduit pas la fusion entre le Livre et ses croyants par une approche par trop simplificatrice, voire réductrice. Sur ce registre, l'auteur réfute la propagande fabriquée par la politique du *calmer-le-jeu* autour de l'expression *pas d'amalgame,* car ce slogan avalise le Coran ; l'âme de toutes les horreurs dont s'inspirent les intégristes. Cette posture ne relève aucunement d'un esprit de discernement, mais d'une volonté de taire l'étiologie d'un mal.

Certes, la Chrétienté dans son histoire a traversé le pire et elle a commis l'inexcusable avant de devenir une confession empreinte de pacifisme et d'altruisme qu'elle est devenue aujourd'hui. À l'aune de la démonstration faite par le Vatican, il existe donc bien une autre voie spirituelle de réformation progressiste et pacifique ouverte aux théologiens et à leurs fidèles, à l'exemple de l'*aggiornamento* par le Pape Jean XXIII[16], ou du repentir du Saint-Siège durant l'apostolat de Jean-Paul II. Lors de la célébration du Grand Jubilé, le pontife demanda pardon aux Juifs, aux femmes et aux peuples autochtones maltraités ou décimés durant lesconquêtes coloniales. Voilà sans doute la première fois, dans l'histoire des religions, que les nonces apostoliques acceptèrent de dissocier le dieu de leur religion et de ceux qui la pratiquèrent, dans une voie qui s'égara de la Bible et de l'Évangile. L'inquisition et les croisades furent au cœur de ce repentir[17]. À quand le *mea culpa* des Musulmans pour les innombrables crimes des leurs depuis l'hégire à nos jours, en passant par les 800 000 hindous qui furent occis sur cinq siècles depuis l'an mille (Voir chap. II, §-III b) ? Ce

---

[16] Long processus qui, des papes Jean XXIII à Paul VI (1959 à 1983), aura apuré certains apocryphes hiératiques désormais en contraste avec la société moderne. Mais ce remaniement fut déjà entrepris depuis le haut Moyen Âge par des scoliastes érudits et moines philologues dans les secrètes bibliothèques des ordres monastiques dominicains et franciscains. Cette digression fut amorcée avec *La bible historiale* (versions latine tirée de la Vulgate puis transcrite en français par Guyart des Moulins), œuvre polymorphe et hybride du XIIIe siècle tirée des textes saints, désigne le Lévitique sous le titre d'*Impuretés légales.* En 2001, l'histoire scolastique d'Israël Finkelstein et de Neil Asher Siberman (la Bible dévoilée) marqua le ton vers une plus large appréhension du christianisme, de sa Bible et apocryphe.

[17] Le cardinal Roger Etchegaray, président du comité du Vatican pour l'année du Jubilé de l'an 2000, déclara : *« Le passé n'est jamais complètement mort. […] Si l'Église regarde humblement son passé, c'est pour mieux faire face au présent et entrer résolument dans le nouveau millénaire »* a-t-il poursuivi, avant de terminer en précisant que : *« Le corps de l'Église est plein de cicatrices ».* Par cette repentance générale et de confession publique, intitulée *Mémoire et réconciliation,* le clergé plaça au centre de la cérémonie le crucifix de l'église San Marcello al Corso, datant du XIVème siècle. Cette présence entend souligner que *« Seul Dieu peut pardonner les pêchés »,* précisa Mgr Marini. La componction des nonces de Rome ne devra donc jamais cesser, et rester à jamais présente dans la mémoire de ses apôtres pontificaux.

culte est-il compatible avec le pardon ? Puisque ce dogme réfute le droit de changer un seul mot du Coran, comment cette prétendue religion pourrait changer, se pacifier, se moderniser, se démocratiser, accepter les différences comme instaurer l'égalité des sexes, puis encore abroger l'esclavagisme qui s'inscrivent en toutes lettres dans leur Livre sacralisé, et dont se servent les terroristes pour excuser et perpétuer leurs crimes et atrocités d'un autre âge ?

Il ne s'agit donc pas pour l'auteur, d'attribuer les accessits pour le bien et réciproquement ordonnancer ce qui est mal sans en passer par une méthode pragmatique et discursive, sachant que la vérité n'appartient à personne, ni aucune certitude d'ailleurs, selon la sagesse du catharisme et son postulat humaniste empreint de tolérance et d'humilité. Seul compte l'intervalle terrestre de l'existence d'un individu et ce qu'il en fait tout au long de sa vie, sachant que ses idéaux, sa foi ou son profil moral et social ne concernent que la personne, non la société qui la juge, dès lors que son comportement ne fut pas nuisible à ses contemporains.

Quant à la responsabilité des faits et comportements de l'individu, il restera toujours à déterminer si elle découle exclusivement de la personne, ou si celle-ci a été placée sous influence, selon ses faiblesses ou ses points forts, puis sa capacité volitive et cognitive. De fait, le plus difficile à discerner - ô paradoxe ! - dans le monde de la communication ouvert à tous les instruments de la navigation numérique, n'est pas de formuler une opinion, mais de la savoir autonome, dépouillé de l'imprégnation suggestive sciemment élaborée par des maîtres à penser ou un culte qui insidieusement endoctrinent les citoyens de clichés suggestifs et d'informations parcellaires.

Nous touchons là le cœur du problème : la mainmise du pouvoir politique sur une réalité de terrain que personne ne peut ignorer mais savamment réinterprétée par les faiseurs d'opinionsqui parviennent, avec science et pugnacité, à détourner les implications, notamment en faisant des terroristes les seuls responsables, en oubliant que ceux-là tuent un fusil d'assaut d'une main, et leurs Écritures sacralisées de l'autre.Nos politiciens zélés parviennent même à convaincre les citoyens ainsi manipulés qu'ils sont libres de penser ce qu'ils veulent, qu'ils sont autonomes dans leurs réflexions, et qu'ils sont les seuls à se fabriquer leurs convictions. De fait, les sens de la perception deviennent les récepteurs de formules discrètement injectées dans l'œil et l'oreille ; une captation phagocytéedans un environnement parasitépar des faisceaux d'images incontournables et de formules omniprésentes.

En empruntant la maïeutique de Socrate (induction logique, sérendipité de l'esprit), les bonnes réponses aux questions qui se posent durant l'existence, se trouvent généralement enfouies dans le questionnement (introspection, intuition, empathie), et non pas seulement dans les images et propos que l'on nous administre derrière un écran ou la lecture d'un journal. Mais comment percevoir la vraie nature des écrits et discours de nos élus, précepteurs et philosophes, à savoir s'ils sont serviles, façonnés dans le moule de la social-démocratie, ou si leurs intentions sont louables, leur position impartiale, sincère, désintéressée et bénéfique pour le mental des citoyens qui les écoutent avec ouverture et attention ? De sorte que la maïeutique ne saura germer sa logique que s'il est possible d'aller puiser des informations contradictoires dans un autre environnement social et politique à l'étranger, comme sur l'Internet, tant qu'il en restera encore quelques sources d'actualité et de réflexions plurielles libres de toute censure.

Seul, un État démocratique peut encore permettre cet entendement, dès lors que chacun dispose d'un potentiel de liberté, qu'il a le droit de s'exprimer et d'agir en son âme et conscience selon la formule bien connue. Bien entendu, faut-il encore que l'État dit démocratique n'éreinte pas cette précieuse liberté en la confisquant de manière détournée et à l'insu de ses électeurs, comme sous l'impact d'une surveillance rapprochée dont la loi sur le renseignement vient d'en faire une triste démonstration en cet été 2015.

Par quel cheminement l'information dirigée et formatée parvient-elle à confisquer le sens du discernement et le libre-arbitre au citoyen, au consommateur, à l'électeur ? Ce qui, aux yeux d'un observateur neutre et éclairé, peut sembler invraisemblable, c'est la capacité de dissimulation et de persuasion dont disposent les puissants de ce monde pour enfouir les vérités qui dérangent, ou installer certaines affaires déliquescentes dans la normalité, par la force de l'habitude. En noyant l'actualité de banalités à profusion, des faits de la plus haute importance peuvent apparaître tellement anodins que personne ne songera à les remettre en question. Or ce résultat, qui consiste à convaincre un plus grand nombre de gens sans jamais éveiller le doute, à anesthésier la vigilance du peuple pour endormir sa méfiance, est obtenu grâce à la collusion de lobbies idéologiques, industriels et politiques. Autrement dit, il s'agit de la concussion de produits financiers et industriels, *via* des groupes de pression comme l'OPEP, entre de gigantesques firmes internationales et les services fiscaux des États qui les hébergent.

Comment parvient-on à soustraire de l'information populaire et de la justice des tribunaux, donc de la vigilance des citoyens et électeurs, des manipulations politico-financières glauques et des arnaques à dimension planétaire durant des dizaines d'années voire plus d'un siècle, ainsi les mythes pathologiques fabriqués par des firmes pharmaceutiques ou pétrolières multinationales, sans que cela éveille un instant l'intérêt des foules endormies par la propagande laudatrice et les émissions ludiques pour détourner le patient ou le client des vrais problèmes ? Les victimes de ces mensonges d'appât et de gain sont tout simplement des milliards de consommateurs flattés, les électeurs rassurés et convaincus que les décideurs politiques pour qui ils ont voté, des groupes industriels pour qui ils travaillent ou investissent, puis leurs caudataires et sycophantes professionnels agissent tous bien, dans leur intérêt et pour la postérité ?

Comment donc imaginer qu'il puisse en être autrement en démocratie ? Qui pourrait douter, sans que l'on se moque de lui, que la France, à l'instar de l'Allemagne, la Suède ou la Belgique, soit devenue une nouvelle dictature collectiviste qui se retranche derrière la vitrine d'un État providence, mais qui de fait à la mainmise sur tout, conditionne l'opinion publique et fait croire que les bureaux de vote seraient la preuve par neuf d'une démocratie résistante ? Qui peut encore admettre qu'une immigration de masse, inculte, indigente et hostile constitue une chance pour la Nation ? Enfin, est-il intellectuellement décent de laisser dire que l'Islam, intégriste par ses préceptes, peut servir la démocratie et prôner l'égalité des sexes, en encore que la démographie galopante avec ses pollutions anthropiques n'est pas contraire à l'environnement, à la nature, à l'écosystème et ses biotopes ?

d) *Du côté d'un langage tourné pour être perçu autrement*

La gouvernance idéologique de la France, depuis la première mandature présidentielle de Français Mitterrand en 1981, a donné le ton autour d'un recentrage de la ligne narrative de la glose des médias et de l'opinion publique sous ce lobbying, surtout s'agissant de sujets sensibles qui touchent à l'immigration, la démographie ou l'écologie. S'appuyant sur les antiennes du *politiquement correct,* ce furent les gouvernements socio-démocrates successifs, de gauche à droite des politiques sous influence de l'Union, qui réussirent à convertir la sémantique de certains substantifs et épithètes, pour les coller à la sémiologie des maîtres à penser socialisants.

Il en va ainsi du *nationalisme,* un substantif originellement univoque qui n'est pourtant pas l'antonymie sémantique de *patriotisme* (une perception linguistique de meilleure presse), mais qui est devenu un vocable à connotation fasciste et présumé xénophobe selon une approche perceptible de la conscience manipulée. Nonobstant ce grand écart de signification entre deux termes de portée égale, tous les nationalistes sont forcément dévoués à leur patrie, et réciproquement les patriotes sont fatalement fidèles à la Nation. Mais le fond didactique de cette interaction entre vraies fausses antinomies découle d'un discours consensuel politique avec le fondamentalisme de l'Islam ; une doctrine qui rejette la France, son patrimoine cultuel et ses valeurs laïques et démocratiques ressenties comme une provocation insupportable contre le dogme musulman, auquel la société judéo-chrétienne ne ressemble pas. Voilà pourquoi les sentiments nationalistes sont mal perçus venant d'une communauté française empêchée de s'exprimer librement à la faveur d'un communautarisme musulman paradoxalement encouragé.

C'est ainsi que dans le langage vernaculaire, le vocable *populisme* est devenu l'adjectif indissociable qui colle à la droite nationaliste conspuée, alors même que ce terme n'est qu'une variante du mot *démagogie* plus convenable, dont s'affublent réciproquement les formations politiques à la veille des élections pour s'étiqueterpar aimable provocation de cette épithète dévalorisante, quoique jamais aussi injurieux que son synonyme *populisme* réservé au Front national ou autre formation souverainiste. Ce mésusage des équivalences de vocabulaireébranle le langage populaireau traversun processus d'imprégnation (béhaviorisme) qui désorientel'appréhension de réalités qu'il devient difficile à désigner ou à discerner.Il ressortqu'un islamiste est un déviant, alorsqu'un Musulmanserait un bon croyant, pacifiste et intégré selon la norme terminologique appropriée.

Mais il est des discours qui font de l'ombre à l'éthique de l'histoire, surtout aux préjugés. Ainsi Jules Ferry, fondateur de l'identité républicaine, promoteur de l'école gratuite et obligatoire, puis ordonnateur de l'expansion colonialiste, s'exprima de la sorte le 28 juillet 1885 devant la Chambre des députés : « *Il faut dire ouvertement que les races supérieures ont un droit vis-à-vis des races inférieures. Je le répète qu'il y a pour les races supérieures un droit parce qu'il y a un devoir pour elles. Elles ont le devoir de civiliser les races inférieures* ». Puis ce fut le tour de Léon Blum, cette grande égérie du socialisme, qui lui était fermement opposé au colonialisme, de s'exprimer à peu près dans les mêmes termes en séance parlementaire le 9 juillet 1925 à 21 h 30, s'agissant d'un projet de loi sur les crédits accordés au Ministère de la guerre : « *Nous admettons qu'il peut y avoir non seulement un droit, mais un devoir de ce que l'on appelle les races supérieures, revendiquant quelquefois pour elles un privilège quelque peu indu, d'attirer à elles les autres races qui ne sont pas parvenues au même degré de culture et de civilisation...* ».Est-ce les prémisses d'une discrimination positive ?

Au-delà des clichés négatifs des grandes figures politiques sous la troisième République (1870-1940), comme Édouard Drumont, nationaliste et antisémite, Maurice Barrès, nationaliste et bien d'autres têtes de proue populaires encore, peut-être inspirées par les études de l'anthropologue Paul Broca (1824-1880) sur la craniométrie, discipline servant à mesurer les crânes pour connaître la capacité intellectuelle, ou de l'eugénisme d'Alexis Carrel (L'homme cet inconnu) rappelons les positions racistes d'une époque marquée par la phobie démographique de l'Asie (le péril jaune), ou du Parlementaire socialiste Jean Jaurès, convaincu d'un racisme légitime envers les Juifs : « *Nous savons bien que la race juive, concentrée, passionnée, subtile, toujours dévorée par une sorte de fièvre du gain, quand ce n'est pas la force du prophétisme, nous savons bien qu'elle manie avec une particulière habileté le mécanisme capitaliste, mécanisme de rapine, de mensonge, de corset, d'extorsion* » (discours de J. Jaurès au Tivoli, 1898).

Puis encore, s'il est utile de rappeler certaines zones d'ombre sur le parcours politique de François Mitterrand, récipiendaire du chef de la collaboration nazie française René Bousquet sous le régime de Vichy (Voir chap. II, §-III a), ou des propos plutôt glauques de Georges Frêche le 11 février 2006 qui a qualifié les harkis de « *sous-hommes* »,quasiment toutes les formations politiques ont eu leur époque d'égarement en termes de xénophobie et de racisme, ni plus ni moins que Jean-Marie Le Pen qui connut, nonobstant sa déchéance au sein même de sa descendance, d'où sa famille politique dont il fut le fondateur, les flétrissures dues à ses errements de langage. Certes, les mentalités ont évolué, et à ce jour, il n'est plus permis de s'engager dans un discours imprudent en termes de civilisation et de race (Voir chap. II, §-III). Mais ayons l'honnêteté de reconnaître qu'il n'y a plus, au sein des partis politiques dits nationalistes - parce qu'ils sont souverainistes ou patriotes - de leaders pour s'enorgueillir de leurs origines aux dépens de celle d'autres ethnies, en tout cas pas plus qu'ailleurs.

C'est pourquoi il n'est pas admissible de laisser les vaincus, qui se sont arrogé la victoire par de sordides compromissions, de diaboliser le vote d'un tiers des Français favorables aux valeurs de leur patrie, comme ce fut le cas en 2014 et 2015 aux élections européennes et régionales (Voir chap. Ier, §-I e). De fait, surtout devant les provocations racistes de leaders musulmans et les attentats terroristes qui en découlent, tout Français du terroir à autant le droit d'honorer ses origines, d'en faire état en glorifiant son histoire et son patrimoine, comme le fit Nadine Morano le 27 septembre 2015 sur un plateau TV, et que cela n'ait pas à déplaire à une immigration islamique qui croit que pareille fierté serait une provocation injurieuse à leur égard, précisément parce certains d'entre eux, les plus représentatifs des radicaux, ne se sentent pas français, et/ou qu'ils rejettent la culture judéo-chrétienne.

Les ethnies indo-européennes, caucasiennes ou dites leucodermes, comme il plaira à tout un chacun de se qualifier, n'ont pas à avoir honte d'être blanches, pas plus que les gens de couleur de leur état, car elles aussi participent ensemble du multiculturalisme ; un vocable qui, semble-t-il, serait récupéré au profit dupré-carré des réfugiés africains, nord-africains ou moyen-orientaux ; *exit* les blancs ! Beaucoup d'islamophiles béats ont une propension à confondre multiculturalisme et ghettoïsation en France ; il suffit, pour se convaincre de la réalité de la fracture intra-ethnique dans le pays, de se promener à travers les ZUP arabophones de l'Hexagone. En inventant un racisme inversé au travers un vocabulaire spécieux, c'est précisément renouer avec l'esprit ségrégationniste des vieux démons colonialistes et de l'esclavagisme d'antan. Mais là, il y a matière à discussion, car les annales que l'on enseigne dans les établissements scolaires et universitaires, ne cadrent pas toujours avec la réalité, sachant que nos historiographes et mémorialistes des sociétés didactiques ont une propension à escamoter une grande part de la civilisation musulmane qui fut la plus esclavagiste sur la planète, qui en proportion n'est pas celle que l'on croit (Voir chap. II, §-IV).

Cette manipulation du mentalsur la population moyenne placée sous contrôle des mots à leur insu, induit une diabolisation des sensibilités nationalistes sans que le public n'ait à savoir pourquoi et comment il s'est plié à de telles influencespsychiques, sachant bien que par un passé pas si lointain, la plupart des vues politiques de gauche à droiteconnurent leur période de haine raciale et xénophobe,que portèrent leurs leaders charismatiques comme vusci-dessus. Voyons là un schéma freudien où s'opposent des vocables référents (modèles éthiques, prêts-à-penser) et des interdits ou tabous terminologiques supposés délétères qui s'apparentent à une topique inhibitoire. La bien-pensance fait appel au conflit perceptuel du langage vivant, repris et accommodé par les annalistes de la rhétorique psycho-sociale pour stigmatiser la part argumentaire qui ne lui convient pas, en s'arrogeant le droit d'appartenir à la bonne morale qu'elle s'est fabriquée sur mesure, disqualifiant les esprits réfractaires et polémiques qui s'égarent parce qu'ils pensent autrement.

En l'occurrence, ce conditionnement populaire injecté à l'aide de sentences suggestivées par des techniciens de l'école du langage et des sciences de l'information et de la méthodologie des mots politiques (voir la lexicométrie de Maurice Tournié), où le postulat du contradictoire est systématiquement neutralisé puis instrumentalisé par l'État interventionniste au fil des controverses intellectuelles, autorise ainsi la gouvernance à s'approprier la maîtrise politique de sujets sensibles, comme l'immigration et son problème lié à l'Islam ; un culte que les politiques imaginent scindé en deux communautés. Toujours dans cette même technique du détournement de l'intellect par la duplicité d'un glossaire cloné, c'est ainsi que,à l'instar de ce qu'il fut commenté ci-dessus ; les *Musulmans* sont jugés majoritairement paisibles, tandis que les *islamistes* sont devenus littéralement des intégristes.Mais quelle que soit l'opinion qui ressort d'une telle décomposition, Musulmans et islamistes sont de même nature lexicologique et spirituelle, partagent les mêmes lectures théologiques (Coran, hadiths, etc.), et les mêmes rites communautaires(ainsi l'Aïd el-Fitr, l'Eïd Al-Adha, etc.), sans distinction d'origine ou ethnique.

Voilà bien encore une interprétation écornée de la théologie mahométane revue par les Occidentaux cherchant compulsivement à placer en exergue le meilleur dans l'Islam ; une réappropriation manichéenne du Coranpourtant indivisible car réputé incréé (prétendument venir de la voix d'Allah), mais que la bien-pensancecroit pouvoir en scinder le contenu sous deux influences, deux interprétations, voire deux écritures coraniques. Certes, il existe bien une hypothèse selon laquelle le Coran aurait été l'expression d'une juxtaposition manichéenne entre la Mecque et Médine (sourates abrogées et sourates abrogeantes, voir chap. Ier, §-I e). Or, peu de Musulmans aujourd'hui acceptentcette perception duale de leur religion par lesOccidentaux (exprimés sous le vocable de kafirs), et encore moins que l'on touche à un seul mot de leur Livre sacralisé, ce qui d'ailleurs est fermement interdit par leurs Écritures qui menacent de mort tout profanateur lexicologique (Coran : II.100 et 169 ; XVI.104 et XXVI.195 à 200).

Cette mainmise sur le vocabulaire relègue ainsi les uns au ban de la morale, tandis que les autres seront encensés pour avoir usé des mêmes arguments autour d'antonomases manufacturées par les élites de l'État. La nuance s'entend différemment au détour d'une variation dialectique, dont le message codé n'est perçu que par les initiés, adeptes de l'anamorphose des mots. À ce jeu de rhétorique spécieuse, il est possible de gouverner de façon subrepticement autocrate à l'ère de la communication binaire. Voyons ici un paradoxe lorsque l'on mesure l'usage et la fréquence de l'information dont jouit le peuple aujourd'hui, outre les périodiquesimprimés, au travers les instruments numériques, depuis les faisceaux hertziens aux fréquences satellites autour des réseaux sociaux et radio-télévisuels.

C'est précisément ces moyens de communication accrus et facilités par des outils de contrôle et de piratage qui se retournent contre le prospect de l'information, lequel devient victime d'une surveillance indiscrète, et que l'on jugera suivant ses accès en ligne, ses centres d'intérêt et ses forums.Cette récupération clandestine du profil des individus par les pouvoirs publics s'opère à l'aide des outils GSM, UMTS ou LTE en Europe, mais aussi avec les tablettes et ordinateurs. Ainsi la loi susvisée n° 2015-912 du 24 juillet 2015 relative au renseignement (JORF n° 0171 du 26 juillet 2015 page 12735), autorise l'État en fausse barbe (l'espion), à user d'un pouvoir discrétionnaire et d'un droit de fouille digital exorbitant, pour des motifs dits sécuritaires qui le dédouanent (Voir la première partie de ce livre).

Par ce détour péjoratif des influences sémiologiques et le mésusage de mots corrigés ou leur sémantique réinventée, les élus aux commandes de l'État s'arrogent un pouvoir exorbitant, mais subtil, avec la mainmise de la correspondance numérique (les réseaux sociaux), la recherche sur l'internet et l'écoute téléphonique, à laquelle s'ajoute la partition du langage, son découpage et son remodelage. À ce jour, plus aucun secteur de l'écrit et de la communication virtuelle ne peut échapper au *Big Brother* d'un État barbouze, dont le mobile apparent (répétons-le) est la lutte contre le terrorisme ; mais un motif légitime qui devient l'excuse à tous les excès que génère la surveillance tous azimuts, avec des moyens techniques et des pouvoirs quasiment illimités et incontrôlables, pour n'importe quel motif ou intérêt.

La mystification de vocables réputés suspects que l'on s'interdit d'entendre et de prononcer, autorise en échange l'usage de mots opaques et translatifs qui disent la même chose sans vouloir le dire, car vidés de leur substance et à disposition des citoyens pour s'exprimer sans faire de vagues. En faire usage démontre une soumission idéologique dès lors que l'on ne sort pas de ce langage codé. Par ce cliché, on sait désormais qui est qui, ce que chacun pense, ce que les logiciels du renseignement d'État sont censés reconnaître dans leurs investigations à l'intérieur des ordinateurs ou les Smartphones privés. Tandis que les mots interdits, donc compromettants, font l'objet d'une reconnaissance numérique discrète (détections par des mouchards algorithmiques, FAI, hébergeurs) contre ceux qui les prononcent ou les impriment en ligne. En échange le bon citoyen, conditionné à penser sans jamais franchir le Rubicon, ne sera pas inquiété. C'est cela la nouvelle démocratie, c'est cela la pensée unique, cette marque de fabrique oligarque.

La démonstration de la force du langage trouva ces dernières années son meilleur exemple dans l'excellence d'une campagne politique publicitaire anti-émeute aussi discrète qu'efficace, à l'instar des formules et des discours que menèrent les conseils de guerre pour emmener les peuples d'Europe à entrer dans un combat fratricide en 14-18 ou en 39-40 du siècle dernier. Sauf que dans l'illustration événementielle ci-dessous, la devise fut de ne pas la faire sur le territoire ; autrement dit d'aller se battre ailleurs ! Le combat peut aussi revêtir l'habit du pacifisme ou de l'autre joue… une démission ou une abdication devant la razzia de l'Islam intolérant, hégémoniste et prédateur qui écrase toute autre culture sur son passage !

« Je suis Charlie » ! Cet énoncé *sui generis* suscité par l'intelligentsia de l'Élysée à Matignon, aura dans la hâte mis en scène un mouvement idéologique national en réaction à l'attentat mortel du 7 janvier 2015 contre les caricaturistes de *Charlie Hebdo.* Mais ne nous y trompons pas, ce corollaire suivi de la marche républicaine des 10 et 11 janvier avec plus de quatre millions de manifestants sur toute la France, et autres rassemblements dont l'opération sentinelle du 12 de ce premier mois de l'an 2015, afin de soutenir la mémoire des dessinateurs de ce journal satirique fortement anticlérical, n'aura duré que quelques jours, avec çà et là des fleurs et de bougies déposées quotidiennement les semaines suivantes aux endroits symboliques de la Nation. Les reliefs de ces commémorations dureront le temps que soit oublié - ou presque - que ce furent des Musulmans déguisés sous le vocable d'islamiste qui se portèrent promoteurs de ce massacre, à l'instar des autres attentats terroristes depuis les années 1970.

En fait, ce processus de diversion aura permis de canaliser les foules en curarisant les esprits focalisés autour de ce nouveau symbole. Cet antidote contre une colère nationale incontrôlable, prévisible mais légitime, aura déjoué les risques d'émeutes directement dirigées contre l'Islam, puis encore des actions violentes risquant d'être commises contre des mosquées et autres symboles de ce culte par des électrons libres. En cela, l'action politique fit le bon choix, sachant bien que nul ne souhaiterait voir se propager des agressions pouvant déboucher sur une guerre civile, à l'exception des panislamistes radicaux eux-mêmes, puisque leur djihâd meurtrier a exactement pour dessein de déstabiliser les démocraties occidentales de l'intérieur pour y installer leur khalifat guerrier.

Cependant, vu sous un angle anamorphosé, *Je suis Charlie* est devenu une autre caricature, un slogan fabriqué par les faiseurs d'opinions institutionnels, en vue de focaliser les citoyens autour de ce thème de solidarité, aux accents pacifistes et d'une morale indiscutable. Cependant, par-delà cette voie habilement et opportunément tracée par la classe dirigeante, ce furent les intellectuels polémiques qui se trouvèrent piégés au travers d'un mouvement de foule qui ne leur ont laissé aucune place pour s'exprimer autrement, et aux journalistes de dire les choses, de parler-vrai, autrement dit d'engager un débat contradictoire. Point d'espace dans aucune transmission radio-télévisée ou de lecture sur le papier ne leur fut réservé durant ces moments d'exaspération et de désarroi général.

Là encore, pour les citoyens lambda, pas question de s'interroger sur l'étiologie des attentats, au nom de quel dogme les terroristes ont agi, ou encore à l'appui de quels sourates et versets les fondamentalistes musulmans, venus de Daesh en Syrie et de France, se sont inspirés pour emmener des fous d'Allah pour commettre l'irréparable. Toute réflexion fut étouffée sous le couvercle de *Je suis Charlie,* et plus rien ne doit désormais en sortir, pas même le mobile des intégristes, hormis le prétexte bateau de l'outrage ou du sacrilège dont ces sociopathes habillent habituellement l'excuse de leurs attentats sanglants. Le mot d'ordre étant *pas d'amalgame,* il fallait impérativement calmer le jeu, et rien de mieux qu'un bon exutoire de rue et de grandes retransmissions télévisées pour empêcher quiconque de penser autrement ou plus loin pour réfléchir, expliquer et mener une autre action parallèle intellectuellement ciblée. En l'occurrence, *Je suis Charlie* aura d'abord protégé les intérêts musulmans, au-delà de toute considération éthique ; la cible étant les nébuleuses terroristes à abattre, occultant ainsi la responsabilité du culte pourtant à l'épicentre de ce drame.

D'aucuns pourraient s'interroger sur la vocation de l'État à user de cette propagande pour protéger la mémoire des caricaturistes, alors même que ces derniers eurent l'audace de provoquer la politique du *calmer-le-jeux* prônée par le Gouvernement, une politique pusillanime appuyée par le Pape et autres détracteurs des provocations laïques du Journal (Voir chap. II, §-III b). La réponse se trouve bien évidemment dans le feu de l'action, mais aussi parce que les gens de pouvoir ont conscience qu'ils ne peuvent pas faire taire une telle publication, eu égard à ses victimes, et que, nonobstant l'incendie criminel du 2 novembre 2011 dans les locaux de la rédaction du Journal, le piratage de son site Internet et les menaces de mort proférées sur le réseau social *Facebook,* ce ne sont pas les violences économiques exercées par la rue de Bercy et les ministères de la Culture et de l'Intérieur contre *Charlie Hebdo (*Voir chap. II, §-I a) qui pourront museler les acteurs survivants de cette courageuse édition, voire les pousseront à la faillite eu égard aux millions de numéros phares vendus en France et de par le monde.

e) *Le terrorisme vu du côté des textes*

Le Gouvernement français a complété un arsenal juridique déjà foisonnant avec la loi du 13 novembre 2014 relative à la lutte contre le terrorisme (n° 2014-1353), un texte de plus au Code de la sécurité intérieurequi graviteautour d'un fléau parfaitement circonscrit, mais jamais nommément adjectivé dans aucun texte avec la signature de l'Islam. Pire encore, à dessein de ne pas associer le terrorisme au monde musulman, en dépit des évidences de l'actualité, l'ONU se refuse à définir une lexicologie de l'acte de terrorisme, cela afin d'écarter toute relation intellectuelle entre une religion qui existe bel et bien, avec un mot qui ne collerait pas avec.

En France, le texte de loisusmentionné renforce un dispositif déjà existant relatif à la lutte contre le terrorisme, le rédacteur ayant prudemment écarté toute évocation du culte qui est néanmoins responsable de la création de cet arsenal juridique. Un des principaux décrets d'application, publié le 14 janvier 2015 (n° 2015-26), met en place l'interdiction de sortie du territoire des ressortissants* français (l'appartenancemusulmane* n'étant pas même soufflé en filigrane) projetant de participer à des activités terroristes à l'étranger. Le décret n° 2015-125 relatif au blocage de sites provoquant à des actes de terrorisme a été publié le 4 février 2015, et là encore, en évitant tout rapprochement avec le monde mahométan. Enfin, le décret n° 2015253 permettant le déréférencement des sites provocants à des actes de terrorisme dans les moteurs de recherches a, de son côté, été publié le 4 mars de la même année. Cependant, le terrorisme religieux des barbus en djellabas y est toujours absent dans la lettre, même s'il subsiste et s'intensifiedans les faits au fil d'une actualité qui ne fait que parler de cela, sachant que cet Islam ne s'en cache pas, revendique les attentats et se satisfait de la mort des kafirs.

Les lois nommémentappeléesscélérates, visant à réprimer les mouvements anarchistes, furent un ensemble de textes qui forma la première législation anti-terroriste française sous la troisième république. Votées le 12 décembre 1893, le 18 décembre 1893 et le 28 juillet 1894, elles furent abolies le 23 décembre 1992. Entre les lignes, nous pouvons comprendre que les idéologies politiques ou philosophiques ne sauraient être réprimées par des lois et règlements. Quant aux idéologies religieuses, elles ne sont citées que pour mieux les protéger ; un droit subjectif que la convention EDH reprend dans son article 9 en l'amendant, et à l'article 18 de la Déclaration universelle. En d'autres termes, les idéaux anomiques censés se passer des normes politiques sont jugés dangereux pour la santé du pouvoir étatique, d'où sanctionnables, alors que les cultes responsables de tueries et de génocides dans l'histoire et le présent, ne sauraient appartenir à un groupe sémantique identifiable, donc exemptes de sanctions pénales en l'absence d'une déclinaison juridique explicitement exprimée ou exprimable.

Sans préjuger du rapport entre une religion et le terrorisme, le code pénal (Article 421.1) définit le terrorisme ainsi décliné : *« Constituent des actes de terrorisme, lorsqu'ils sont (Loi n° 96-647 du 22 juillet 1996) intentionnellement en relation avec une entreprise individuelle ou collective ayant pour but de troubler gravement l'ordre public par l'intimidation ou la terreur ».* La loi de séparation des Églises et de l'État, adoptée le 9 décembre

1905, semble pourtant démentir ce postulat, bien que protégeant la religion chrétienne (l'Islam étant en ces temps un culte négligeable sur le territoire) derrière le rideau incolore d'une laïcité susceptible d'interdire le culte d'inférer dans les affaires publiques. Mais à cette époque, ni le terrorisme religieux (car il fut plutôt républicain sous la Terreur rouge) n'était envisagé, ni l'Islam n'était actif en France ; de sorte qu'il ne s'agissait alors que de compléter l'abolition des privilèges de la nuit du 4 août 1789, dont le clergé était codétenteur avec la noblesse de la Couronne de France.

Bien que l'ONU n'ait pas encore accepté - et n'est pas près de le faire - d'introduire dans ses textes une résolution qui explicite la sémantique, la nature, voire l'origine connue du terrorisme, la définition de consensus académique onusien, rédigée par l'expert en terrorisme, le professeur Alex Peter Schmid, est largement utilisée en sciences sociales. L'explication fournie en 1988 est la suivante :

« *Le terrorisme est une méthode d'action violente répétée inspirant l'anxiété, employée par des acteurs clandestins individuels, en groupes ou étatiques [semi-]clandestins, pour des raisons idiosyncratiques, criminelles ou politiques, selon laquelle - par opposition à l'assassinat - les cibles directes de la violence ne sont pas les cibles principales. Les victimes humaines immédiates de la violence sont généralement choisies au hasard* (cibles d'occasion) *ou sélectivement* (cibles représentatives ou symboliques) *dans une population cible, et servent de générateurs de message. Les processus de communication basés sur la violence ou la menace entre les* (organisations) *terroristes, les victimes* (potentielles), *et les cibles principales sont utilisés pour manipuler le public cible principale, en faisant une cible de la terreur, une cible d'exigences, ou une cible d'attention, selon que l'intimidation, la coercition, ou la propagande est le premier but* ». Observons ici la stratégie propre à l'EIIL (plutôt qualifiéDaesh ou par l'anglicisme Isis, afin que la notion d'État ne soit pas galvaudée par des hordes de barbares envahissantes).

Le Conseil de l'Europe accoucha de la Convention européenne pour la répression du terrorisme (27 janvier 1977 et 16 mai 2005). Ce Conseil définit ainsi les actes de terrorisme : « *Il* (le terrorisme), *par sa nature ou son contexte, vise à intimider gravement une population, ou à contraindre indûment un gouvernement ou une organisation internationale à accomplir ou à s'abstenir d'accomplir un acte quelconque, ou à gravement déstabiliser ou détruire les structures fondamentales politiques, constitutionnelles, économiques ou sociales d'un pays ou d'une organisation internationale* ». Les moyens évoqués sont : le blanchiment au dépistage, à la saisie et à la confiscation des produits du crime et au financement du terrorisme. Cette convention se base sur la résolution 1373 de l'ONU du 28 septembre 2001, relative à la menace contre la paix et à la sécurité internationale résultant d'actes terroristes. Si le terrorisme islamique ne répond pas à ces critères, sans jamais y être cité, nul doute qu'il est à ce jour le seul concerné.

La Décision-cadre du Conseil du 13 juin 2002 relative à la lutte contre le terrorisme (interchangeable avec la reconnaissance d'un acte de guerre) spécifie dans son article 1er que : *« [...] soient considérés comme infractions terroristes les actes intentionnels visés aux points a] à i], tel qu'ils sont définis comme infractions par le droit national, qui, par leur nature ou leur contexte, peuvent porter gravement atteinte à un pays ou à une organisation internationale lorsque l'auteur les commet dans le but de :*

- gravement intimider une population ou

- contraindre indûment des pouvoirs publics ou une organisation internationale à accomplir ou à s'abstenir d'accomplir un acte quelconque ou

- gravement déstabiliser ou détruire les structures fondamentales politiques, constitutionnelles, économiques ou sociales d'un pays ou une organisation internationale ;

a) les atteintes contre la vie d'une personne pouvant entraîner la mort ;

b) les atteintes graves à l'intégrité physique d'une personne ;

c) l'enlèvement ou la prise d'otage ;

d) le fait de causer des destructions massives à une installation gouvernementale ou publique, à un système de transport, à une infrastructure, y compris un système informatique, à une plate-forme fixe située sur le plateau continental, à un lieu public ou une propriété privée susceptible de mettre en danger des vies humaines ou de produire des pertes économiques considérables ;

e) la capture d'aéronefs et de navires ou d'autres moyens de transport collectif ou de marchandises ;

f) la fabrication, la possession, l'acquisition, le transport ou la fourniture ou l'utilisation d'armes à feu, d'explosifs, d'armes nucléaires, biologiques et chimiques ainsi que, pour les armes biologiques et chimiques, la recherche et le développement ;

g) la libération de substances dangereuses, ou la provocation d'incendies, d'inondations ou d'explosions, ayant pour effet de mettre en danger des vies humaines ;

h) la perturbation ou l'interruption de l'approvisionnement en eau, en électricité ou toute autre ressource naturelle fondamentale ayant pour effet de mettre en danger des vies humaines ;

i) la menace de réaliser l'un des comportements énumérés aux points a) à h) ».

Dans cette énumération, précise et exhaustive, le lecteur retrouvera immanquablement tous les ingrédients du terrorisme islamique sans jamais que le texte ne se rapporte imprudemment à l'Islam. Pourtant, le rédacteur européen se sera sans doute inspiré de l'actualité, des moyens utilisés par les islamistes pour blesser la société occidentale, tuer des gens et de préférence des civils innocents au hasard ; des actes criminels que ce soit par la voie des airs, sur le terrain ou en mer.Comment donc sera-t-il un jour possible d'appréhender le problème en face, mettre en place des mesures adéquates, et cibler le véritable ennemi (la confession du Prophète) si c'est précisément la victime qui camoufle son agresseur ? Si le terrorisme musulman - puisque qualifié islamique - n'existe pas dans le langage juridique et diplomatique, alors pourquoi cette locution est employée de façon itérative dans la presse qui commente quotidiennement les attentats terroristes des intégristes musulmans ? Pourquoi défendre un culte, dont s'inspirent les sociopathes, en l'habillant d'arabesques dorées, en gratifiant leur démiurge d'une aura charismatique, au mépris de son rejet des valeurs essentielles de la tolérance, de l'égalité des genres, de la concorde et de la vie humaine ?

En clair, tous ces textes et circonvolutions de rhétorique ne servent à rien, sinonà encourager les preneurs d'otages, les bourreaux du Daesh, de Boko Haram ou du Hamas, et de biens d'autres organisations terroristes s'inspirant d'al-Qaïda et des djihâdistes de tout poil. En voulant épargner la notoriétéd'une communauté religieuse, le monde civilisé protège une confession qui elle-même protège des terroristes derrière l'omertà d'une communauté plus solidaire que critique en regard des débordements venant de ses rangs (liesses de joie dans les banlieues arabophones après chaque attentat). L'Occident s'ingénie à ignorer son ennemi qui pourtant se déclare l'être lui-même, alors que la majorité musulmane, dite intégrée, entretient un silence complice et durable envers ses coreligionnaires fondamentalistes. Que faut-il dire d'autre, sinon que le droit d'expression, muselé et mystifié par le lobbying social-démocrate, est devenu l'arme fatale des terroristes. *Tu patere legem quam ipse fecisti* (Souffre la loi que tu as faite toi-même).

Peut-être que si le monde civilisé cessait de reconnaître en l'Islam une religion issue des cultes d'Abraham, l'appréhension de ce dogme serait différente, plus proche de laréalité historique et contemporaine. Le vocable de secte s'apparenterait vraisemblablement mieux à celui de l'Islam, puisque ce culte comporte officiellement 73 sectes de la Jamâ'ah avec leurs ordres et d'innombrables dissidences parmi lesquelles on y trouve pêle-mêle des sunnites, des shî'tes, des malékites, des nosaïri, des druzes… dont les uns sont wahhabites, les autres salafistes, les soufistes, avec leurs rameaux tels que la Zaouïa, la naqshbandiyya, le tablîgt, al-sanûsiyya, le kharijisme, le mouridisme, les ahmadîs, les Frères musulmans… la liste n'étant jamais exhaustive si l'on y ajoute les nébuleuses intégristes qui ont pourtant chacune leur représentation coranique ; mais la même pour tous.

Le 10 janvier 1996, la Commission d'enquête sur les sectes de l'Assemblée nationale, présidée par Alain Gest, dressa une liste de 172 sectes jugées dangereuses. Or, les critères empruntés aux renseignements généraux de l'époque comportaient des motifs de radiation pourtant moins délétères que ceux reconnus aux organisations terroristes islamiques, dont les troubles causés à l'ordre public, de tentatives d'infiltration des administrations, le rejet du droit local au profit du fiqh et de la sharî'a, la déstabilisation mentale, l'embrigadement, des discours antisociaux, etc. La définition de secte étant une notion imprécise, elle n'est jamais associée à des mouvements politiques ou des organisations religieuses officielles, cela en l'absence de critère juridique. Ce pourquoi Alain Vivien, alors président de la Mission interministérielle de lutte contre les sectes, suggéra d'abandonner cette liste.

Cependant, le 18 mai 2005, un arrêt du Conseil d'État statua sur le caractère informatif de cette liste, précisant que les associations sectaires ne sont pas fondées à contester les circulaires qui méconnaîtraient le principe de la liberté de culte, recommandant par là aux procureurs d'user de toutes les possibilités en leur pouvoir, pour combattre les dérives sectaires, en reprenant les éléments du rapport précité. Autant dire que, partant de critères jugés critiques pour la société, telle que l'*Église de scientologie* qui n'a pourtant jamais tué personne ni lancé des contrats mortels sur des gens à l'instar des *fatwas* de l'Islam, les sectes,dites bibliques, adventistes, introversionnistes ou gnostiques, sont inquiétées, plus que le culte musulman, indiscutablement coupable de tant de morts et d'ethnocides depuis l'hégire.

Il serait audacieux de déclassifier une religion en secte, sinon aléatoire de parvenir à comparer une époque à une autre, avec leurs différencesexistentielles, juridiques, sociétales, et les décalages d'approche intellectuelle, communautaire ou éthique, avec encore le dispersement géographiquedes cultures (esprits, mœurs, comportements). Dans un dossier titré,« *Le juge, à l'écoute du monde, s'interroge sur les conséquences et difficultés de la mondialisation des sources du droit. Comment juger devant la diversité culturelle des normes* », Dominique Salvary (Vice-président du TGI de Paris) nous fait une belle démonstration d'humilité, mais aussi de rectitude quant à savoir, ce que le droit doit nous apporter comme message, dans son évolution historique et sous quel climat social et politique.

Revenant à considérer si une religion n'est rien d'autre qu'une secte, ou inversement que toutes les sectes à caractère ontologiquene sont au final que des religions, il suffit de demander à un croyant - d'où qu'il vienne - s'il juge pertinent une telle comparaison dithyrambique ou blessante. Pourtant, si l'on considère une secte comme nuisible, l'Islam qui asservit, discrimine et tue en est forcément une. Les qualificatifs n'emportent qu'une interprétation aléatoire donc contestable de l'esprit (honorifique ou péjorative), sachant bien que le simple fait de croire à un dieu, un gourou ou un candidat, revient au même quant au résultat, dès lors que la volonté du sujet subjuguée est irraisonnée, voir se trouve en état de transe (état modifié de sa conscience) ou de béatitude (transport spirituel), et qu'il est alors prêt à obéir sans réfléchir donc de servir spontanément, donc de commettre le meilleur comme le pire.

D'ailleurs, toute posture affiliée à une conviction idéologique ou subjuguée par une révélation dogmatique finit toujours par une adhésion inconditionnelle ; la volonté de l'adhérent ou du croyant s'effondrant derrière l'intérêt supérieur de celui ou celle (dominant charismatique ou objet de culte) qui séduit et emporte la cohésion des foules. Dans ce schéma, on y trouve pêle-mêle une recherche de sensations de positives de bien-être, d'adulation, d'appartenance et de sécurité derrière des influences lénitives comme dans un processus d'addiction - récepteurs qui siègent dans le faisceau longitudinal médial du télencéphale, - voire de récompense hédonique. Ces réflexes compulsifs de recherche d'un idéal, mais aussi de défense et de crainte devant le mal et la punition, deviennent ainsi une seconde nature. De sorte que croire est comparable à une dépendance endocrinienne, et le langage qui s'y rapporte en est le principal vecteur.

La langue de l'inconscient peut être perçue comme un réflexe conditionné, une réaction qui n'est aucunement innée mais psychiquement acquise. Ce mécanisme d'anticipation adaptatif est souvent déterminé par des signaux verbaux, mais aussi à l'aide de clichés itératifs faisant appel à d'autres sens corporels. Les techniciens du comportement, les opérateurs psycholinguistiques et les agences de publicité commerciales ou politiques partagent tous en commun l'exercice consistant à focaliser et à capter, par l'intérêt et la flatterie, l'inconscient des prospects, en écartant tout ce qui est intuitif et réfléchi. En effet, ces facultés de perception cognitives et volitives sont jugées beaucoup trop individuelles, donc d'une efficacité relative pour une recherche d'adhésion de masse.

L'analyse des réflexes conditionnés requiert une technique éprouvée, un système tissé de signaux perceptibles qui excite les comportements et modifie l'état de conscience. Au versant linguistique, l'école pavlovienne (Voir l'intro, b) fait du signe ou du mot un pont psychologique susceptible de laisser jaillir un ressenti émotionnel, une interaction neurovégétative (viscérale, spontanée donc involontaire, affective, défensive voire agressive), ou une homéostasie de l'organisme (résistance aux changements). Le mot peut être un avertisseur verbal ou suscité par un son, sorte de levier sensitif qui induit une réaction préalablement conditionnée par un manipulateur de l'inconscient, lequel interagit sur le sujet à l'aide d'un propulseur hypnotique qui catalyse le moi du prospect potentiel (économique, ontologique ou politique). Sous l'empire de cette emprise psychique, il peut alors se produire, chez l'individu sous contrôle, une dissociation entre le langage qui traduit une perception modifiée et la réalité atténuée, voire interrompue depuis les sens corrigés ou altérés du sujet (Voir chap.1er, §-I c et chap. II, §-III d et e).

Dès lors, entre la perception et les représentations, apparaissent de nouvelles motivations par le biais de mises en condition psychiques perméables aux signaux émis en amont et reconnus en aval. Les signifiants injectent des mots, des bruits et des clichés - même irrationnels - qui infèrent des stimuli à la façon d'automatismes qui se plantent dans la mémoire. Si le mot *conditionnement* est chargé dans le langage courant de connotations négatives, selon le professeur émérite de psychologie expérimentale Belge Marc Richelle (coauteur avec Moreau Marie-Louise de« *L'acquisition du langage »,* 1997), c'est parce que l'individu soumis à une influence externe ne se voit pas modifié quant à ses opinions, ses habitudes, ses goûts et ses comportements. Ce pourquoi, il est exact d'affirmer que le conditionnement nuit aux libertés et asservi le sujet, incapable de l'anticiper, parce que placé sous cette dépendance qu'il ne ressent pas ou ne perçoit de quelque manière.

Les choses ou les noumènes ingurgités de façon inconsciente supposent manifestement un viol de l'esprit, et non un apprentissage comme on imagine le faire avec des animaux. Néanmoins, notre répertoire comportemental demeure un lieu enfoui et compartimenté où s'y imprime des gestes, des habitudes des vocables, des expressions et des croyances qui perdurent et s'enracinent profondément indépendamment de la volonté. Les émotions attestent de ce mécanisme fabriqué dans le bain sociétal d'une l'imprégnation de l'environnement social ou communautaire. D'ailleurs, une communauté introvertie peut générer chez l'initié de fortes perturbations relationnelles avec l'extérieur, comme elle procède à la façond'un véritable bouillon de culture qui appose une identité, une appartenance réfractaire à la société étrangère au groupe, à la caste ou à la tribu.

Ne s'agit-il pas là, pour les disciples en immersion, d'une forme d'affectation pathogène, un conditionnement implicite ? Peut-on réellement s'en soustraire ? Sur ce schéma d'un l'apprentissage incontournable, involontaire et commun, doit-on penser qu'il n'existerait pas - en réalité - de libre arbitre possible, puisque tout le monde se trouve *de jure et facto* soumis à un déterminisme social ? Est-il possible de s'extraire de cet ascendant psychique qui fabrique en chacun de nous un *ego* dans lequel une personnalité volitionnelle s'est bâtie avec les seules pièces d'un puzzle universel. De quelle preuve disposons-nous pour prétendre n'exister, ne penser et n'agir seulement que par nous-mêmes ?

Parfois même, le pouvoir des mots peut subjuguer des foules et devenir la drogue de ceux qui en sont victimes à leur insu, voire les amener à commettre le pire sous l'emprise de leurs gourous ou de leur représentation divine.*Alluha akbar* prononcé par l'orant procède d'un cri de guerre, alors que l'expression *inch'Allah* détermine un fatalisme qui excuserait tout, même le pire. Alors oui, il est des mots qui tuent, des livres qui sont des monstres de haine, ainsi Mein Kampf ou le Coran, des prêcheurs déguisés en prédateurs et des dieux (sectes ou religions) qui infusent les pires destins pour l'humanité. Ce pourquoi il faut redouter :

- autant les gens de pouvoir (tous les régimes, qu'ils soient totalitaires ou socio-démocrates) qui fouillent dans les écoutes téléphoniques et l'esprit numérisé des internautes, tels les promoteurs de la loi relative au renseignement, pour peaufiner leur stratégie dite sécuritaire sous des dehors lénifiants, et se préserver ainsiune discrète domination mentale et matérielle sur le peuple, puis encore modifier le langage et introduire des phénomènes de distorsion quant à la perception des citoyens,

- que ceux qui se servent de leur don charismatique pour envoûter leurs séides intoxiqués par des mots et influencés par l'apparence d'habits rituels et de cérémonies, des harangues et des sourates sacralisées pour en faire des terroristes enragés, des tueurs sans pitié ni regret, autant dire des sociopathes, disciples d'une déité mortifère, prêts à toutes les extrémités.

Ces derniers se trouvent bizarrement protégés par les premiers (les socio-démocrates), en ce sens où le *nationalisme,* vu comme une excroissancedélétère de la *citoyenneté,* répondrait davantage à uneépistémè de substitution, dit *multiculturalisme.* En effet, cetéquivalent lexicologique du*patriotisme,* dont la sémantique est à présent galvaudée, est devenu antinomique au *communautarisme* dont la bien-pensancetend d'abord à en préserver les identités exogènes (Voir chap. II, §-II c et §-III b et d). Certes oui, les mots et les clichés, au demeurant anodins, sont des appels qui recèlent une force insoupçonnable et terrifiante, en particulier lorsque leur usage est corrompu par des significations fabriquées, des signaux qui tracent, des symboles qui pistent une voie préalablement tracée, ou inversement des gestes et expressions jugés négatifs qui profilent ceux qui ont l'imprudence de les prononcer ou en adoptent innocemment l'usage.

Suivant certaines situations, en particulier dans le biotope des lieux de culte ou le précepteur détient une emprise psychologique sur ses fidèles, certains prédicateurs parviennent à infiltrer l'inconscient de leurs sujets en leur suggérant de stocker des informations et des comportements à venir qu'ils pourront libérer, notamment à l'aide d'un phonème, d'une image ou d'un mot-clé (un verset du Coran suffit). Le fétichisme procède du même mécanisme, un état de croyance qui associe les activistes musulmans à l'idolâtrie ; une doxa que paradoxalement ce culte honnit. Il s'agit là d'une distorsion de l'imaginaire entre l'empreinte du sacré et la réalité extérieure ; un état mental suspendu qui viendra se superposer au monde extérieur. Cet entrisme, dont le schème métaphorique procède d'une manipulation de la réalité intelligible, agit sur la suggestibilité de l'adepte et du militant, allant même jusqu'à provoquer des anormalités sensorielles et perceptuelles, donc de les déconnecter et de leur administrer des ordrespour lesquels les sujets répondront parsujétion pulsionnelleenvers leur entité abstraite.

De sorte que ce conditionnement-là est assimilable à une dépendance, un état de transe dont l'impressionnabilité fonctionne comme une élévation du sujet qui se croit investi d'une mission céleste et de facultés transcendantales lui conférant le droit de tuer. Est transposable à cet état de semi-conscience, le terroriste décervelé, autant drogué au Coran qu'aux substances stupéfiantes etpsychotropes (le captagon, une amphétamine [fénéthylline] euphorisante et déshumanisante est adaptée aux kamikazes),qui se trouve délesté de toute compassion, d'indulgenceet d'empathie, et dont la suggestibilité procède à une surexposition spirituelle de son être bien au-delà de toute considération morale et temporelle. Beaucoup trop de jeunes issus de l'immigration maghrébine, turque ou persane, concentrés dans les zones urbaines dites sensibles, sont perméables à l'appel au djihâd, comme à la propagande de Daesh qui les invite à rejoindre le khalifat du Proche-Orient, où à se transformer en bombes humaines au nom d'Allah pour occire les kafirs dans leur pays d'accueil. Ceux-là se comportent comme des éponges sous les harangues racistesde leurs mentors radicaux.

C'est en usant de cette logistique que procèdent les cheikhs, qadis, muftiset imâms fondamentalistes pour convaincre leurs fidèles que rien n'est supérieur à leur dieu et leur démiurge prophétique Muhammad, et qu'ils ne doivent allégeance seulement à ce noumène cultuel qui agira sur eux, et au moment opportun, comme une bombe à retardement. Cet ordre dormant, déjà une multitude de fois présent dans le Coran, puis injecté dans les replis cachés des candidats au suicidekamikazes et au massacre collectif de gens victimes au hasard, les rend imprévisibles. Insoupçonnables, privés d'émotivité, ces loups solitaires se camouflent sous une apparence banale, se prête à tous les accommodements et à des comportements inoffensifs, tapis dans l'ombre de l'anonymat, dans l'attente que leur initiateur ou cicérone programme leur détonateur installé au tréfonds de leur cortex cérébral.

Cependant, la litanie d'un langage savamment rôdé rappelle encore et encore, après chaque attentat et les dizaines de victimes décédées ou blessées à vie qui n'ont rien à voir avec la responsabilité de l'Islam, que les Musulmans en sont les premières victimes, martyrs d'un amalgame… entre qui : les Musulmans et les islamistes ? Les premiers ne sont-ils pas potentiellement les seconds partant d'une même lecture du culte (le Coran) ? C'est ainsi que la société occidentale, soucieuse de préserver l'honneur des Musulmans et la grandeur présumée de leur culte prédateur, aura réussi ce tour de prestidigitation, à l'aide de simples mots, à scinder une religion en deux ;cela en admettant tout de même qu'il n'y a qu'un seul Coran et un Allah unique, le même pour tous les fidèles de l'Islam, bons ou mauvais.

Par cette rhétorique spécieuse, l'illusion l'emporte et les attentats dits islamiques, continueront à tuer les kafirs et les femmes infidèles, sachant qu'ils ne sont perpétrés que par d'ignobles et inqualifiables terroristes, car le langage politico-médiatique esquive prudemment d'y coller l'épithète du dogme ~~musulman~~ (pardon) islamique qui va pourtant avec. C'est ainsi que la sacro-sainte liberté de culte aura fini par devenir le linceul des vraiesvictimes (celles qui paient de leur vie). Puis concomitamment, il se trame furtivement en Franceune omertà sur les intolérances musulmanes, les traditions communautaires asociales et les innombrablesappels au meurtrequ'enferment les Écritures sacralisées de l'Islam. Cette inavouable réalité, que dissimule la rhétorique frileuse d'un pouvoir politiquecouard, profite à la communauté musulmane qui fait avancer, lentement mais sûrement, ses revendications séditieuses et ses lois sharîaques, notamment à l'aide du ventre des Musulmanes, ainsi que le prédisait en son temps Houari Boumediene (Voir chap. II, §-I, b).

ooo

Pour répondre à mes détracteurs qui voudraient que cette analyse ressorte d'une islamophobie avérée, donc par extension ou association de racisme, une fois encore, l'empreinte de la pensée unique avec ses *prêts-à-penser* aura fait son œuvre d'enfouissement intellectuel et de diabolisation. En l'occurrence, si je suis islamophobe, rappelant que l'étymologie de ce mot signifie *« peur de l'Islam »,* voilà bien une perception négative du culte musulman que certes je conçois. Cependant, cette posture ne saurait en rien être assimilée à une quelque xénophobie ou racisme. Rappelons que l'Islam est un culte qui est pratiqué par des communautésvenant de toutes les ethnies au monde, y compris celle des caucasiens, ce pourquoi je ne saurais retourner une telle infirmité d'intolérance contre moi-même, d'où mes semblables quelle que soit leur origine géographique ou ethnique. Autrement dit, si je redoute les fondements éthique, ontologique et politique qui s'inscrivent dans le Coran, je ne saurais aucunement rendre les Musulmans responsables, lesquels n'y sont pour rien puisqu'ils sont les destinataires naturels de ce dogme livré en héritage familial, communautaire et culturel.

Il semble donc impératif de distinguer l'être de l'objet, sachant que mes assauts philosophiques ne concernent en rien les individus - sauf lorsqu'ils sont coupables de malveillance et de crimes - mais la chose (le Livre sacralisé) qui est responsable de tant de déviations, de haine et d'horreurs. De sorte que l'islamophobie ne saurait être confondue à un rejetépidermique des croyants mahométans, mais à l'appréhension d'un mal cultuel ou son support coranique qui tue au non d'une exaltation fanatique, d'un dieu qui honore la mort plus que la vie et rejette les différences existentielles. Quant à l'idéologie phallocrate que partagent les fondamentalistes de l'Islam - cette posture machiste introduite dans le fiqh et la shari'a et qui puise sa justification dans le Coran et les hadîths, - cette révélation ségrégationniste et esclavagiste ne saurait honorer une religion qui se prétend en être une. Là encore, l'islamophobie trouve toute sonexplication sémantique et intellectuelle, loin de toute idéation d'intolérance xénophobe ou raciste.

IV - Un rapport officiel et une loi qui font de la France le genou à terre, un pays serviteur d'une immigration victimisée quoique prédatrice

Un rapport en cinq volets, remis le 11 février 2013, établi en date du 1er février 2013 et publié mi-décembre 2013 sur le site du premier ministre (législature socialiste), propose une *« politique repensée »* de l'intégration axée sur la lutte contre les discriminations et pour l'égalité des droits. Cet exposé collégial, dont les conclusions furent déposées à Matignon dix mois auparavant, insiste sur la nécessité de *« Reconnaître toutes les migrations comme constitutives de la Nation »*. En vrai, ce travail procède d'une remise à plat des strates multimillénaires de la France, en encensant la période récente des migrations africano-orientales, désormaisincluses au patrimoine historique du pays.

L'euphémisme qui dissimule la géographie des migrations, une expression qui occulte la vraie nature de cette transhumance majoritairement islamique - en partie insoluble dans la société européenne en rapport aux autres migrations judéo-chrétiennes et tantriques des siècles précédents, - est exprimé en termes de mouvements de populations. En commençant par invoquer l'esclavagisme, la traite négrière et les colonisations d'antan, les auteurs font l'impasse sur la réalité actuelle des exodes massifs du Sud au Nord et d'Est en Ouest des réfugiés politiques, économiques et sanitaires, puis plus récemment des exils maghrébins et irako-syriens liés en aval à l'épiphénomène des massacres catastrophiques des révolutions du *Printemps arabe* soutenues par l'Europe.

De nouvelles langues parlées en France pourraient aussi faire leur entrée à l'école : *« Il faudrait valoriser l'enseignement de l'arabe [...] au même titre que les autres langues, en l'introduisant dans les meilleurs écoles et lycées »*, est-il suggéré par le ministère de la franco-marocaine Najat Vallaud-Belkacem. Cette nouvelle dimension arabo-orientale de l'identité française semble la mieux indiquée, selon ledit rapport qui flatte la minorité islamique. Sur le même registre, il est préconisé en parallèle par ces mêmes pourfendeurs de la vieille France, la suppression des dispositions réglementaires, considérées discriminatoires, comme l'interdiction du port du voile à l'école (hidjab et abaya) ou dans les lieux publics. Pour ne pas impliquer la religion musulmane, la désignation du *voile,* sans y ajouter l'épithète *islamique,* serait une manière de ménager les susceptibilités.

La circulaire n° 2012-056 du 27 mars 2012 relative aux sorties scolaires, qui empêche les mamans musulmanes voilées d'accompagner les élèves hors de l'enceinte d'enseignement, serait, selon ce rapport, une disposition perverse qu'il faudrait supprimer. Cette stipulation administrative comporte pourtant un fond de sagesse et de bon sens qu'il semblerait inadéquat de proscrire : « *[...] Les principes de laïcité de l'enseignement et de neutralité du service public sont pleinement applicables au sein des établissements scolaires publics. Ces principes permettent notamment d'empêcher que les parents d'élèves ou tout autre intervenant manifestent, par leur tenue ou leurs propos, leurs convictions religieuses, politiques ou philosophiques lorsqu'ils accompagnent les élèves lors des sorties et voyages scolaires ».*

Or, les rédacteurs ne s'en tiennent pas là, ils souhaitent également que l'allocation de solidarité aux personnes âgées (ASPA) et le RSA qui ne sont actuellement pas servis aux assurés ressortissants étrangers, que s'ils justifient d'un séjour régulier de cinq ans au moins, soient à effet immédiat. En l'occurrence, dans ce jeu de rôle, un immigré muni d'une carte de séjour, et/ou d'un statut de réfugié, peut devenir instantanément français dès qu'il met le pied sur le sol de France, et à ce titre aurait le droit de bénéficier de toutes les subventions, les aides sociales, soins et logement, à l'instar de tout citoyen contribuable et cotisant. Quant aux clandestins, il faudrait rapidement les naturaliser s'ils sont réputés inexpulsables, dès lors - on le devine - qu'ils peuvent prétendre au bénéficeclément des mesures législatives locales et européennes, quant au motif du regroupement familial qui s'y ajoute.

Ce rapport qui destitue le primat de la citoyenneté, puisque les propositions posent comme corollaire la *« non-désignation »* des individus, puisque désigner une différence, ce serait stigmatiser. Seules les personnes devraient avoir le droit de se définir elles-mêmes, estiment les rédacteurs de cette circulaire qui souhaitent la mise en place de recommandations en direction des médias pour ne mentionner ni la nationalité, ni l'origine, ni l'appartenance ethnique, ni la couleur de peau, ni la religion ou la culture d'un individu, que si cette information est pertinente. Pourquoi ne pas instaurer un droit à l'image au bénéfice des réfugiés sans papiers ? Dans le fil decette logique spécieuse, sera-t-il désormaiscongruent de nommément désigner un Français, d'indiquer son lieu de naissance sur l'hexagone, de publier son histoire généalogique ? La population en France serait-elle devenue une communauté de zombies ?

Pour empêcher les désignations stigmatisantes, il est aussi suggéré de créer un délit de *harcèlement racial,* et d'étudier le recours à la sanction. Mais le harcèlement racial n'est-il pas déjà actif dans les cités arabophones, où les jeunes filles qui sortent non voilées se font insulter, brutaliser, et même violer dans des tournantes par les bandes de jeunes islamistes de quartiers sous l'empire des caïds et des junkies, lesquels furent reconvertis en *grands frères* sous les mandatures de François Mitterrand ? N'existe-t-il pas en France des juridictions répressives et un arsenal de lois en suffisance pour réprimer le racisme et les violences, sans devoir ajouter un délit de faciès ?

Certaines pistes avancées par ledit rapport indiquent, notamment, la suppression du mot *intégration*, mais aussi l'abrogation des conditions de nationalité pour accéder à un emploi, tant chez les fonctionnaires que dans les secteurs public et privé. Quant à la sécurité sur le territoire, le seul souci du rédacteur porte sur l'atteinte à l'intégrité de gens lors des contrôles d'identité ; mais pas une seule évocation n'est apportée s'agissant de soutenir des victimes d'agressions raciales ou religieuses venant des islamistes en herbe. En outre, le formalisme administratif des délais nécessaires à l'octroi d'allocations sociales relèverait, selon les auteurs de ce bouleversementduvocabulaire et des valeurs, d'une conformation discriminante intolérable contre les étrangers, dès qu'ils entrent sur le territoire français.

Toutefois, dans le contenu de cet élan de générosité, bizarrement, rien ne s'inscrit en contrepartie quant au financement d'une telle distribution financière, qui dans l'état de l'endettement de la France et du trou abyssal de la sécurité sociale, ne permettrait certes pas d'accorder autant de droits et d'allocations à des non-cotisants et desnon-contribuables étrangers, que ne peut en prélever la rue de Bercy, les URSSAF, le RSI et la MSA sur le produit du travail des Français. Vraisemblablement plus dogmatiques que pragmatiques - et certainement pas des chercheurs au sens académique et universitaire selon les épithètes attribués - ces experts, dans leur délire irraisonné, ne semblent absolument pas préoccupés par des questions comptables de financement, pas plus que de la perte de l'identité française, disqualifiée puis bradée au nom d'un multiculturalisme d'école.

Le Gouvernement socialiste, commanditaire de cette touaille, a immédiatement essuyé un tollé général venant de toute part devant une telle cascade de dangereuses divagations, portant notamment atteinte à la laïcité et aux droits les plus élémentaires de la sécurité publique et de l'égalité des genres. Se rétractant, comme si les dirigeants socialistes, de Ayrault à Hollande n'en savaient rien, ceux-là ne pouvaient cependant pas ignorer avoir eux-mêmes passé commande de ce rapport plusieurs mois auparavant auprès d'un groupe *ad hoc* de personnalités qui leur sont proches. Ainsi, ces cinq volets furent rédigés par des représentants issus des services de l'État, des collectivités territoriales, des associations et syndicats de gauche, des partenaires sociaux libéraux, ainsi que de supposés chercheurs et experts auto-proclamés autour de ce sujet controversé.

Cette prétendue *refondation* de la République, qui, selon les indications du rapport, aurait dû voir le jour début 2014, fait de l'égalité des droits une redistribution sans contrôle ni limite de ces droits, autrement dit, sans préjuger de la nationalité et de la régularité des ayants droit allégués. D'ailleurs, dès juillet 2012, le premier ministre socialiste avait annoncé son ambition de réformer en profondeur l'approche des questions d'intégration en France, déclaration passée sous silence qui ne s'accorde certes pas au ton de son étonnement *a posteriori,* à savoir : pourquoi ce groupe de travail ? Qui est-il ? Que contient-il ? Pour preuve, la lettre de J.-M. Ayrault à F. Hollande datée du 1er août 2012 figure en pages 79 et 80, en annexe de ce rapport, paraît-il inconnu du premier ministre. Dans cette communication, le Conseiller Thierry Tuot y est déjà recommandé. De qui se moque-t-on ?

En annonçant que ce rapport ne lui ressemblait pas, Ayrault feignit d'oublier jusqu'à la thématique qu'il avait lui-même préconisée de mettre en chantier à ses chargés de mission : *« Faire société commune, l'habitat, la protection sociale, reconnaissance* (répété deuxfois de suite) *et mobilité sociale ».* La nébulosité de fragments d'idéations incohérentes, dont Martine Aubry n'est pas étrangère, laisse deviner le chaos intellectuel et la rhétorique spécieuse de ces dirigeants catapultés au pouvoir, aux plus hautes sphères de l'État. Même si cette circulaire est à ce jour oubliée, il donne la mesure de ce que ces gens de pouvoir ont dans la tête, et du danger qu'ils représentent potentiellement pour leur incurie et leur idéologie pernicieuse.

Ainsi, fallait-il répondre à l'attente des personnes immigrées et de leurs descendants qu'ils soient reconnus comme n'importe quel Français, et cela sans aucune contrepartie patrimoniale et à venir. La lettre de mission démarchant des personnes dites qualifiées pour l'élaboration de ce rapport impliquait que la richesse de l'héritage légué par les migrants au fil des âges, fasse partie de l'identité française. Sauf que cette immigration constituée de réfugiés intellectuellement désertique et matériellement indigente, apporte beaucoup moins qu'elle ne reçoit, et que la religion, qui constitue leur seul support d'instruction, n'est pas une anthologie de culture au sens littéraire, et encore moins un instrument d'avenir, de travail, de savoir et de progrès.

Cette feuille de route dressée par Matignon aura donc abouti, symboliquement, au renoncement en substance du terme *intégration,* et par voie de conséquent ceux de l'*assimilation* ou de la *francisation* aussi, puisque les islamistes ne veulent même pas en entendre parler. En effet, ces termes seraient privatifs de leur tradition polygame et de leur religion que les fondamentalistes considèrent supérieure au droit positif du pays d'accueil. Reste que l'on ne saurait raisonnablement parvenir à une cohabitation interethnique harmonieuse dans la société civile, ou résoudre un problème communautaire et de droit commun par le simple effacement d'un mot, comme on éclipserait un sujet qui fâche tout simplement en l'ignorant.

L'abandon du vocable *intégration* est censé, toujours selon les rédacteurs, donner un signal fort aux immigrés, pour qui désormais, s'il y a intégration, ce signal suspect ne pourrait venir que des Français à leur égard. Dans l'axe idéologique qui présida à la commande de cette étude missionnée par le

Gouvernement, ce retrait sémantique, voire lexicologique doit s'accompagner d'une transformation visible de l'intervention publique, face à la richesse des *identités multiples*. Le délit de *harcèlement racial*, invoqué par les auteurs, semble ne dénoncer que les leucodermes, puisqu'il est rappelé dans ce rapport que l'histoire française est entachée par le colonialisme et la traite humaine des Africains par les blancs.*Quid* de l'esclavagisme arabo-turque entre le XIVe et XVIIIe siècle (Voir plus bas) ?

Autre curiosité tendancieuse et révélatrice du caractère partisan de ce rapport, l'antisémitisme est un mot résolument absent des 78 pages du développement, alors que dans la guerre communautaire que mènent les intégristes musulmans en Europe, et plus précisément en France, les Juifs sont leur première cible (Voir le rapport Rufin du 19 octobre 2004 intitulé *Chantier sur la lutte contre le racisme et l'antisémitisme,* remis au ministère de l'Intérieur français). Si ce vocable n'apparaît pas dans le corps du texte, pour être exact, il est néanmoins cité *in fine* en annexe 2, page 83, dans la seule dénomination d'une association auditionnée : la *Ligue internationale contre le racisme et l'antisémitisme.*

Une *Cour des comptes de l'égalité* serait l'organe inquisiteur de ce nouveau délit de harcèlement, où il faudrait dorénavant faire très attention au choix de son vocabulaire et à sonassortiment relationnel en société. Ainsi, l'usage d'un mot équivoque ou d'une expression jugée inappropriée même non intentionnelle, par familiarité ou camaraderie, peut devenir suspect et revêtir des conséquences dramatiques pour le fauteur involontaire. De même qu'il faudra désormais marcher sur des œufs dans le monde du travail, dans les administrations et la vie courante, car le moindre accent ambigu, dérapage maladroit, changement de ton ou posture négative, même justifié, pourra être interprété en harcèlement racial dès lors que l'on s'adressera à un étranger, un arabe et/ou une personne de couleur. Bonjour la procédure accusatoire, l'ordalie de l'Inquisition et le retour à la *question* médiévale, par la fourche d'hérétique, le berceau de judas ou la vierge de fer !

Le premier ministre, par la primeur d'une déclaration, c'est-à-dire avant de prétendre ne pas savoir ce que contient ledit rapport pourtant publié en ligne sur le portail du Gouvernement, salua la grande qualité de ces travaux. Jamais en panne de gaucheries et d'atermoiements, l'infortuné-chef de Matignon, devant le scandale national et politique que soulevèrent de telles élucubrations venant de ses amis, s'empressa de repousser d'un bloc le document qu'il venait de louanger. Malika Sorel-Sutter, ancien membre du Haut Conseil à l'intégration s'inquiéta : *« Pour moi, il s'agit de déraciner le peuple français ... ».*Dans la foulée, il faudrait également changer le patronyme dudit Conseil qui comprend aussi le terme honni d'intégration !

Cette *« grenade dégoupillée »* - un rapport qui serait ubuesque s'il n'était dramatique - ainsi désignée par des médias, méritait, avant d'exploser à la face des Français, d'avoir son pédigrée, pour mieux appréhender le rôle prémédité et arbitraire de ses annales depuis l'émergence de ce nouveau socialisme, que même Lénine n'aurait pas désavoué. En voici le déroulement sous forme d'éphéméride :

1er février 2013 : Le Conseiller d'État, Thierry Tuot, a remis au Gouvernement, hors de toute consultation parlementaire, un rapport au vitriol commandé par Matignon, intitulé : « *La grande nation : pour une société inclusive** ». Il y est suggéré de mettre en place un *titre de tolérance* pour régulariser par étapes les sans-papiers inexpulsables (dont les enfants issus de familles polygames, nés ou pas sur le territoire français), ou encore afin d'apaiser les débats choquants sur l'Islam, notamment en cessant de s'appesantir sur le port du voile (islamique). Bien entendu, le hidjab, le niqaab, la burka ou le tchador ne sont jamais reconnus comme une contrainte humiliante pour la femme, une manifestation phallocrate d'asservissement domestique (CQFD). Quant à la provocation politique, confessionnelle et prosélyte que revêt cet accoutrement ostentatoire en terre laïque par certaines de ces Musulmanes en habit de guerre, n'en parlons même pas.

11 février 2013 : Jean-Marc Ayrault annonça une réflexion interministérielle sur les propositions de Thierry Tuot, à dessein d'aboutir à une refondation de la politique d'intégration. Afin de ne pas prêter quelque inflexion tendancieuse visible à cette recherche de propositions, le locataire de Matignon a choisi de diversifier les auteurs de cette rédaction. Cependant, il n'échappera à personne que les rédacteurs ont été sélectionnés parmi des personnalités faisant corps avec une même sensibilité, puisqu'aucun d'entre eux n'arbore une étiquette républicaine ou conservatrice.

11 juillet 2013 : 5 groupes de travail thématiques furent constitués, pour remettre à l'automne des propositions que d'aucuns qualifient « *Portes ouvertes* » qui serviront de base à la future politique d'intégration.

13 novembre 2013 : Le rapport fut remis au premier ministre et publié sur son site. Parmi les conseils, figure la journée de commémoration* sur les apports déterminants de ces migrations, un Musée des colonisations et de nouveaux noms *al 'arabīya* de rues et de places. Il y est suggéré l'octroi de concessions pour les carrés musulmans sous le contrôle de la police des cimetières, comme si les sépultures des Mahométans n'y étaient déjà pas nombreuses dans les hypogées de France. Ici, sont présentés deux mots lourds de significations dans ce même énoncé : *colonialisme* et *migration*, suggérant l'impérialisme esclavagiste de la France d'un côté, et de l'autre le souffre-douleur des immigrés étrangers issus du colonialisme, éternels opprimés et martyrs de la société occidentale qui les exploite.

Rien n'est épargné dans ce rapport pour culpabiliser et diaboliser le Français du terroir, une sombre page de l'esclavagisme mise en exergue dans les discours de la bien-pensance, une pratique exhumée de l'histoire des colons blancs qui devient le portefaix de la descendance chrétienne. Pourtant, cette époque révolue dont le Français d'aujourd'hui n'est aucunement responsable, restera obstinément cet héritage qu'il portera avec déshonneur, une plaie qu'on lui rappellera sans cesse à coup de commémorations et de jours fériés, ainsi que le martèle Madame Christiane Taubira ; une obsession valétudinaire chaque fois qu'elle est interpellée à ce propos. Doit-on néanmoins rappeler que l'esclavagisme continue à se pratiquer depuis l'hégire à nos jours en Islam, en Mauritanie, au Soudan, en Somalie, en Égypte, dans les royaumes de la Péninsule arabique, etc. ?*Quid*du statut coranique inférieur et servile de la femme, notamment appliquédans les Républiques islamiques ; un asservissement perpétué et même aggravé de nos jours en Syrie et en Irak (Coran : II.228 ; IV.12 ; IV.28, IV.38, etc.) ?

Les barbaresques eurent une bien triste réputation dans l'histoire, bien que cette période de l'esclavagisme musulman fût effacée des livres scolaires pour ne pas offenser cette communauté. Alger fut un nid de pirates. Ces barbares maghrébins également au service des Ottomans, écumaient tous les rivagesméditerranéens de l'Europe. Les atrocités commises par le corsaire Arudj Reis (du turc Oruç Reis dit Baba-oruç puis par déformation Barberousse) sont encore présentes dans la mémoire collective.Contre les razzias faites tout au long des côtes de la Dalmatie, de la Corse et de Marseille à Toulon, la Couronne de France fit dresser, dès le XIVe siècle, des fortifications. On dénombra 25 000 à 35 000 esclaves chrétiens au XVIIe siècle dans la seule ville d'Alger, qui ne comptait que cent mille habitants. 1 250 000Européensfurent asservis entre les XVIe et XVIIIe siècles. Or, l'Islam, contrairement à la civilisation chrétienne, n'a jamais eu honte de cette page de son histoire et ne s'en ait jamais repentie puisque cette pratique perdure en Afrique et au Proche-Orient musulmans.

Floutée derrière son filtre social-démocrate,lacivilisation droit-de-l'hommiste rampante et aveuglée par les stigmates de son histoire face à l'offensive prédatrice de l'Islamradical crée les conditions de son suicide. Comment donc se convaincre du contraire sans risquer de se mentir à soi-même après avoir si longtemps et abondamment menti à ses électeurs ? Comment ignorer qu'il n'y a pas l'Islam derrière les émeutes urbaines des *jeunes*,des Musulmans derrière les attentats-suicides, oudes atrocités d'al-Qaïda, du Daesh ou de Boko Haram ? Comment persister à croire que le Coran serait une œuvre de philanthropie, un livre de culte comme les autres ?Cependant, Manuel Vals, versatile ou opportuniste, qui tantôt se gausse d'être l'un des commanditaires de ce rapport susmentionné, puis tantôt,devant l'incurie reconnue des auteurs devient subitement amnésique, se fait distrait, étonné, stupéfait à l'écoute des questionnements embarrassants.Quand le chef du Gouvernement applaudit ce grand œuvre pour une France reconvertie au *tawhid,* quelques heures plus tard il couvre de son camouflet ce monceau de vaticinations, feint qu'il n'était pas au courant, pas plus qu'il ne l'était dans l'affaire scandaleuse de Jérôme Cahuzac, son collègue d'alors ex-ministre délégué au Budget sous le

Gouvernement de son prédécesseur, mis en examen pour blanchiment et fraude fiscale ! Comme l'écrivit dans les pages de *L'ignorance étoilée* (Éd. Fayard) le métaphysicien et philosophe Gustave Thibon : « *Être dans le vent : une ambition de feuille morte...* » !

Le propre des politiciens, c'est de penser et de faire exactement le contraire de ce pourquoi ils ont été mandatés par leurs électeurs ; une hypocrisie que Nicolas Sarkozy poussa à son paroxysme lors de son séjour à l'Élysée, ce dernier ayant fait comme promesse de campagne de freiner l'immigration pauvre et improductive dans le pays puis d'y mettre bon ordre, cela en démultipliant les cartes de séjours. De fait, depuis les années 2000, tous les sondages d'opinion, à l'intérieur des États membres de l'UE et plus explicitement en France, convergent autour d'un durcissement drastique des réductions de l'exode africain et moyen-oriental, en particulier venant des réfugiés du tiers-monde musulman. Pour preuve, selon une enquête *Ipsos* (Cevipof) pour *Le Monde* publié le 24 janvier 2013, 74% des Français jugent l'Islam intolérant et incompatible avec les valeurs de la République ; 55% des Nationaux, pour l'Institut *Odoxa* (Le Parisien du 5 septembre 2015), s'opposent à l'accueil massif à la germanique des réfugiés Syriens ; et suivant un résultat concourantd'*Eurobaromètre* du printemps de l'UE (publié fin juillet 2015), il apparaît clairement que l'immigration est devenue la principale préoccupation des citoyens de l'Union européenne ; etc.

Il semble improbable, pour les gens de pouvoir, d'ignorer le ressenti des citoyens français envers ces raz-de-marée de réfugiés mahométans qui se déversent par vagues incessantes sur le territoire, semant la pagaille dans les institutions, propageant la psychose de l'insécurité puis procédant de la purge des caisses de la Solidarité et des finances du contribuable. Mais les élus n'en ont cure, car une loi portant n° 2016-274 du7 mars 2016relative au droit des étrangers en France élargit encore et encore les possibilités d'une naturalisation aux étrangers sur la base déjà existante du droit du sol, en s'appuyant notamment sur la famille du migrant déjà installé sur le territoire. Cette réforme législative votée dans un silence assourdissant vient de porter l'estocade à l'échec déjà cuisant de la prétendue lutte des autorités contre l'immigration clandestine. Rappelons qu'une très large majorité des migrants illégaux, dont lessans-papiers, sont progressivement, et quasiment tous, intégrés dans une spirale humanitaire qui les conduit à obtenir une carte d'identité française à terme.

À ce jour, le pays en état d'urgence après les derniers attentats islamiques fin 2015, depuis les mairies, les administrations publiques, les associations et les Français individuellement impliqués dans cette foire au placement des réfugiés musulmans, est entré en zone administrative de non-droit, faute de ressources et de capacité d'accueil. Contre toute logique, les élus politiques forcent un processus qu'ils ont eux-mêmes engagé, à savoir faire de l'humanitaire - sous le manteau d'une bonne conscience opportune et dédouanante - leur instrument de destruction massive de l'identité nationale. C'est ainsi que le droit des étrangers (Code de l'entrée et du séjour des étrangers et du droit d'asile*) ainsi finalisé dans ce texte, aura clos le code de la nationalité en consacrant aux réfugiés une quasi totale liberté de choisir leur propre statut, et non pas aux autorités françaises de décider ce qui justifie une telle demande ou qui mérite de devenir français.

Contrairement à une idée reçue, la notion de nationalité ne fut pas portée par des Révolutionnaires français, mais connut ses prémisses au XIXe siècle avec l'adoption, en 1803, du Code Napoléon. En 1789, *« Les révolutionnaires s'intéressent d'abord aux divisions de la société française plutôt qu'à la frontière qui sépare l'étranger du Français »* (Source : Patrick Weil, directeur de recherche au CNRS, Éd. Grasset, 2002). Si le postulat de la nationalité est apparu peu après la Révolution de 1789, l'idée d'un droit du sol remonte à 1515 à Paris. Or, ne nous y trompons pas, le droit du sol fut souvent motivé pour étoffer les Armée françaises en chair à canon (royales, impériales et républicaines), plus que par esprit charitable ou droit-de-l'hommiste. Ainsi en France, la première mention de droit du sol date de 1315, où Louis X le Hutin publie le 3 juillet un édit qui affirma que : *« Selon le droit de nature, chacun doit naître Franc »*. Voyons ici le symbole initiateur de la citoyenneté, les prémisses de l'identité française et du patriotisme fondateur de l'esprit national... sans débordement nationaliste puisqu'à présent, cela serait perçu comme un dérapage verbal !

Dans *L'Esprit des Lois,* Montesquieu réfutait ce principe absorbant en ces termes : *« Le droit du sol est une aberration qui consiste à appeler Vache un Cheval qui est né dans une étable ».* La transmission de la nationalité par le *pater familias* fut maintes fois supprimée puis rétablie (1791, 1804, 1851, 1889), jusqu'à ce que le droit du sol soit définitivement institué avec la loi Guigou en 1998, à l'obtention de la majorité, sous certaines conditions nonobstant peu contraignantes (Loi n° 98-170 du 16 mars 1998 relative à la nationalité). Aujourd'hui, ce droit du sol est galvaudé, car des centaines de femmes enceintes, d'Afrique ou du Moyen-Orient, viennent spécialement accoucher en France avec un simple visa touristique, ce qui les enracine sur le sol français par grappes de familles polygames, dont on ne sait plus qui est le père, l'oncle ou le neveu des enfants qui naissent. Quant au regroupement familial, cette convention d'humanité autorise la migration de centaines de milliers de gens suspects d'usurpation d'identité, sur lesquels aucun prélèvement Adn n'est rendu obligatoire ; les prénoms des postulants se mélangeant dans la confusion de fratries, de cousinages et d'hyménéespolygames indiscernables ; documents d'identité fournis par le pays d'origine falsifié et incontrôlable.

Ici, le législateur socialiste se sera employé, à l'article 59 de cette loi, à ouvrir la nationalité française sur le fondement du paradigme *jus soli,* à tous les étrangers à leur majorité, dès lors que ceux-ci ont vécu en France depuis l'âge de six ans, en ayant répondu à l'obligation de scolarité obligatoire, et lorsque ces personnes ont un frère ou une sœur ayant déjà acquis la nationalité française (Droit du sang, article 19 et 19-1 du Code civil) par le droit du sol. Cela peut paraître lourd de condition, mais en réalité cette acquisition relève d'une situation banale et la plus fréquente. En effet, le lien de fratrie devient un moyen nouveau de transmission de la nationalité, un droit indirect qui se juxtapose au droit positif, sachant qu'il n'y a alors plus l'obligation de naître sur le territoire français pour se voir attribué automatiquement la nationalité du pays d'accueil.

L'article 13 soulève l'étonnement, à savoir qu'il suffit désormais à un étranger en situation irrégulière d'être déclaré en situation légale, dès lors que ce dernier est diagnostiqué malade. Ce droit à régularisation s'appuie sur l'hypothèse que cet étranger ne pouvait pas recevoir de soins appropriés dans son pays d'origine, en l'absence de moyen (financier) et de qualité (sanitaire et social). Aussi généreuse que puisse paraître une telle mesure, alors même que le système de santé français est en recul de prestation, en augmentation constante des taux de cotisation et endetté à plus de dix milliards d'euros (12,5 milliards en 2013 selon le ministère du Budget), la vraie question est de savoir comment fera-t-on pour couvrir les dépenses de santé de millions de réfugiés sanitaires et apatrides qui déferlent de façon continue et en progression constante sur l'hexagone, en particulier après la publicité que les passeurs ne manqueront pas de faire connaître à leurs candidats à l'exode, après une loi qui leur est si avantageuse, si la Solidarité est déjà épuisée pour les cotisants français eux-mêmes ?

À l'article 17, une carte de séjour dite pluriannuelle de deux à quatre ans sera désormais délivrée aux étrangers au terme d'une année de présence régulière en France (une simple attestation d'adresse postale suffit). Un grand saut vient de franchir l'obstacle des cinq années décisives, une période jusqu'ici obligatoire pour accéder au titre de résident pour les dix ans de séjours, hormis l'accession à la nationalité par le mariage en France. Cette décennie ouvrait jusqu'alors la possibilité aux résidents allogènes d'une candidature à la nationalité française, habituellement accordée par les préfectures et *de jure* obtenue par décret à l'issu d'un contrôle d'assimilation (Loi n° 2003-1119 du 26 nov. 2003, décret n° 2011-1265 du 11 oct. 2011). À ce jour, cette disposition fut édulcorée sous la mandature de François Hollande qui *de facto,* car en-dehors de tout débat contradictoire, néglige désormais le passage obligé d'une formation diplômante de la langue française (DELF-DALF). Or, cette période probatoire qui permettait aux autorités de constater de la bonne intégration du réfugié vient d'être amputée, réduite à l'expiration d'un visa de long séjour annuel, conférant au titulaire un droit de villégiature consolidé, un assouplissement des obligations sans exigence de renouvellement pour le titulaire d'une carte de résident (ou certificat de résidence pour les Algériens).

L'effet d'aspiration du monde clandestin vient ainsi d'ouvrir un appel d'air inattendu sous la tourmente de l'article 33. Il n'y aura plus désormais de rétention administrative. En effet, jusqu'ici le préfet disposait de cinq jours, ce qui était déjà très peu, pour décider le départ du clandestin et organiser son retour. À présent, les pouvoirs publics n'auront désormais plus que 48 heures devant eux pour ce faire, sachant qu'il est matériellement impossible de ficeler l'expulsion d'un sans-papiers qui refuse de décliner ses origines, d'où les enquêtes que nécessitent les échanges de renseignements entre l'administration française et le pays d'origine présumé d'où s'est expatrié le délinquant étranger. Sauf intervention du juge des libertés, forcément partisan eu égard à son appellation mais aussidu fait del'escamotage dans le titre et la fonction de la rétention susvisée, ce magistrat *ad hoc* pourrait néanmoins prolonger sur ordonnance la durée de placement sous surveillance de l'individu en situation irrégulière.

De surcroît, sauf exception lorsque le demandeur d'asile en situation irrégulière s'est soustrait à une assignation de surveillance ou se voit poursuivi pour d'autres motifs à caractère civil ou pénal, la présente loi (article 35) invalide le placement en rétention des familles de réfugiés illégaux dès lors qu'elles comptent des enfants. Pris dans les mailles d'un dispositif entièrement consacré à avantager l'illégalité des situations invasionnistes et le douloureux pillage des fonds sociaux et fiscaux des cotisants et contribuables du pays d'accueil, comment reconnaître la générosité - lorsqu'elle devient obligatoire - dans l'irresponsabilité politique qui conduit à l'instabilité économique, le déficit financier chronique des associations d'accueil et la banqueroute de la Solidarité catapultée en organisme d'assistanat et de mendicité tiers-mondiste.

Nonobstant une saisine présentée par des sénateurs en date du 19 février 2016 devant le Conseil constitutionnel (décision n° 2016-728 DC du 3 mars 2016), où seul le dernier alinéa du VII de l'article 20 de ladite réforme législative fut jugé contraire à la Constitution (Droit à l'exercice d'une activité professionnelle, rétablissement del'article L. 313-13 du Code susmentionné*), cela en dépit des observations du Gouvernement qui tente de s'expliquer sur les bases de son exposé des motifs, cette loi, publiée au JORF le 8 mars 2016, en gestation depuis 2014 et qui attendait en embuscade d'être promulguée dans la confusion des déferlements invasionnistes de réfugiés syriens, fut votée dans un hémicycle quasiment vide en pleine période de vacances hivernales, trompant ainsi la vigilance des observateurs indépendants et des médias.

Si les dirigeants politiques étaient tenus dans les termes d'un lien de subordination avec les électeurs qui les ont mis en poste, à l'instar d'un contrat de travail avec pour cadre réglementaire leur programme de candidat, nul doute que ces élus ne passeraient même pas la période d'essai probatoire !

Puis l'Élysée, sans faiblir dans son affaissement moral et le délabrement programmé du pays qui peu à peu perd son identité, la légion d'honneur est aujourd'hui au déshonneur ! Tel fut le destin de ce plus haut mérite de l'État français lorsqu'il fut décerné à l'un des plus grands argentiers du terrorisme international et coupeur de tête en son royaume ; le prince héritier d'Arabie Saoudite Mohamed ben Nayef le 4 mars 2016 à l'Élysée. C'est ainsi que le symbole napoléonien du mérite français échoua, dans les sombres abîmes de tractations politico-financières où se vendent des armes de guerre ; une pétromonarchie qui dit combattre Daesh tout en finançant le terrorisme sunnite (le même) ; un grand écart que l'on désigne sous le vocable *taqiyya* en langue arabe : un droit au mensonge, une félonie coranique.

Quant au sang versé par l'Islam, la corruption politico-mafieuse efface toute velléité droit-de-l'hommiste derrière le rideau des conspirations d'État ; les barbes foisonnantes d'al-Qaïda ou les barbares de Daesh se profilant en arrière-plan des accolades de perron que subornent les préoccupantes alliances entre les costumes-cravates à l'Ouest et les djellabas immaculées du Golfe persique. C'est donc par ce canal d'ententes glauques que s'organise le mélange indélayable de civilisations où se profile une nouvelle guerre de religion orchestrée par l'Islam. D'ailleurs, la démocratie et les droits de l'Homme se font les meilleurs alliés de l'intégrisme musulman qui s'en sert de bouclier humanitaire et juridique.

Entre partenariats économiques aux aspirations secrètes et stratégies géopolitiques engluées dans la culture civilisatrice laïque, de telles explications opposées par les dirigeants socialistes pour excuser leur génuflexion devant ce bailleur de fonds khalifien laissent exhaler les relents nauséabonds de la *realpolitik* que mène ce quinquennat sans honneur et à la dérive des valeurs morales et de l'intégrité nationale. Certes, Nicola Sarkozy, rappelons-le, avait reçu en grandes pompes Muhammar Kadhafi à l'hôtel Marigny en 2007 (Voir infra note 22), et Jacques Chirac avait accueilli Saddam Hussein dans sa résidence personnelle en Corrèze au château de Bitty en 1975.

Entre ces dictateurs musulmansnarcissiques et les aristocrates en keffieh, la France se donne pour objectifd'apparaître le bon élève pour l'Islam khalifienne à la faveur de sa politique d'immigration panislamique, pourvoyeuse d'une main-d'œuvre… souvent cantonnée aux guichets de *Pôle Emploi*ou de l'OFII et de la CAF, cela en renvoyant une image multiculturelle… seulement vue de loin, loin des Zup arabophones sensibles, loin des guichets de l'assistanat au tiers-monde. À n'y rien comprendre ou à subodorer les complicités qui se trament silencieusement dans l'antichambre des concussions diplomatiques, l'histoire ne sert jamais de leçon lorsqu'il s'agit pour les gens de pouvoir de placer leurs intérêts d'abord, et se donner l'illusion qu'ils sont les seuls à comprendre, jamais le peuple !

a) Par-delàces textes qui effacent la France, se profile à l'horizon le spectre du remplacement

La responsabilité civile et administrative relevant des difficultés d'intégration est l'affaire de tous, prétendent les dispensateurs de leçon multiculturalistes. Sauf quece devoirimplique d'autres postulats, notamment au premier chef celui d'un dosage tolérable dans une mixité citoyenne, et des moyens de subsistance socio-économiques à la hauteur des besoins ainsi multipliés. Que nenni, les pourfendeurs de la raison qui préside à l'équilibre social et financier de l'État, et qui requiert l'urgencede stopperce déferlement incontrôléde réfugiés, ceux-là demeurent obstinémentsubjectivésautourd'implications idéologiquesaux relents nostalgiques de la lutte des classes, mais surtout sans lien avec le monde réel.

Ces groupes de pression décervelés, fanatisés etjusqu'au-boutistes, d'obédience révolutionnaire, trotskistes et autres oratoires d'anarchistes à la Bakounine ou à la Proudhon, se détournent obstinément du dangerinvasionnistequi menace leur époque, leur mode de pensée étant plutôt internationaliste. Amalgamant leur idéologie marxiste avec l'obsession compulsive de grossir la masse prolétarienne de leurs électeurs à l'aide de l'immigration, leur leitmotiv ne varie guère depuis les années 1936 et 1968 : il faut faire payer les riches ! Sauf que les fortunes, à l'ère de la mondialisation irénique et du libre échange, ont la capacité de migrer, et que la manne de ces richesses est inversement proportionnelleà la courbe ascendante des prélèvements fiscaux et sociaux. Ce pourquoi la paupérisation de la France, si cette logique suicidaire se poursuit, est inéluctable.

Or, le *charity-business* des pouvoirs publics et la mercantilisation des organes caritatifs (ONG et associations d'entre-aide, socio-médicales subventionnées), puis encore les institutions judiciaires, pénales et éducatives ne peuvent pas indéfiniment faire face à ce raz-de-marée de sans-papiers, nonobstant les charges des contribuables et cotisants qui s'augmentent pour tenter de combler le déficit de cette colonne de charges permanente et grossissante que génère ces populations exogènes. C'est ainsi que la Suède, exemple d'une socialisation extrême, fut obligée, dès 2012, à réduire ses dépenses sociales d'aides humanitaires. Mais les lobbies d'un socialisme d'école, les mauvais perdants d'un collectivisme déchu, persistent encore à méconnaître les conséquences de cette gabegie aggravées par leur délire irraisonné d'accueillir tous les *boat-people* du monde, *a fortiori* en période durable de crise d'emplois, de déficit budgétaire et de sécurité intérieure.

Quand la compassion vient à la rencontre du mal sous les dehors de la détresse du tiers-monde qui s'invite à nos frontières, peut-il vraiment en résulter un bien en dedans de nos valeurs ? Derrière une opération de communication qui tend à vouloir rendre sympathique ces millions de candidats à l'exile vers les prétenduseldorados européens, se cache invariablement une opération indicible d'imprégnation et de manipulation du public ciblé. Endoctrinement forçant la sensiblerie aux dépens de la raison, affaiblissement de la vigilance, pouvoir de suggestion, endormissement des fonctions cognitive et volitive ; nous sommes jamais loin des pratiques subliminales ou infraliminales évoquées par Vance Packard dans son ouvrage publié en 1957 : *« La persuasion clandestine »*[18] (Voir chap. Ier, §-I b). Ci-après, j'évoque une pratique que je qualifie d'odieuse, car elle s'appuie sur un poncif viscéralement insupportable : la mort d'un enfant, pour faire passer un message d'effroi autour de la détresse humaine.

Mais au-delà de cette vision cauchemardesquevue plus bas, l'objectif recelé des directeurs de conscience européens est de susciter la fibresentimentale des citoyens de l'Union en vue de les induire à militer de façon irréfléchie, donc irrationnelle, en faveur d'une immigration ininterrompue pour endiguer cette misère autour des réfugiés syriens et irakiens, comme il en fut après les révolutions du *Printemps arabe* où des flots ininterrompus de Tunisiens, d'Égyptiens, de Libyens, de Pakistanais, d'Africains sub-sahariens et sub- sahéliens avec tantd'autres réfugiés quiabordèrent les côtes occidentales de la Méditerranée - et se déversent encore - après la prise de pouvoir des fanatiques religieux qui prirent la place des anciens dictateurs déchus ou assassinés.

Cette action d'absorption massive de migrants aux allures philanthropiques, dont l'action charitable dédouane ses promoteurs politiques, risque immanquablement à terme d'assécher cette réserve d'humanité, dès lors que seront épuisés les moyens socio-économiques pour dispenser cette générosité dispendieuse. Reste à savoir pourquoi nos dirigeants pratiquent ce suicide programmé de la Nation, si ce n'est pour nourrir de sombres desseins géostratégiques, là où les intérêts économico-financiers des sociétés d'économie mixtes ou joint-venturespétrolières avec la haute société arabeen keffieh, et autres consortiums internationaux avec les pays gaziers du Maghreb ou de Perse, dont les intérêts commerciaux ne sont jamais très éloignés (Voir chap. II, §-III).

« Le choc d'une photo. Un enfant mort gisant sur le rivage d'une plage non loin de l'île de Kos. Cette photo a fait en moins de 24 heures le tour du monde et la Une de tous les médias. Bien sûr, personne ne peut rester le cœur sec devant cette image mortifiante. Et il n'est pas surprenant de voir certains médias utiliser sans le moindre scrupule cette photo de manière à

---

[18] *« The hidden persuaders »*. Dans cet ouvrage qui fait aujourd'hui référence dans cette spécialité, on y décrit comment il est possible de modeler et capter le comportement, de bouleverser les conjectures intimes, de fidéliser des prospects et de recruter des partisans par le biais d'une recherche des motivations, puis d'organiser une récupération mentale pour leur offrir un auspice idéologique, une récompense une attente, un *subject* émotionnel.

ce que l'émotion et la compassion fassent basculer l'opinion en faveur d'une charité sans bornes dans le camp des migrants. De même qu'il n'est pas étonnant de voir nos dirigeants tomber dans cette trappe en convoquant une réunion d'urgence. Il reste que la responsabilité des politiques est justement de ne pas tomber dans ce piège, de ne pas se laisser instrumentaliser, et de faire en sorte que ces flux infinis de migrants ne viennent pas aggraver les difficultés d'une France déjà largement à la dérive » (Source : Yves de Kerdrel, *Valeurs actuelles* du 3 septembre 2015).

À la lumière de ce commentaire, il ne fait aucun doute que la social-démocratie de l'Union, sous la conduite médiatique de Angela Merkel et de François Hollande, pourtant isolés en Europe pour leur acceptation favorable à une immigration moyen-orientalede plusieurs millions de réfugiés, cherche à influencer l'opinion publique à accepter ce déferlementsurnuméraire en très large majorité musulmane. De surcroît, ces émigrés s'ajoutent aux flots migratoires habituels des sans-papiers illégaux amoncelés par dizaines de milliers à Calais, à Dunkerque et désormais partout ailleurs en France, comme en Europe occidentale.Ceux-là dérivent sur des embarcations de fortune depuis les côtes sud de la Méditerranée pour rejoindre les rives européennes depuis la Grèce, les États des Balkans, l'Italie, la France et l'Espagne principalement, outre les États islamiques comme la Turquie qui se fait copieusement arrosé d'euros sans tenir ses engagements.

En clair, ces quotas de réfugiés, que les deux seuls chefs d'État susvisés cherchent à imposer à leurs partenaires de l'UE, viennent s'additionner à des millions d'autres migrants clandestins essentiellement de confession islamique, venus d'Afrique et du Moyen-Orient.Or, cela est aujourd'hui une évidence, la plupart des partenaires de l'Union, gagnés par la récession et l'endettement, est bien incapable d'engranger décemment et de gérer économiquement et socialement ces flots ininterrompus d'immigrés, nantis d'une carte de séjour ou pas,tous frappés par le paupérisme endémique du tiers-monde, autrement dit d'offrir un accueil avec un avenir à hauteur de ce que promettent les passeurs à leursvictimes.

En cherchant par le biais de clichés choquants et de reportages mettant en exergue la détresse humaine de familles de réfugiés aux abois, cela sous des dehors d'apitoiements charitables et humains, la politique des défenseurs de cette immigrationstigmatise un large public peu initié à la réalité d'un terrain miné par une propagande dispensée par des intérêts qui eux, n'ont rien de caritatif. Au surplus, à faire larmoyer les citoyens lambda de l'Europe autour du corps inerte d'un enfant de trois ans (Aylan Kurdi) échoué noyé sur une plage turque le 2 septembre 2015 (plage Ali Hoca Burn de Bodrum), les faiseurs d'opinion et autres dispensateurs de bienfaisance et de leçon de morale qui abusent de la fibre sensible du public, en occultent volontairement qui sont les véritables responsables, dont les passeurs eux-mêmes Musulmans, souvent des coreligionnaires Albanais. Alors mêmeque c'est l'Islam qui génère la pauvreté et les cruautés qui fait fuir des millions de réfugiés, ceux-là ne renoncent pasà prier Allah pour sa bonté !

Si les rabatteurs de lamisère humaine et de la guerre en terre islamique, lesquels charrient des centaines de milliers de malheureux vers des horizons vraisemblablement guère meilleurs, sont indiscutablement des criminels, le dogme martial coranique en est pas moins le grand responsable des massacres de civils et de la ruine sociale et économique des pays islamiques que ces autochtones fuient. Ô paradoxe, ces réfugiés n'ont même pas conscience que c'est précisément leur religion qui les conduit à déserter leur pays ! En effet, c'est le Coran à la main que ces victimes s'embarquent au nom d'un Islam dont ils méconnaissent les implications génocidaires de leurs propres tortionnaires qui les chassent de chez eux, lesquels préciséments'inspirent de ce même Livre sacralisé pour y puiser leurs préceptes barbares et s'en servir à la suite pour braver l'Occident.

Ce faisant, en inversant les imputations, par cette image qui instrumente une persuasionmal à propos sur le mobile de cette misère et le désarroi de ces réfugiés, ce sont les Français réfractaires à cette immigration foisonnante et inassimilable qui sont pressentis d'égoïsme, de xénophobie et autres diabolisations sans rapport avec les faits, cela dans l'inconséquence des gestes secourables d'ONG et de politiciens qui les financent, toujours très généreux avec l'argent des contribuables et des cotisants. D'ailleurs, en est-il, parmi ces donneurs de leçons, ces dispensateurs de morale ou ces précepteurs de conscience populaire qui auraient personnellement donné refuge à un seul petit syrien dans leur tour d'ivoire ? Certes aucun, car ces protagonistes médiatisés, chauds partisans à cette immigration imposée, n'auraient jamais manqué de le faire savoir.De sorte que persister à vouloir accueillir ces *boat-peoples* de l'Islam, c'est alimenter le fonds de commerce des trafiquants esclavagistes, et là est le second crime, après celui des barbares de l'Islam. Cette réalité explosive est pourtant visible partout et relayée par l'actualité mondiale, bien que curieusement le mobile cultuel de ces violences soit éclipsé des analyses de fond.

Si la France ne connaissait pas de problèmes d'intégration avec l'Islam, le locataire de l'Hôtel Beauvau n'aurait jamais eu recours à pareil stratagème : c'est ainsi que les imâms venant d'Algérie devront désormais obtenir un diplôme dit« *de laïcité »*.Le ministre de l'Intérieur, Bernard Cazeneuve, a annoncé le 13 octobre 2015 avoir signé un accord sur la formation des imâms algériens. Ces derniers auront l'obligation d'obtenir un diplôme universitaire de laïcité pour résider définitivement en France pour y professer leur culte. *« Il s'agira pour* [les imams, Ndlr] *de la garantie d'une bonne intégration dans leur environnement et de leur capacité à jouer pleinement un rôle social en relation avec les pouvoirs publics »*, a précisé ce bien naïf chef de la sécurité intérieure. Celui-ci a fait savoir que des discussions sont en cours avec la Turquie et le Maroc pour signer des accords similaires, faisant de la France la terre promise de l'Islam.

Pour être efficaces, ces initiatives devraient imposer à tous les imâms étrangers exerçant en France d'obtenir un diplôme de laïcité, ce qui devrait inclure également les précepteurs musulmans maghrébins ou turcs déjà en fonction sur le territoire français. En l'occurrence, il ne serait pas contraire à l'esprit de cette initiative non décrétée, que même les imâms de nationalité française, d'ailleurs quasiment tous issus de l'immigration nord-africaine, soient tenus de faire un stage de laïcité, autrement dit de cours civique, pour avoir le droit de poursuivre leurs prêches dans le pays.

Gageons que le principe de rétroactivité de cette mesure ne serait certes pas excessif eu égard aux attentats islamiques qui se sont fomentés à l'échelle nationale, en particulier durant l'année 2015, à l'embrigadement des *jeunes* des cités urbaines pour les convaincre d'aller faire leur djihâd au côté de Daesh ou d'organiser des émeutes incendiaires dans les zones sensibles (les ZUP). À cela, il faut ajouter les enseignements diaboliques de certains de ces instructeurs martiaux qui se pressent aux portes des prisons pour intoxiquer le mental des détenus, voire ceux qui prêchent à la sortie des collèges et lycées pour y dispenser leur culture de la guerre.

Cette formation à un engagement patriote, devant amener ces prédicateurs à accepter la préexcellence du droit national sur le *fiqh* et la *sharî'a*, devrait être d'au moins trois ans, afin de favoriser l'assimilation aux valeurs françaises des imâms étrangers. Il restera à déterminer par décret qui financera un tel projet, et si les futurs candidats à ce poste de clerc musulmans retiendront la leçon de cette formation dans leurs sermons et harangues, une fois bien à l'abri des indiscrétions derrière les murs des mosquées. En outre, à la faveur de ce séjour vraisemblablement financé par le contribuable français, ces derniers profiteront assurément du motif de leur longue résidence d'étude sur le territoire national pour obtenir la nationalité française au passage, avec ou sans l'obtention de ce diplôme, avec ou non l'intention de prêcher l'Islam dans la laïcité et l'esprit patriotique.

b) Dès lors que les mots tracent le chemin de l'histoire, la victoire appartiendra à celui qui l'emporte par sa rhétorique, et qu'importe la morale, la vérité ou la raison !

Ancien ministre de Jacques Chirac et fondateur du Parti souverainiste, Philippe de Villiers publie une cascade d'analyses au vitriol dans son ouvrage *Le moment est venu de dire ce que j'ai vu* (aux Éditions Albin Michel). *« La France est en très grand danger. Elle s'effondre de l'intérieur »* annonce-t-il (Voir infra, l'épilogue). Dans son exposé, l'invité explique que dans nos établissements scolaires, on y apprend à haïr la Nation judéo-chrétienne. De fait, cette observation se justifie dans un climat d'hostilité incessante venant de ressortissants musulmans, où l'histoire de la France est vécue comme une insulte à l'Islam.

La Franco-marocaine Najat Vallaud-Belkacem, ministre de l'éducation nationale sous la législature socialiste de François Hollande, devant la fronde des islamistes, aura précisément rayé un bon nombre de matières didactiques dans l'enseignement académique qui rappelaient les valeurs judéo-chrétiennes d'Europe sur les pupitres des enseignants ; des faits d'histoire et de sciences humaines susceptibles de faire ombrage à l'Islam (la Reconquista, l'évolutionnisme…). Submergé de l'extérieur, le paysage français est soudain devenu la cible d'une invasion migratoire qui rejette ses standards, et devient la proie d'insurrections intérieures avec ses zones de non droit et ses émeutes urbaines qui ressemblent étrangement aux razzias islamiques qui ensanglantèrent le sud de l'Europe entre le haut Moyen Âge et l'époque médiévale.*Ipso facto,* il ne serait plus permis, sinon vu comme incorrect envers les Musulmans, de rappeler que la France fut, jusque vers la moitié du XXe siècle, un paysanthropologiquement leucoderme (de race blanche pour faire court). L'histoire de France serait-elle devenue une insulte à l'Islam ? Pourtant, ce dogme est apparu tardivement 7 siècles après le Christianisme, et le judaïsme, selon la stèle de Mérenptah, 8 siècles avant l'ère chrétienne (Abraham, Isaac Jacob).

Nicolas Sarkozy, en meeting à Schiltigheim dans le Bas-Rhin le 26 novembre 2015, dénonça l'affaissement de la République. Dans son allocution, il découvre sur le tard :*« Des décennies de renoncements, de reniements et de lâcheté collectives ».* Puis le patron des Républicains eut des propos qu'il n'aurait jamais prononcé avant les attentats meurtriers du 13 novembre 2015 : *« Le multiculturalisme est le contraire de l'identité nationale française. […] Le communautarisme fut la prémisse de la destruction de nos sociétés ».* Dans sa formulation, l'ancien Président fit le*mea culpa*de son quinquennatsans personnellement s'impliquer, en laissant néanmoins entendre sa part d'ignorance dans le sillage d'une social-démocratie dont il fut l'un des acteurs. Combien faudra-t-il encore de morts innocents dans les lieux publics, les magasins ou les écoles pour qu'un devoir de vérité s'engage enfin dans la rhétorique de nos élus ?

Pendant que l'État oligarchique euthanasie les intellectuels, les essayistes, les sociologues et politologues qui refusent obstinément d'avancer au pas de l'oie, pendant que l'État providence verrouille l'information et fait la chasse aux opposants de l'idéologie multiculturaliste qui annihile les valeurs patriotiques de la France, des terroristes musulmans, sous la dictée des fondamentalistes déliquescents et chargés d'un venin anti-français, continuent tranquillement à tuer tout ce qui marche en-dehors de leurs clous ramadanesques, autrement dit les autochtones judéo-chrétiens dans la rue, les commerces, les terrasses, les salles de concert ou de rédaction et les stades. Ce pourquoi, il n'est pas possible de croire à la sincérité de Nicolas

Sarkozy, dont le revirement ressemble plutôt à un discours opportuniste pré-électorale.

Philippe de Villiers situe sa rupture avec le système mondialiste et oligarchique à la signature du traité européen de Maastricht. Celui-ci rappelle que la France, à l'origine, est un État de tradition chrétienne. Aujourd'hui, le pays dans sa géographie européenne n'est plus une Nation de race blanche, elle est multi-ethnique et prend visage d'une société uni-culturelle (à préférence musulmane dit-il). Mais il est vrai que la notion de race blanche n'enferme qu'une approche historique, sachant qu'il serait intolérable de rejeter une couleur de peau ou un faciès à l'ère de la mondialisation, des échanges de ressortissants et de l'esprit globe-trotters qui prévaut, en particulier dans un pays riche en territoires et départements d'outre-mer.

Mais avec l'accueil des migrantsmusulmans et leur différentiel démographique polygame très prolifique, là où les clandestins sont quasiment tous conservés et légalisés sur place, l'État social-démocrate est en train de fabriquer un nouveau Kosovo islamique sur le territoire de la Gaule, et cela relève d'un autre problème, celui de deux cultures qui, elles, ne peuvent se mélanger en harmonie eu égard à une islamité trop souvent non délayable avec les autres culture. Alors oui, l'évocation de la race blanchedevient *de facto* une expression honniequi tombe en désuétude et ne tient plus sa place dans le langage politique d'aujourd'hui. En outre, sur un plan anthropologique, la consanguinité, comme la fongibilité des races et des couleurs, ne fait de l'Homo sapiens qu'une seule et unique espècesurvivante d'humains, puisque le Néandertalien a disparu,alors que la consanguinité islamique, elle, parce que non miscible, fait un rejet sociétal.

Écrasé sous le nombre, le pays diminué fléchit, se désintellectualise, se ruine et tombe peu à peu dans la fosse tiers-mondiste, désindustrialisée, surfiscalisée, avec des millions de réfugiés assistés, incapables, analphabètes et improductifs sinon par une fécondité foisonnante. Cet épiphénomène d'absorption et de grand remplacement est le résultat d'une politique d'abandon des valeurs historiques du terroir, par absence de lucidité et d'anticipation. Or, les hommes politiques qui nous gouvernent depuis les années 1970 ont été conditionnés pour s'accommoder bon an mal an devant ce bouleversement des rapports entre l'Occident, face à l'obscurantisme inhibitoire de certaines régions subsahélienne et moyennes-orientales. La désagrégation de nos richesses, de nos talents et la fuite de nos cerveaux face à cet Islam radical dégénérescent, que soutiennent les acteurs du mondialiste néolibéral, asphyxie les forces vitales de la Nation depuis les universités aux grandes écoles, en passant par toutes les structures des établissements laïcs.

Dans son livre, Philippe de Villiers se souvient de ses jeunes années à l'ÉNA, grande école dont il fut lui-même stagiaire : *« On nous donne un dossier, et on a 6 heures pour faire un décret. C'est l'idée qu'un jeune homme, qui ne sait rien de la vie et ne dispose d'aucune expérience, va réformer la société...* »La technocratie européenne accouche d'un monde virtuel, tandis que le vrai monde saigne et se meurt sous le poids de l'incompétence chronique de ces premiers incapables de réaliser les conséquences de leur incurie sociale, de leurs décisions liberticides et de leur laxisme aux frontières de l'Europe. L'ÉNA, *« C'est une couveuse à têtes d'œuf du politiquement correct, et ça donne Juppé et Fabius. Vous entrez à l'ÉNA avec 3 000 mots, vous sortez avec 30 mots »*, affirme Philippe de Villiers. On ne devrait jamais abandonner une démocratie entre les mains des élites, parce que précisément ces élites, dès lors qu'elles entre en séminaire dans les grands corps de l'État puis en campagne politique, ont pour vocation de mépriser le peuple d'en bas (Voir chap. Ier, §-I. f).

Philippe de Villiers explique cette incapacité de discernement, de lucidité et de retournement des logiques arides car sous influence. Ainsi, s'agissant de la position diplomatique de la France envers la Syrie : *« L'ennemi numéro un pour tous les Occidentaux, c'est l'État islamique. Pour la France, l'ennemi numéro un, c'est Bachar el-Assad »*. Pourtant ce raïs d'ascendance alaouite (une minorité shî'ite dans le pays) se pose comme le dernier rempart contre les barbares de Daesh, sachant que, selon le Président syrien, jouer avec la ligne de faille en Syrie, c'est assurément risquer de déclencher un séisme subcontinental au Proche-Orient.Puis l'ancien patron du parti souverainiste juge que la classe politique française est en grande partie achetée par le Qatar et par l'Arabie Saoudite. Fini la Nation comme héritage, et les frontières comme ancrage ! L'État souverain *de jure et facto* n'existe plus. L'UE fabrique une nouvelle entité sur le vieux continent : le citoyen nomade, apatride, de souche exogène, là où même le sens du patriotisme est confondu avec le nationalisme diabolisé sous l'étiquette du nazisme ou du fascisme (Lire de l'auteur susvisé : *« Le moment est venu de dire ce que j'ai vu »*, éd. Albin Michel, 2015). Nos ancêtres ne seront plus désormais les Gaulois, selon l'expression usitée de nos pères, car un voile obscurcissant est tombé sur la mémoire du pays. La France mérovingienne des Francs saliens est morte, vive la nouvelle France !

La mondialisation et le libre-échange ont fini par fracturer l'ossature historique des nations libres en les exposant aux lois impitoyables du marché, plutôt que d'apporter le bien-être promis, le travail, le pouvoir d'achat et le progrès social. Les trusts d'un monde virtuel sans État souverain, les consortiums financiers internationaux qui esquivent les contributions fiscales et sociales, les lobbies du pétrole et les fortunes des puissances du mal, comme l'Arabie saoudite et le Qatar qui financent le terrorisme international, dévorent irrémédiablement ce qu'il restait de la mémoire des communautés endémiques de l'Europe. Les juridictions d'arbitrage se substituent désormais aux pouvoirs judiciaires nationaux avec force de loi, et les politiciens ne sont que des *idiots utiles,* selon l'expression revisitée de Jean-

Paul Sartre, entre les mains de marionnettistes qui les exploitent depuis les coulisses de la finance mondiale (Voir, l'épilogue *in fine)*.

Puis encore les sociétés *offshore,* instigatrices des orientations de l'économie mondiale, passent à travers les mailles des finances publiques et s'exemptent de tous prélèvements fiscaux et sociaux. Et enfin les noyaux durs des conglomérats multinationaux manipulent les familles depantins politiques nationaux selon leurs intérêts[19], autant dire les opportunités des banques, trusts, cartels et holdings, joint-venture…qui n'ont cure des entités territoriales, quand bien même ces groupes sont politiquement indépendants. En l'occurrence, leur puissance financière est parfois même supérieure au PIB des pays dans lesquels elles manœuvrent, et se font souvent le grand argentier des dettes publiques souveraines, asservissant par là les gens de pouvoir, influençant la justice[20], faisant plier les législateurs et corrompant les décisionnaires ayant mandat pour gérer une nation(Voir chap. Ier, §-I e ; chap. II, §-III a et b). Le monde politique, en fléchissant sous le dictat des puissances financières, ne prend même pas conscience qu'il se fait le vassal des nababs et des barbus dogmatiques qui méconnaissent les fondements civilisateurs de la justice, de la concorde et de la compassion.

S'agissant de la France, ce sont principalement les États du Golfe qui tirent les ficelles du pouvoir politique élu par un peuple ignorant des réalités, d'où les génuflexions des présidents successifs Sarkozy et Hollande auprès des Émirats de la péninsule arabique. En influençant, voire en contraignant l'État français autour de la menace que représente aujourd'hui un quart de Musulmans sur la population globale de la France, ces royaumes pétromonarchiques, mais aussi l'Algérie avec son gaz naturel, orientent les choix socio-économiques intérieurs du pays, ce qui explique grandement l'ingérence immigrationniste dans les affaires publiques de la France,au fil d'une pénétration de réfugiés exclusivement musulmane.Ni la loi relative au renseignement, ni les dispositifs Vigipirate, ni l'état d'urgence n'eurent existé dans une société sans Islam. S'agit-il ici d'une vaine querelle de salon, d'une simple affaire de sensibilité et d'approche morale, ou d'un grave sujet de société à débattre, avec de lourds enjeux économiques et culturels pouvant faire vaciller la civilisation occidentale dans son entier ?

Les marqueurs socio-économiques de la France étant au rouge, la dépendance énergétique et la dette du pays infléchissent encore davantage l'autorité de l'État,induisant un recule de son influence géopolitique et un repli de ses codessocio-juridiques au profit de l'éminence du pétrodollar,

---

[19] Voir de Marie-Emma BOURSIER,« *Groupes internationaux de sociétés : corruption internationale et mondialisation du risque pénal* », Droit pénal (LexisNexis), janvier 2016.
[20] (Voir de Lætitia BRUNIN et Harold EPINEUSE,« *Vers une meilleure connaissance des facteurs d'influence dans le processus de décision judiciaire* » ? Les cahiers de la justice (École nationale de la magistrature-Dalloz) n° 4, 2015).

*via*le dogme mahométan des princes de l'or noir,*versus* l'idéologie laïque de la France. Le grand khalifat se situe à la croisée des chemins, entre les intérêts financiers de quelques-uns à l'épicentre des royaumes du Golfe, et le grand remplacement - autre stratégie panislamique -qui efface inexorablement l'identité, la culture, le patrimoine, l'histoire et les valeurs des peuplesindo-européens ; un épiphénomène qui érode la souveraineté des pays et qui y écrase leursstandards éthiques et sociaux. De sorte qu'avec tout ce qui colle aux mots *liberté,justice* ou *solidarité,* on y trouve immanquablement, en toile de fond des réalités de terrain, l'antithèse d'une démocratie galvaudée avec leurs antinomies qui font loi dans les zones de non-droit,ainsile fiqh et la sharî'a d'un communautarisme intransigeant,le tout-laisser-fairepleutre d'une gouvernance fébrile devant les représailles des émeutes urbaines et des attentats, puisl'assistanat sous toutes ses formes en guise de djizîa.

Gérard de Villiers, homme d'expérience, libéré de son devoir de réserve et observateur implacable devant les dures réalités qui font succomber la France, ne ménage pas sa peine pour mettre en accusation la classe politique des deux grandes formations qui contrôlent le pays par alternance depuis des lustres. Pourquoi cette élite dirigeante cherche-t-elle à vendre la France, à laisser démanteler deux mille ans de civilisation, àsacrifier un peuple - qui jamais refusa l'immigration de ceux qui lui apportèrent richesse et progrès - au profit d'une civilisation dont la confession obscurantiste et belliqueuse s'emploie à la faire imploser ? Que nenni, les socio-libéraux, par avidité et sottise, contre vents et marées,laissent l'hexagone s'éteindre sous la déferlante des tsunamis migratoires qui invalidentla trame europoïde de la Nation,aspirant de surcroît ses actifs sociaux et financiers, puis en important son économieindustrielle et son patrimoine cognitif vers d'autres horizons, là où les entreprises françaises qui se délocalisent rémunèrent au grain de riz le travailleur asiatique.

Épilogue

« Une société n'est dûment ordonnée, bienfaisante et respectueuse de la personne humaine que si elle se fonde sur la vérité » (Avertissement de saint Paul).

C'est punir la France que d'espionner chaque fait et geste des citoyens au motif qu'elle subit elle-même les assauts mortels de ses ennemis depuis l'intérieur. Protéger le pays, ce n'est pas enfermer la Nation dans le cryptageconstant d'une surveillance privative de la vie privée de tous, mais d'extraire, (explorer, cibler et traiter)la racine du mal (comme par exemplerefonder l'Islam par un *aggiornamento* du Coran) ; un livre qui inspire les psychopathes, puis les autorise à tuer en masse et procède à l'incubation de milliers d'autres fanatiques qui prendrontimmanquablement la relève de leurs coreligionnaires candidats au suicide meurtrier.Non pas qu'il soit inutile de pourchasser les terroristes et les déloger jusque dans les bas-fonds où ils se terrent, mais il ne s'agit ici que de gesticulations médiatiques pour laisser entendre que l'exécutif agit, alors même que réduire les effets sans se préoccuper de la cause revient à entretenir le syndrome des attentats. Au fil de l'actualité les faits confirment ce macabre constat, sans pour autant que cette tragique réalité impacte l'entendement des décisionnaires politiques pour enfin espérer les voir un jourchanger de mentalité, puis de stratégie. Le témoignage reproduit ci-dessous illustre cette incurie :

« Je ne comprends pas comment le 11 janvier la France a pu bomber le torse et prétendre s'être relevée ? Lorsque 12 personnes meurent simplement à cause de leurs dessins et quatre autres parce qu'elles faisaient leurs courses dans une supérette cacher, c'est la preuve d'un terrible échec, le symbole absolu de notre déclin. Sommes-nous aveugles au point de ne pas avoir pris la mesure de la monstruosité des actes ? Sommes-nous stupides d'avoir pensé qu'ils ne pourraient pas se reproduire ? Nous n'avons toujours pas mesuré la gravité des événements, le fait que nous sommes entrés en guerre » (Source : *« La France est toujours aussi aveugle face au péril islamiste »*,article de Alexandre Devecchio, in*Figaro vox,* 23 mai 2015, cit. Jeannette Bougrab, maître des requêtes au Conseil d'État).

La vérité n'est censée déranger que ceux qui la redoute et/ou dissimulent leurs intentions malveillantes ou corrompues. Ne pas la dire est forcément suspect car il s'agit là d'un mensonge par omission. De sorte qu'en camouflant la réalitésous l'unique mobiledes agissements délétères, asociaux et guerriersde terroristes, en occultant les intolérances et les horreurs qu'enferme le Coran -voire en affirmant le contraire - l'État se rend complice d'une trahison envers les citoyens, lesquelsdésinformés ne peuvent orienter leur vigilance du bon côté. C'est pourquoi la loi relative au renseignement ne dit pas ce pourquoi elle a été effectivement promulguée, sinon, pour se dédouaner, de désigner explicitementle terrorisme comme l'unique prétexte aux fins de fomenter autre chose[21], dont l'adjectivation musulmane y est une fois de plus résolument absente.Pourtant aujourd'hui, quasiment tous les attentats terroristes en France et en Europe sont de source mahométane, alors que l'évocationadjectivée* dans l'expression du « terrorisme *musulman** » est rejetée, puisque camouflée sous l'enseigne de la seule responsabilité des terroristes islamiques pour faire croire que ces derniers ne sont pas musulmans, et que l'Islam serait une religion de paix et de concorde, voire-même respectueuse du genre féminin[22].

Le communautarisme islamique n'étant pas un simple mode de vie avec son distrayant folklore et des rituels, il se présente plutôt comme une revendication confessionnelle à dénotation politique agressive, rancunière et expansionniste, avec en toile de fond un conflit de civilisation ; ainsi le

---

[21] Comme surveiller les revenus des contribuables et observer les mouvements *offshore* des capitaux, localiser les pédophiles, les escrocs, les initiés en bourse, mais aussi avoir un temps d'avance sur les professions sensibles (justice, presse, industries, syndicats, professions libérales soumises à un statut législatif ou réglementaire ou dont le titre est protégé). Parmi les catégories de Français représentant un pouvoir ou une position stratégique, s'y trouvent bien entendu les adversaires politiques non alignés (FN, extrême gauche). Puis encore, l'Exécutif cherchera à anticiper la publication de controverses d'essayistes qui dérangent la bien-pensance, cela en exerçant opportunément des pressions fiscales sur leurs éditeurs et diffuseurs (censures masquées par des violences économiques).

[22] Eu égard au monument de violence, d'avanies de haine et de misogynie que contient le Coran, l'Islam ne saurait être assimilé à une religion, et encore moins comme le dernier des cultes d'Abraham. Certes, le Lévitique et certains passages de la Genèse n'enferment pas que du bien et du bon pour le monde judéo-chrétien. Mais il ne s'agit que de sagas mythologiques d'un autre âge qui ne servent jamais à enflammer les sermons dans les églises, les temples et les synagogues, en exhortation d'animosité, de racisme et d'appel à la guerre, comme cela se produit fréquemment dans les mosquées, tant en terre d'Islam qu'en Europe. Ce pourquoi, se servir des pages honnies de l'histoire chrétienne, ses croisades et l'inquisition, pour excuser les atrocités que commettent les Musulmans intégristes au XXIe siècle, ne peut qu'encourager les fondamentalistes islamiques à multiplier les attentats terroristes. Gageons que les auteurs du Coran, qui ont manifestement plagié la Bible et l'Évangile, n'ont retenu que le pire, en écartant tout ce qui est paix, tolérance, amour et compassion. Ce dogme martial, au sens herméneutique, n'est qu'une secte hautement dangereuse, apocalyptique et machiavélique (Voir Chap. II, §-II c et §-II e), sachant qu'un auteur qui se permettrait aujourd'hui de reproduire par écrit, sur scène ou sur un plateau médiatique l'idéologie mahométane, même pour une infime partie de ce que contient le Coran, celui-là serait immédiatement mis au ban de la société, censuré, voire-même poursuivi en justice pour appel à la haine et au crime.

djihâd avec son *graal* pour un grand khalifat, d'où cette guerre de religion constamment martelée par les activistes de l'Islam. L'actualité mondiale en fait la preuve incontestable, tellement évidente et incontournable que les élus européens s'obstinent à focaliser l'attention des citoyens de l'Union sur les attentats et les sectes fanatiques qui les commettent (djihâdisme salafiste ou wahhabite), sans jamais rechercher l'étiologie de ce mal. Voilà un tabou protégé par la sacro-sainte liberté de culte, et la dernièrecomposition inventée par le *politiquement correct* surl'appréhension manichéenne de l'Islam au travers la litanie du *« pas d'amalgame »*, pourtant une et indivisible selon les Écritures sacralisées de ce culte soi-disant incréé,donc figé (Coran : II.100 et 169 ; XVI.104 et XXVI.195 à 200).

L'état d'urgence est un aveu d'échec de politique intérieure, en ce sens où cette mesure d'exception équivaut à reconnaître que l'État de droit n'a plus la force et le courage d'assurer la démocratie sur son territoire en raison du laxisme de ses dirigeants, en l'occurrence après le *tout-laisser-faire* accordé à la confession mahométane qui se laisse elle-même déborder par ses ailes extrémistes, dans le silence, la résignation voire la complicité. Rappelons que l'état d'urgence a été proclamé à la suite des attentats qui tuèrent 130 civils dans Paris, notamment au Bataclan, et que cette boucherie a été perpétrée au nom d'*Allahu akbar.* Au motif de ne pas confondre les méchants islamistes des bons Musulmans, les socio-démocrates au pouvoir, par pusillanimité, déraison et sous couvert de la liberté de culte* que les fondamentalistes musulmans refusent eux-mêmes de respecter, ont fait preuve de leur incapacité à désigner et à condamner un culte (dont ses Écritures) directement responsable des attentats perpétrés par les terroristes, puisque ces derniers agissent en son nom.

De ce fait, il est impossible, pour les pouvoirs publics de faire face avec les arguments de la démocratie contre une secte qui agit sous couvert de l'Islam, dès lors que cet Islam, qualifié de pacifiste et intégré par l'establishment, refuse de condamner, et *a fortiori*pour les légats musulmans d'excommunierleurs coreligionnaires extrémistes par solidarité patriotique, et de briser ainsi l'omertà qui abrite ces intégristes islamiques indissociables de ce dogme, seulement différenciés par la bien-pensancequi croit agir judicieusement par esprit d'apaisement. Ce pourquoi l'État d'urgence décrété depuis l'Élysée n'est pas une mesure de protection à l'égard des citoyens, mais un simulacre d'autorité qui se retranche derrière une logistique du renseignement qui corrompt les droits fondamentaux (le droit à une vie privée), et qui persiste à ignorer d'où vient effectivement le danger ; le dissimulant derrière une liberté de conscience* *de facto* accordée aux fidèles d'un culte pétri d'intolérance contre la religion des non-musulmans.

Dans un dossier relatif aux attentats à Paris, Marc-Antoine Granger, maître de conférences en droit public à l'Université de Bourgogne Franche-Comté, livra sa réflexion sur la manière de conserver l'équilibre entre les libertés publiques et la sécurité des citoyens dans unedémocratie, même en période d'attentats. Cet enseignant rappelle que la sécurité est [...] l'une des conditions de l'exercice des libertés individuelles et collectives (art. L. 111-1, 1er alinéa du Code de la sécurité intérieure). De sorte que la sécurité constitue un préalable fondamental aux libertés, une doctrine que confirme le Conseil constitutionnel en regard de sa décision n° 80-127 DC, les 19/20 janvier 1981 fondée sur le recours de la loi n° 81-82 du 2 février 1981 renforçant la sécurité et protégeant la liberté des personnes, au considérant n° 62. Reste à accorder sécurité et libertés ; une gageure si l'on s'autorise à suspendre les libertés au nom d'une sécurité liberticide !

Côté jurisprudence, on y trouve également un appui beaucoup plus récent pour illustrer ce renforcement des mesures sécuritaires avec la décision QPC n° 2015-478 du 24 juillet 2015 (Association *French Data Network* et autres - accès administratif aux données de connexion). Cependant, dans son numéro du 4 février 2016, le Journal Pellerin modère cette analyse : « *Sous cet angle, la sécurité va moins à l'encontre des libertés qu'à leur rencontre. Toutefois, à elle seule, cette vision est minimaliste puisque la sécurité, en justifiant l'adoption de mesures de police, apporte nécessairement une limitation aux droits et libertés fondamentaux* ». Pour la rédaction de ce journal d'obédience chrétienne, il apparaît dans l'interview avec cet universitaire, qu'il faut d'abord rechercher à concilier la protection des droits fondamentaux qui relèvent des devoirs de l'État, et la sécurité qui n'est qu'un objectif selon ce dernier : « *La sauvegarde de l'ordre public n'est pas un droit ou une liberté que la Constitution garantit* » (in, Constitutions, Dalloz, juill./sept. 2015).

Mais lorsque l'état d'urgence - quin'est qu'exception - devient permanent, Marc-Antoine Granger constate en ces temps redoutables : « *Une certitude, c'est celle du refus de la méconnaissance et du mépris des droits de l'Homme ! C'est ce que rappelle la Cour européenne des droits de l'Homme lorsqu'elle juge qu'il faut saper, voire détruire la démocratie au motif de la défendre* ». Et d'ajouter : « *Dans un État de droit, il importe que la lutte contre le terrorisme s'inscrive toujours dans le cadre du droit. Dans le cas contraire, la réponse au terrorisme ne serait qu'un mimétisme destructeur ; destructeur de cet idéal commun de liberté (préambule de la Constitution du 4 octobre 1958) qui est inscrit au frontispice de la Déclaration des droits de l'Homme et du citoyen du 26 août 1789 :* « *L'ignorance, l'oubli ou le mépris des droits de l'Homme sont les seules causes des malheurs publics et de la corruption des gouvernements* » ».

Dans cet article du périodique susmentionné, il est rapporté une phrase du commissaire du gouvernement Corneille, lequel exprimait alors la tradition de notre droit actuel : « *La liberté est la règle, la restriction de police l'exception* » (une conclusion rendue par le Conseil d'État français le 10 août 1917, Baldy, Rec. 638). Puis encore : « *En renversant le principe et l'exception, c'est l'ombre d'une société liberticide qui se profile, car c'est à coup sûr courir le risque d'un bonheur très vite insoutenable... Par-delà la dimension policière de la lutte antiterroriste, l'enseignement et la culture sont plus que jamais nécessaires afin de permettre, comme l'affirme la Déclaration universelle des droits de l'homme du 10 décembre 1948 :« l'avènement d'un monde où les êtres humains seront libres de parler et de croire, libérés de la terreur et de la misère » ».*

Selon l'article 1er de la loi n° 55-385 du 3 avril 1955, l'État d'urgence est instaurée, soit en cas de péril imminent résultant d'atteintes graves à l'ordre public, soit en cas d'évènements présentant, par leur nature et leur gravité, le caractère de calamité publique. Autant dire que cette mesure ne saurait être que provisoire, sinon conservatoire dans l'attente d'une résolutionparlementaire[23]. Or, ici, il ne saurait y avoir de solution pérenne que dans l'éradication du terrorisme, lequel n'est autre que musulman aujourd'hui, alors même que l'État se refuse a évoquer un conflit de civilisation, autrement dit une guerre de religion menée sous l'enseigne du djihâd, des fatwas mortelles et des crimes d'honneur.

Même si Daesh au Moyen-Orient, Bako Haram en Afrique et al-Qaïda partout ailleursvenaient à disparaître, l'Islam fondamentaliste se reconstituerait fatalement sur place, comme ce fut toujours le cas depuis le 12 septembre 1970 avec *Septembre noir,* en passant par plus d'une vingtaine de groupes terroristesémergents quifomentent des massacres sur toute la planète avec leur prolongement à l'intérieur des États occidentaux. Alors non, l'État d'urgence n'a aucune chance de venir à bout de cette calamité islamique, même sur la petite géographie l'hexagone, ce qui rend dérisoire et inappropriée cette mesure déclarée par les décrets n°s 2015-1475 et 2015-1493 respectivementdes 14 et 18 novembre 2015 portant application de la loi susmentionnée de 1955, et prorogée par les lois n°s 2015-1501 du 20 novembre 2015 et 2016-162 du 19 février 2016.

En tout état de cause, on ne saurait vaincre l'ennemi en ignorant ce pour quoi il agit, ou en faisant semblant de croire qu'il n'existe pas, voire subodorer qu'il usurperait l'identité de celui derrière lequel il se cache. S'il existe un islamisme radical dans les coulisses du dogme confessionnel musulman, mais que ce dernier ne bouge pas pour mieux en assurer la

---

[23] Par la loi n° 2016-731 du 3 juin 2016 renforçant la lutte contre le crime organisé, le terrorisme et leur financement, et améliorant l'efficacité et les garanties de la procédure pénale, l'action des investigations judiciaires est corroborée à la section 4 du chapitre IV du titre XXV du livre IV du Code de procédure pénale, notamment s'agissant de l'article 59 dudit code lorsque les enquêtes préliminaires portent sur des locaux d'habitation pouvant être visités en-dehors des heures imparties par le droit ancien. Cette disposition législative permettra la levée de l'état d'urgence, en insérant dans le droit commun des dispositions jadis incompatibles car inadaptées avec la menace terroriste, telle qu'elle se présente de nos jours.

couverture, nous voyons mal comment distinguer l'un de l'autre et ne pas faire d'amalgame ! Si l'Islam intégré et pacifique voulait vraiment se dissocier des terroristes et des barbares de l'État islamique, il lui suffirait de revisiter ses textes sacralisés et de nettoyer le contenu du Coran (un aggiornamento), puis y supprimer tous les enseignements de la guerre qu'il contient, ses intolérances envers les autres cultes et ses positions phallocrates et esclavagistes dont se servent les extrémistes pour justifier leurs crimes et leurs comportements barbares, iconoclastes et leurs inclassables et indélayablesrevendications sociales et culturelles.

N'est-ce pas dans le grenier intarissable des bons Musulmans qu'émergent les pires sociopathes ?*« 4 000 djihâdistes de Daesh ont déjà infiltré le flot des clandestins en UE »,* principalement en se faisant passer pour des réfugiés syriens et irakiens, annonça Gilles de Kerchove, coordinateur de l'UE pour la lutte contre le terrorisme (Source : Média-Presse-Infos du 8 septembre 2015). Combien d'autres, tapis dans l'ombre des cités-dortoirs des ZUP françaises attendent le signal pour passer à l'acte, à l'instar des communes Jette, Forest, Schaerbeek ou Saint-Gilles dans l'agglomération bruxelloise ? [24] Chaque terroriste abattu en appelle des poignées d'autres pour le venger et ainsi de suite. Ignorer l'étiologie du mal, c'est favoriser l'épidémie qui se propage à l'intérieur d'un corps malade, autrement dit au cœur d'une communauté confessionnelle dogmatique gangrénée par ses fondamentalistes frustrés et enragés. Autant dire que le renseignement français ne renseigne que sur les terroristes dormants ou en voie de passer à l'action, si tant est qu'ils soient repérables, pas sur le mobile qui les anime ni sur ce qu'il se trame dans les mosquées. Voilà pourtant de quoi toucher du doigt où niche le mal, le dénoncer et appeler les Musulmans intégrés et pacifistes à se poser les vraies questions sur la réalité de leur dogme confessionnel, changer de discours dans leurs lieux de culte et se mettre au travail pour redonner un lustre à leur confession, cela afin que le Coran cesse de servir de référence à leurs coreligionnaires criminels.

D'ailleurs, si d'aventure un journaliste venait à interroger un théologien fondamentaliste ou un terroriste de l'Islam après que ce dernier ait occis des gens qu'il ne connaissait même pas, à savoir quel culte il pratique, il vous répondra sans l'ombre d'une hésitation qu'il appartient à la catégorie des

---

[24] Les trois attentats simultanés du 22 mars 2016 dans la province de Bruxelles (aéroport, Zaventem et métro) qui firent 35 morts (hors kamikazes) et 340 blessés illustrent cette tempête islamique, avec en filigrane l'incompressible responsabilité de ce culte et son Coran. Si cette région de l'Europe fut longtemps le terreau de l'islamisme radical d'où l'incubation d'un terrorisme grimé (loups solitaires et/ou nébuleuses tentaculaires) en Europe depuis des décennies, il n'en demeure pas moins que c'est toujours dans les bas-fonds retranchés de la communauté musulmane silencieuse (aussi bien en France, en Espagne, en Grande-Bretagne ou en Allemagne notamment) qu'émergent les sociopathes - tous musulmans - qui commettent le pire au seul nom d'Allah, d'où convergent tous les faisceaux du mal islamique.

bons Musulmans, qu'il obéit à la lettre et dans l'esprit d'Allah ou de son prophète en habit de guerre, et que ce sont précisément les Musulmans progressistes, pacifistes et intégrés à la civilisation occidentale qui sont des parias.En outre, si un imprudent citoyen venait à constater par lui-même - et non par ce qu'il se dit - ce qu'il y a vraiment d'écrit dans le Coran et les hadîths, celui-là s'apercevrait très vite et sans l'ombre d'un doute que ce Mahométan radical est sincère et qu'il dit vrai à la lumière des horreurs que contient ces Écritures… que l'on ne saurait déférencer en tant que support religieux sans les interdire.

C'est pourquoi les dirigeants socio-démocrates occidentaux esquivent toute confusionentre les islamistes honnis et les bons citoyens musulmans, mais ne s'interrogent guère sur l'idéologie des premiers à propos de leur culte, au motif de ne pas contribuer à la propagande des intégristes. De fait, il ne doit jamais transpirer une telle réalité que la bien-pensance cherche à dissimuler derrière les tabous impénétrables de la sacro-sainte religion et de la liberté de culte que protègent les institutions laïques. Aucun débat public ni analyse intellectuelle ne doit porter atteinte à l'Islam, et pour cela, mieux vaut ne pas révéler à la Nation le contenu indigeste et immoral de ce livre de culte qui enferme tout ce qui est normalement interdit et censuré dans la littérature contemporaine.

Quant aux faux-amis et prétendus alliés de l'Occident, ainsi la Turquie membre de l'Otan qui commerce avec le pétrole de l'EI, l'Arabie Saoudite et les autres pétromonarchies du Golfe comme le Qatar et les Émirats qui financent le terrorismewahhabite sunnite et salafiste international, il serait grand temps que ces États soient mis au ban des nations[25], plutôt que de servir de base militaire US. Voilà pour une géostratégie plus réaliste, un aperçu qui rend pathétique cette mesurette française dont l'illusion ne pourra pas s'installer durablement, sachant qu'il faudra bien un jour la lever ou la remplacer par des dispositions législatives et réglementaires de droit commun. Cependant, à ce moment-là, la Nation comprendra fatalement que ce coup d'éclat médiatique n'aura servi à rien puisque les attentats se perpétueront sans doute et même s'accentueront, sinon qu'à justifier le pillage informatique de la vie de tous les Français, sans discernement ni précaution, à défaut de résoudre le vrai problème de fond pourtant perceptible sur le versant cultuel de l'Islam et nulle part ailleurs.

---

[25] Que dire de l'Iran qui produit sa bombe sale dans l'ombre des tractations diplomatiques où se conjuguent les intérêts gaziers et pétroliers qui firent lever l'embargo sous la condition d'une soi-disant surveillance de commissaires onusiens, à qui le droit de visite est circonscrit sur des zones autorisées par les dignitaires politiques aux ordres du guide suprême ? Jamais cette théocratie shî'ite n'a changé d'objectif, ainsi rayer Israël de la carte ; une annonce que reprennent en boucle jour après jour les mollahs de cette effroyable dictature génocidaire.

La principale visibilité de ce culte s'extériorise par le voile islamique qui force les lieux publics de leur prosélytisme(écoles, crèches, administrations publiques et tous les dehors). Pour faire face à cette provocation ostentatoire, l'État a légiféré une première fois contre l'Islam, sans que jamais la religion concernée ne fut mise en cause, ni dans le texte, ni dans l'exposé des motifs. Il s'agit de la loi n° 2004-228 du 15 mars 2004 encadrant, en application du principe de laïcité, le port de signes ou de tenues manifestant une appartenance religieuse dans les écoles, les collèges et les lycées publics entre autres. Puis la jurisprudence européenne a suivi et confirmé : *« L'interdiction du voile intégral est compatible avec les exigences d'une société démocratique »* (Cour EDH, 1er juillet 2014, n° 43835/11, SAS c/France). Cette Cour admet que la clôture, qu'oppose aux autres le voile cachant le visage, soit perçue par l'État comme portant atteinte au droit d'autrui d'évoluer dans un espace de sociabilité facilitant la vie ensemble. Certes, se cacher la face, c'est masquer des intentions malsaines !

Le second motif - le plus insupportable - qui amena les pouvoirs publics et les associations à se dresser contre certaines traditions islamiques barbares, fut l'excision. La clitoridectomie constitue une atteinte grave à l'intégrité de la personne. Cette pratique entre dans le cadre des *violences ayant entraîné une mutilation permanente* ; un délit passible de dix ans d'emprisonnement et de 150 000 euros d'amende dans le cas général. Afin de faire face à ce nouveau fléau sur cette ignoble mutilation sexuelle des femmes, souvent doublée d'une infibulation pour garantir sa virginité dans un mariage arrangé, mais aussi contre les crimes d'honneur, le législateur a promulgué une loi (n° 2010-769) le 9 juillet 2010 relative aux violences faites spécifiquement aux jeunes filles, aux brutalités au sein des couples et aux incidences sur ces dernières sur les enfants. Lorsque la victime est une mineure de 15 ans au plus, l'ablation du clitoris et/ou la suture des lèvres génitales devient un crime susceptible de 15 ans de réclusion criminelle, 20 ans si le coupable est un ascendant légitime (Articles 222-9 et 222-10 du Code pénal). Une interdiction du territoire d'une durée de cinq ans peut également être prononcée (Article 222-47 du même code).

Ces comportements phallocrates et leurs mœurs d'un autre âge,soutenusde mentalités cultuelles inadéquates dans une société démocratique et égalitariste,lesquelles attitudes se manifestent sans se cacher dans un pays de civilisation judéo-chrétienne et de tradition laïque, font de plus en plus fréquemment l'objet d'irritations citoyennes venant des populations autochtones, d'où un malaise profond, récurent et persistant, faisant parfois monter une fièvre xénophobe envers certaines de ces communautés allogènes. De fait, cet Islam-là passe souvent au travers les mailles du droit institué.Sur ce registre, depuis la loi du 29 juillet 1881 (sur la liberté de la presse), première mesure législative sanctionnant des propos publics à connotation discriminatoire, lesgouvernants successifs (socioconservateurs, républicains ou démocrates) n'ont de cesse que de promulguer, de codifier et d'administrer en vrac et pour chaque pan d'activité de la vie publique, des lois, décrets, ordonnances, circulaireset avis contre toutes les formes d'intolérance cultuelle,de discrimination sexuelle et de racisme ; déviant ainsi la source de ce droit en forçant sur sa connotationcultuelle.

Focaliser l'attention du public en diabolisant les intellectuelslucides face aux violences islamiques ; voilà la stratégie des gouvernances sociale-démocrates à dessein de se soustraire deleur responsabilité ; un devoir qui consisterait à plus de discernement à l'endroit du mobile qui motive les criminels, et moins de conjectures inquisitoriales légiférées, réglementées et de sermons comminatoires dans la confusion d'amalgames dénoncés.

Comme motifs pour expliquer la surabondance des lois et décrets qui traitent de la sécurité et de l'éthique s'y trouve l'ensemble des malaises qui président à l'insécurité issue des attentats islamiques depuis les années 1970,lesquels ne cessèrent jamais depuis lors. Parmi les idéologiesinassimilables à la tradition du monde civiliséet au droit positif, on y trouvel'antisémitisme et les incitations à la violence ; des facteurs de trouble à l'ordre public qui engendrentune floraison de conventions, de traités et de pactes internationaux qui se sont multipliés passé les horreurs de la SecondeGuerre mondiale. Hormis les textes fondateurs qui légitimement régissent les droits fondamentaux, lesquels constituent la trame juridique des pays démocratiques, les textes suivants sont, sinon superfétatoires, de nature à répondre à un désordre conflictuel, social et religieux, que l'on ne saurait autrement identifier que sous l'enseigne d'une guerre panislamique. Pour illustrer ce foisonnement de textes qui rend suspecte une telle insistance à vouloir scander la bonne parole, voici une liste redondante de textes de rappel à l'éthique et de mise en garde qui martèle et culpabilise la société sans discernement, et de façon parfois outrageusement comminatoire, sachant bien que les intégristes n'ont cure de ces avertissements :

- Déclaration universelle des droits de l'homme (10 décembre 1948),
- Convention de sauvegarde des Droits de l'Homme et des Libertés fondamentales (Conseil de l'Europe, ouverture du traité le 4 novembre 1950 ; 10 ratifications : 3 septembre 1953),
- Pacte international fait à New York relatif aux droits civiles et politiques du 16 décembre 1966,
- Loi n° 72-546 du 1er juillet 1972 relative à la lutte contre le racisme (dite loi Pleven),
- Directive du 9 mai 1980 et circulaire du 17 juillet 1981 relatives à l'application de l'article 32 de la loi n° 77-574 du 7 juin 1977 (relatif à la sanction des actes discriminatoires),

- Loi n° 89-548 du 2 août 1989 relative aux conditions de séjour et d'entrée des étrangers en France,
- Loi n° 90-615 du 13 juillet 1990 tendant à réprimer tout acte raciste, antisémite ou xénophobe (dite loi Gayssot),
- Circulaire du 21 mars 1991 relative à la lutte contre le racisme, l'antisémitisme et les résurgences du nazisme,
- Circulaire du 7 octobre 1991 relative à l'affiche rappelant les principales dispositions législatives sur la lutte contre le racisme et les résurgences du nazisme,
- Circulaire n° 92-21 du 22 décembre 1992 relative à la lutte contre le racisme,
- Circulaire du 16 juillet 1998 relative à la lutte contre le racisme et la xénophobie,
- Circulaire DGEFP n° 98-36 du 21 octobre 1998 relative à la lutte contre les discriminations raciales sur le marché du travail,
- Directive européenne 2000/78/CE du 29 juin 2000 du Conseil relative à la mise en œuvre du principe de l'égalité de traitement entre les personnes sans distinction de race ou d'origine ethnique,
- Décision du 21 avril 2000 de l'Autorité de régulation des télécommunications instaurant un numéro d'appel pour les personnes victimes de pratiques discriminatoires à caractère racial,
- Circulaire du 10 mai 2000 relative à la mise en place d'un numéro de téléphone gratuit pour lutter contre les discriminations raciales,
- Circulaire DPM n° 2000-356 du 30 juin 2000 relatif au suivi du dispositif lié au numéro de téléphone gratuit (114) pour lutter contre les discriminations raciales,
- Circulaire CRIM 2000-07 du 2 octobre 2000 relative à la lutte contre les discriminations raciales,
- Loi n° 2001-1066 du 16 novembre 2001 relative à la lutte contre les discriminations renforcée par certaines dispositions de la loi n° 2002-73 du 17 janvier 2002 (de modernisation sociale) pour mieux combattre toutes les formes de discrimination,
- Décret n° 2003-1164 du 8 décembre 2003 portant création du comité interministériel de lutte contre le racisme et l'antisémitisme,
- Loi n° 2004-204 du 9 mars 2004 qui précise la circonstance aggravante lorsque l'infraction porte sur des propos, écrits, images, objets ou actes racistes ou antisémites,
- Loi n° 2004-575 du 21 juin 2004 relative aux hébergeurs d'accès et fournisseurs internet pour lutter contre les diffusions numériques, notamment à caractère négationniste et raciste,
- Loi n° 2004-1486 du 30 décembre 2004 et le décret n° 2005-215 du 4 mars 2005 portant création et réglementant la *Halde*,

- Loi n° 2006-396 du 31 mars 2006 pour l'égalité des chances,
- Décret n° 2006-665 du 7 juin 2006 ; article 24 (3°), institution, missions et composition des commissions départementales pour la promotion de l'égalité des chances et la citoyenneté,
- Loi n° 2008-496 du 27 mai 2008 portant diverses dispositions d'adaptation au droit communautaire dans le domaine de la lutte contre les discriminations (transposition de 5 directives tendant à lutter contre les discriminations ethniques et sexuelles),
- Décret n° 2008-1344 du 17 décembre 2008 relatif à la création d'un label en matière de promotion de la diversité et de prévention des discriminations,
- Décret n° 2012-221 du 16 février 2012 instituant un délégué interministériel à la lutte contre le racisme et l'antisémitisme,
- Décret n° 2012-582 du 25 avril 2012 relatif à la Commission images de la diversité,
- Loi n° 2012-954 du 6 août 2012 relative au harcèlement sexuel (art. 4 - [VIII]) : incrimination des discriminations et aggravation des infractions commises à raison de l'identité sexuelle - Modification de l'art. 2 de la loi n° 2008-496 du 27 mai 2008,
- Loi n° 2014-173 du 21 février 2014 de programmation pour la ville et la cohésion urbaine (article 15 [I] : création d'un nouveau critère de discrimination en fonction du lieu de résidence - modification des articles 1er et 2 de la loi n° 2008-496 du 27 mai 2008),
- Décret n° 2014-335 du 14 mars 2014 relatif à la commission de labellisation du label diversité,
- Décret n° 2015-253 du 4 mars 2015 relatif au déréférencement des sites (sur l'internet) provoquant à des actes de terrorisme ou en faisant l'apologie et des sites...
La succession rapprochée, des mesures législatives d'obédience nationaleet internationale, au fur et à mesure que l'on se rapproche des années 1970 et suivantes, donne la mesure de la précipitation des travaux des législateurs devant le problème islamique montant, mais que l'on ne cite jamais comme le principal responsable de cette orgie de texte par esprit d'apaisement. Cetépiphénomène de la multiplication et de la surabondance de promulgations de textes coïncide avec les époques liées aux indépendances africaines et leurs flots migratoires de plus en plus invasifs dans la société européenne. Aucun observateur, indépendant et lucide, ne saurait ignorer le rapport manifestement existant entre ces sursauts de rappels démocratiques et la poussée de l'Islam sur le vieux continent. Pourtant, c'est bien cette ethnie mahométane qui introduit ses valeurs d'iniquité et de violence contre le genre féminin, puis encore impose ses standards d'asservissement, d'esclavagisme et d'intolérances religieuses ;

autant de marqueursinadaptés avec la vie sociale de la civilisation libre et progressiste.

Parmi ces innombrables dispositions visant à croiser des règles encadrant l'ensemble des risques humains et matériels qui découlent de la xénophobie, du racisme et de la ségrégation des genres, on y trouve la mise en place administrative d'une *« discrimination positive »* (lutte contre les inégalités), notamment par le dispositif de la loi n° 87-517 du 10 juillet 1987 dans le domaine de l'emploi, devant logiquement profiter aux migrants défavorisés provenant de pays du tiers-monde. Puis encore, l'État s'est trouvé devant l'obligation de faire respecter la femme considérée à tout point de vue inférieure dans le Coran (II.228, IV.19 et 175, et XXIV.6/7), celle-ci étant de surcroît traitée de façon humiliante, abjecte et inhumaine par les fondamentalistes de l'Islam, toujours sur la foi du Coran.

Mais là encore, jamais politicien ni apocrisiaire des droits séculiersn'évoque la présence pourtant effective de tels propos ignominieux dans le Coran. Le sujet polémique de l'immigration musulmane, directement lié aux difficultés que pose ce cultedécidément indélayable dans une société laïque, aura suscité presque autant de textes législatifs et réglementaires en France, que tous les volets relatifs aux difficultés des entreprises depuis 1985. Si ce constat n'est pas la conséquence directe de cette religion sur la société, alors pourquoi le législateur bouge autant autour de ce problème récurrent, tout en prenant soin de ne jamais le reconnaître en face, encore moins de le désigner dans les textes et lui attribuer pour ses crimes le nom qu'il porte ?

Cependant, si ces textes législatifs sont louables, charitables et susceptibles d'aider les plus vulnérables eu égard à leur origine et leur difficulté d'intégration, il est regrettable de constater une inclination partisane de ces mesures dirigées contre lesintellectuels qui ont l'audace de dénoncer les dérives venant des islamistes radicaux et activistes,plutôt qu'elles ne s'adressent *erga omnes,* autant dire équitablement en direction des véritables auteurs d'actions discriminatoires, sexistes et racistes, que perpétuent certains précepteurs du culte mahométan,dont le prosélytisme barbare est mis en œuvre sans aucune retenue ni égard dans le pays d'accueil.

Or, manifestement, fonctionnaires et politiciens ne s'adressent pas sur le même ton de sévérité lorsqu'il s'agit d'appréhender un français europoïde ou un *jeune*arabophonedes cités urbaines proférant des propos injurieux et xénophobes.De fait, les pouvoirs publics préfèrent contourner l'obstacle de l'Islam plutôt que de risquer de déclencher des émeutes incendiaires et séditieuses, au motif d'avoir laissé la justice condamner un acte de violence verbal venant d'un milieu défavorisé. En face de cette démission et paradoxalement, la moindre allusion relative à un quelque constat relevant d'un jugement moral même justifié autour de l'immigration et ses débordementsprononcés par un Français du terroir (essayiste, journaliste et/ou homme public), ce dernier fera l'objet de sanctions de justice sévères, sa carrière implacablement remise en cause sous l'enseigne d'une diabolisation, et l'accès à un quelque public lui sera interdit.

Que fait donc fait l'État français ce dernier quart de siècle avec son peuple, sinon de procéder à une autre forme d'obscurantisme, aussi rétrograde et ségrégationniste que celle dispensée par les fondamentalistes, par accès d'intolérance contre les opinions qui déclinent la réalité, somme toute par refus de la liberté d'expression ? Lorsque la social-démocratie, orchestrée depuis le socialisme de François Mitterrand à François Hollande en passant par la droite républicaine, sous l'artifice d'un effet placébo, se réclame de l'équité et de la laïcité, ou prétend vouloir défendre les libertés, elle ne se sert de ces artefacts que pour mieux dissimuler l'opposé de ce qu'elle construit sur les ruines de l'histoire révolutionnaire dont elle ose encore se réclamer. C'est ainsi quele philosophe ou le journaliste qui n'est pas adoubé par le socialisme dominant, celui-là ne risque pas moins que de se voir ostracisé par les médias, exclu des salles de rédaction ou rejetépar les éditeurs qui ont prêté allégeance à la rue de Bercy et/ou la rue de Valois pour espérer survivreprofessionnellement contre les sanctions fiscales.

N'est-ce pas làtutoyer avec l'autoritarisme que de laisser une oligarchie fabriquer ses clones pour demaindans ses écoles spécifiques (Voir chap. Ier, §-I e ; chap. II, §-I a et chap. II, §-II b), en anesthésiant le libre-arbitre des électeurs, en espionnant leurs contacts,en analysant leurs messages sur l'Internet et autres indiscrétions sur les réseaux sociaux, en muselant les essayistesà l'aide de textes législatifs et réglementaires liberticides, puis en procédant à des censures administrées sous la cravache de violences économiques ?Observons-là autant de vils procédés envers les citoyens et d'enseignements réducteurspour la démocratie. Ces conduites préludent à l'effondrement de plus de deux siècles de civilisation républicaine ; une vitrine pour le monde qui jusqu'ici honorait le peuple français.

Le droit d'expression en France ; qu'en reste-t-il 135 ans après la loi du 29 juillet 1881 ? En regard des mouchards installés en toute impunité sur l'ensemble des ordinateurs du pays au nom de la sécurité nationale, *via* la loi relative au renseignement dans sa version consolidée du 30 juillet 2015 (entrée en vigueur le 3 octobre 2015), plus aucun texte privé, document confidentiel, libre navigation sur le web et secret de fabrication relevant de la propriété intellectuelle, industrielle ou biotechnologique n'échapperont désormais à la surveillance des agences d'espionnage de l'État[26]. Cette veille, qui certes existait déjà dans l'ombre auparavant, vient ainsi d'être légalisée

---

[26]À ce propos, voir la Directive (UE) 2016/943 du Parlement européen et du Conseil du 8 juin 2016 sur la protection des savoir-faire et des informations commerciales non divulgués (secrets d'affaires) contre l'obtention, l'utilisation et la divulgation (L 157 du 15 juin 2016). Ce texte communautaire apporte une position contradictoire quant aux supposées protections du secret que l'État français prétend apporter aux industriels et aux professions protégées.

pour les seuls besoins politico-administratifsdel'exécutif, et non pour servir le peuple. Quant au processus, il est simple, prompt et se passe de l'intervention des tribunaux civils, même pour les professions protégées de la justice et du journalisme prétendument épargnées par le *Big Brother*de la loi susvisée*, mais honteusement replacées sous le contrôle de Matignon par la CNTCR, son émanation,sur requête en formation plénière (*art. L. 821-7).

Par exemple, il suffit qu'un journaliste freelance, ouun électron libre, pamphlétaire ou caricaturiste, projette de publier un travail ne correspondant pas à la ligne de conduite du pouvoir, pour que, avant même que ce labeur parvienne aux salles de rédaction, il soit piraté, décortiqué et censuré. Les comités de lecture ou de rédaction n'auront même pas à se prononcer sur le projet, puisquel'ordre de censure apparaîtra en amont, et le diffuseur approché aura été préalablement avisé de ne pas prodiguer l'ouvrage à peine de confiscation de subventions et de suspension d'exonérations, autrement dit des aides indispensables venant de la rue de Bercy qui permettent à ces sociétés littéraires ou productions éditoriales de survivre. Quant aux juridictions judiciaires civiles, elles auront été habilement écartées par les pouvoirs publics qui n'auront ainsi pas à prendre le risque d'être désavoués.

Il en va de même avec les salles de spectacle et de conférence, où les propriétaires de ces établissements devront attendre l'aval du ministère de la Culture, de l'enseignement supérieur ou de la préfecture pour ouvrir leur scène ou leur pupitre à une manifestation culturelle ou politique. S'agissant de la presse, qu'elle soit télévisuelle, radiophonique ou écrite, les directions décisionnelles subiront les mêmes surveillances,conseils, pressions et menaces ; des répressions fiscales et professionnelles qui sont comparables aux pratiques des ex-républiques soviétiques et maoïstes... les camps de rééducation en moins ! Aussi peu vraisemblable qu'il n'y paraît, cette gigantesque machine à broyer les œuvres de l'esprit d'intellectuels non-alignés existe bien, sachant que les insoupçonnables logarithmes qui épient tout ce qui pense et communique échappent à la vigilance du grand public, lequel n'en devine même pas l'existence, ne percevant d'eux aucun signal.

Qu'elles soient polémiques ou contraires à l'opinion cousue par les faiseurs d'opinions à la solde des représentants de l'État, ces manifestations d'auteurs, médias ou artistes, qui s'ouvrent à des échanges contradictoires, nonobstant irréprochables sur le plan éthique, de bonne facture littéraire, relevant de disciplines accomplies et fidèles à la vérité ; toutes ces controverses qui font appel au droit de regard légitime du peuple subiront l'impitoyable châtiment d'une mise au ban de la communauté culturelle et des intellectuels. De sorte que le régime oligarchique français détient d'une main la liberté d'expression de toute une nation, et de l'autre la vie privée de tous les citoyens ; un pouvoir exorbitant aussi imperceptible que redoutable.

État des lieux de la corporation politique

Les politiciens qui nous gouvernent sont-ils vraiment intelligents, honnêtes et responsables, ou bien devrions-nous les considérer, comme tout un chacun, parmi le commun des mortels ; les uns philanthropes, empreints d'abnégation et partisan d'une justice équitable, tandis que d'autres sont carriéristes, profiteurs voire corrompus ? Les personnes qui détiennent le pouvoir, décident de l'avenir de la Nation, légifèrent et réglementent au nom du peuple devraient présenter un profil exemplaire ; un sans faute qu'il n'est pourtant pas difficile à tenir. Leur vie publique nécessiterait une totale transparence quant à leur patrimoine et leurs ressources, quand bien même la réussite n'est pas une honte dès lors que la richesse acquise est le fruit d'une compétence avérée qui, par projection, peut profiter aux citoyens qui les élisent, donc aux administrés et aux contribuables pour leur bien-être.

Mais que dire de ceux, et ils sont en proportion plus nombreux lorsqu'ils gravissent l'échelle du pouvoir, dont la cupidité passe avant l'avenir de la Nation, sacrifient les générations à venir par obéissance à un lobbying qui les aveugle ou qui les fascine (Voir chap. II, §-III c et chap. III et a) ? Chômage, immigration irresponsable, assistanat qui éponge la solidarité, ségrégation positive, mais réductrice qui pénalise la société en la tirant vers le bas, affairisme avec des pétromonarchies du Golfe qui financent le terrorisme islamique, activités dissolues, trafic d'influence, évasion fiscale[27], etc. ; rien n'échappe à ces politiciens, lesquels, pour ne pas être des gens ordinaires, profitent de leurs prérogatives pour se comporter comme des crapules sous couvert d'intentions charitables arrosées de pieux mensonges et de profits pharaoniques. Quant à ceux qui, par idéologie irréfléchie, ont semé la pagaille au Maghreb et au Moyen-Orient pour y fomenter des révolutions qui ne profitèrent qu'aux intégristes, pour au final faire exploser le terrorisme jusqu'en dedans de nos frontières, de quelle intelligence parle-t-on ? De quelle intelligence, de quelle philanthropie, de quel altruisme et de quelle probité ces gens se réclament-ils ?

Pourquoi faire confiance à ces gens de pouvoir, plénipotentiaires ou élus, incapables d'anticipation, de lucidité et de discernement, pour avoir contribué a embraser le monde de la folie meurtrière des fondamentalistes en faisant sauter des dictateurs, lesquels se posaient alors comme le dernier

---

[27]L'excuse qui consiste à laisser croire que d'amasser des sommes d'argent considérables à l'étranger peut être légal, sous entendu que le titulaire paierait ses impôts sur place, n'est qu'un argument de mauvaise foi s'agissant de politiciens qui ne résident pas sur les lieux de leur dépôt d'argent précisément récolté sur la place de leur mandat politique (Voir infra, note 28). Certes, l'État français se comporte en véritable racketteur envers ses contribuables, prélevant jusqu'à plus de 80% des ressources des plus riches en impôts et taxes divers et prélèvements sociaux. Mais rappelons que ce sont précisément ces politiciens, lorsqu'ils sont aux commandes de la Nation, qui font voter les lois de finances, mais en se préservant bien de les faire appliquer pour eux-mêmes, *via* le détour par les sociétés offshore qu'ils créent, *via* leur banque ou société financière, ou s'en servent à la dérobade.

rempart efficace contre les fous d'Allah (Voir chap. II, §-IV a) ? Où est la morale dans cette précipitation meurtrière, où sont les résultats en termes de démocratie ? Comment accepter que ces irresponsables, au nombre de leurs échecs diplomatiques et le four de leur gestion intérieure, pour tenter de colmater cette brèche du fanatisme musulman qu'ils ont eux-mêmes ouverte en laissant se répandre un multiculturalisme qui a viré en communautarisme de ghetto, aient l'audace d'infiltrer - par leurs propres hackers - la vie privée de tous les Français sans discernement, en prétendant lutter ainsi contre un radicalisme tueur qu'ils n'ont même pas vu venir ?

Comment accepter que ces politiciens chevronnés, chevillés à leurs seuls intérêts, fassent le dos rond devant la Turquie qui finance Daesh en lui achetant le pétrole volé à l'Irak (chap. Ier, §-II b) ; que ces mêmes responsables au pouvoir déroulent le tapis rouge à l'émir du Qatar, pourtant reconnu être le grand pourvoyeur de fonds au profit du terrorisme international (Chap. Ier, §-I e et chap. II, §-IV b) ; que Nicolas Sarkozy ait eu l'imprudence ou la maladresse d'accueillir Mouhammar Kadhafi[28] sur le perron de l'Élysée pour finalement contribuer à le faire assassiner ? Mais la liste serait trop longue pour énumérer les incroyables impérities des plus indignes dirigeants de l'État français, en particulier s'agissant de leurs louvoiements et génuflexions devant ces princes en keffieh et djellaba immaculée, mais dont les entrailles sont imbibées du sang mahométan de la haine, le Coran dans une main, un cimeterre AK-47 dans l'autre[29].

Or, l'énigme - aussi candide qu'improbable - est de démêler le mystère, à savoir ; comment ces dispensateurs de morale, de stratégie diplomatique, puis de leçon économique et politique, parviennent encore à conserver un quelque crédit aux yeux de leurs électeurs, si ce n'est que ces derniers, flattés et abusés, se laissent suborner par des informations tronquées et des artifices infraliminaux de propagande qu'on leur injecte subrepticement. Ce conditionnement, où le futile prend le pas sur l'important (Voir Chap. II, §-I a, §-II c et §-III a), par déviation et transport soporifique de l'attention du public, procède à des diffusions à grande échelle de matchs de foot, de *reality show* ou de micro-trottoir qui réconcilient tout le monde dans l'effacement cérébral et le dérisoire.

---

[28] Ce chef d'État terroriste fut l'un des principaux responsables de l'attentat de Lockerbie en 1988 puis de l'attentat contre le vol 772 UTA qui ont coûté la vie à 440 civils. Cet individu abominable, autant que pouvait l'être Saddam Hussein qui connut à peu près le même sort, assuraient tous deux une certaine stabilité dans cette région du monde devant la montée de l'intégrisme musulman encore bien plus dangereux que pouvaient l'être ces dictateurs corrompus et tyranniques ; un choix certes peu aisé entre la peste et le choléra.

[29] Telle est la pose habituelle des djihâdistes devant les caméras occidentales, dans une posture provocatrice et comminatoire qui décline le Coran *in extenso*.

Du côté de la compétence intrinsèque des politiques, quasiment aucun responsable élu en France - qu'il soit de droite ou de gauche, - passé le premier choc pétrolier de la grande époque de l'expansion, ne serait capable aujourd'hui de tenir debout plus d'un an une entreprise privée, eu égard à la façon catastrophique dont ceux-ci gèrent les communes, les régions et l'État. Outre le déficit public de la France, l'endettement des collectivités locales dépasse généralement leur produit de fonctionnement annuel. Au terme de 63,4 milliards d'euros d'emprunts répertoriés en 2014, avec une augmentation inexorable de 24,6% sur la dernière décennie (Sources : Bercy, Insee, JDN), les élus hypothèquent l'économie de la France avec l'argent que leurs successeurs seront dans l'obligation de rembourser, *via* les impôts sous toutes leurs formes et les prélèvements sociaux, dont on sait qu'ils ne servent qu'à reconduire le coût de la dette.

À ce jour, la France compte plus d'un millier de collectivités locales au bord du gouffre financier, dont certaines sont déjà placées sous la tutelle administrative de l'État, et des milliers d'autres en rupture des paiements sont en attente d'une procédure de sauvegarde. De sorte que les taxes explosent jusqu'à paralyser l'artisanat, le commerce, les industries et le marché de l'immobilier. Face aux crises financières locales, les emprunts toxiques se multiplient au fur et à mesure que les banques ne parviennent plus à se faire rembourser, sachant que, dans la plupart des collectivités territoriales, les impôts ne servent plus qu'à payer l'accessoire, autrement dit les intérêts des emprunts. Trois motifs président à cette gabegie bordée d'incompétence et d'inconscience :

La première raison est fort simple, puisque les politiciens aux commandes ne risquent pas, nonobstant leur incapacité, voire le calcul clientéliste malhonnête de leur mandat, de se voir impliquer dans une banqueroute, donc de risquer leur patrimoine personnel, et *a fortiori* leur économies placées sur des comptes offshore dans les paradis fiscaux (Voir chap. Ier, §-I g et chap. II, §-II c)[30]. Le second motif résulte du premier, d'où

---

[30] À ce propos, l'enquête journalistique internationale qui aura réuni 106 rédactions et fait collaborer 380 journalistes dans le monde autour de 11,5 millions de documents révélés, fait l'implacable démonstration d'un monde politique et financier mafieux qui s'abrite derrière des paradis fiscaux et/ou fabrique des sociétés offshores, ces dernières détenant le compte du titulaire qui l'aura créé, et faisant en sorte que son nom patronymique n'apparaisse jamais (Voir le quotidien *Le Monde* : une étude des *Panama Papers,* ainsi le *Panameen Mossak Fonseca* révélée sur une série d'éditoriaux début avril 2016). Cette garantie opaque sert également à soustraire du fisc les revenus nationaux issus de la corruption de gens d'influence dans leur pays respectif. De sorte que l'argent noir (du crime) et l'argent gris (détournement fiscal) sont devenus la pierre angulaire de tous les trafics, sinon le nerf de la guerre des personnes détentrices d'un pouvoir et d'une fortune, autrement dit provenant de la coterie politique (qui compte de nombreux chefs d'État), de la haute finance (consortiums transnationaux), du sport (les liguesou fédérations) et de l'art (dont le marché souterrain du vol et du recèle). On notera que les États communistes ne sont pas en reste, au même titre que

la durée de leur mandat car, quelle qu'elle soit, c'est toujours à l'approche des élections que la plupart des élus deviennent dispendieux, afin de gonfler le bilan des investissements et convaincre ainsi les administrés de voter pour eux ; sachant que le coût du surendettement qui en découle ne sera connu que *a posteriori*... pour l'héritage* !

De surcroît, si un chef d'entreprise de droit privé ne peut compter que sur ses bons plans pour convaincre ses bailleurs de fonds, pour un élu, il lui suffira d'augmenter la pression fiscale sans avoir l'obligation de consulter les électeurs et rien à justifier aux contribuables, sinon les inviter à réduire un peu plus leur pouvoir d'achat et d'éponger leurs économies. Autant dire que dans ce mauvais calcul, la consommation diminue d'autant et les impôts (IR, IS et TVA) rentrent moins, mais en échange les charges enflent (indemnités de chômage, RSA, CMU, ACS, AME, etc.). Il en résulte que l'intelligence des élus connaît ses limites. Si le secteur privé de l'industrie et du commerce surfiscalisé souffre de restructurations et de réductions des coûts de production, les mairies, les intercommunalités et autres personnes publiques issues des suffrages embauchent à tour de bras et dépensent l'argent des administrés sans compter (Voir de Laurent Arthur Duplessis, « *Gaspillage, avantages, privilèges, copinages… Ils ont ruiné la France* » ! Les dossiers du contribuable, n° 1, 25 février 2001).

Autre réflexion comparative entre un salarié et un politicien de carrière ; si l'employé, l'ouvrier, le cadre et le dirigeant font corps avec leur entreprise, il n'en est rien du politique dont l'activité professionnelle n'est pas directement liée au résultat de son labeur, mais des compromis aux compromissions qui découlent des listes électorales de son parti et de la convenance de ses choix en termes de prises de pouvoir et de privilèges. Parce que leurs revenus dépendent de la pérennité de leur outil de travail, les salariés auront pour objectif de protéger leur entreprise ; alors même que la progression hiérarchique du politique ne dépend pas de son rendement et de sa fidélité à son engagement envers ses électeurs, mais de son obéissance au système opportuniste qui le porte.

De même que nombre de syndicats ouvriers qui sont entrés en politique - et dont les secrétaires de section se sont dissociés du monde du travail depuis mai 1968 - n'ont plus pour objectif la bonne santé de leur entreprise, car ceux-là n'ont plus d'autres vocation que de hisser leur prestige au sommet d'une concurrence acharnée intersyndicale. Qu'importe donc l'avenir de la société qui les emploie, et par conséquent des salariés adhérents ou non, puisque les fédérations - principalement CGT et Sud - sont directement assujetties aux partis politiques qui gouvernent leur mouvement, et ne sont

---

les gouvernances sociales-démocrates, les dictatures militaires ou monarchiques, ainsi que les théocraties musulmanes (dont les émirats du Golfe).

par conséquent plus au service de leurs collègues travailleurs qu'ils devraient, en tout état de cause, représenter et protéger.

Si les élus sont intelligents, ils ne mettent donc pas à profit leur potentiel cérébral au bénéfice de leurs électeurs, que ce soit en politique ou dans le monde syndical. Autrement dit, s'il existe des facultés gagnantes dans l'esprit de ces représentants, elles ne profitent qu'aux intérêts de ceux qui sont aux commandes. Pour preuve, François Hollande, énarque de la promotion Voltaire, lorsqu'il fut président du Conseil général de Corrèze entre 2008 et 2012, aura réussi l'exploit de réaliser l'un des plus importants endettements de France par habitant : 1 513 euros pour une moyenne nationale de 371 euros à cette époque. Avec 363 millions d'euros de dettes publiques pour 240 000 habitants, le Corrézien avait allégrement rejoint la tête de classement des leaders du surendettement répertoriés par la Direction générale des finances publiques. Cependant, un tel résultat catastrophique n'aura pas empêché les électeurs abusés de placer ce champion de la faillite à la tête du pays, ce qui au résultat explique évidemment la gestion catastrophique de la France.

Bien entendu, comme tous les mauvais élèves, c'est toujours la faute des autres ; un héritage* d'une mandature à l'autre qui pourtant devrait servir de catalyseur pour redresser la barre, et non de prétexte pour se dédouaner, comme dans une cour de récréation d'école où sera puni celui qui est montré du doigt, et pas toujours celui qui se retranche derrière le bouc émissaire. Autre prétexte pour excuser leur légèreté et médiocrité, les élus locaux se retranchent derrière l'insuffisance des dotations de l'État pour justifier le déficit chronique de leur gestion comptable. En clair, il serait politiquement plus convenable de risquer la mise sous tutelle préfectorale du patrimoine d'une commune, plutôt que se résoudre à gérer de façon responsable ses dépenses publiques dans la limite d'un budget imparti !

C'est ainsi que François Hollande, arrivé au sommet de son art, est parvenu à la tête de l'État par la duplicité de promesses sans lendemain et ses fourvoiements politiques à répétition, ajoutant à son triste record l'endettement abyssal de la France (93,5% de la dette publique en pourcentage du PIB en 2013). Mais comme un mal en amène souvent un autre, ce dernier, pourtant au plus bas de sa cote populaire et incapable de tirer la moindre leçon de ses échecs, redouble d'incompétence pour enfoncer le pays dans un chômage endémique, avec une croissance annuelle de 2,6% en 2015, portant le nombre des demandeurs d'emploi à ± 6,2 millions d'âmes[31] ; un score qui repousse sans cesse ses limites sous cette déplorable mandature socialiste. Pour en arriver à ce stade d'incompétence et de

---

[31] L'un des plus fortsserments du candidat François Hollande durant sa course à l'Élysée fut précisément d'endiguer le chômage ; un engagement écrit dans son programme de campagne : *verba volent, scripta manent* (les paroles s'envolent, les écrits restent).

mauvaise foi, il faut que le personnage soit davantage habité par le souci de son ego que d'une morale patriote.Probablement, dans l'esprit étriqué et la suffisance narcissique de cette présidence, dont les sondages ne laportent plus désormais en nombre mais en chiffre, l'afflux massif de réfugiés syriens, augmenté des demandeurs d'asile en progression constante qui déferlent depuis le tiers-monde, puis la régularisation systématique des sans-papiers, seraient la solution à tous les problèmes socio-économiques de l'État ; une chance pour la Nation clama-t-elle en 2012 (Voir supra, intro a) ? Alors oui, s'il est une intelligence dans le cortex de nos dirigeants, elle aura été corrompue non par malchance, mais dans la persévérance de l'incurie, la mystification, l'irresponsabilité,l'intrigue la corruption, comme il en fut des rois maudits au XIVe siècle !

Souhaitons que la descendance de cette dynastie - non pas capétienne mais mitterrandienne - soit arrivée à son terme ; le quatrième du nom, François Hollande, ayant parachevé l'effondrement social par l'assistanat chronique des populations exogènes et la récession économique de la France. En conclusion, la politique ne fera jamais preuve de démocratie tant que la probité des élus sociaux-démocrates sera suspendue à l'imposture de promesses utopiques, car tissées de mensonges, de soif de pouvoir, d'avidité et d'incompétence. À ce propos, ce fut le comte Hypolite de Livry qui écrivit dans *Pensées et réflexions* (1808) : « *Les plus grands menteurs de ce monde occupent bien souvent les plus hautes fonctions d'un État* ».

Si les élus étaient contraints à un devoir de résultat pour mériter la confiance que leur témoignent les citoyens candides par la voie des suffrages, le turnovers les renverrait plus vite à *Pôle emploi* que dans leur fonction tricolore et d'administration des affaires publiques pour laquelle ils ont été mandatés. Cela explique, outre les profits superfétatoires que ces derniers en tirent, pourquoi le cumul des mandats a la vie dure, sachant qu'il autorise le politique à rebondir après chacun de ses échecs électoraux, nonobstant les interminables mises en examen pour concussion, des abus de position dominante relevant des infractions sur les marchés publics et autres poursuites en corruption aggravée.

Enfin, gageons que les innombrables salaires que s'octroient les élus n'ont pas été accordés par les électeurs, car ces revenus ne s'affichent nulle part sur les bulletins de vote à peine de démystifier le véritable mobile qui conduit en politique. Quant à connaître du niveau d'aptitude professionnelle et d'instruction des gens de pouvoir dans les domaines des responsabilités qu'ils sont censés assumer, il y aurait de quoi avoir peur du système qui autorise un élu à se faire embaucher par le peuple sans en passer par la production d'un diplôme *ad hoc,* un examen ou un concours professionnel, voire par le filtre d'un DRH et d'une période d'essai comme cela est de mise dans le secteur privé de l'emploi.

Cependant ne nous y trompons pas, *Sciences po* et l'*ÉNA* pour la future classe dirigeante, ou l'*Hedac* et l'*Enm* pour les métiers de justice ou l'Espace européen de l'enseignement supérieur (E.E.E.S.) et autres coopérations internationales en matière d'enseignement supérieur lorsqu'ils versent en politique, ne rendent pas ces caciques plus intelligents ni probes et loyaux envers le peuple (Voir supra, chap. Ier, §-I e). Ceux-là seront les nouveaux cadors de la pensée unique de la social-démocratie - toujours moins sociale et toujours moins démocratique, -des « chiens de garde »ainsi baptisés par les journalistes et essayistes pour*Valeurs actuelles*du 4 juin 2015 et n° 4097 : Laurent Dandrieu, Mickaël Fonton et Fabrice Madouas.

Quand le Big Brother français fait fi de l'intimité des gens, galvaude la démocratie et se sert du terrorisme comme d'une pieuse excuse pour s'accaparer tous les pouvoirs
À l'appui de ces doux exutoires que produisent ces fascinations hypnotiques, nos faiseurs d'opinions administrent du ludique dans la rétine des électeurs, une dose d'amnésie populaire placéejuste derrière le contrôle serré des techniciensde l'espionnage par le renseignement numérique ; un *Big Data* qui phagocytetous les disques durs.Ceux-là voient et entendent tout, contrôlent et orchestrent la pensée privée des gens lambda, ainsi leurs comportements, leurs opinions et mêmes les vilains petits canards qui feraient de la résistance intellectuelle dans les salles de rédaction ou autres électrons libres qui s'expriment en freelance.

La surveillance algorithme, qui sonde la conscience de chaque Français à son pupitre, officiellement introduite pour tracer d'éventuels candidats à des attaques terroristes, recèleaussiune interface moins visible pour débusquer les esprits qui déborderaient du moule social-démocrate institué. Il pourrait s'agir de possibles non-alignés frontistes sortis des rangs de la conjuration LRPS qu'il faudra alors discrètement recadrer, vacciner, exorciser et lobotomiser, et les méthodes qui passent de la diabolisation à la mise à l'écart des médias sont nombreuses, efficaces et indécelables. Comme vu plus haut, outre les procès d'intention, rumeurs et dénigrements qui couvrent d'opprobre le philosophe insoumis, il s'agira de pratiques de rétorsion dissuasive pour faire taire le mutin, l'indésirable ; ainsi la censure dissimulée, comme en usantde violences économiques contre les éditeurs, les radios, les chaîne Tv et les rédactions de périodiques qui se risquent à collaborer avec ces parias de la bien-pensance (Voir chap. II, §-i a).

Cet instrument de surveillance à distance - dite aussi boîte noire - désormais autorisé par la loi relative au renseignement, n'est autre qu'un mouchard informatique, un piège insidieux verrouillé à distance qui se refermera sur les intellectuels profilés comme dissidents, lesquels auraient échappé à la fabrique télévisuelle et interactive (réseaux sociaux) du clonage de masse. Chaque écran numérique se pose désormais comme un miroir aux alouettes, aussi attrayant que trompeur tel un collet que dissimule un appât. Haro sur ces esprits rebelles qui oseraient réfléchir en dehors du décor planté par ce *Big Brother* à la française réinventé place Beauvau, tout près de son initiateur élyséen qui lui ronronne sur sa gamelle d'informations volées !

Si devions rechercher la preuve ou démontrer que les auteurs de la loi relative au renseignement ne s'intéressent qu'accessoirement aux terroristes, mais que la véritable finalité de cette mesure législative relève d'un renforcement des pouvoirs de la police de l'État en cherchant à avoir la main sur tout, sonder et agir en fonction des résultats obtenus au fil des investigations numériques, il faudrait rechercher ce à quoi peuvent aboutir ces pratiques, et dans quelle direction cette technologie peut effectivement s'avérer utile à l'exécutif. Nous en voulons pour preuve cette surveillance algorithmique qui recherche précisément des normes à l'aide de mots-clés, de modes d'identification des profils par la détection des comportements, des opérations suspectes comme le cryptage de messages, une adresse IP masquée, des encryptions, protocoles ou certificats pour SSL et TLS qui s'appuient sur une longueur de clé de chiffrement[32], voire aussi l'utilisation d'outils d'anomysation comme *Tor* ou des tunnels privés (VPN : *Virtual Private Network*) qui s'inscrivent de façon indécelable dans les réseaux, etc.

Or, si certains de ces verrouillages de sécurité peuvent autoriser un repérage hertzien ou satellitaire de l'État autour d'une nébuleuse terroriste, l'algorithme apparaît être l'outil le moins adapté pour anticiper du neuf, autrement dit entrer dans les sinuosités sans cesse modifiées ou réinventées par les opérateurs agissant pour le compte des fondamentalistes musulmans qui fabriquent des barbares et des bombes humaines. Ainsi agissent les activistes tueurs de civils au hasard formés par leur gourou dogmatique, avec lesquels s'enrichissent les trafiquants d'armes, de munitions ou de drogues (souvent les mêmes), lesquels rendent caduques ces boîtes noires, notamment en utilisant d'autres moyens de communication et de portage.

En l'occurrence, ce matériel d'espionnage n'est spécifiquement apprêté, au final, que pour épier des personnes cherchant à frauder le fisc, ou des chercheurs qui masquent leurs travaux, voire les métiers sensibles du droit, de l'enquête judiciaire ou de la finance, effectuer des statistiques dérobées sans en passer par des sondages auprès des instituts qualifiés, connaître les intentions des ennemis politiques, des journalistes et avocats en puisant dans leurs courriels, repérer les sites ou les blogs compromettants et prohibés comme la navigation pédopornographique, voler des informations dans la littérature cognitive intéressant les gens de pouvoir, ou espionner des groupe

---

[32] 40, 56 et 60 bits aujourd'hui obsolètes, à présent 256 bits est une longueur standard pouvant fournir un niveau de cryptage d'une sécurité maximale... toute provisoire.

d'influence et démasquer leurs sources, etc. Bonnes ou mauvaises, utiles ou vaines, morales ou honteuses, ces visites sont anormales.

Ajoutons que la puissance de calcul du *cloud computing* est connue pour dématérialiser les avoirs en ligne dans les métiers fiduciaires par l'administration fiscale, *via* la vitesse des calculateurs algorithmiques. Mais là, nous sommes bien loin d'un instrument idéal pour anticiper des attentats islamiques ; motif exclusif évoqué par l'État pour justifier cette surveillance absolue et généraleà l'aided'une loi qui ressemble étrangement aux méthodes *hard* de la Stasi ou du KGB, mais la technologie informatique en plus. On ne saurait autrement qualifier un gouvernement socialiste de tentativetotalitariste, dès lors que ses membres désignés se servent d'une machine à mouliner les consciences populaires pour en sortir quelque chose qui ressemble étrangement à une pensée unique, certes revisitée,indicible, édulcorée et sans Goulag, mais ô combien efficace !

Une épitaphe en guise de conclusion pour achever cet ouvrage
Si le lecteur accepte de m'écouter après m'avoir fait l'honneur de me lire, comme préliminaire, j'engagerais une réflexion autour de nos certitudes, ce fardeau de croyances ficelé de préjugés et de tabous ; autant d'infirmités intellectuelles et morales qui enferment tout individu à son insu dans sa bulle de convictions réductrices. Nous pourrions envisager cette analyse sous l'angle anamorphosé des projections idéologiques extérieures à nous-mêmes ; une imprégnation associée à l'entrisme subliminal de maîtres à penser, lesquels, subrepticement, détiennent un contrôle indécelable sur les esprits sans que ces derniers en ressentent le poids invalidant et la force de persuasion qui s'insèrent dans la personnalité et l'opinion de chacun (Voir chap. Ier, §-I a et b, puis note 18).

Pour y parvenir, les outils privilégiés des faiseurs d'opinions à l'âge de l'informatique sont d'une part ; le renseignement numérique qui quadrille et espionne les moindres idées etmouvements des citoyens, et d'autre part, l'information dispensée sous la cloche de contrôle des médias, *via* la mainmise fiscale sur l'ensemble des moyens de communication (sujet à l'épicentre du chap. Ier). Quant aux individus réfractaires - les dissidents de la social-démocratie - qui se refusent à laisser l'État pénétrer l'intimité de leur vie privée, préservent la part secrète de leur âme, et tentent d'échapper à l'emprise de ce conditionnement inénarrable, les moyens techniques et économiques utilisés - hors l'enceinte des tribunaux - pour les faire taire ont été répertoriés tout au long de cet ouvrage (notamment au chapitre II, §-I a).

Sur ce registre, je m'adresse plus particulièrement aux politiciens assez zélés ou suffisants pour se croire en mesure de gouverner le pays sans que la

France d'en bas[33] n'ait à connaître des pratiques inavouables que confèrent les pouvoirs exorbitants susvisés. Aveuglés par les privilèges que leur défère un mandat éphémère mais ô combien exaltant, ceux-là en oublie qu'ils demeurent les otages des puissants de ce monde, les vrais, les noyaux durs des méga-holdings bancaires, les sociétés pétrolières et gazières, les laboratoires pharmaceutiques et autres consortiums transnationaux qui usent autant des méthodes de chantage que de la corruption pour ce faire (voir plus bas). L'illusion ne reste pourtant pas longtemps murée dans les couloirs de la confidence judiciaire dès lors que l'on consulte les plannings des palais de justice avec leurs interminables listes de mises en examens qui s'effacent promptement de la mémoire avec le temps (Voir chap. Ier, §-I e et chap. II, §-III), ou les indiscrétions de la presse d'investigation qui s'interprètent invariablement comme des procès d'intention ou de la rumeur *people.*

En réalité, chacun d'entre nous, du chef d'État au citoyen lambda, n'occupe que très peu d'espace durant les annales d'une civilisation. De même que nous ne livrons qu'une imperceptible influence sur nos semblables et sur les évènements. Élu ou administré, la gestion de notre conscience et de nos représentations ne nous appartient pas vraiment, et la personnalité que nous renvoyons au-delà de soi n'est au final qu'un *ego* fusionnant, dont le propriétaire est aussi multiple que transpersonnel, pour ne pas dire impersonnel. En douter est déjà une marque de narcissisme, voire d'égocentrisme ; un privilège que s'offre néanmoins sans complexe la gouvernance depuis les hôtels de l'exécutif. Soyons modestes, car le *non-soi* dérive d'un postulat existentiel acquis, lequel, sous l'empreinte de sensibilités induites, prend toute la place, en stratifiant la mémoire des gens d'épistémès propagandistiques, puis en leur imprimant la volition d'une finitude de clichés didactiques choisis, puis d'*a priori* et de refoulement.

Au résultat, nous ne sommes même pas certains de conserver la maîtrise de nos choix ni de conduire nos raisonnements selon notre volonté. Même la liberté d'expression n'est qu'illusion, puisqu'elle découle d'une prédictibilité proche de la théorie du chaos, sauf que les facteurs aléatoires (entropie de l'information dite de Shannon, probabiliste, algorithmique, codée, etc.) sont eux-mêmes sous contrôle. Pour preuve, la loi relative au renseignement aura rejoint les pratiques honnies de ce que furent le *Politburo* à l'Est, et le *Patriot Act* à l'Ouest ! Dans une république constitutionnelle, il suffit, pour être partisan ou détracteur, d'avoir été sous influence quelque part, à un moment crucial, sous l'empire d'une bonne formule ou d'un gourou charismatique, pour se convaincre du bon choix de sa décision et de l'opportunité de ses préférences. Dans une dictature ou une théocratie, le

---

[33] Ou « *Le peuple de l'abîme* » de Jack London. Cette expression controversée pour désigner les couches populaires (jadis la plèbe féodale, les roturiers, puis encore les sujets du Tiers-état) fut reprise par Jean-Pierre Raffarin, alors premier ministre sous Jacques Chirac.

droit d'expression suspendu à une pensée unique ou une foi obligatoirene saurait être libéré.Globalement, la probabilité d'être seul à décider en vertu de sa propre analyse et d'une libre perception demeure une gageure dans une société qui fonctionne selon un processus stochastique (schème fractal découlant d'un mécanisme prédéterminé).

Leçon de choses : « *Je suis la réunion de ce qui m'a construit, dont je ne puis être tout à fait moi-même puisque je siège, m'exprime et ressens ce que d'autres avant moi ont vécu et m'ont transmis, même à mon corps défendant. Monbiotope sociale est donc ma cellule, et mon libre-arbitre se trouve sous haute surveillance, tel un bracelet électronique greffé dans mon cortex, via mon ordinateurpiraté par les inquisiteurs du gouvernement, via ma carte Sim qui fonctionne tel un émetteur diffusant toute l'histoire de ma vie* ». Par extension, l'intelligence artificielle* découle de cette logique où des systèmes (champs d'influence, homéostasie) interréagissent selon un mode opératoire programmé ; une science des analogies maîtrisées entre les organismes (nous) et les machines (navigateurs web, réseaux sociaux, GSM de géolocalisation) ; le tout triangulé pour servir autant l'utilisateur que l'œil ou l'écoute fantôme des hackers du renseignement et leurs patrons élus.

Cette science transdisciplinaire* fut déjà portéeen 1948 par le mathématicien Norbert Wiener sous le vocable cybernétique ; un paradigme futuriste aujourd'hui tombé en désuétude, mais ranimé par les propriétés quantiques des microprocesseurs et des nanosciences. Comme l'État qui, compulsivement, craintpar-dessus tout de perdre la maîtrise des produits de l'intelligence du peuple, les avatars numérisésproches de la conscience humaine, carsusceptibles de dégager une compréhension de leur propre raisonnement (QBO)[34],se trouvent désormais piégés par leurs concepteursde dispositifs d'autorégulation (processus feedback), cela à dessein de neutraliser toute déviation intuitive non conjecturéede la machine, carpossiblement devenueplus autonome, donc potentiellement incontrôlable.

Voyons là une correspondance révélatrice avec la confiscation de la vie privée des citoyens par la police d'opinion de l'État ; un bouclage -*via* l'Internet piraté - de la surveillance électronique finalisée par le *Big data*désormais implanté sur tous les réseaux, sous la couverture officialisée du Code de la sécurité intérieure. La première mission des hackers du gouvernement étant de détecter tout ce qui dépasse de la norme établie, la seconde revient aux politiques de réduire ou de neutraliser ce qu'il ne comprend pas et ne peut assimiler ou s'approprier.Outre l'interaction de cette pénétration clandestine de l'État dans le for du citoyen, le constat de dépendance intellectuelleentre l'être et son miroir environnemental ne relève

---

[34]L'intelligence artificielle (A.I.) selon John McCarthy, tels les cyber-robots humanoïdes, des supercalculateurs désignés comme des disciples scientifiques de leur gestateur humain.

pas d'un sentiment d'humilité ou de sapience, mais d'un passage obligé tout au long d'une existence mutualisée qui puise dans la vie des autres ou que ceux-ci l'auront fabriquée en soi, tissant tout autour le décor que l'on croit naïvement avoir soi-même dressé. Ce pourquoi douter est un moindre mal, alors même qu'il s'agit d'une posture existentielle antinomique à l'ontologie monolâtre, exactement ce qu'interdisait la Chrétienté sous l'Inquisition et l'islamisme depuis l'hégire à ce jour, mais aussi ce que proscrivent en vracles lobbies politiques ou syndicaux à leurs adhérents ; autant de sectes délétères qui s'ignorent, mais appelant aux mêmes procédés.

Dès lors, nous comprenons pourquoi l'intolérance s'installe avec plus ou moins de véhémence incisive, voire de violence comminatoire durant les prêches des prédicateurs, les prétoires des sages institutionnels, et les pupitres des rhéteurs républicains qui font semblant de croire encore à leur démocratie, tout en veillant àgarantir un maximum de contrôle et d'autorité sur le *peuple d'en bas*(sic). Pour cela, c'est en consolidant une confiance aveugle de la Nation envers ses dirigeants, notamment devant la recrudescence des attentats islamiques, que s'ouvre l'opportunité d'une surveillance renforcée au point de rupture entre l'incertitude et la crainte du citoyen d'être ou pas convenablement protégé. Là encore, le doute, donc la perplexité de l'électeur, se pose comme l'adversaire potentiel du pouvoir institué par les urnes. Le citoyen, ainsi fragilisé devant les évènements, acceptera de concéder une partie de ses libertés, par confort ou psychose, sans même subodorer la véritable finalité de ces mesures liberticides.

Au plus fort du doute, Pyrrhon d'Élie refusait de voir l'arbre qui se dressait devant lui, quitte à le percuter pour admettre qu'il existe. Or, cette attitude est tout aussi insensée que d'imaginer pouvoir fuir l'influence macrocosmique de notre environnement sociétal. Même Diogène, qui lui avait élu domicile dans un tonneau, n'aurait pas été assez fou pour échapper au monde qui l'entourait, au motif de ne pas le percevoir du fond de son modeste habitacle. La vérité serait donc ailleurs et multiple, bien avant de s'incruster dans le cortex cérébral de chaque individu. Si l'*instancia crusis* (l'expérience cruciale) ne laissait debout qu'une seule et unique vérité, nous ne pourrions plus jamais fluctuer dans l'investigation et le savoir. En l'occurrence, l'incertitude dogmatique serait proscrit, ainsi l'incrédulité qui s'oppose à la confiance précurseur de la peur du néant ; autant de perplexités létales qui présidèrent au fondamentalisme médiéval, comme aujourd'hui avec le dogme mahométan. Voilà bien une résurgence inattendue venant d'un obscurantisme que l'on croyait à jamais éteint à l'ère des technologies de pointe, des voyages interplanétaires, des sciences fondamentales, de la nanotechnologie sous l'auspice de la pensée atomiste et de l'astrophysique.

Il existerait donc une autre intelligence, la zététique, celle qui appréhende les risques toxiques du non-savoir par le rejet obstiné du doute ; autrement dit les blocages qu'infère la certitude ennemie de l'interrogation candide ou de la recherche scientifique. Il ne s'agit certes pas d'un art fugace et commode qui aurait la précellence de ne jamais s'impliquer, mais d'un entendement sceptique qui se fonde sur le morceau tangible d'une réalité seulement décalée en fonction de l'expérience de chacun (ses acquis), de sa visibilité (son indépendance présumée) et de son mode de perception (ou de son acuité intellectuelle). Ici, nous sommes loin de l'image d'Obélix qui tomba dans une marmite d'élixir dès son plus jeune âge, sorte d'avatar allégorique du collectivisme issu d'une dynastie de communistes de père en fils. Mais les certitudes ont la vie dure, tandis que le doute demeure une posture critique, un outil mental d'investigation dont les puissants se méfient.

État providence, conformisme et interventionnisme, dictature prolétarienne, puisà présentla social-démocratie, une expression lénifiante et déclamatoire mais qui s'éloigne du concept républicain d'une démocratie participative, ne voit-on pas ressurgir de l'imaginaire de Aldous Huxley le spectre envisagé dans *Brave New World* (Le meilleur des mondes),une dystopienée en 1931 ; une société clonée par une machine hypnopédique ? Selon une définition certes peu gratifiante mais parfaitement imagée du sémiologue et journaliste espagnol Ignacia Ramonet, *« Dans les démocraties actuelles, de plus en plus de citoyens libres se sentent englués, poissés par une sorte de doctrine visqueuse qui, insensiblement, enveloppe tout raisonnement rebelle, l'inhibe, le trouble, le paralyse et finit par l'étouffer. Cette imprégnation de masse, c'est la penséeunique, la seule autorisée par une invisible et omniprésente police de l'opinion ».*

En contournant les débats pour imposer un modèle obligatoire, les faiseurs d'opinions suscitent la défiance pour tout ce qui déroge au tracé sur lequel tout doit être rangé, ordonné, ordonnancé par le haut. Tout le reste est jugé suspect, dangereux, amoral voire diabolique. Cette conduite guidée qui tend à convertir des citoyens en zombies conditionnés et serviles vise à annihiler toute individualité susceptible de penser autrement, de s'écarter du modèle institué. La recherchede cette inhibition intuitive en politique est comparable à celle des cultes monolâtres, en particulier chez les Musulmans fondamentalistes qui refusent l'autre parce que cette croyance n'accepte que ce qui lui ressemble. La pierre angulaire de cette asthénies'exprime en termes de contrôle, de renseignement, et de dialectique comminatoire.

Conserver un esprit critique et se défendre d'ingérer sans réagir l'information que l'on sert itérativement aux gens du peuple, pour anesthésier leur sens du discernement et briser leur vigilance, ne serait pas insurmontable si les sujets - victimes malgré eux - en avaient conscienceet rompaient avec leurs certitudes. Soit-dit, ce credo de convictions provient ordinairement d'une suscitation hétérosuggestiveque la bien-pensance aurapréalablement injectée au public lambda, fascinépar un conditionnementpropagandistique soigné et enrubanné d'une éthique aseptisée de prêts-à-penserobligés. Mais comment donc lutter contre ce confort intellectuel qui ensuque le prospect, flatte son amour-propre et réorganise sa cognition au point de le décérébrer à la façon dont procèdent les sectes dites millénaristes ou apocalyptiques pour *lessiver-rincer-essorer* leurs adeptes ? Ainsi en va-t-il avec les colonies d'insectes sociaux compartimentés depuis la nuit des temps (Voir supra : chap. Ier, §-I a et chap. II, §-III d).

Depuis :
- L'information statisticienne, dosée, répétitive limite subliminale, invérifiable pour le prospect destinataire, qui inconsciemment influence l'électeur ou le consommateur ;
- la concentration des médias autour d'un fait d'actualité réapproprié, remanié et redistribué pour en faire un événement perçu autrement ;
- la confiscation de la diversité des opinions qui laisse croire qu'elle existe au travers une substitution complice de faux adversairesmis en scène par des politiques professionnels dans de faux dilemmes ;
- l'interdépendance des salles de rédaction de la presse écrite ou des studios radio/TV, placée sous observation des décideurs politiquesetdes groupes de pression idéologiques et fiscaux en embuscade ;
… tout cela, et combien d'autres pratiques obscures faites de démonisme, d'abrutissement et de mystification, contribuent à composer l'illusion d'une démocratie - terme aujourd'hui usurpé et galvaudé - qui n'a pourtant plus rien de participative à l'image de celleque se représentèrent Aristote ou Alexis de Tocqueville (Voir du Professeur de science politique Francis Dupuis-Deri, UQÀM, Revue *Agone* n° 22, pp 95-114, 1999 : *« L'esprit antidémocratique des fondateurs de la démocratie moderne »*).

En impactant un public fasciné par une poignéede protagonistes médiatiques et d'intellectuelsissus du système, à l'appui d'évangélisateurs politiques à la solde des puissances financières, qui elles ne se montrent pas mais agitent les ficelles par-dessus le décor dethéâtre de leurs figurines articulées (Voir chap. II, §-IV b), la société a fragmenté les individus qui la compose. Insidieux, ceformatage des esprits conditionnele peuple à son insu au point de ledétourner de la réalité, et que ceux-ci ne puissentjamais voir ni entendre ni raisonner ou s'exprimer que d'une seule voix ; celle d'une pensée unique travestie en démocratie sociale-libérale ; orchestrée par des faiseurs d'opinions et tissée de prêts-à-penser.

Mais à entendre nombre de gens lambda convaincus d'être initiés en politique, d'avoir tout compris et de se sentir du bon côté de l'échiquier, ceux-là n'ont même pas conscience d'avoir été brossés et lissés dans le sens du poil.Voilà bien un atavisme sectaire, pour ne pas dire dogmatique qui a la vie dure dans une société où la multitude devrait pourtant briller par sa diversité. Or, paradoxalement,notre civilisation de progrès, au nom d'une gouvernance sécuritaire en toile de fond collectiviste, se résigne à déteindre sur le citoyen par imprégnation de clichés itératifs[35],inhibant sa personnalité sous le couvercle d'une globalisation tapissée de diversions ludiques et d'informations dérisoires, mais au final cérébralement sclérosantes.

Annihilant le droit à une vie privée, cela en étranglant les libertés comme en balisant les voies de la pensée et en espionnant chacun des couloirs de la communication, l'État providence conditionne et injecte dans le for de chacun de nousson l'empreinte monochrome, à dessein de loger les sujets suggestivés, insidieusement capturés depuis le tréfonds clandestin de leur inconscient. Ces derniers échoueront sans résistancesur les rives d'une appartenance ficelée, étiquetée et traçable, certes enivrante, lénifiante, facile et confortable, cependant ô combien réductrice ! Mais comment doncconduire un pays autrement (Voir supra, chap. Ier, §-I f) ?

---

[35] Des propagandes promptes et fugitives qui s'impriment dans la toile sociétale d'une croyance politique obligatoire frisant l'intolérance idéologique sous des abords lénifiants.

Extrait bibliographique de l'auteur[36]

- Editorial Idearium [IV Congreso de derecho societario], *Universidad de Mendoza, Facultad de Ciencias Jurídicas y Sociales* (*República Argentina*), "La concentratión de empresas", thèse en 3ème cycle soutenue en mai 1986).
- Rivista delle società (A. Guiffrè editore, Milano, anno 31°, 1986), « Les bons de souscription d'actions » ; coauteurs : Jean Guyénot[†], Maître de conférence en droit commercial à la Faculté du Panthéon-Sorbonne (Paris II) ; et Marcelo Urbano Salerno, professeur de droit civil et constitutionnel à l'Université de Buenos-Aires, ancien conseiller d'État.
- La Ley (Buenos Aires, año Liv. n°s 98 à 102), "La organización juridicial en Francia : reformas y reflexiones" (mai 1990).
- Éditions Tallandier (Collection Historia n° 538), « De l'antiquité au grand siècle : Faillite et banqueroute », Octobre 1991.
- Estudios Universales 2-1991 [Hommages à Juan Bautista Alberdi], *Universidad de Concepción* (*República de Chile*), "Derecho y Bicentenario".
- Ediciones universidad de Concepción (Chili) : "La quiebra a través de los tiempos", *Revista de Derecho, Facultad de Ciencias Jurídicas y Sociales* (n° 199, año LXIV, 1996).
- Éditions L'Harmattan : 1°) [Collection *Logiques juridiques*dirigée parGérard Marcou, professeur de droit public] : « Histoire de la banqueroute et faillite contemporaine » (1993).http://desurvire4.monsite-orange.fr/
- 2°) [Collection *Logiques juridiques, op. cit.*] : « Le Timeshare ou la multipropriété échangée - Les nouveaux droits des acquéreurs après la directive C.E. du 26 octobre 1994 » (mars 1995). http://desurvire2.monsite-orange.fr/

---

[36] Ancien directeur-doyen du Centre d'étude juridique économique et politique de Paris. Membro honorario (IV Congreso de Derecho Societario, faculté de droit, Université de Mendoza - Argentine), consultant juridique, collaborateur au groupe Lextenso.

- 3°) « Les vacances en temps partagé - Guide d'achat et d'utilisation ». Avec Michel Lechau coauteur, avocat à la Cour, notaire, 1996 réédité en 2000. http://desurvire2.monsite-orange.fr/
- 4°) « L'hébergement touristique au secours du patrimoine monumental ancien » (avril 1998 : rapport introductif à la conférence organisée par l'auteur relative au *tourisme culturel* à l'Unesco le 24 juin 1998). http://desurvire2.monsite-orange.fr/
- 5°) « Stupéfiants et psychotropes, un sépulcre pour l'humanité - Politique de l'autruche et complaisance intellectuelle autour des drogues délétères » (juin 2000). http://desurvire3.monsite-orange.fr/
- 6°) « Dire vrai ou Dieu entre racisme et religions » Collection *Cheminements Spirituels* dirigée par Pierre de Givenchy, 2003. http://desurvired.monsite-orange.fr/
- 7°)Trilogie :" La religion du doute et du savoir » ; « Les religions des ténèbres » ; « Le Chaos cultuel des civilisations », 2006. *http://monsite.orange.fr/desurvire5/*
- Edilivre (Éditions APARIS) : 1°) « Des sujets qui fâchent, *la religion, le sexisme, l'écologie...* », septembre 2008. www.edilivre.com/doc/5019
- 2°) « Nous n'avons pas réussi à sauver la Terre -*Démographie... chut* » ! Récit d'anticipation, janvier 2010. www.edilivre.com/doc/16268
- 3°) « Les pages noires du Coran à bannir du XXIe siècle », avril 2012. www.edilivre.com/doc/241487

Table des matières

Introduction 7

    a) Quand le renseignement tue l'information et viole l'une des plus précieuses libertés : le droit à la vie privée et au respect de la confidentialité 7

    b) Abstract 14

Chapitre premier 17

    I - Les prolégomènes de la surveillance et la restitution déjetée des informations 19

    a) La communication sensible, un art : le storytelling. 21

    b) Désinformation ou mystification ; un procédé pour ne pas laisser trop de démocratie prendre le pas sur une démocratie revisitée ! 27

    c) Au verrouillage du droit d'expression par le renseignement, vient s'ajouter un coup de grâce aux libertés intellectuelles : quand l'UE œuvre pour l'extinction du droit d'auteur 34

    d) Le soutien à l'économie du livre par l'État providence... ou l'État censorial : une discrimination culturelle, politique et intellectuelle, séculière mais perfide car prohibitoire et élitiste, puis encore des pratiques concurrentielles déloyales 38

    e) Comment fonctionne le pouvoir exécutif flanqué de sa garde administrative et de son conservatoire d'énarques - Démocratie : ombres et lumières 41

    f) Démocratie : ombres et lumières 55

    g) La voie du terrorisme qui conduit au renseignement en passant par la corruption 64

II - Quand le renseignement d'État, au motif de lutter contre le terrorisme, extorque aux Français le devoir de vérité et le for en chacun des citoyens 77

a) Puisque le législateur promulgue des lois pour en découdre contre le terrorisme, pourquoi n'en pas dénoncer le mobile ? Dire qu'il n'est perpétré que par des islamistes radicaux, c'est ignorer que le Coran est le culte de tous les Musulmans 77

b) Exposé des motifs du projet de loi n° 2669 relatif au renseignement, enregistré le 19 mars 2015 à l'Assemblée nationale : une suite logique à la loi n° 2013-1168 du 18 décembre 2013 relative à la programmation militaire pour les années 2014 à 2019 82

c) Une réflexion de fond s'impose : où sont les vrais motifs qui président à cette récupération compulsive de tous les pouvoirs ? 106

d) Commentaire de la loi relative au renseignement 126

e) Mémoire présenté par les députés signataires du recours dirigé contre la loi renseignement, puis l'État français rebondissant après les attentats islamiques et le soutien de l'UE 136

Chapitre second 153

I - La dictature invisible au XXIe siècle 155

a) Un pouvoir qui se rend maître des esprits et des libertés rompt tout lien avec le peuple 155

b) Démographie, chut ! La crue anthropique sous le couvercle de la sacro-sainte famille 164

II - Un regard anamorphosé sur le monde libre qui met en place ses propres entraves et se glisse délibérément sous le garrot de celui qui cherche à l'occire 179

a) Point de liberté sans droit de l'exprimer, de la répandre et de l'enseigner même au risque de la perdre 179

b) Le mensonge est la vérité de celui qui y croit
jusqu'à se convaincre qu'il dit vrai 182

III - Quand une évidence frappe la conscience collective au point
d'amnésie, ou l'évanescence des repères axiologiques 209

a) L'art de la corruption, de la tromperie et de la trahison envers
l'électeur, est le propre des politiciens qui savent manipuler
l'actualité et le renseignement à leur seul profit 219

b) Quand les législateurs successifs sacrifient, sur l'autel des
intentions supposées charitables, leurs propres concitoyens 227

c) Comment la France abdique devant une guerre de civilisation
qu'elle se refuse à reconnaître, mais avec laquelle elle compose
en apprêtant les citoyens à renoncer à leur liberté de parole 248

d) Du côté d'un langage tourné pour être perçu autrement 252

e) Le terrorisme vu du côté des textes 258

IV - Un rapport officiel et une loi qui font de la France le genou
à terre, un pays serviteur d'une immigration victimisée
quoique prédatrice 269

a) Par-delà ces textes qui effacent la France, se profile
à l'horizon le spectre du remplacement 281

b) Dès lors que les mots tracent le chemin de l'histoire, la
victoire appartiendra à celui qui l'emporte par sa rhétorique, et
qu'importe la morale, la vérité ou la raison ! 285

Épilogue 291

Extrait bibliographique de l'auteur 321

L'HARMATTAN ITALIA
Via Degli Artisti 15; 10124 Torino
harmattan.italia@gmail.com

L'HARMATTAN HONGRIE
Könyvesbolt ; Kossuth L. u. 14-16
1053 Budapest

L'HARMATTAN KINSHASA
185, avenue Nyangwe
Commune de Lingwala
Kinshasa, R.D. Congo
(00243) 998697603 ou (00243) 999229662

L'HARMATTAN CONGO
67, av. E. P. Lumumba
Bât. – Congo Pharmacie (Bib. Nat.)
BP2874 Brazzaville
harmattan.congo@yahoo.fr

L'HARMATTAN GUINÉE
Almamya Rue KA 028, en face
du restaurant Le Cèdre
OKB agency BP 3470 Conakry
(00224) 657 20 85 08 / 664 28 91 96
harmattanguinee@yahoo.fr

L'HARMATTAN MALI
Rue 73, Porte 536, Niamakoro,
Cité Unicef, Bamako
Tél. 00 (223) 20205724 / +(223) 76378082
poudiougopaul@yahoo.fr
pp.harmattan@gmail.com

L'HARMATTAN CAMEROUN
BP 11486
Face à la SNI, immeuble Don Bosco
Yaoundé
(00237) 99 76 61 66
harmattancam@yahoo.fr

L'HARMATTAN CÔTE D'IVOIRE
Résidence Karl / cité des arts
Abidjan-Cocody 03 BP 1588 Abidjan 03
(00225) 05 77 87 31
etien_nda@yahoo.fr

L'HARMATTAN BURKINA
Penou Achille Some
Ouagadougou
(+226) 70 26 88 27

L'HARMATTAN SÉNÉGAL
10 VDN en face Mermoz, après le pont de Fann
BP 45034 Dakar Fann
33 825 98 58 / 33 860 9858
senharmattan@gmail.com / senlibraire@gmail.com
www.harmattansenegal.com

L'HARMATTAN BÉNIN
ISOR-BENIN
01 BP 359 COTONOU-RP
Quartier Gbèdjromèdé,
Rue Agbélenco, Lot 1247 I
Tél : 00 229 21 32 53 79
christian_dablaka123@yahoo.fr

Achevé d'imprimer par Corlet Numérique - 14110 Condé-sur-Noireau
N° d'Imprimeur : 130153 - Dépôt légal : juin 2016 - *Imprimé en France*